MONEY

이 도서의 국립중앙도서관 출판예정도서목록(CIP)은 서지정보유통지원시스템 홈페이지(http://seoji.nl.go.kr)와
국가자료공동목록시스템(http://www.nl.go.kr/kolisnet)에서 이용하실 수 있습니다.
(CIP제어번호: CIP2019028183)

돈

MONEY

FELIX
MARTIN

THE
UNAUTHORISED
BIOGRAPHY

펠릭스 마틴
지음

한상연
옮김

사회와 경제를 움직인 화폐의 역사

문학동네

1

화폐란 무엇인가?

경제학자를 제외한 나머지 사람은 모두 '화폐'가 무엇을 의미하는지 잘 안다.
경제학자조차 화폐 이야기로 책 한두 장章 정도는 거뜬히 채울 수 있다.
— A. H. 퀴긴, 『원시 화폐 개관: 화폐의 기원』

돌 화폐를 사용하는 섬

20세기 초, 태평양에 있는 야프섬은 지구 최고의 오지 중 하나였다. 북위 9도에 위치한 목가적인 아열대기후의 낙원 야프섬은 가장 가까운 이웃 섬 팔라우로부터도 500킬로미터 떨어져 있었는데 19세기가 거의 끝나갈 때까지도 미크로네시아 저편 세계에서 문명의 때가 묻지 않은 채로 있었다. 사실대로 말하면 문명과의 접촉이 전혀 없었던 것은 아니다. 1731년 용감한 가톨릭교회 선교사 무리가 야프섬에 자그마한 교회를 세웠다. 그러나 다음해 되돌아온 선교사 보급선은 야자수에 뒤덮인 아늑한 야프섬이 결코 기독교 복음이 뿌리내릴 만한 곳이 아니라는 것을 깨달았다. 그 몇 달 전 기독교 복음과의 경쟁에 불만을 품은 원주민 부족 주술사가 선교사를 모조리 학살하고 말았던 것이다. 이후 약 140년 동안 누구도 야프섬을 찾지 않았다.

1869년 독일 상인 고데프로이Godeffroy가 아들과 함께 야프섬으로 와서 최초의 유럽식 교역소를 세웠다. 고데프로이는 원주민에게 즉결처형을 당하지 않았을뿐더러 사업은 해가 갈수록 번창했다. 그러자 야프섬에서 서쪽으로 약 1300킬로미터 떨어진 필리핀에 식민지를 건설했다는 이유 하나만으로 미크로네시아 일대의 지배자로 행세하던 스페인 사람들이 이곳에 눈독을 들였다. 스페인 사람들은 야프섬과 그 부속 도서 일대의 영유권을 주장했다. 1885년 여름에는 건물 하나를 세워 총독을 들여앉혀놓고는 영유권을 '기정사실'로 만들었다고 생각했다. 그러나 오토 비스마르크Otto Bismarck 수상이 이끄는 독일 제국의 외교정책이 매우 강경하다는 점을 미처 계산하지 못했다. 독일 제국의 외무장관은 아무리 작고 오지에 처박힌 섬이라 해도 독일의 국력에 보탬이 될 잠재력이 있는 한 소홀히 하지 않겠다는 방침을 밝혔다. 야프섬의 영유권을 둘러싸고 국제분쟁이 일어났다. 결국 야프섬의 과거 역사에 비춰보면 다소 아이러니하게도 교황이 중재자로 나섰다. 교황은 스페인에는 야프섬을 정치적으로 지배할 권리를 주고, 독일에는 상업을 독점할 권리를 주었다. 그러나 최후의 승자는 철혈재상 비스마르크였다. 그로부터 15년도 채 지나지 않은 1898년, 스페인은 필리핀 지배권을 놓고 미국과 벌인 전쟁에서 졌고, 이로써 태평양에서 식민지를 확대하겠다는 스페인의 야망은 물거품이 되고 말았다. 1899년 스페인은 330만 달러를 받고 야프섬을 독일에 팔았다.

독일의 야프섬 합병은 굉장한 성과 하나를 남겼다. 역사에 흔치 않은 아주 흥미로운 화폐 시스템이 세상의 주목을 받게 된 것이다. 구체적으로 말해 똑똑하고 별난 미국인 청년 모험가 윌리엄 헨리 퍼니스 3세 William Henry Furness III가 야프섬을 방문하는 촉매 구실을 했다. 퍼니스는 뉴잉글랜드 명문가 출신으로, 본래 의사의 길을 걷다가 인류학으로 전공을 바꾼 뒤 보르네오섬을 여러 차례 여행해 유명세를 탔다. 1903년에는 두 달 동안 야프섬을 돌아다녔고, 몇 년 뒤 야프섬의 자연환경과 사회구성을 광범위하게 조사한 결과가 담긴 책을 펴냈다.[1] 그는 야프섬에 처음 발을 내딛자마자 야프섬이 보르네오보다 더 심한 오지인데다 문명의 손길이 전혀 미치지 않은 곳이라는 인상을 받았다. 퍼니스의 설명에 따르면 야프섬은 "동서로 가건 남북으로 가건 하루면 다 돌아다닐 수 있을 정도로" 작은 크기에 인구도 수천 명에 불과하지만 내부 사회는 아주 복잡한 것으로 드러났다. 노예 부족이 있었고, 카스트 제도가 존재했다. 어로작업과 전투를 통해 다져진 동지애가 숨쉬는 특별한 클럽 하우스도 눈에 띄었다. 춤추고 노래하는 전통도 풍부했다. 그 덕분에 퍼니스는 굉장히 흥거운 분위기 속에서 후대를 위한 기록을 남기는 데 몰두할 수 있었다. 그 옛날 선교사가 목숨을 바쳐 알아낸 대로 토착종교는 활력이 넘쳤다. 야프섬 원주민은 바다에 떠다니는 통나무에 달라붙은 거대한 따개비에서 태어났다는 정교한 창조설화까지 있을 정도였다. 그러나 퍼니스가 야프섬에서 발견한 여러 사실 중 가장 인상적인 것은 화폐 시스템이었다.

야프섬 경제는 발전했다고 할 만한 수준이 못 되었다. 아니, 변변치 못하다고 해야 맞았다. 시장에서 거래되는 것이라고는 생선과 코코넛, 그리고 야프섬의 유일한 사치품인 해삼이 전부였고, 그 외에는 상품이라고 할 만한 게 없었다. 농경도 존재하지 않았다. 공예품도 보잘것없었다. 사람 손에 길들여진 동물은 돼지와, 독일인이 들어올 때 데리고 온 고양이가 전부였다. 외부인과의 접촉이나 교역은 극히 드물었다. 한마디로 야프섬에서는 외부로부터 고립된 단순경제 말고는 그 무엇도 찾아보기 힘들었다. 이렇듯 야프섬의 경제조건은 태고에나 어울릴 법했기에 퍼니스는 원시적이고 단순한 물물교환 이상의 것을 기대하지 않았다. 사실 그가 관찰한 대로라면 야프섬은 "먹고 마실 것이 지천에 널려 있고 입을 것이 나무에서 자라기 때문에 그때그때 채집하면 먹고사는 일이 해결되는 땅"이라 물물교환조차 복잡하기만 할 뿐 아무 쓸데없는 짓일 것 같았다.[2]

그러나 실제로는 정반대였다. 야프섬에는 고도로 발달한 화폐 시스템이 있었다. 퍼니스가 야프섬에 발을 들여놓고 바로 그 사실을 알아차리기란 불가능했다. 야프섬과 화폐 시스템은 지극히 어울리지 않았기 때문이다. 화폐 시스템의 핵심은 '페이fei'였다. "그것은 지름이 30센티미터에서 360센티미터에 이르는 단단하고 육중한 바퀴 모양의 커다란 돌이었다. 그 중심에는 다양한 크기의 구멍이 뚫려 있었다. 돌의 무게를 감당할 만한 튼튼한 막대기를 집어넣어 운반할 목적으로 뚫어놓은 구멍인 듯했다."[3] 이 돌 화폐는 본래 팔라우섬에서 북쪽으로 약 500킬로미터 떨어진 바벨투아프섬에서 캐낸 것이었다. 전해지는 이야기로는 아주 오래전에 야프섬으로 건너왔다고 한다. 돌 화폐의 가치는 주로 크기에 의해 결정됐지만, 결이 얼마나 고운가와 석회질 색깔이 얼마나 하얀가도 가치를 매기는 중요한 요소로 작용했다.

퍼니스는 처음에는 "건장한 남자 넷이 덤벼들어도 돼지 한 마리에 해당하는 가치를 훔칠 수 없다면 도둑질은 실망스러운 일이 될 것"이기 때문에, 본의 아니게 페이가 그렇게 기묘한 형태를 띠게 됐을 거라고 생각했다. 그는 과감하게 추측했다. "페이를 도둑질한 사례는 거의 없을

1903년 윌리엄 헨리 퍼니스가 찍은 야프섬의 돌 화폐 사진. 그 옆에 선 사람 및 야자나무와 크기를 비교해보라.

것이다."⁴ 야프섬에 머물고 시간이 상당히 흐른 뒤 퍼니스는 페이가 어느 한 집에서 다른 집으로 옮겨진 사례 또한 드물다는 사실을 깨달았다. 그동안 무수한 거래가 일어났다. 그러나 미래에 채권과 채무를 맞바꿀 수 있다는 기대 속에서 미수 채권과 미지급 채무를 이월해놓았기 때문에 거래 당사자 사이에서 채권과 채무는 서로 상쇄되는 일이 흔했다. 이월한 채권과 채무가 쌓여 한꺼번에 털어내야 할 때도 당연히 있었지만, 그럴 때도 페이의 물리적 위치를 바꾸는 일은 흔치 않았다. 퍼니스는 이렇게 적었다. "이 돌 화폐에서 주목할 특징은 소유주가 자신의 소유권을 주장하는 어떤 행위를 하지 않아도 된다는 점이다. 덩치가 너무 커서 쉽게 옮기기 힘든 페이를 대가로 받는 거래를 완결지은 뒤에도, 새 소유주는 소유권에 대한 최소한의 확인을 받았다는 데 만족한다. 거래가 이루어졌음을 나타내는 그 어떤 표시도 남기지 않는다. 결국 돌 화폐는 거래 당사자 어느 쪽도 손대지 않은 상태로 이전 소유주 집 마당에 원래 모습 그대로 머무른다."[5]

퍼니스가 야프섬 화폐 시스템의 이런 모습에 경탄을 금치 못했을 때 안내인은 더욱 놀라운 이야기를 들려주었다.

> 가까운 마을에 누구나 엄청난 재산가라고 인정하는 어떤 집이 있지만, 아무도, 심지어 재산가 본인조차 그 재산을 만진 적도 본 적도 없다. 엄청나게 크다고 입에서 입으로 전해져 내려오기만 할 뿐 옛날이나 지금이나 바다 밑바닥에 가라앉은 상태 그대로 있는 페이가 그 재산의 근원이다![6]

알고 보니 그 페이는 아주 오래전 바벨투아프섬에서 야프섬으로 옮기던 중 폭풍우를 만나 바다에 가라앉은 것이었다.

> 굉장히 큰 페이가 바다로 떨어져 사라진 사건은 시시한 일이라 입에 올릴 이유가 없다는 생각, 그것이 해저 수백 미터 아래에 있더라도 시장성에는 아무 변함이 없다는 생각이 (…) 보편적이었다. (…) 돌 화폐의 구매력은 바닷속에 있어 보이지 않을 때도 소유주로 추정되는 사람의 집 한구석에 놓여 있을 때와 마찬가지로 유효했다. 중세시대 수전노가 닥치는 대로 긁어모아 쌓아

놓은 황금 덩어리가 그랬듯이 부를 상징하는 의미만 담긴 듯했다. 어쩌면 워싱턴 재무부 금고를 꽉 채우고 있다는 은덩이와도 비슷했다. 우리는 그것을 본 적도 만진 적도 없지만, 그것이 거기에 존재한다는 증명서의 힘에 기대어 거래한다.[7]

퍼니스의 유별난 여행기는 1910년에 출간되었지만, 경제학계의 눈길을 끌 것 같지 않았다. 그러나 그중 한 권이 어쩌다 영국 왕립경제학회 기관지 『이코노믹 저널Economic Journal』 편집부로 흘러들어갔다. 편집부는 케임브리지 대학교 출신의 젊은 경제학자, 존 메이너드 케인스John Maynard Keynes에게 이를 읽어보라고 주었다. 20년 뒤 화폐와 금융에 관한 세상의 인식을 송두리째 바꿔놓았으나, 그 당시만 해도 영국 전시 내각의 신출내기 관료에 지나지 않았던 케인스는 퍼니스의 여행기를 읽는 내내 경탄을 금치 못했다. 그는 훗날 이렇게 술회했다. "퍼니스의 여행기 덕분에 화폐에 관해서라면 세계 어느 나라 국민과 견줘도 철학적으로 훨씬 심오한 생각을 만들어낸 야프섬 원주민을 알게 되었다. 현대의 금 보유 관행은, 논리적으로 더 뛰어난 야프섬 관행에서 배울 점이 많다."[8] 20세기 최고의 경제학자가 어째서 야프섬의 화폐 시스템이 굉장히 중요하고 보편적인 가르침을 준다고 생각했는지 밝혀내는 것이 이 책의 주제다.

위대한 지성의 생각은 통한다

화폐란 무엇인가? 어디서 유래했는가?

몇 년 전 오랜 친구와 한잔하며 이 두 가지에 대해 물었다. 그는 유망한 금융 서비스 기업을 일궈낸 성공한 사업가인데, 나의 질문에 익숙한 이야기로 답했다. 원시시대에는 화폐가 없었다. 물물교환만 있었다. 그때 사람들은 자신이 직접 생산하지 않은 물건이 필요해지면, 그것을 보유하고 있는 동시에 자신이 만든 어떤 물건과 바꿀 의사도 있는 누군가를 찾아내야 했다. 당연한 말이지만 이런 물물교환 시스템은 굉장히 비효율적이라는 문제점을 안고 있었다. 내가 원하는 것을 보유하고 있을 뿐 아니라 때마침 내가 보유한 것을 원하는 사람을 찾아내야 했다. 그러던 어느 날 '교환수단' 구실을 할 무언가가 필요하다는 생각이 떠올랐다. 원칙적으로는 무엇이든 교환수단이 될 수 있었다. 일반적 합의가 된다면 그 어떤 교환수단도 지불수단으로 받아들여질 수 있었다. 그렇지만 현실에서는 금과 은이 교환수단으로 가장 흔하게 선택되었다. 내구성과 가변성, 휴대성이 뛰어난데다 희귀하기 때문이다. 아무튼 옛날부터 그 자체로서도, 또 다른 물건을 살 때나 미래에 대비해 부를 저장할 때 사용할 수 있는 수단으로서도 사람들이 탐내던 무언가가 있었다. 그것은 한마디로 화폐였다. 바로 이것이 화폐의 유래다.

간단하지만 설득력 있는 이야기였다. 내가 친구에게 설명했듯이 그 안에는 화폐의 본질에 관한 이론, 화폐의 오랜 역사와 독특한 족보가 담겨 있었다. 화폐 이야기는 아리스토텔레스의 『정치학』에도 나온다. 서양의 정전이 일찍부터 다룬 주제였던 것이다.[9] 고전적인 정치적 자유주의의 아버지 존 로크도 『통치론』에서 화폐에 관한 이론을 전개했다.[10] 애덤 스미스도 근대 경제학의 밑바탕을 이루는 책 『국부론』의 한 장

「화폐의 기원과 사용에 관하여」에서 화폐의 사용을 옹호했다.

> 분업이 처음 일어났을 때만 해도 교환은 자주 막히고 끊겨 그 위
> 력을 발휘하기 힘들었을 것이다. (…) 정육점 주인은 자신이 소
> 비할 수 있는 것보다 더 많은 고기를 정육점 안에 보관해두고 있
> 다. 양조장 주인과 빵집 주인은 고기를 살 마음이 있지만, 맥주
> 와 빵 말고는 교환의 대가로 내놓을 수 있는 것이 없다. 그런데
> 정육점 주인은 이미 상당히 오랫동안 마시고 먹을 맥주와 빵을
> 일찌감치 확보해두었던 것이다. (…) 분업이 자리잡은 뒤에도
> 어느 시대에나 신중한 사람은 자신이 노동해서 생산한 고유의
> 상품과 더불어 다른 사람이 교환을 거부하지 않을 것으로 짐작
> 되는 일정량의 상품을 수중에 둠으로써 불편한 상황이 닥치는
> 것을 피하려고 했다.[11]

애덤 스미스는 내 친구가 그랬듯이, 어떤 상품이 화폐로서의 기능을
할지 알아내기 힘들다고 보았다.

> 많은 상품이 잇달아 화폐로 상정되어 사용되었을 것이다. 원시
> 사회에서는 소가 가장 보편적인 교환수단이었고 한다. (…) 아
> 비시니아에서는 소금이 흔한 교환수단이고 인도 해안 지방에서
> 는 특정 조개껍데기가 교환수단이라는 말이 들린다. 뉴펀들랜
> 드섬에서는 말린 대구가, 버지니아에서는 담배가, 서인도제도

에서는 소금이 교환수단이라고 한다. 어떤 나라에서는 생가죽이나 무두질한 가죽이 교환수단이라는 이야기도 있다. 지금도 스코틀랜드의 시골 마을에서는 노동자가 빵집이나 맥줏집에 화폐 대신 못을 갖고 가는 일이 드물지 않다고 한다.[12]

애덤 스미스는 내 친구와 마찬가지로 금이나 은 같은 금속이 가장 필연적인 선택이라고 생각했다.

> 모든 나라에서 사람들은 불가항력적인 이유로 다른 모든 상품을 제쳐두고 금속을 교환수단으로 선택해 사용하기로 결정했을 것이다. 그 어떤 상품과 견주어도 금속만큼 손상 없이 보관할 수 있는 것은 없다. 금속은 썩지 않는다. 잘게 쪼개거나 쪼개진 조각을 합쳐도 그 가치를 잃지 않는다. 다른 내구성 있는 상품이 따라잡기 힘든 이러한 속성 덕분에 금속은 적절한 교환수단, 유통수단이 될 수 있다.[13]

나는 친구에게 칭찬받아 마땅하다고 말했다. 그는 경제학을 공부하지 않았는데도 애덤 스미스와 똑같은 이론에 도달했다. 그러나 나는 이것이 전부가 아니라고 설명했다. 화폐의 기원과 본질에 관한 이론은, 클라우디오스 프톨레마이오스의 천동설처럼 새로 나온 이론에 밀려 폐기됨으로써 이제는 역사적 호기심의 대상으로 남아 있을 뿐인 그런 이론이 아니다. 오늘날에도 거의 모든 주류 경제학 교과서에 실려 있는 이론이다.[14] 이뿐만 아니라 화폐이론의 기본 개념은 지난 60년 동안 화폐 문제를 상세하게 살피는 이론적, 경험적 연구의 토대를 이루었다. 경제학자는 화폐이론에 담긴 가정을 토대로 왜 특정 상품이 화폐로 선택되는지, 사람들이 그것을 얼마나 갖고 싶어할지 연구하기 위해 정교한 수학 모형을 설계했고, 화폐의 가치와 용도의 모든 측면을 설명하는 방대한 분석 장치를 만들었다. 화폐이론은 또한 경제의 호황과 불황을 설명하고 금리와 정부 지출을 조절해 경기 순환을 관리하는, 경제학의 한 분야인 '거시경제학'의 토대가 되기도 했다. 한마디로 내 친구의 생각은 화폐의 탄생 이야기가 아니다. 전문가와 비전문가가 모두 인정하는 전통적 화폐이론이라고 해도 무방하다.

지금 친구는 누가 봐도 뽐내고 싶은 마음이 가득했다. 그러나 늘 그래 왔던 것처럼 짐짓 겸손한 척하며 말했다. "뭐, 내 머리가 좋은 건 사실이지. 그래도 나 같은 순전한 비전문가가 단번에 경제학 고전을 저술한 위대한 지성과 비슷한 생각을 했다는 말을 들으니 굉장히 기분이 좋군. 너 혹시 지난 몇 년간 학위를 따겠다며 공부한답시고 괜한 시간을 낭비했다는 생각이 들지 않니?" 친구가 길게 말한 전통적 화폐이론에는 분명히 문제가 있었다. 경제학을 깊게 공부한 적 없는 친구가 불현듯 떠올릴 만한 수준의 이론이라서가 아니었다. 정반대였다. 경제학을 오래 공부한 나 같은 사람들이 이 이론을 그저 되새김질만 하기 때문이었다. 전통적 화폐이론은 간단하고 이해하기 쉽다는 장점이 있지만 단점도 뚜렷하다. 한마디로 말해 틀렸다.

석기시대 경제학?

야프섬의 화폐 시스템이 대단히 중요하고 보편적인 가르침을 준다고 한 존 메이너드 케인스의 지적은 옳았다. 호기심을 자아내는 돌 화폐에 관한 윌리엄 헨리 퍼니스의 설명은 언뜻 화폐의 역사에 붙는 생생한 각주에 불과한 것처럼 보일 수도 있다. 그러나 이는 전통적 화폐이론으로는 답하기 쉽지 않은 몇 가지 질문을 제기한다. 물물교환에서 화폐가 나왔다는 생각을 예로 들어보자. 아리스토텔레스, 로크, 애덤 스미스는 연역적 논리만을 토대로 그렇게 생각했다. 그들 중 누구도 물물교환에 기대어 작동하는 경제를 직접 보지 못했다. 그러나 옛날에 물물교환에 기초한 경제 질서가 존재했을 것이라는 가정은 근거가 없지 않다. 그리고 물물교환이 존재했다면 불편함을 느낀 누군가가 개선 방법을 찾아내려고 시도했을 것이라는 가정 역시 이치에 어긋나지 않는다. 이런 맥락에서 본다면 야프섬의 화폐 시스템은 의외였다. 야프섬의 단순한 경제는 이론적으로는 물물교환을 기반으로 작동해야 했다. 그러나 그러지 않았다. 충분히 발달한 화폐 시스템이 있었다. 야프섬은 예외였다는 주장이 나올지도 모른다. 그러나 이렇게 원시적인 경제에도 벌써 화폐와 통화가 있었다면, 물물교환은 도대체 언제, 어디에 존재했던 것일까?

퍼니스의 야프섬 여행기가 출간된 이후 100년 동안 이 물음은 끊임없이 연구자를 괴롭혔다. 역사학 증거, 민족지학 증거가 쌓일수록 야프섬의 화폐 시스템은 더욱 예외가 아닌 듯했다. 여러 연구자가 일상적으로 물물교환을 했거나 하고 있는 역사 속 사회 또는 현존 사회를 찾아내려고 애썼지만, 아무도 찾아내지 못했다. 1980년대가 되자 중진 '화폐 인류학자'들은 확실한 의견을 내놓아야 한다고 생각하기에 이르렀다. 1982년 미국 조지 돌턴George Dalton은 "우리가 확실히 아는 과거나 현재의 경제 시스템에서 물물교환, 엄격하게 말하자면 화폐가 매개되지 않은 시장교환이 양적으로 중요하거나 지배적인 거래양식이었던 적은 전혀 없었다"고 했다.[15] 케임브리지 대학교의 인류학자 캐롤라인 험프리Caroline Humphrey는 다음과 같이 결론 내렸다. "순수하고 단순한 물물교환 경제에 관해, 화폐가 태어났다는 증거는 둘째치고 물물교환 경제의 사례조차 나온 적이 없다. 이용 가능한 모든 민족지학 자료는 물물교환 경제라는 것이 존재하지 않았음을 시사한다."[16] 이런 소식은 지적 모험심이 강한 비주류 경제학으로 퍼져나갔다. 미국 경제사학자 찰스 킨들버거Charles Kindleberger는 1993년 『서유럽 금융 역사Financial History of Western Europe』 제2판에서 이렇게 썼다. "경제사학자는 경제적 교류가 자급자족 경제, 물물교환 경제에서 화폐 경제, 신용 경제 순으로 발전해왔다고 수시로 주장한다. 독일 역사학파 경제학자 브루노 힐데브란트Bruno Hildebrand도 1864년 비슷한 주장을 했지만, 오류로 밝혀졌다."[17] 결국 21세기 초 경험적 증거에 비춰볼 때 물물교환에서 화폐가 태어났다는 전통적 생각이 틀렸다는 쪽으로 학계의 견해가 모아지는 보기 드문 일이 벌어졌다. 2011년 인류학자 데이비드 그레이버David Graeber는 대놓고 말했다. "물물교환에서 화폐가 태어났다는 증거는 전혀 없지만, 그 반대 증거는 엄청나게 많다."[18]

야프섬의 돌 화폐 이야기는 화폐의 기원에 관한 전통 이론의 설명에 도전장을 내민다. 더 나아가 화폐는 실제로 무엇인가 하는 개념에도 심각한 의문을 제기한다. 전통 이론에 따르면 화폐란 교환의 매개체로 기능할 수 있게 상품들 중에서 선정된 '물건'이며, 화폐교환의 본질은 재화와 서비스를 이 교환 수단을 통해 맞바꾸는 것이다. 그러나 야프섬의 돌 화폐는 이 도식에 들어맞지 않는다. 첫째, 누군가가 지름 30센티미터에서 360센티미터에 이르는 굉장히 크고 단단하며 무거운 돌 바퀴를 교환수단으로 선택했다고는 생각하기 힘들다. 대부분 사례에서 돌 화폐를 옮기는 것은 거래 대상인 재화를 옮기는 것보다 훨씬 힘들기 때문이다. 둘째, 페이는 다른 모든 것과 교환될 수 있는 상품이라는 의미에서의 교환수단도 아니었다. 페이가 교환된 적이 거의 없었기 때문이다. 사실 운반선이 침몰하는 바람에 페이가 바다에 빠진 사례에서는, 어느 누구도 그 문제의 페이를 교환수단으로 사용한 것은 고사하고 실물을 본 적도 없었다. 야프섬 주민이 이상하게도 페이가 어찌 되건 무관심했다는 데는 의문의 여지가 없다. 그들의 화폐 시스템에서 핵심은 교환수단으로 사용되는 돌 화폐가 아니었다. 무언가 다른 것이었다.

교환수단으로 선정된 상품에 관한 애덤 스미스의 이야기를 자세히 살펴보면 야프섬 주민은 무언가를 알고 있었다는 생각이 든다. 애덤 스미스는 다양한 시대 다양한 장소에서 다양한 상품이 화폐로 선정되었다고 주장했다. 다시 말해 뉴펀들랜드섬에서는 말린 대구, 버지니아에서는 담배, 서인도제도에서는 설탕, 스코틀랜드에서는 못이 화폐로 쓰였다. 그러나 『국부론』이 나오고 나서 한두 세대 지난 뒤 거기 실린 사례가 과연 타당한지 의구심이 제기되었다. 예컨대 미국인 은행가 토머스 스미스Thomas Smith는 1832년 『통화와 은행에 관한 소고Essay on

Currency and Banking』에서 애덤 스미스는 이들 사례를 두고 특정 상품이 교환수단으로 사용된 증거라고 생각했지만, 실제로는 그렇지 않다고 주장했다.[19] 그 모든 사례는 알고 보면 근대 영국에서 그랬듯 파운드, 실링, 펜스 단위로 계산된 거래와 다르지 않았다. 판매자는 자신의 장부에 화폐 단위로 채권을 기재했고, 구매자도 자신의 장부에 화폐 단위로 채무를 기재했다. 판매자와 구매자가 누적 채권과 채무를 서로 상계하고 남은 채무의 순 잔액을 그 가치에 해당하는 이런저런 상품으로 털어버렸다는 사실은 그 상품이 화폐라는 것을 의미하지 않았다. 애덤 스미스는 신용 시스템 및 신용 시스템 이면의 정산 시스템이 아니라 상품 지불에만 주목한 바람에 상황을 완전히 거꾸로 이해하는 결과를 빚고 말았다. 애덤 스미스가 그랬듯 상품 자체가 화폐라고 하는 것은 처음에는 논리적인 것처럼 보일 수 있지만, 결국에는 헛소리로 귀결되고 만다. 화폐의 본질을 다룬 뛰어난 논문을 두 편이나 썼지만 그다지 유명하지 않았던 경제학자 앨프리드 미첼 이니스Alfred Mitchell Innes는, 뉴펀들랜드섬에서 말린 대구가 화폐로 사용된다는 애덤 스미스의 이야기에 담긴 문제점을 다음과 같이 직설적인 말로 정확하게 정리했다.

조금만 생각해도 주산물이 화폐로 사용되는 건 불가능했음을 알 수 있다. 가설에 따르면 교환수단은 사회의 모든 구성원이 똑같이 주고받는 것이기 때문이다. 그래서 어부가 말린 대구로 물품 대금을 지급했다면, 어부와 거래한 상인은 똑같이 말린 대구를 구입한 대금을 말린 대구로 지급해야 한다. 누가 봐도 터무니

없는 일이 아닐 수 없다.[20]

야프섬의 페이가 교환수단이 아니었다면, 페이는 과연 무엇이었을까? 더 중요하게는 페이가 야프섬의 화폐가 아니었다면, 무엇이 야프섬의 화폐였을까? 이 두 가지 물음에 대한 답은 굉장히 간단하다. 야프섬의 화폐는 페이가 아니라, 겉으로 드러나지 않는 근원적 신용거래 및 정산 시스템이었고, 페이는 이 시스템을 추적, 기록하는 보존 수단이었다. 페이는 이들 신용거래를 나타내는 증거물token에 불과했다. 뉴펀들랜드섬 주민이 그랬듯이 야프섬 주민이 물고기, 코코넛, 돼지, 해삼을 거래하는 과정에서도 채권과 채무가 발생해 쌓였다. 이들 채권과 채무는 사후정산을 통해 서로 상쇄되었다. 즉, 일회성 거래가 끝난 뒤나 하루 단위, 혹은 일주일 단위 거래가 끝난 뒤 거래 당사자는 서로 원한다면 적절한 가치의 통화, 즉 페이를 교환해 이월된 미결제 잔액을 정산했던 것이다. 페이는 야프섬 주민 사이의 매매거래에서 발생한 미결제 신용 잔액이 기록된, 손으로 만질 수 있고 눈으로 볼 수 있는 증거였다. 다시 말해, 주화와 통화는 근원적 신용거래 시스템을 기록하고, 근원적 정산 과정을 이행하는 데 도움이 되는 증거물이다. 주화가 바다에 떨어져 밑바닥에 놓여 있어도 그것이 그 소유주의 재산이라는 데 아무도 의문을 제기하지 않았던 야프섬보다 경제규모가 더 큰 곳에서도 통화와 주화는 필요하다. 그러나 통화 그 자체는 화폐가 아니다. 화폐는 통화의 의미를 명백하게 보여주는 신용 정산의 체계system다.

현대를 살아가는 독자에게는 이 모든 이야기가 친숙하게, 아니 당연하게 들릴 것이다. 아무튼 귀금속으로 주화를 주조하던 시대에는 화폐를 하나의 상품으로, 화폐교환을 재화와 유형의 교환수단을 맞바꾸는 것으로 생각하기 쉬웠다. 그러는 것이 직관에 맞았던 것이다. 이런 생각은 연방준비은행권이나 잉글랜드 은행권 보유자가 컨스티튜션 애비뉴나 스레드니들 스트리트의 은행에 가서 은행권을 명시된 양의 금으로 바꿔달라고 요구할 권리를 법으로 보장받았던 시대까지도 상식에 부합했다. 그러나 그런 시대는 오래전에 끝났다. 현대 화폐 시스템에서 달러화, 파운드화, 유로화 뒤에는 금이 있지 않다. 은행권을 금으로 바꿔달라고 요구할 법적 권리도 없다. 현대 은행권은 징표에 지나지 않는다. 게다가 현대 경제의 통화 대부분은 은행권의 형태를 취하고 있지 않다. 불안정한 물리적 형태조차 갖지 못하는 것이다. 국적 화폐 거의 대부분, 예를 들어 미국 달러화의 90퍼센트와 영국 파운드화의 97퍼센트는 물리적 형태가 없다.[21] 은행 계좌 잔액 속에 있다. 오늘날 대부분의 화폐 지불에서 사용되는 유일한 유형의 장치는 플라스틱 카드와 키패드뿐이다. 어떤 용감한 이론가는 마이크로칩과 와이파이 접속이 상품 교환수단이라고 주장하기도 한다.

기묘한 우연의 일치겠지만, 존 메이너드 케인스 말고도 야프섬 주민들이 화폐의 본질을 완벽하게 이해했다고 경의를 표한 20세기 거장 경제학자가 또 있었다. 1991년 79세의 밀턴 프리드먼Milton Friedman도 우연히 그리 유명하지 않은 퍼니스의 저서를 읽었다. 케인스와 이념적 연관성이 전혀 없는 프리드먼은 화폐를 상품으로 보는 관습적이고 불건전한 집착에서 벗어났다는 점, 물리적 통화에 무관심함으로써 화폐가 상품이 아니라 신용거래 및 정산 시스템이라는 것을 솔직하게 고백했다는 점을 들며 야프섬 주민을 극구 칭찬했다. "100여 년 동안 '문명' 세계는 지하 깊은 곳에서 채굴해 큰 공을 들여 세공하고 먼 곳으로 운송한 다음 다시 지하 깊은 곳 튼튼한 금고에 묻어둔 금속을 부의 표상으로 생각했다. 야프섬 주민의 관습이 문명 세계의 관습보다 더 합리적이라고 해야 하지 않을까?"[22]

20세기 위대한 화폐경제학자 중 한 사람의 찬사만 들어도 굉장한 행운일 텐데, 두 명으로부터 찬사를 들었으니 야프섬은 정말 눈 씻고 살펴봐야 할 곳이 아닐 수 없다.

화폐 반달리즘: 엄대 시스템의 운명

케인스와 프리드먼 모두 화폐는 특수한 유형의 신용이다, 화폐교환은 신용거래의 정산이다, 통화는 근원적 신용관계의 징표에 불과하다는 야프섬 사람들의 경제적 세계관을 격찬했다. 그러나 역사를 살펴보면 이 세계관의 강력한 지지자를 더 찾을 수 있다. 특히 비상 상황에서 화폐 관리 실무를 책임졌던 사람들은 화폐가 상품이 아니라 신용이라는 관점을 강력하게 지지했다. 1565년 오스만투르크가 몰타섬의 수도 발레타를 포위했을 때의 일화가 유명한 사례다. 오스만제국의 항구 봉쇄가 계속됨에 따라 금과 은이 바닥나기 시작했고, 몰타 기사단은 구리로 주화를 주조할 수밖에 없었다. 발레타 주민에게 가치의 원천이 무엇인지 알려주기 위해 '금화나 은화가 아니지만 믿고 사용하라Non Aes, sed Fides'는 문구를 주화에 새겨놓았다.[23] 야프섬 주민도 이 명문銘文의 의미를 완벽하게 이해할 수 있었을 것이다.

그럼에도 화폐는 하나의 상품이고, 화폐교환 monetary exchange은 재화와 교환수단을 맞바꾸는 것이며, 신용은 화폐상품money commodity을 빌려주는 것이라는 전통적 관점은 지난 수백 년간 이론가와 철학자의 열렬한 지지를 받았고, 그리하여 경제사상과 경제정책을 지배해왔다. 전통적 화폐이론이 분명히 틀렸다면, 그렇게 유명한 경제학자와 철학자가 그것을 믿었던 이유는 뭘까? 왜 오늘날의 유명한 경제학자 대부분이 전통적 화폐이론에 담긴 근본적 이념을 현대 경제사상의 주춧돌로 삼기를 고집했을까? 간단히 말해 왜 전통적 화폐이론은 생명력이 강한 걸까? 여기에는 깊이 생각해야 할 이유가 두 가지 있다.

첫번째 이유는 화폐에 관한 역사적 증거와 관련 있다. 오래된 화폐가 적잖이 남아 있지만, 문제는 그 모두가 사실상 단 하나의 유형, 즉 주화라는 점이다. 전 세계 박물관은 고대와 현대의 주화를 잔뜩 쌓아두고 있다. 주화 및 주화에 새겨진 명문은 고대 문화, 사회, 역사를 이해하려 할 때 꼭 필요한 주요 고고학적 자료다. 재능 있는 학자가 해독한 주화 속 이미지와 짧은 문구는 고대 신의 위계서열, 고대 공화국의 이념에 관한 폭넓은 정보를 알려준다. 고대 주화를 연구하는 학문이 고전학古錢學이라는 이름으로 자리잡고 있다. 고전학은 특별한 지식이 없는 사람도 해볼 만한 우표수집과는 다르다. 가장 성과 높은 역사 연구 분야의 하나다.

물론 주화가 고대 역사 연구에서 굉장히 중요한 이유, 무엇보다 화폐 역사의 연구를 지배해온 이유는 오늘날까지 사라지지 않고 남은 것이 주화밖에 없기 때문이다.[24] 주화는 내구성이 뛰어난 금속으로 만든다.

만고불변의 금속, 즉 금이나 은처럼 부식되지 않는 금속으로 주화를 만들 때가 많다. 그 결과 주화는 세월의 흐름으로 인한 훼손을 견뎌낸다. 뿐만 아니라 주화는 값이 나간다. 남몰래 숨기거나 땅속에 묻어두는 일이 다반사였다. 그 결과 수십, 수백, 수천 년 뒤 모험심 넘치는 역사가나 주화수집가에게 발견될 수 있었다. 문제는 화폐의 역사는 물리적으로 훼손되지 않은 사료만으로 접근해야 하는 탓에 오류를 범할 가능성이 높은 분야라는 점이다. 화폐의 역사에서 가장 중요한 사료 더미가 통째로 파괴된 안타까운 이야기를 들어보면 왜 그런지 알 수 있을 것이다.

12세기에서 18세기 말까지 600년 이상 영국 재정은 단순하지만 굉장히 독창적인 회계 기술, 즉 재무부 엄대 시스템Exchequer Tallies에 따라 운영되었다. 엄대는 웨스트민스터궁 인근 템스 강변에서 자라는 버드나무로 만든 막대기였다. 엄대에는 재무부의 수입과 지출 내역이 눈금으로 새겨졌고, 때로는 글씨로도 적혔다. 지주가 국왕에게 납부한 세금의 영수증으로 쓰인 엄대가 있는가 하면, 국왕이 유력한 신하에게 빌린 돈을 만기에 갚았다는 기록이 담긴 엄대도 있었다. 지금도 남아 있는 한 엄대를 보면 "풀크 바셋Fulk Basset에게서 받은 위컴 농장 지대 9파운드 4실링 4페니"라고 적혀 있다. 13세기 런던 주교 풀크 바셋이 헨리 3세에게 진 빚과 관련 있는 듯하다. 뇌물 수수를 기록한 것 같은 엄대도 있다. 민간인이 소장한 한 엄대에는 "국왕의 은전에 대한 대가로 윌리엄 드 툴레위크William de Tullewyk에게서 13실링 4페니를 받음"이라는 수상쩍은 글이 적혀 있다.[25]

양쪽 거래 당사자는 엄대에 거래 세부 내역을 기록한 뒤 엄대를 가로로 길게 쪼개 하나씩 나눠 가졌다. 채권자가 보관하는 것은 '스톡stock'이라 불렸고, 채무자가 보관하는 것은 '포일foil'이라 불렸다. 스톡이라는 말은 오늘날까지 살아남아 영국의 국채를 가리킨다. 버드나무는 나뭇결이 독특하기 때문에 사실상 위조하기가 불가능하다. 또 엄대에 새겨두는 것이 웨스트민스터궁의 장부에 기록해두는 것보다 이동성이 뛰어나기 때문에 엄대 보유자는 거기에 기록된 재무부 채권으로 제삼자에게 진 빚을 갚을 수 있었다. 현대 금융의 관점에서 보면 엄대는 채권, 주권, 은행권처럼 보유자에게 액면 금액을 수령할 권리를 보장해주는 '무기명 채권증서'였던 셈이다.

역사가들은 중세 영국이 엄대를 이용해 재정을 운용했을 것이 분명하다고 입을 모은다. 또 엄대로 화폐교환의 많은 부분도 처리했을 것으로 추정한다.[26] 세금 납부 기일이 닥친 사람은 너 나 할 것 없이 엄대에 기록된 재무부에 대한 채권으로 기꺼이 세금을 납부할 마음이 있었을 것이다. 그러나 진짜로 그랬는지 확실히 밝혀내기는 불가능하다. 수백 년간 무수한 엄대가 만들어졌고, 19세기 초까지도 재무부 서고에는 수만 개의 엄대가 보관되어 있었던 것이 분명하지만, 오늘날 남아 있는 것은 한줌밖에 되지 않기 때문이다. 이 안타까운 상황을 초래한 결정적 주범은 19세기 영국의 극성스러운 행정개혁 지지자였다.

엄대 시스템은 500여 년 동안 유지되면서 효율성을 뚜렷이 입증했지만, 18세기 말에 이르러 엄대 시스템을 없앨 때가 되었다는 인식이 나타나기 시작했다. 당시 품격 있어 보이는 잉글랜드 은행권과 함께 나무 쪼가리를 화폐로 사용하는 것은 둘째치고, 눈금이 새겨진 막대기로 장부를 작성한다는 것은 거의 야만적인 짓, 상업과 기술의 엄청난 발전을 따라잡지 못하는 짓으로 여겨졌던 것이다. 1782년 의회는 재무부의 주요 장부 작성 수단이던 엄대 시스템을 공식적으로 폐지하는 법을 제정했다. 그러나 몇몇 중요하지 않은 업무에서 엄대가 장부 작성 수단으로 사용된 탓에 엄대 폐지법은 50년이 지난 1826년에야 발효되었다. 1834년, 재무부의 원시적 영수증들이 마침내 폐지됐다. 남은 엄대는 지폐로 교체되었다.

엄대 시스템이 철폐된 뒤 재무부 서고에 보관중인 무수한 엄대를 어떻게 처리해야 하는가 하는 문제가 대두되었다. 행정개혁 지지파는 "로빈슨 크루소가 무인도에서 날짜를 기록하던 방식과 닮은" 엄대 시스템은, 대영제국 국고 관리 방식의 개혁을 가로막는 성가신 유물에 불과하다고 여겨 아무 망설임 없이 엄대를 소각하기로 결정했다.[27] 20년 뒤 찰스 디킨스는 엄대 소각이 불러온 불행한 결과를 이렇게 이야기했다.

> 상원 난로에서 엄대를 소각해야 한다는 결의안이 통과되었다. 시대에 뒤떨어진 막대기가 가득찬 난로의 불꽃은 벽과 천장의 판자로 번졌고, 곧 상원 건물이 불길에 휩싸였으며, 하원 건물에도 불이 붙었다. 결국 상원과 하원 모두 잿더미로 변했다. 의사당을 새로 지을 건축가가 모여들었다. 우리는 엄대를 소각하려다 엄청난 비용을 부담해야 하는 상황에 몰렸다.[28]

영국 의회 의사당은 다시 지어졌고, 덕분에 오늘날 템스 강둑에는 웅장한 웨스트민스터궁이 들어섰다. 그러나 영국의 재정과 화폐의 역사가 담긴 귀중한 기록물인 엄대를 화염에서 되살려낼 수는 없었다.[29] 역사가는 개인이 우연히 소장한 덕에 불타지 않은 한줌의 엄대에 의지해 연구해야 했다. 다행히도 오늘날 엄대가 어떻게 사용되었는지를 놓고 몇 가지 갈래로 설명할 수는 있다.[30] 그러나 웨스트민스터궁 서고에 보관되어 있던 중세 영국의 화폐와 재정 상태에 관한 풍부한 지식은 영영 사라지고 말았다.

지금까지 중세 영국의 화폐 역사를 알려고 할 때 직면하는 문제를 이야기했지만, 화폐의 역사, 특히 선사시대 화폐의 역사를 놓고 보면 상황은 더욱 열악하다. 주화만이 오늘날 유일하게 남은 고대 화폐의 물리적 흔적일 때가 많다. 영국의 엄대 시스템이 보여주듯 주화는 거대한 빙산의 한 조각에 지나지 않는다. 주화만으로 화폐와 금융의 방대한 역사를 파악하기란 불가능하다. 한마디로 화폐의 존재와 운용을 알려주는 물리적 증거가 더는 남아 있지 않기 때문이다. 자연재해가 발생해 현대 금융 시스템의 실상이 담긴 디지털 기록이 파괴되었다고 가정할 때, 미래의 역사가가 무엇에 의지해 오늘날 화폐의 역사를 복원할지 생각해보면, 문제의 심각성을 이해할 수 있을 것이다. 역사가의 추론 능력이 아무리 뛰어나다고 해도, 파괴되지 않고 남은 파운드와 유로 동전들, 5센트와 10센트 주화만이 오늘날 화폐의 전부라고 가정한다면, 현대 경제 생활을 결코 이해하지 못할 것이다.

물 밖으로 나온 물고기가 될 때 좋은 점

전통적 화폐이론이 끈질긴 생명력을 보이는 두번째 이유는 사회과학 고유의 문제점과 직접 관련 있다. '물고기는 물을 알지 못한다'는 중국 속담이 있다. 이 속담은 인류학, 사회학, 경제학 같은 '사회과학'이나 '인문과학'이 물리학, 화학, 생물학 같은 '자연과학'과 왜 다를 수밖에 없는지 간결하게 설명해준다. 자연과학의 연구 대상은 물리적 세계다. 적어도 원칙적으로는 객관적 관점을 유지하는 것이 가능하다. 사회과학에서는 상황이 간단하지 않다. 사회과학 각 분야에서 우리는 집단으로서의 우리 자신이나 개인으로서의 우리 자신을 연구한다. 사회와 우리의 자아는 우리와 별개인 독립적 존재가 아니다. 그래서 자연과학과 달리 사회과학은 연구 대상을 객관적 관점에서 바라보기가 굉장히 어렵다. 어떤 제도가 우리 일상적 삶의 핵심부와 가까워질수록 한걸음 비켜서서 그 제도를 분석하기란 굉장히 까다로워진다. 한걸음 비켜서려고 시도하는 것 자체가 논란을 일으키기도 한다. 화폐의 본질을 정확하게 이해하기 어려우며 화폐가 예나 지금이나 논쟁의 주제가 될 수밖에 없는 두번째 이유는 화폐가 경제의 불가결한 일부이기 때문이다. 우리가 화폐를 이해하려고 노력하는 것은 중국 속담의 물고기가 물속에서 헤엄치며 물이 무엇인지 알려고 애쓰는 것과 다를 바 없다.

그렇다고 사회과학을 시간낭비라고 해서는 안 된다. 우리의 습관, 관습, 전통을 100퍼센트 객관적인 관점에서 바라보는 것은 가능하지 않지만, 다양한 역사적 상황 속에서 그것들을 연구한다면 그러지 않을 때보다 훨씬 객관적인 관점에서 바라볼 수 있을 것이다. 멀리 떨어진 어떤 지점을 각도를 달리해서 바라보면 삼각법으로 그 위치를 가늠할 수 있는 것처럼 낯익은 사회현상이라 해도 시대, 장소, 문화를 달리해서 관찰하면 많은 것을 알아낼 수 있다. 화폐의 경우 유일한 문제는 화폐가 경제의 기본 요소이기 때문에 삼각측량을 시도할 기회를 포착하기가 여간 어렵지 않다는 점이다. 평상시 화폐는 가구와 같다. 으레 그 자리에 있는 것처럼 보인다. 정상적 화폐 질서가 혼란에 빠져들면 우리 눈에 드리워졌던 장막이 걷힌다. 화폐 질서가 완전히 무너지면 어항의 물은 쏟아져버리고 우리는 물 밖에 나온 물고기기가 되어 존망의 순간에 놓인다.

간단히 말해 화폐가 과연 무엇인지 알려면 사회와 경제가 무질서 상태에 빠져들 때를 살펴봐야 한다. 재무부 엄대의 운명이 보여주듯 화폐의 역사를 연구할 때는 빈약한 증거에만 매달릴 가능성이 높기 때문에 증거를 확보하기 쉬운 최근의 역사를 놓고 화폐가 무엇인지 연구하는 것이 훨씬 더 낫다. 달리 말해 화폐의 본질을 이해하고 싶다면 현대에 발생한 금융 혼란 사례를 연구해야 한다. 다행히도 그런 사례는 부족하지 않다.

은행이 없는 경제에서의 화폐

1970년 5월 4일 아일랜드 유력 일간지 아이리시 인디펜던트Irish Independent에 눈에 확 띄는 공고문이 하나 실렸다. '은행 폐쇄'라는 제목은 간결하지만 두려움을 불러일으켰다. 아일랜드 유력 은행의 대표로 구성된 아일랜드 은행 상임협의회는 노사협상이 결렬된 상황에서 "아래에 명시한 은행은 최근 제한된 서비스를 제공하는 것조차 불가능한 지경에 이르렀습니다. 이제 각 은행은 아일랜드공화국 내의 모든 점포를 5월 첫번째 금요일부터 추후 별도로 공지할 때까지 폐쇄할 예정입니다"라고 시민에게 알렸다.

그리 오래지 않은 1970년에 선진국인 아일랜드의 모든 은행이 하루아침에 문을 닫았다는 점에 놀라는 독자가 있을 것이다. 그러나 당시 사태가 이 지경으로 전개되리라는 것은 널리 예상되었다. 사실 1966년에도 은행이 폐쇄된 적이 있었다. 1960년대 말 유럽에서 은행의 노사분규는 낯익은 일이었다. 임금인상 속도가 물가상승 속도를 따라잡지 못하면 노사분규가 일어나곤 했다. 1969년에는 연초부터 물가가 무섭게 치솟아, 가을 무렵에는 생계비가 15개월 전에 비해 10퍼센트 넘게 뛰었다. 노동조합은 새로 임금협상을 하자고 요구했지만, 은행 경영진은 거부했다. 아일랜드 은행직원연합회는 파업 찬반투표에서 찬성표를 던졌다.

초반부터 은행 폐쇄가 금방 끝나지 않을 것으로 예상되었고, 각종 대책이 세워졌다. 기업의 첫번째 대응은 지폐와 주화를 미리 확보하는 것이었다. 아이리시 인디펜던트는 다음과 같이 보도했다.

> 기업들이 은행 폐쇄를 앞두고 예비 자금을 확보하느라 혈안이 되었기 때문에 전국에서 대규모 예금인출 사태가 빚어졌다. 보험회사, 금고회사, 경비회사는 은행 폐쇄 기간 동안 매우 바빠질 것으로 전망된다. 급여 규모가 큰 공장과 대기업은 슈퍼마켓과 백화점 같은 대규모 소매업체에 손을 써 현찰을 예약했다.[31]

그러나 은행 폐쇄가 시작되고 한 달 동안 상황은 당초 우려했던 것만큼 나빠지지 않았다. 아일랜드 중앙은행은 3월과 4월 동안 통화량을 늘리라는 빗발친 요구를 신중한 고민 끝에 받아들였고, 그에 따라 5월에는 유통되는 지폐와 주화가 예년보다 1천만 파운드 많았다. 일반적으로 상점과 소매업에서는 지불의 흐름 때문에 잔돈이 차고 넘치지만, 일상 업무에서 현금을 받을 이유가 없는 도매업과 공공기관에서는 잔돈이 부족해지는 경향이 나타났다. 중앙은행은 국영 버스회사에 승객에게 거스름돈을 잘 챙겨주라고 하나마나한 당부를 하기도 했다. 그러나 이렇듯 지폐와 주화의 유통이 원활하지 않았지만 큰 불편은 없었다.

　　그 이유는 대부분의 지불이 수표로 이루어졌기 때문이다. 달리 말해 당좌계좌가 개설된 은행은 모두 문을 닫았는데도 어느 한 개인이나 기업의 당좌계좌에서 다른 개인이나 기업의 당좌계좌로 거래대금이 이체되었던 것이다. 아일랜드 중앙은행은 은행 폐쇄를 앞두고 전반적 상황을 검토한 보고서에서 "총화폐보유액의 약 3분의 2가 당좌계좌의 잔고 형태이고 나머지 3분의 1이 지폐와 주화 형태"라고 했다.[32] 따라서 '당좌계좌의 잔고'가 언제까지 순환할 수 있을지가 초미의 관심사로 떠올랐다. 특히 개인에게는 다른 선택의 여지가 없었다. 은행이 문 닫은 5월 1일 이후 개인은 지갑 속 현금을 초과하는 지출이 발생하는 경우 수표 형식의 약식차용증을 작성해 건네주면 거래 상대방이 받아주기만을 기대할 수밖에 없었다.

　　여름이 다 지날 때까지 거래는 계속 일어났고 수표의 교부와 수취도 평상시와 거의 똑같았다. 은행에 지급제시된 수표가 하나도 없었다는 것이 유일한 차이점이었다. 보통 수표는 판매자가 물건을 신용판매할 때의 위험을 줄여주는 기능을 한다. 수표를 수취한 판매자는 영업일이 끝날 무렵 은행에서 수표를 현금으로 바꿀 수 있다. 하지만 은행이 문 닫은 상황에서 수표는 당분간 개인이나 기업의 약식차용증일 수밖에 없었다. 판매자는 자기 나름대로 구매자의 신용을 평가한 뒤 수표를 받았다. 당연한 말이지만 이렇게 임시변통으로 만들어진 시스템이 악용될 위험은 무척 컸다. 무엇보다 수표를 정산할 수 없었기 때문에 잔고가 없는데도 수표를 발행하는 행위를 막을 방법이 원칙적으로 없었다. 시스템이 작동하려면, 수표 수취인은 부도가 나지 않을 거라고 믿으면서 수표 발행인이 교부하는 수표를 받아야 했다. 은행이 다시 문 여는 시점을 확실하게 알지 못하는 상황에서는 그래야만 했다. 런던의 일간지 타임스The Times는 아일랜드해 건너편에서 벌어지는 사건에 깊은 관심을 보였다. 7월 접어들어서도 크게 변한 것 없이 살얼음판을 걷는 것 같은 아슬아슬한 상황이 이어지고 있다는 데 주목했다. 타임스 통신원은 이렇게 송고했다. "통계수치와 추세에 비춰본 결과 은행 노사분규는 지금까지 경제에 악영향을 미치지 않았다. 수많은 요인 덕분이다. 기업이 분별력을 발휘해 지나친 지출을 하지 않은 것도 그 요인 중 하나다." 균형 잡힌 행동이 계속될 수 있을까? "그러나 노사분규가 길어지면 더는 조심하지 않겠다는 심리적 위험이 커진다. 특히 소기업이 가장 취약한 고리다."[33]

아니나다를까 여기저기서 균열이 발생하는 듯했다. 은행이 폐쇄되고 나서 한 달쯤 지났을 무렵 가축시장은 더이상 개인 수표를 받지 않겠다고 선언했다.[34] 7월에는 돼지 7마리를 밀반입했다는 이유로 유죄를 선고받은 오마의 어떤 농장주가 수중에 현금이 없어 벌금 309파운드를 납부하지 못했다.[35] 여름이 끝나갈 무렵 은행의 부추김을 받은데다 은행 폐쇄를 우회할 방법을 찾는 과정에서 발생하는 비용 때문에 잔뜩 뿔이 난 기업 로비 단체는 신문 지면을 빌려 불안감을 자아내는 이야기를 퍼뜨리기 시작했다. "은행 노사분규 탓에 경제 전반의 마비가 날로 심해지고 있다."[36] 그러나 1970년 11월 위기가 수습된 뒤 아일랜드 중앙은행이 수집한 증거자료에 따르면 상황은 정반대였다. 은행 폐쇄 사태 검토보고서는 "주요 정산결제은행이 문 닫은 뒤에도 아일랜드 경제는 상당히 오랫동안 잘 돌아갔고 경제활동 수준도 꾸준히 상승했다"고 결론내렸다.[37] 은행 폐쇄 전이나 후나 아일랜드 경제가 어떻게든 돌아갔다는 것은 정말 놀라운 일이 아닐 수 없었다. 당시 세계 30번째 부자 나라에서 "채권과 채무가 언제 정산될지 기약이 없는 와중에도 무려 6개월 반 동안이나 개인적이고 비공식적인 신용 시스템이 기존 은행 시스템을 완벽하게 대신했다".[38]

어쩌면 성공적으로 운영될 수 있는 시스템이 지금까지 논리적 장애물에 가로막혀 있었는지도 모른다. 은행 노사는 마침내 임금협상을 마무리짓고, 1970년 11월 17일부터 은행 영업을 재개했다. 그때까지 개인과 기업 양쪽에 엄청난 양의 미결제 수표가 쌓여 있었다. 신문에는, 은행 고객은한꺼번에 미결제 수표를 제시하지 말라는 안내문과 결산이 끝나고 계좌가 정리되기까지 여러 주가 걸릴 것이라는 경고문이 실렸다. 3개월 지난 1971년 2월 중순에야 은행은 정상 상태로 돌아갔다. 그

때까지 은행 폐쇄 기간 동안 발행된 미결제 수표가 결제를 위해 은행에 제시된 액수는 모두 50억 파운드가 넘었다. 은행이 문 닫은 동안 아일랜드 국민이 은행의 힘을 빌리지 않고 거래한 금액이 그 정도였다.

이렇게 경제 주체가 자발적으로 협조하는 기적이 어떻게 일어난 것일까? 사태가 마무리된 뒤 전반적 의견은 아일랜드 사회생활의 몇 가지 특징 덕분에 자발적 협조가 성공을 거둘 수 있었다는 쪽으로 모아졌다. 특히 선술집public house이 가장 유명한 특징이었다. 은행이 문 닫은 뒤 상업거래에서 기본적으로 해결해야 할 과제는 불확실한 수표로 지불하는 사람의 신용도를 따지는 것이었다. 아일랜드인은 도시에서건 농촌에서건 이웃과 끈끈한 관계를 맺으며 똘똘 뭉쳐 살았다. 누구와 거래하건 상대방을 개인적으로 잘 알았고, 크게 힘들이지 않고 신용도를 정할 수 있었다. 물론 1970년 아일랜드에는 고도로 발전한 경제 부문도 여럿 있었으므로, 언제 어디서나 그랬다고 하기는 힘들다. 그러나 비공식 신용 시스템의 중심에 버티고 있던 동네 선술집과 작은 가게는 수표를 수집하고 보증하며 결제하는 대체 은행 구실을 톡톡히 해냈다. 아일랜드 경제학자 안토인 머피Antoin Murphy는 여러 자료를 꼼꼼히 살핀 뒤 이렇게 결론 내렸다. "선술집과 소점포 주인은 손님에 관해 빠삭하게 알고 있었다. 오랫동안 술을 팔다보니 주머니 사정을 모를 수가 없었던 것이다."[39]

문제의 핵심

아일랜드의 은행 폐쇄 사례는 화폐의 본질을 명확하게 이해하는 데 도움을 준다. 이 사례는 야프섬의 화폐를 소개한 퍼니스의 보고서와 마찬가지로 화폐의 본질적 기능이 무엇인지 다시 생각해보게 한다. 더구나 이는 현재와 시간적, 기술적으로 더 가까운 사례라는 점에서 그 의의가 크다. 야프섬 사례가 화폐의 기원과 본질에 관한 전통적 이론에 허점이 있다는 것을 보여준다면, 아일랜드 은행 폐쇄 사례는 현실적 대안에 이르는 길을 알려준다.

야프섬 사례는 지난 수백 년간 경제학자의 골머리를 썩이던 화폐의 본질, 즉 '교환수단'으로 기능하는 통화, 상품화폐의 본질은 무엇인가에 관한 그릇된 선입견을 벗겨냈다. 야프섬 같은 원시경제에서도 오늘날 경제 시스템과 마찬가지로 통화는 잠깐 사용하다 마는 허울에 불과하다는 것을 보여주었다. 신용거래 뒤 정산하는 메커니즘의 기초를 이루는 시스템이 화폐의 본질인 것이다. 이제 우리는 전통 이론이 그리는 것과 전혀 다른 화폐의 기원과 본질에 관한 그림을 마주하게 되었다. 화폐를 바라보는 대안적 관점(원시적 관점이라고 해도 무방하다)의 핵심은 신용이다. 화폐는 상품교환 수단이 아니라 다음과 같은 세 가지 기본 요소로 이루어진 사회적 기술이다. 첫번째는 화폐의 액면 금액으로 표현되는 추상적 가치 단위다. 두번째는 개인이나 기관이 서로 거래하는 과정에서 발생한 채권과 채무의 잔액을 기록하는 신용거래 시스템이다. 세번째는 원래 채권자가 그 채권과 아무 상관 없는 채무를 정산하기 위해 제삼자에게 채무자의 채무상환 의무를 양도할 가능성이다.

이 세번째 기본 요소가 매우 중요하다. 모든 화폐는 신용이지만, 모든 신용이 화폐인 것은 아니다. 양도할 수 있는가 없는가에서 차이가 난다.

채권자와 채무자 사이의 금전소비대차계약만 나타내는 한 차용증서IOU는 신용이지만, 화폐는 아니다. 차용증서를 제삼자에게 양도할 때(전문 금융 용어로는 '배서양도'라고 한다) 신용이 생겨나고, 이는 화폐로 '양도 가능'한 신용이다. 신용이 생겨나 화폐로 기능하기 시작한다. 다시 말해 화폐는 단순한 신용이 아니라 양도 가능한 신용이다. 19세기 경제학자 겸 변호사 헨리 더닝 매클라우드Henry Dunning Macleod는 이렇게 말했다.

> 조금만 생각해도 화폐의 근본적 성격이 드러날 것이다. 분명히 말해 화폐의 주요 용도는 채무를 측정하고 기록하는 데, 이 사람에서 저 사람으로 채무의 양도를 쉽게 하는 데 있다. 금, 은, 종이 등 그 무엇으로 만들어졌건 이 목적에 사용될 수 있는 모든 수단은 화폐인 것이다. 그래서 화폐라는 말과 양도 가능한 채무라는 말은 서로 바꿔 쓸 수 있다. 종류가 무엇이든 양도 가능한 채무를 나타내는 것은 화폐다. 또 화폐는 그 소재가 무엇이든 다름 아닌 양도 가능한 채무를 나타낸다.[40]

앞으로 더 살펴보겠지만, 채권은 양도 가능하다는 혁신적인 생각 덕분에 화폐의 역사에서 대단히 중요한 발전이 일어났다. 역사를 되짚어 보면, 물물교환 대신 화폐를 사용해 거래하면 더 편할 것이라는 생각보다는 채권을 양도할 수 있다는 생각이 경제와 사회를 혁명적으로 바꿔놓았다. 사실 다음과 같은 말은 전혀 과장이 아니다.

누가 인류의 운명에 가장 깊은 영향을 미친 발견을 했는가? 이 질문을 받았을 때 곰곰이 생각한 끝에 부채도 판매 가능한 상품 이라는 것을 처음 발견한 사람이라고 대답하면 별로 틀리지 않을 것이다.[41]

화폐의 이 세번째 근본 요소를 제대로 이해하는 것이 중요하다. 이 요소는 무엇이 화폐의 가치를 결정하는지 설명해준다. 또 화폐는 아무리 신용에 불과한 것이라고 해도 아무나 임의로 만들어낼 수 있는 것이 아니라는 점을 말해준다. 판매자가 구매자의 차용증서로 판매 대가를 받기 위해서는 다음 두 가지 사실을 확신해야 한다. 먼저 판매자는 채무자의 위치에 놓인 구매자가 채무를 변제하라는 요구를 받으면 채무를 변제할 수 있다고 믿을 이유가 있어야 한다. 달리 말해 화폐 발행자를 신뢰할 수 있어야 한다. 그래야 쌍무적 신용이 유지될 수 있다. 이것이 전부가 아니다. 화폐는 더 엄중한 검사도 받아야 한다. 신용이 화폐가 되기 위해서는, 판매자는 구매자가 발행한 차용증서로 대금을 결제한다면 제삼자가 선뜻 인수할 것이라고 굳게 믿어야 한다. 달리 말해 채권자는 기한에 제약받지 않고 자신의 채권을 양도할 수 있다고 믿어야 한다. 이 화폐가 유통되는 시장은 유동적이어야 하는 것이다. 이 두 가지를 믿어야 할 이유가 얼마나 강력한가에 따라 차용증서 발행자가 차용증서를 화폐로 유통하는 일이 어려워질 수도 쉬워질 수도 있다.

화폐를 구성하는 세번째 핵심적 요소인 양도 가능성 때문에 정부가 발행하는 화폐 혹은 정부가 보증하고 지원하는 은행이 발행하는 화폐는 특별하다. 사실 정부나 정부를 대신하는 기관만이 오래 살아남을 수 있는 화폐 발행자라는 화폐국정설chartalism을 주장하는 학파도 있다.[42] 그러나 아일랜드의 은행 폐쇄 사례는 화폐국정설이 또하나의 그릇된 선입견이라는 것을 보여준다. 아일랜드의 은행 폐쇄에서 신용 창조 및 정산 시스템이 반드시 공식적 시스템이어야 할 필요는 없다는 것이 드러났다. 공식적 시스템, 즉 은행은 7개월 가까이 문을 닫았지만, 화폐는 사라지지 않았다. 바다 밑바닥에 가라앉은 페이처럼 은행도 갑자기 사라졌고, 은행과 함께 공식적 신용거래 및 정산 시스템도 사라졌지만, 화폐는 계속 존재했던 것이다.

아일랜드의 은행 폐쇄 사례는 은행과 신용카드, 위조 방지 표식이 새겨진 지폐 같은 공식적 장치는 화폐에 중요하지 않다는 것을 보여준다. 이들 장치는 사라질 수 있지만, 화폐는 살아남는다. 신용거래 및 정산 시스템으로서 팽창과 수축을 한없이 반복하며 거래의 원활한 순환을 돕는다. 화폐가 신용거래 및 정산 시스템으로 기능하려면 신용도가 높은 채무자가 존재하고 제삼자가 채무자의 채무를 인수할 것이라는 믿음이 널리 퍼져 있어야 한다. 경험에 비춰볼 때 정부와 은행이 나서면 이 두 가지 기준이 쉽게 충족되지만, 개인은 물론이고 기업은 그러기가 쉽지 않다. 그러나 아일랜드의 은행 폐쇄 사례가 보여주듯이 이 경험칙이 보편적으로 적용되는 것은 아니다. 공식적 화폐 유통 질서가 해체되더라도 사회는 효과적인 대안을 즉흥적으로 만들어낼 수 있다.

관점의 전환

기업가 친구는 무덤덤한 표정으로 일관하더니 입을 열었다. "그렇구나. 물론 네 설명이 옳을 수도 있어. 꼼꼼히 검토하면 내 이론, 아니 솔직히 말해 애덤 스미스의 이론에도 허술한 구석이 있겠지. 하지만 나는 그렇게 따지는 것은 아무 의미 없다고 생각해. 화폐를 상품이 아니라 사회적 기술로 본다고 현실 세계에서 무슨 차이가 있을까? 화폐가 꼭 국가에 의지하지 않아도 되는 사회적 기술이라고 한들 뭐가 달라지는데?"

나는 일단 친구에게 타당한 물음이라고 대답했다. 그나저나 관점을 바꿔서 생각해보자고 했다. 관점을 조금만 바꿔서 봐도 굉장히 판이한 결론이 나올 수 있다. 이해를 돕기 위해 위대한 물리학자 리처드 파인먼 이야기를 해보겠다.

파인먼은 그 유명한 TV 물리학 강의에서 과학에는 관점을 약간 바꾸면 전혀 다른 세계관이 열릴 수 있는데도 선입관 때문에 관점을 바꾸는 게 직관에 어긋나는 것으로 비친다는 이야기를 전하려 했다.[43] 그는 플라스틱 빗을 이용해 만들어낸 정전기로 종이를 공중에 띄우는 것을 예로 들었다. 우리는 이런 묘기를 볼 때마다 신기해하고 재미있어한다. 왜 그런가? 우리는 눈에 보이는 힘, 예를 들어 빗에 손을 대 저항을 경험한 뒤 빗을 붙잡아 들어올리는 힘에만 익숙해진 나머지 그런 힘만을 실제로 존재하는 힘이라고 생각하기 때문이다. 반면에 보이지 않는 힘, 예를 들어 저쪽에 떨어져 있는 종이를 빗 쪽으로 끌어당기는 전자기장처럼 눈에 보이지 않는 힘은 마법으로 여긴다. 그러나 사실은 그렇지 않다. 눈에 보이지 않는 힘, 즉 전자기장도 힘이다. 정전기가 거리를 두고 작용하며 보여주는 언뜻 마법 같은 결과와, 우리가 볼 수 있는 모든 낯익은 것들에는 모두 눈에 보이지 않는 전자기장이 존재한다.

화폐도 마찬가지다. 지금까지 살펴봤듯이 우리는 형체와 내구성을 겸비한 주화를 비롯한 모든 통화는 화폐이고, 그 위에 신용과 채무라는 마법과 같은 무형의 장치가 놓여 있다는 생각에서 헤어나지 못한다. 그러나 실제로는 정반대다. 양도 가능한 신용이라는 사회적 기술이 기본적 힘이자 화폐의 원초적 실체다. 야프섬의 돌 화폐 페이, 중세 영국의 버드나무 엄대는 물론 은행권, 수표, 대용 화폐scrip money, 그리고 인류 역사에서 수없이 벌어진 통화 혼란 사태 때마다 작성된 차용증서, 오늘날 선진국 은행이 널리 사용하는 전자 데이터 등은 모두 무수한 채권·채무 관계의 근저에서 수시로 변화하는 잔액을 기록한 증거물이다.

뉴턴 역학이 양자역학으로 바뀌면서 물리 현상을 이해하는 방식이 극적으로 달라졌듯이, 화폐를 바라보는 관점이 바뀌면 경제 현실을 이해하는 방식도 극적으로 달라진다. 어떻게 달라지는지 다음 장에서 설명할 것이다.

2

화폐의 척도

화폐를 바라보는 관점

2012년 6월 런던 대영박물관에서 화폐의 역사를 보여주는 전시관이 화려하게 새단장해 문을 열었다. 박물관 경영진은 이전의 화폐 전시관이 대중의 관심을 끌지 못한다고 판단했다. 관람객은 줄줄이 전시된 옛날 주화와 그 아래 적힌 주화의 연대와 출처에 관한 전문적인 설명을 전혀 눈여겨보지 않았다. 새로운 접근법이 필요했기에 디자인을 확 뜯어고쳤다. 가짓수를 줄이는 대신 한층 흥미를 불러일으킬 주화 수집품과 아라비아와 아프리카에서 나온 조개껍데기, 솔로몬제도에서 가져온 씨앗, 14세기 원나라 지폐인 교초交鈔, 야프섬의 페이 등 통화로 사용되었던 온갖 이국적인 물건을 나란히 전시했다. 또한 신앙심이 독실한 이탈리아의 시에나 시민이 속전贖錢을 넣어두었던 16세기 마욜리카 도자기에서 1982년 앤디 워홀이 미국 달러화에 경의를 표시하는 의미로 제작한 실크스크린에 이르기까지, 인류 역사에서 화폐가 얼마나 중요한 역할을 했는지 보여주는 흥미진진한 전시물도 배치해놓았다. 그러나 이 화려한 화폐 전시관에는 무언가 낯선 점이 있다. 사실 화폐 전시관이 새단장해서 문을 열기까지 세계 최대 은행인 미국 복합금융그룹 시티은행의 아낌없는 후원 덕이 컸다. 화폐 이야기를 할 때 은행은 매우 중요하다. 그러나 화폐 전시관에는 그 어떤 은행도 전시되어 있지 않다.

당연한 말이지만 이는 금융 시스템의 실제 작동방식을 감추려는 어떤 범죄 음모가 있어서가 아니다. 화폐 전시관 설계자는 화폐 전시관 내부에 은행을 둔다고 해서 유익한 결과가 나오지 않는다는 것을 알았기 때문이다. 은행은 다른 어떤 사무용 건물과 딱히 구분될 만한 것이 없는 단순한 사무용 건물에 지나지 않는다. 아무리 봐도 화폐에 관해 아무것도 알려주지 않는다. 중요한 것은, 화폐는 어떤 유형의 물체가 아니라 사회적 기술이라는 점이다. 한마디로 화폐는 우리의 생산과 소비, 함께 살아가는 방법을 조직하는 생각과 실천의 집합이다. 화폐를 표상하는 징표, 사람들이 화폐에 표시된 금액을 기록해놓은 장부, 은행처럼 화폐를 운용하는 사람이 일하는 건물이 아닌 화폐 그 자체에는 눈에 보이는 물리적 성질이 없다.

이 사실은 화폐의 기원과, 본질, 그리고 화폐가 인간의 역사와 삶에 미치는 영향을 살필 때 굉장히 중요한 의미를 함축하고 있다. 새단장해 문을 연 대영박물관 화폐 전시관이 취한 고고학적 접근법도 그 나름대로 중요하고 흥미로운 것이긴 하다. 그러나 화폐를 정말로 이해하고 싶다면 다른 방향에서 고고학적으로 접근해야 한다. 이 장에서는 금괴, 주화, 불타고 남은 엄대 같은 유형의 물체가 아니라 생각과 실천, 시스템을 발굴해서 분석할 것이다. 무엇보다 추상적인 경제적 가치 개념, 회계 관습, 분산적 유통 제도에 초점을 맞출 것이다.

어떤 발굴조사건 맨 처음 해결해야 할 문제는 어디를 파야 하는가이다. 화폐가 사회와 경제를 운영하는 데 필요한 운영체제라고 한다면, 화폐를 바라보는 객관적 관점을 획득하는 것이 아주 중요한 과제다. 화폐를 객관적으로 바라볼 때, 아일랜드의 은행 폐쇄 기간에 그랬던 것처럼 공식적 화폐 시스템이 잠시 작동을 멈춘 사례를 아주 쉽게 찾아낼 수 있을 것이다. 또 객관적 관점을 통해 화폐가 국가에 얼마나 의존하는지도 알 수 있을 것이다. 그러나 더 깊이 파고들기를 원한다면, 더욱 철저하게 삼각측량을 해야 한다. 화폐가 존재하지 않았던 시간과 공간을 탐구해야 한다는 말이다. 무리한 주문처럼 들릴 수도 있지만, 으레 그렇듯 우리는 운이 좋다. 화폐 발명 직전 시대에 관한 생생하고 자세한 설명이 있다. 게다가 이 설명은 두 편의 걸작 서사시에 등장한다.

아킬레우스의 분노: 화폐가 존재하기 이전 세계

역사시대 초기 그리스 문학의 성과를 대표하는 두 서사시『일리아드』와 『오디세이』는 이후 모든 유럽 문학의 원천으로 꼽힌다. 그러나 호메로스의 두 서사시가 높은 평가를 받는 것은 문학적 가치 때문만이 아니다.『일리아드』와 『오디세이』에는 고대 그리스 사회와 문화를 알려주는 유일무이한 역사 기록도 담겨 있다. 기원전 2000년 무렵에 번영했던 크노소스와 미케네 문명은 풍부한 고고학적 증거를 남겨놓았다. 또 기원전 8세기 중반 이후에 등장하기 시작한 고대 그리스 도시국가의 모습은 당시의 미술작품과 건축물은 물론 문학과 철학을 살피면 알아낼 수 있다. 그러나 기원전 2000년경에서 기원전 8세기 중반 사이에는 어떤 종류의 사료도 거의 남아 있지 않아 그리스 암흑시대로 불린다. 기원전 1200년 무렵 미케네 사회는 이민족의 침략으로 갑자기 무너지고 찬란했던 문명의 모든 흔적이 단 한 세대 사이 사라지고 만 듯하다. 많은 인구가 거주했을 대규모 궁전, 물산이 풍부했을 배후지, 다른 세계와의 연결망이 소멸한 것이다. 그리스 세계는 서로 고립된 부족 공동체가 드문드문 할거하는 시대로 되돌아갔다. 규모가 작고 조야하며 문자를 사용하지 않는 공동체였다. 호메로스의 서사시로 대표되는 구전시가 전통만이 그 당시 4세기에 걸친 그리스 에게 문화와 사회를 이해하게 해주는 거의 유일한 사료다.

다행히도 『일리아드』와 『오디세이』의 무대는 넓다. 『일리아드』는 전쟁의 참상과 영웅들의 난폭한 행위를 선명히 떠올리게 하는 묘사로 유명하다. 한 부족장이 공격하는 장면을 1000구절 이상에 걸쳐 설명하기도 한다. 대부분은 부족장이 얼마나 잔혹하게 적을 해치우는가에 관한 생생한 묘사다.[1] 그러나 이 두 서사시에는 영웅 이야기 외에도 다양한 생활상과 이에 관한 이야기가 폭넓게 실려 있다. 예를 들어 대장장이신 헤파이스토스가 아킬레우스에게 만들어준 방패를 묘사하는 『일리아드』의 유명한 구절을 보자. 농업에서 축산업, 결혼식에서 형사소송에 이르기까지 암흑시대 여러 분야의 습속을 알 수 있다.[2] 『오디세이』의 소재는 훨씬 더 폭넓다. 트로이를 떠나 고향으로 향하던 주인공 오디세우스는 세상을 떠돈다. 오디세우스는 마녀에게 유혹당하고 외눈박이 거인에게 붙잡힌다. 부랑자로 변장해 양치기와 어울리고 당대 최고로 웅장한 궁전에서 왕들과 저녁식사를 한다. 이승세계에서 온갖 일을 겪은 뒤에는 저승세계로 내려가 과거의 전우를 만나 그들의 서글픈 운명을 위로해준다. 그러나 이토록 다채로운 암흑시대 사회의 파노라마에 빠진 것이 하나 있다. 바로 화폐다.

시장과 화폐가 사회생활을 조직하는 지배적 수단인 세상에서 살아가는 우리는 호메로스의 서사시에 화폐가 등장하지 않는다는 점을 확인하고 의문을 품지 않을 수 없다. 암흑시대 그리스 부족사회에 화폐와 시장이 없었다면, 어떻게 사회생활을 조직했을까? 누구든 자신이 사는 사회와 전혀 다른 규칙으로 작동하는 사회를 접하면 충격을 받는다. 영국 경제학자 폴 시브라이트Paul Seabright가 구소련 붕괴 직후 러시아 상트페테르부르크시 제빵 담당자에게 받은 질문에는 그런 충격의 단편이 담겨 있다. "우리는 시장경제 시스템으로 옮겨 가기를 열렬히 바랍니다. 이 점을 알아주셨으면 합니다." 전직 공산당 책임자가 말했다. "그러나 시장경제 시스템이 어떻게 작동하는지는 잘 모릅니다. 이를테면 런던 시민에게 빵 공급하는 일을 책임진 사람이 누굽니까? 알려주세요."[3] 이 물음에 대한 대답은 당연히 책임진 사람이 없다는 것이다. 분산적인 화폐와 시장 시스템 덕분에 런던 시민은 워버튼스 샌드위치에서 아티잔 스펠트artisan spelt까지 온갖 빵을 맛볼 수 있다. 그러나 구소련 사회에서 살았던 사람이 계획이나 계획을 조율하는 계획가가 없어도 경제가 작동할 수 있다는 생각에 충격을 받았듯이, 시장경제 시스템에 익숙한 우리는 사회가 시장이나 화폐 없이도 작동할 수 있다는 생각에 놀랄 것이다. 화폐와 시장이 존재하기 전에 무엇이 사회를 조직했을까? 『일리아드』와 『오디세이』는 이에 대해 풍부하고 자세한 대답을 들려준다.

암흑시대 그리스의 정치적 지배 장치는 단순하지만 엄격했다. 부족장, 신관, 평민 병사로 구성된 귀족정이었다. 다만 위계 차이는 크지 않았다. 부족장은 군주라기보다는 동급자 중 제1인자쯤에 해당했다. 트로이 전쟁에서 그리스 동맹군의 맹주였던 아가멤논과 다른 부족장의 관계도 그러했다. 그러나 이처럼 사회적 차별은 정도가 그리 심하지 않았지만, 엄격하게 지켜졌다. 여러 병력이 모인 자리에서 원한을 품은 한 보병 병사(테르시테스)가 아가멤논을 오만하다고 비난했을 때 부족장 오디세우스가 재빠르게 나서서 규율을 지키지 않았다고 그를 꾸짖으며 지팡이로 갈기고는 발가벗겨 영내를 돌리며 몽둥이질하겠다고 위협했다. 문명화된 사회 제도의 힘을 빌리지 않고 노골적으로 권력의 힘을 빌리는 장면에 기겁할 현대 독자도 있을 것이다. 그러나 암흑시대 그리스인에게는 아주 자연스럽고 당연한 장면이었다. "오디세우스는 전에도 전투를 할 때건 나라를 다스릴 때건 할 것 없이 훌륭한 일을 수없이 했지." 호메로스는 병사들이 주고받은 말을 그대로 전한다. "그래도 저 천박한 수다쟁이의 아가리를 닥치게 한 것이 아주 잘한 일일 거야. 장담하건대 앞으로 무엄하게 부족장을 비난할 놈은 없을 거야."[4]

정치 술수 이야기는 이쯤 해두자. 화폐가 없던 암흑시대 그리스 사회는 어떻게 작동했을까? 의식주 같은 인간의 기본 욕구를 해결하는 방법은 간단했다. 부족원이 자기 땅에서 생산한 농산물로 근근이 먹고사는 자급자족 경제였기 때문이다. 『일리아드』와 『오디세이』는 공동체 community를 조직하는 데서 중요한 역할을 한 세 가지 사회 제도도 강조한다. 『일리아드』는 특히 전쟁 상황에 관심을 기울이는데, 전쟁에서 도시를 점령하거나 적을 물리친 뒤 전리품을 나눠 갖는 것은 그중 가장 중요한 메커니즘이다. 이는 일종의 소득분배 시스템으로서 완벽함과는 거리가 멀었다. 분배 규칙부터 빈번하게 논란이 된다. 사실『일리아드』의 줄거리는 그리스 최고의 전사 아킬레우스와 그리스 동맹군 사령관 아가멤논이 누가 전리품을 더 많이 차지해야 하는지를 놓고 벌이는 말다툼을 중심으로 흘러간다.

『오디세이』의 시대에 이르러 세계는 평화를 되찾았다.『오디세이』는 트로이에서 고향으로 되돌아가는 오디세우스의 여정과, 아버지를 찾아 에게해를 떠도는 오디세우스의 아들 텔레마코스의 발자취를 따라간다. 『오디세이』시대에는『일리아드』시대와 전혀 다른 제도가 장면을 지배한다. 다시 말해 부족장 사이에 선물을 주고받는 관습이 등장한 것이다. 동료 귀족과 만나거나 헤어질 때 선물을 주는 것이 당시 관습이었다. 이 선물은 다음번에 찾아가면 되돌려받을 수 있었다. 이 원시적 형태의 교환경제는 사회적으로 동등한 사람과의 유대를 가시적이고 구체적으로 표현하며, 미래에 대비한 사회적 기반을 공고히 다지는 데 목적이 있었다. 전리품 분배 규칙이 그랬듯이 교환경제 규칙도 종종 분란을 일으키곤 했다. 트로이 전쟁 자체가 트로이의 왕자 파리스가 규칙을 어기고 스파르타의 왕 메넬라오스의 신부인 헬레네를 데리고 달아났기 때문에 일어났다. 그러나 암흑시대 그리스 세계에서는 전쟁중일 때를 제외하면 교환경제가 가장 중요한 경제적 상호작용 시스템이었다. 사실 교환경제는 그 당시 세계관에 비춰볼 때 핵심적인 시스템이었다. 그래서 호메로스보다 200년 뒤에 활동한 어떤 시인은 행복한 삶의 본질을 포착해 이렇게 읊었다. "아들, 사냥개, 말 그리고 외국에서 돌아온 친구가 있는 사람은 행복하리니."[5]

'힘이 곧 정의다'라는 조야한 원리는 전리품 분배와 호혜적 선물교환에 의해 완화되었다 해도, 사회를 조직하는 엄연한 원리였다. 비록 당시 사회는 단순했지만 말이다. 한편 『일리아드』와 『오디세이』에는 훨씬 차원이 높은 세번째 중요한 제도도 등장한다. 신에게 황소를 제물로 바친 뒤 그 자리에 모인 부족원이 구운 고기를 똑같이 나눠먹었다. 이 엄숙한 의식을 통해 그리스인을 정치적으로 조직하기 위한 가장 기본적인 원리, 즉 모든 남성 부족원의 사회적 가치는 동등하고, 그러므로 이들은 공동체에 대해 동등한 의무를 부담해야 한다는 사실이 가시적 모습으로, 실제로는 식사라는 모습으로 표현되었다.[6]

화폐가 없던 시대에 사회를 조직하기 위한 이 세 가지 단순한 메커니즘(서로 맞물려 돌아가는 전리품 분배, 호혜적 선물교환, 희생물 나눠 먹기)은 암흑시대 그리스에만 있었던 게 아니다. 현대 인류학과 비교역사학 연구에 따르면, 이러한 메커니즘은 소규모 부족사회의 전형적 관습이다.[7] 화폐가 등장하기 이전에는 각 부족 특유의 생활조건과 사고방식이 달랐으므로, 사회 제도 역시 다양한 형태를 띠었다. 그러나 인류학자 모리스 블로흐Maurice Bloch와 조너선 패리Jonathan Parry는 크게 두 가지를 알아냈다. 마다가스카르섬에서 안데스 산지에 이르는 여러 사회를 비교 연구한 결과 "서로 관련 있지만 뚜렷이 구분되는 두 가지 거래 질서의 패턴"이 있었음을 파악했다. "첫째는 장기적 사회질서나 우주질서의 재생산과 관련된 거래이고, 둘째는 개인적 경쟁의 장과 관련 있는 단기적 거래의 '영역'이다."[8]

화폐가 등장하기 전인 호메로스 시대 세계의 사회 제도도 이 도식에 들어맞는다. 먼저 희생물을 신에게 바친 뒤 그 고기를 구워 부족원이 평등하게 분배하고 공동으로 나눠 먹는 원시적 제도가 있었다. 인도-유럽어족에서 먼 옛날부터 전해져온 신을 앞에 두고 부족의 연대를 표현했던 것이다.[9] 이것은 '장기적 거래 질서'를 제어하는 제도였다. 이어 호혜적 선물교환과 전리품 분배 관습이 있었다. 이 두 가지는 '단기적 거래 질서'를 제어하는 규칙으로, 우주질서나 계급 간의 화합과는 관련이 없었다. 그보다는 평시에는 먹고 마시고 사냥하고, 전시에는 강간과 약탈을 저지르는 원시사회의 일상사가 격렬한 무질서에 빠지지 않도록 하는 것과 관련이 깊었다.

고대 메소포타미아-우르 관료제

호메로스의 서사시에서 묘사되고 고고학적 증거로 확인된 원시적 사회관습만이 암흑시대 그리스에서 사회를 조직하던 유일한 방법이었던 것은 아니다. 그리스에서 동쪽으로 수천 킬로미터 떨어진 곳에 훨씬 역사가 깊고 규모가 크며 수준 높은 문명이 있었다. 바로 고대 메소포타미아 문명이다. 산이 많고 해안선이 복잡한 그리스와는 대조적으로 메소포타미아 북부 초승달 지대에는 비옥한 구릉지가, 남부 티그리스강과 유프라테스강 유역에는 기름진 충적토 평원이 펼쳐져 있었다. 기본 환경조건이 잘 갖춰진 덕분에 메소포타미아는 인류 문명의 수많은 기본 형태가 최초로 형성된 곳이라고 주장할 자격이 충분했다. 유프라테스강 북부 유역, 즉 오늘날 터키 인근에서는 농업이 발명되었고 인류가 최초로 정착생활을 했다는 증거가 발견되었다.[10] 관개기술이 최초로 발전한 곳도 오늘날 이라크에 해당하는 유프라테스강과 티그리스강 유역의 삼각주 지대였다.

과학적으로 발견된 여러 사실에 비춰볼 때 유프라테스강과 티그리스강 유역의 삼각주 지대는 당시 기준으로 굉장한 인구밀집 지역이 될 수 있었고, 그래서 메소포타미아 최대의, 가장 영향력 있는 사회적 혁신이 일어날 수 있었다. 도시가 발전했던 것이다. 기원전 3000년대 초 메소포타미아 남부 유프라테스강 유역에서 우루크라는 도시가 번영을 누렸다. 우루크는 넓이가 5.5제곱킬로미터에 달했고 수많은 주민이 거주했다.[11] 그러나 우루크는 메소포타미아 일대에서 번영한 수많은 도시국가 중 초창기에 등장한 일개 도시국가에 지나지 않았다. 당시 메소포타미아에 있던 우루크 이외의 수많은 도시국가는 1000년 뒤 대도시 우르를 수도로 하는 세계 최초의 영토국가로 통합되었다.[12] 기원전 2000년대 초 우르의 인구는 6만 명이 넘었다. 우르 배후지에는 대추야자, 참깨, 곡물을 재배하는 수천 헥타르의 경작지와 소와 양을 기르는 수백 헥타르의 목장이 펼쳐져 있었다. 남부 습지에는 양어장과 갈대공예품 공장이 들어섰고, 우르 시내에도 도자기, 갈대공예품 그리고 종교의식용품을 제작하는 장인의 공방이 즐비했다. 이렇게 규모가 크고 다양한 상공업 활동이 펼쳐지며 인구가 밀집한 대도시는 암흑시대 그리스에서 상상조차 할 수 없는 것이었다.

당연한 말이겠지만 메소포타미아의 사회 시스템 역시 암흑시대 그리스 세계의 원시 부족주의 사회 시스템과 한참 달랐다. 먼저 반신반인의 왕(군사지도자와 재판관을 겸임했다)과 신전 관료(신전에서 우주의 운명과 질서를 관장하는 신을 섬겼고 우르 경제를 관리할 책임도 졌다)가 우르의 최고권력을 나눠 가졌다. 우르 시내 중심부에는 신의 왕 난나^{Nanna}에게 봉헌된 대형 지구라트(아직도 남아 있다), 난나의 아내인 닝갈^{Ningal}을 모신 신전, 그리고 신전 관료의 본부이자 대규모 창고인 가눈마^{Ganunmah} 등 웅장한 건축물이 자리잡고 있었다.[13] 신전 관료는 사실상 우르 경제의 모든 측면을 좌지우지했다. "신전은 경작지, 가축, 습지를 소유했고 시민을 동원해 이를 매일 관리했다. 신전 관리자가 최고 권력자였다."[14] 그리스와의 차이는 극명했다. 메소포타미아는 지리와 기후 때문에 규모가 크고 복잡한 문명을 이룩했고, 세계 최초의 관료 사회, 세계 최초의 통제경제command economy를 만들어냈다.[15]

이렇게 복잡하고 위계적이며 관료제적인 조직이 있는 국가는 암흑시대 그리스의 소규모 부족사회를 규율한 원시적 제도와 판이한 사회적 협력 및 통제 기술을 요구할 수밖에 없었다. 메소포타미아에서 인류 문명사에서 가장 중요한 세 가지 기술, 즉 문자, 숫자, 회계가 발명된 것은 우연이 아니었다.

고대의 실리콘밸리

인류가 언제부터 문자해독 능력을 갖게 되었는지는 확실하게 밝혀지지 않았다. 고대 세계에서, 연약한 존재인 인간이 문명 생활을 하는 데 필요한 기본적 기술인 문자를 생각해냈다는 것은 상상도 할 수 없는 일이었다. 그래서 문자는 신에게서 유래한다는 설명, 즉 문자는 신이 인간에게 준 관대한 선물이라거나 인간이 신에게서 훔쳐온 것이라는 설명만이 가능했다. 예를 들어, 이집트인은 개코원숭이를 닮은 지혜의 신 토트Thoth가 인간에게 문자를 전해주었다고 믿었고, 그리스인은 프로메테우스가 인간에게 문자를 알려주었다고 생각했다. 반면에 고대 메소포타미아에서는 도둑질 덕분에 문자를 얻었다고 여겼다. 지혜의 신 엔키Enki가 술 마시는 틈을 타 위대한 여신 이난나Inanna가 문자를 훔쳐 자신을 섬기는 도시 우루크에 전해주었다고 했다.

18세기에는 문자의 기원에 대한 관심이 일기 시작했고, 문자가 인간의 발명품이라는 설명이 정설로 자리잡았다. 고고학적 증거가 쌓임에 따라 20세기 초에는 두 개의 가설로 이루어진 합리적인 이론이 정립되었다. 먼저 문자는 점진적 발전의 산물이 아니라 발명의 산물이라는 가설이 나왔다. 누군지는 불분명하지만, "같은 시대를 사는 사람은 물론 후손도 이해할 수 있는 (…) 문자 기호로 음성 언어를 기록하는 방법을 만들어내자"고 의기투합한 현자들이 있었다고 본 것이다.[16] 이어 '그림문자'가 최초의 문자였다는 가설도 등장했다. 다시 말해 일정한 방식에 따라 표현하려는 대상을 그림으로 나타낸 것이 문자였는데, 그림문자가 아니었다면 현자들은 어떤 기호로 문자를 만들어 사람들에게 퍼뜨려야 할지 의견을 통일하지 못했을 것이라고 가정했다.[17]

20세기 초에 이르러 그림문자가 문자의 기원이라는 이론을 확증하기 위한 증거가 모두 확보된 것처럼 보였다. 이집트의 상형문자, 고대 중국의 갑골문자, 아즈텍 고문서의 화려한 그림문자 등 초기 문자가 고고학적 기록에 갑자기 등장했던 것이다. 그러나 1929년 새로운 발견 하나가 그림문자설을 단번에 뒤집어엎었다. 메소포타미아 우루크 발굴조사단이 대규모 기록보관소 유적에서 왕궁과 신전의 거래 내역이 자세하게 새겨진 점토판을 발굴했다. 기원전 4000년 말로 거슬러올라가는 이들 점토판에 적힌 문자는 그때까지 발견된 문자 중 가장 오래된 것이었다. 그러나 점토판에 새겨진 문자는 이집트, 중국, 중앙아메리카에서 발견된 그림문자와 달랐다. 점토판에는 갈대 펜으로 휘갈겨쓴 추상적 기호의 조합, 즉 쐐기문자가 새겨져 있었다. 20세기 중반 내내 발굴이 이어졌고, 많은 고고학적 증거가 쌓였다. 인류 최초의 글은 그림문자가 아니라 현대 알파벳과 질적으로 다르지 않은 문자로 작성된 것으로 밝혀졌다. 문자의 기원에 관한 전통적 이론의 두번째 가설이 정확하지 않은 것으로 밝혀진 이상 문자가 자연발생적으로 발명되었다는 첫번째 가설도 허점을 드러낼 수밖에 없었다. 결국 문자의 기원은 한순간 미궁으로 빠져들고 말았다. 40년이 흐른 뒤에야 전혀 다른 관점에서 고대 세계의 수수께끼를 새롭게 살펴보려는 시도가 나타났다.

19세기 말에서 20세기 중반에 걸친 메소포타미아 고고학 연구 황금기의 일부인 제1차와 제2차 세계대전 사이 이루어진 우루크 발굴에서 인류 역사 최초의 문자 기록이 발견되었다. 미국, 독일, 영국 발굴조사단은 무수한 고대 주거지를 발견했고, 웅장한 조각상에서 정교한 보석에 이르기까지 메소포타미아 문명의 뛰어난 기술을 보여주는 방대한 유물을 발굴했다. 이렇게 발굴된 귀중한 유물에는 수많은 점토 가공물도 포함되어 있었다. 대부분의 점토 가공물은 어린이가 갖고 노는 구슬과 비슷한 크기였다. 원뿔 모양, 원통 모양, 공 모양 등 모양과 크기가 다양하다는 점을 빼고는 별로 뚜렷한 특징이 없었다. 수십 년 동안 고고학자들은 이 평범해 보이는 조각들을 신경쓰지 않았다. 1970년대까지도 '어린이 장난감이다', '부적이다', '놀이도구다' 등 그 용도를 둘러싸고 추측이 분분했다.[18] 때로는 그저 '용도가 불분명한 물건'으로 치부되기도 했다. 미국의 어느 유명한 고고학자는 발굴 보고서에서 이렇게 썼다. "11지층과 12지층에서 다섯 개의 수수께끼 같은 물체가 나왔다. (…) 좌약처럼 생긴 점토 가공물이었다."[19]

진실은 평범하면서도 중대했다. 1969년 소장 프랑스 고고학자 드니즈 슈망베세라Denise Schmandt-Besserat는 정체를 알 수 없는 이들 점토 가공물의 포괄적 카탈로그를 작성했다. 카탈로그를 분석해보니 터키 남동부에서 현재 파키스탄에 이르는 서남아시아 전역의 유적지에서 모양과 크기가 다양한 점토 가공물이 발굴된 것으로 드러났다. 슈망베세라는 오랫동안 무시당해온 이들 점토 가공물이 원시적 체스의 말이나 원시적 좌약이 아니라 이른바 '일대일 대응 계산'을 할 때 사용되었던 대용물token이라는 것을 깨달았다. 일대일 대응 계산에는 복잡한 숫자 개념이 필요하지 않다. 두 수량이 같은가 다른가를 확인할 줄 아는 능력만 있으면 충분하다.[20] 선사시대부터 널리 알려진 수를 계산하는 기법이다. 날짜가 며칠 지났는지, 동물을 몇 마리 사냥했는지 기록하기 위한 일대일 대응 계산에 사용되었을 것으로 여겨지는 눈금이 새겨진 동물뼈는 신석기시대 초로 그 연대가 거슬러올라간다.[21] 슈망베세라가 밝혀낸 바에 따르면, 메소포타미아의 일대일 대응 계산법은 정교한 점토 대용물 시스템 덕분에 전례없이 세련된 수준에 도달할 수 있었다. 모양과 형태가 제각각인 대용물 하나하나는 중요한 특정 물품을 나타냈다. 이를테면 원뿔 모양은 빵, 계란 모양은 기름, 마름모 모양은 맥주에 해당했다.[22] 정교한 대용물 시스템을 이용한 숫자 계산 방법은 가축의 마릿수와 수확한 곡물의 양을 기록하는 데 쓰였다.

수천 년간 대용물 시스템의 본질적 요소는 변하지 않았다.[23] 그러다 도시 문명과 신전 경제가 융성함에 따라 기록을 보관할 필요성이 급격히 높아졌다. 기원전 3100년 즈음에는 메소포타미아 우루크에서 아주 중요한 혁신이 일어났다. 대용물 자체를 이용해 기록을 보관하는 대신 축축한 점토판에 대용물을 인각印刻하여 기록을 보관하기 시작한 것이다. 이후로 장부 상자에 보관된 원뿔 모양 대용물이 아니라 점토판에 새겨진 원뿔 모양 대용물이 양 한 마리를 나타내게 되었다. 이렇듯 인각해서 기록하고 보관하는 시스템이 도입되니 각 대용물에 해당하는 인각을 익히고 나면 대용물 자체를 없애도 무방했다. 갈대 펜으로 젖은 점토판에 똑같은 모양과 크기의 인각을 간단히 새겨넣을 수 있었다. 3차원 물체 중심의 오래된 시스템이 2차원 기호 중심의 새로운 시스템으로 바뀌었다. 획기적 발전이었다. 문자가 탄생한 것이다.

문자 발명도 그 나름 뛰어난 성취였지만, 메소포타미아 경제가 점점 복잡해짐에 따라 더 효율적이고 유연한 기록 기법을 고안해야 한다는 필요성은 계속해서 생겨났다. 새로운 형태의 기호를 점토판에 새겨 숫자를 계산하는 방식은 수천, 수만 개의 자그마한 대용물을 점토로 빚은 뒤 불에 구워 저장해서 계산하는 것보다 훨씬 효율적이었다. 그러나 두 가지 기법 모두 일대일 대응 계산, 즉 대용물이나 기호 한 개와 계산 대상 한 개를 대응시키는 계산이 밑바탕에 깔려 있었다. 문자 발명 직후 또 한 차례 중대한 개선이 이루어졌다. 양 다섯 마리를 나타내기 위해 양을 뜻하는 기호 다섯 개를 적는 대신, 다섯이라는 숫자를 나타내는 기호와 양이라는 범주를 나타내는 기호를 별도로 적는 기법이 등장한 것이다. 이제 기호는 다섯 개가 아닌 두 개만 있으면 충분했다. 곡물 14만 리터를 주고받은 기록이 담긴 점토판도 있다는 사실을 생각해보면 개선된 기록 방법의 장점을 짐작하기란 어렵지 않다.[24] 또한 이 방법은 장기적으로 훨씬 더 대단한 결과를 낳았다. 일대일 대응 계산은 추상적 숫자 개념을 필요로 하지 않는다. 다시 말해 계산 대상인 사물과 분리된 숫자 개념을 필요로 하지 않는다. 새로운 시스템은 추상적 숫자 개념을 필요로 했다. 우르는 문자를 발명했을 뿐 아니라 그와 거의 동시에 숫자 개념도 발명해 수학이 발전하는 길을 열었다.

문자와 추상적 숫자의 발명에 힘입어 메소포타미아 사회 중심에서 세번째 기술, 즉 회계가 발전할 무대도 마련되었다. 신전 관료가 위계조직을 갖추고 경제활동을 통제하기 위해서는 경영정보 시스템이 있어야 했다. 원재료 및 완성품의 재고와 흐름을 수량화하는 기술, 수량화한 자료를 이용해 계획을 수립하는 기술, 그리고 계획이 현장에서 정확하게 이행되는지 점검하는 기술이 필요했다. 회계는 문자와 숫자를 효과적으로 활용해 기록하는 능력과 표준화한 시간 척도를 결합시킨 사회적 기술로, 대차대조표로는 일정 시점의 재고량을, 손익계산서로는 일정 기간의 손익을 추적할 수 있었다.[25] 오늘날의 대기업이 그렇듯 고대 메소포타미아 경제에서도 일관된 장부 기록 시스템 덕분에 위에서 내린 지시가 실제 명령으로 해석될 수 있었다. 더불어 역사가 아주 오래되고 굉장히 낯익지만 가까이하기 꺼림칙한 전문가, 즉 회계사가 명령이 제대로 이행되었는지 확인했다.

어쨌거나 거의 모든 면에서 고대 메소포타미아 사회는 암흑시대 그리스 사회와 달라도 아주 달랐다. 호메로스 시대 그리스에는 원시적이고 평등한 부족사회가 있었지만, 메소포타미아에는 수만 명의 주민이 반신반인 왕의 지배를 받으며 다층적 위계질서에 따라 조직된 도시가 있었다. 또 호메로스 시대 그리스에서는 부족장이 무지막지한 권력을 휘두르며 평민을 지배했지만, 고대 메소포타미아에는 신전 관료가 운영하는 회계 시스템에 의한 정교한 지배가 뿌리를 내렸다. 호메로스 시대 그리스의 경제는 호혜성 원리와 희생의식이 지배하는 단순한 경제였지만, 고대 메소포타미아 경제는 세련된 경제계획 시스템이 지배하는 복잡한 경제였다. 호혜성 원리와 희생의식이 수천 년간 무수한 원시부족에게 낯익은 것이었다면, 경제계획 시스템은 현대 다국적기업 경영자에게 낯익은 것이다. 그러나 이처럼 도저히 메울 수 없는 차이가 있었지만, 고대 메소포타미아 경제와 암흑시대 그리스 경제는 한 가지 중요한 점에서 똑같았다. 신전 관료의 계획경제건, 암흑시대 그리스의 원시부족 제도건 화폐를 전혀 사용하지 않았던 것이다.[26]

그런데 이처럼 대단히 뛰어난 상업 문명이 발달했고 당시 세계에서 가장 발전한 경제를 뽐냈으며 문자, 숫자, 회계를 발명한 사회로 꼽힌 고대 메소포타미아가 왜 화폐를 발명하지 못했을까? 아주 중요한 구성요소, 즉 화폐의 가장 중요한 전제조건이자 핵심 요소를 만들어내지 못했기 때문이다. 무엇이 그런 구성요소인지 이해하기 위해서는 다소 엉뚱하긴 하지만 최근의 관료적 환경을 살펴볼 필요가 있다. 1960년 10월 14일 파리에서 열린 제11차 국제도량형총회 이야기를 해보자.

만물의 척도를 정하다

늘 그렇듯 익명의 국제 관료가 인류 문명의 획기적 발전을 책임진 적은 없었다. 오히려 도그마의 수호자였던 적이 많았다. 용기를 내어 진리와 지식을 추구하는 고독한 선구자가 등장하면 그들은 상습적으로 반대하곤 했다. 그러나 척도를 연구하는 학문인 도량형학은 이 일반적 규칙의 예외라고 할 수 있다. 1960년 10월 14일 국제도량형정기총회가 4년 만에 열려 국제도량형위원회가 올린 안건을 심의했다. 익명의 국제 관료가 모인 회의치고는 더 말할 나위 없이 인상적인 회의였다. 따분한 부수적 안건인 의사진행 규칙을 처리할 비법이라도 나왔단 말인가? 국제회의 하면 각국 대표가 본 안건은 제쳐둔 채 의사진행 규칙을 놓고 지겹도록 자세하게 살피다 점심식사를 핑계로 산회를 선포하고는 시간을 때우는 모습을 떠올릴 것 같아 한 말이지만, 그렇지는 않았다. 그때 역사상 최초로 국제적으로 합의된 기준에 토대를 둔 간단하면서도 보편적인 측정 단위 시스템, 즉 국제단위계Système International d'Unités, SI가 정해졌다.

이는 결코 작은 성과가 아니었다. 19세기까지는 그 어떤 지역에서도 측정 단위를 표준화하여 일관되게 사용한 사례가 사실상 전혀 없었다. 예를 하나 들자면, 1790년 프랑스 혁명 정부는 당시 널리 쓰이던 길이의 단위 '아르팡arpent'의 표준길이를 정확하게 알아내기 위해 측량을 실시했다. 측량사들은 바스피레네주 한 곳만 해도 표준길이가 아홉 가지나 된다는 당혹스러운 사실을 알아냈다. 칼바도스주에는 열여섯 가지 표준길이가 있었다.[27] 그러나 이 정도는 약과였다. 그 당시 도량형의 일관성을 기준으로 순위를 매겼다면 프랑스는 분명히 상위권에 속했을 것이다. 뛰어난 도량형 학자 비톨트 쿨라Witold Kula는 조국 폴란드의 현실에 관해 이렇게 이야기했다. "어디서나 극심한 혼란 상태가 만연했다. 야스트젱비에 마을을 예로 들자면, 북쪽은 프슈치나의 척도를 사용했고, 남쪽은 보지스와프의 척도를 사용했다. 1830년대까지도 이 두 가지 척도를 사용하는 모습을 볼 수 있었다."[28]

그러다 측정 단위 자체가 확산되었다. SI 시스템하에서 길이는 무엇이건 미터 단위 또는 미터의 세분 단위나 배수 단위로 측정된다. 중세와 근대 초기 유럽은 보편적으로 적용할 수 있는 도량형 개념을 알지 못했다. 영국에서는 오늘날까지도 위스키는 질gill(4분의 1파인트. 약 0.1425리터—옮긴이) 단위로, 맥주는 파인트pint(약 1/8갤런. 약 0.57리터—옮긴이) 단위로, 석유는 갤런gallon 단위로 측정한다. 저 옛날 슬라브족의 척도 시스템에서 푸트foot(발의 길이—옮긴이)는 감자밭의 길이를 재는 척도였고, 페이스pace(발걸음의 폭—옮긴이)는 여행한 거리를 말하기 위해 사용한 척도였다. 패덤fathom(약 1.83미터—옮긴이)은 바다의 깊이를 기록하는 척도였고, 엘ell(약 1.15미터—옮긴이)은 직물의 길이를 재는 척도였다. 이들 사례에서 측정된 것은 길이였지만, 구체적 상황에 따라 상이한 척도가 사용되었다. 마치 사투리처럼 갖가지 단위가 뒤죽박죽 난무한 결과 현대인의 귀에는 터무니없이 들릴 용어가 나오게 되었다. "촌뜨기 어부는 자신의 그물을 가리키며 길이가 30패덤, 폭이 10엘이라고 했다."[29]

이렇듯 처참한 상황을 타개하기 위해 국제도량형총회가 열렸고, 1960년에는 도량형의 단순화와 표준화를 향한 100년 동안의 국제적 노력이 SI 제정으로 열매를 맺었다. SI는 두 가지 측면에서 획기적 발전이었다. 먼저 단순화라는 측면을 보면 SI는 미터, 킬로그램, 초, 켈빈, 칸델라, 암페어 등 물질계의 어떤 측면도 충분히 측정할 수 있는 6대 기본 단위를 도입했다(순서대로 각각 길이, 질량, 시간, 열역학적 온도, 광도, 전류를 측정하는 단위다—옮긴이).[30] 또 표준화에서도 굉장한 성과를 거두었다. 국제적으로 합의된 6대 기본 단위의 표준을 정립했을뿐더러 합의된 특정 사례가 아니라 자연에서 발견되는 보편상수를 근거로 표준을 처음 정의했다. 예를 들어, SI 미터를 정할 때 파리의 표준 원기原器를 참고해 표준을 정의하는 대신, 특정 화학원소에서 방출되는 방사선의 파장을 기준으로 삼았다.[31]

단순화와 표준화를 향한 긴 여정은 언뜻 겉치레에 불과한 것처럼 보일 수도 있다. 구체적 기원이 무엇이건 고대의 모든 측정 단위는 서로 관련 있고, 일정한 비율을 적용하면 현대의 측정 단위로 환산된다. 익명의 국제 관료가 평소 그러는 것처럼 지역의 측정 관행을 뿌리 뽑는 대신 그냥 내버려두더라도 무해한 것 아닌가? 그러나 이 물음은 측정 시스템의 본질과 기원에 대한 오해를 낳을지 모른다. 뒤집어서 이렇게 물을 수도 있다. 보편적으로 적용할 수 있는 측정 단위가 있는데도 왜 사람들은 제한된 용도의 측정 단위에 만족했을까? 달리 말해 지역에 국한된 측정 단위, 제한된 용도의 측정 단위가 우후죽순처럼 생겨나 퍼진 이유는 뭘까?

사실 누가 봐도 어리석은 짓이었지만, 그 안에는 나름의 체계가 있었다. 전통적 도량형 개념은 구체적 상황에서 사용하기 위해 아래에서부터 만들어진 것, 눈앞에서 진행되는 활동과 가장 관련 깊은 측면을 포착한 것이라는 공통점이 있다. 예를 들어, 오늘날 우리는 경작지의 둘레를 재서 그 넓이를 알아낸다. 그러나 중세시대 촌뜨기 농부에게 밭의 넓이는 반드시 알아야 하는 것이 아니었다. 비톨트 쿨라의 설명을 들어보자. "밭의 두 가지 질적 측면이 대단히 중요하다. 첫째가 밭을 가는 데 걸리는 시간이고, 둘째가 밭에서 거둘 수 있는 수확물의 양이다."[32] 그 결과 밭을 측정하는 전통적 단위는 한 사람이 하루에 쟁기질할 수 있는 넓이나 일정한 양의 곡물을 생산할 수 있는 넓이를 기준으로 정의되었다. 당연한 말이지만 이렇게 넓이의 단위를 정하면, 밭의 질적 수준에 따라 넓이는 천차만별일 수밖에 없다. 현대인이 보기에 일반성 없는 단위였지만, 당장 해야 하는 일에 얼마나 도움이 되는가 하는 관점에서 보면 분명한 장점이 있었다. 이 사례는 모든 도량형 개념의 적절성 정도와 표준화 여부는 그 용도가 무엇인가에 좌우된다는 일반적 사실을 보여준다.

두말할 필요 없이 도량형학은 정적인 학문이 아니다. 측정 용도가 바뀌면 측정 단위와 측정 기준도 바뀐다. 게다가 측정 용도와 측정 단위, 기준은 서로 피드백을 주고받으며 상호작용한다. 즉, 관습이 바뀌고 기술이 발전함에 따라 측정 단위가 새로 등장하는가 하면, 범위가 더 넓은 도량형 개념이 발명되고 더 일관된 기준이 적용됨에 따라 새로운 방식의 기술적, 경제적 협력이 활기를 띠기도 한다. 고립된 자작농 위주의 경제에서는 마을마다 다르고 일관성 없는 여러 측정 시스템과 기준 시스템으로도 아무런 불편함이 없었을 것이다. 그러나 산업의 시대, 즉 기계의 시대이자 대량생산의 시대는 표준화를 요구했고, 국제무역과 산업의 급성장은 효율성이라는 명분하에 공통의 단위를 필요로 했다. 오늘날에는 공통의 기준에 따라 정해지는 보편적 단위의 필요성이 한층 더 높아지고 있다. 2011년 8월 경제 전문지『이코노미스트The Economist』는 애플 아이폰 4 부품 178개의 원산지를 분석했다. 분석 결과 부품 중 4분의 1은 한국, 5분의 1은 대만, 10분의 1은 미국이 원산지였고, 나머지는 일본, 중국, 유럽이 원산지였다.[33] 전 세계가 동의한 측정 단위가 없었다면 의학, 과학, 상업에서의 국제적 협력은 물론 글로벌 산업 공급망은 상상조차 할 수 없었을 것이다. SI의 제정으로 유종의 미를 거두지 않았다면 아이폰은 처음부터 존재하지 않았을 것이다.

이렇게 볼 때 일반적 용도의 측정 단위가 점진적으로 발명된 과정은 아주 뜻깊다. 어느 시대건 실제 존재한 측정 단위는 당시 통용되던 개념을 반영한다. 예를 들어, 패덤, 펄롱furlong(경마에서 220야드 또는 201미터에 해당하는 길이―옮긴이), 리그league(거리의 단위. 3마일 또는 약 4000미터에 해당―옮긴이), 핸드hand(말의 키를 재는 단위. 10.16센티미터―옮긴이)가 맨 처음 만들어졌을 때만 해도 선의 연장이라는 보편적인 개념이 없었다. 깊이를 재기 위해 실을 매단 추를 바다에 떨어뜨리는 것과 이웃마을까지의 거리를 재기 위해 걸으며 걸음 수를 세는 것은 근본적으로 같다는 생각이 떠오르지 않았던 것이다. 선의 연장이라는 보편적인 개념이 없었을 때는 길이를 측정하는 단위도 존재할 수 없었다. 이런 점에서 SI 제정은 눈에 보이지 않는 심오한 인간 사고의 발전 과정을 가시적이고 물리적으로 보여준 하나의 사건이었다. 그 과정에 수백 년, 아니 천 년 가까운 시간이 걸렸고, 이는 100년에 걸친 국제도량형국의 노력으로 마무리되었다. 그러나 1960년 10월 14일 국제도량형총회가 SI의 6대 기본 단위를 정한 것은 국경을 넘어선 협력을 필요로 하는 측정단위 표준화와 물질계 계량화의 실질적 분수령 이상을 의미했다. 그것은 예컨대 말의 키와 말을 탄 사람의 키라는 별개의 개념에서 일반적인 키 개념으로, 또한 일반적 키, 일반적 길이, 일반적 높이라는 별개의 개념에서 선의 연장이라는 보편적 개념으로, 오랜 시간에 걸친 점진적 추상화의 성공을 반영한 것이었다. 더불어 인류 대다수가 물질계를 계량화하기 위해 사용한 개념의 근본적 변화를 나타내는 것이기도 했다. 익명의 국제 관료가 한 일 치고는 꽤 근사한 일을 해냈다.

보편적으로 적용 가능한 측정 단위가 발명되었다. 그것은 글로벌화한 현대 경제를 조직하는 핵심적 역할을 했고, 인간 사고의 발달에도 극적인 영향을 미쳤다. 이 3박자가 맞아떨어진 혁신을 어디서 찾아볼 수 있을까? 화폐가 아니라면 무엇이겠는가?

3

에게 문명, 경제적 가치를 발명하다

보이지 않는 달러

달러화란 무엇인가? 파운드화, 유로화, 엔화는 무엇인가? 달러화 지폐나 엔화 지폐, 파운드화 주화나 유로화 주화가 아닌 달러화, 파운드화, 유로화, 엔화 그 자체는 무엇인가? 이 화폐 이름들은 무언가 물리적인 사물을 가리킨다고 생각하고 싶은 충동이 일 것이다. 주화, 특히 귀금속으로 만들어진 주화처럼 물리적 형태가 분명한 것에 금액이 새겨져 있을 때 그런 충동이 이는 것은 당연할 수 있다. 고객이 은행에 지폐를 들고 와서 금과 바꿔달라고 요구하면 일정한 순도의 금 일정량으로 바꿔줘야 한다고 규정한 법이 있다면 그 충동을 억누르기는 더더욱 힘들어질 수 있다. 19세기부터 20세기 초까지 대부분 나라에는 그런 법이 실제로 있었다. 당시 주화의 겉모습도 일정한 무게의 귀금속이 달러화라는 것을 강력하게 암시하는 듯했다. 오해를 불러일으키기 딱 좋은 모습이었다. 금본위제든 아니든 달러화는 국제도량형국의 익명의 국제 관료에게는 아주 낯익은 것이다. 달러화는 측정 단위다. 추상적 잣대에 따라 임의로 정해진 양이다. 특정 미터, 킬로그램이 그렇듯 달러화 그 자체도 물리적인 사물을 가리키지 않는다. 특정한 물리적 사물의 길이나 질량, 가치를 기준으로 삼기로 합의되었다 해도 말이다. 이 점은 미터나 킬로그램과 같다. 통화주의학파 경제학자 앨프리드 미첼 이니스가 멋지게 표현했듯이 "눈은 달러화를 본 적 없고 손은 달러화를 만진 적 없다".[1] 우리가 아무리 1미터짜리 나무 자를 뚫어지게 바라보고 1킬로그램이 나가는 철제 추를 꽉 움켜쥐더라도 미터나 킬로그램을 보거나 만진 것은 아니다.

달러화가 측정 단위라면 무엇을 측정하는가? 언뜻 보기에 답은 아주 간단하다. 가치, 더 정확하게는 경제적 가치다. 그렇다면 물리적 측정 단위가 발전해온 역사와 물리적 측정 단위 안에 담긴 여러 개념에 비춰볼 때 몇 가지 의문이 생긴다. SI 미터가 선의 연장을 측정하는 단일하고 보편적인 단위라고 한다면, 경제적 가치 개념도 보편적인가? 그렇다면 얼마나 보편적인가? 경제적 가치의 기준은 무엇인가? 달리 말해 만약 파리에 모인 익명의 국제 관료들이 세계도량형총회의 규율 대상을 사회적 세계로 확대시키려 했다면 무엇을 알아냈을까?

그들은 물리적 도량형학이 수백 년간 답보 상태를 면치 못했던 것처럼 경제적 가치도 그랬을 거라고 예상했을 것이다. 그래서 처음에는 실망하지 않았으리라. 그들이 알아낸 것은 우리가 의사결정을 내리려고 할 때 주의를 기울일 수밖에 없는 다양한 가치 개념이었다. 우리는 역사적 가치가 있기 때문에 기념물을 보존한다. 미적 가치가 뛰어나기 때문에 미술 작품에 감탄한다. 도덕적 가치 때문에 남을 속이거나 남의 물건을 훔치지 않는다. 종교적 가치 때문에 술을 멀리하고 하루에 다섯 번 기도를 드린다. 할머니가 쓰시던 장신구를 소중하게 여긴다. 그 안에 정서적 가치가 담겨 있기 때문이다. 이 모두는 쓰임새가 제한된 가치 개념이다. 그 영역 안에서는 의미가 있고 중요하지만, 영역을 벗어나면 그렇지 않다. 말의 키, 바다의 깊이, 그물의 길이를 나타내는 옛날의 물리적 개념과 마찬가지로 정서적, 미적, 종교적 가치도 구체적 행동의 맥락에서 발명된 구체적 개념인 것이다. 그래서 표준화라는 면에서 보면 고대의 물리적 측정 단위보다 나을 것이 없다. 정서적 가치의 국제 표준이라는 말은 없지 않은가? 사회적 실재라는 측면에서 보더라도 마을마다 다른 것은 물론이고 사람마다도 다르다. 각인각색이라는 사자성어가 딱 들어맞는다.

익명의 국제 관료는 붙잡고 씨름해야 할 이 방대한 새로운 영역을 감탄하며 바라보다가 이내 극심한 충격에 빠졌다. 용도가 제한되고 다루기 쉽지 않은 잡다한 개념들 한가운데서 경제적 가치 개념과 갑자기 마주쳤기 때문이다. 그들은 경제적 가치 개념이 보편성을 띤다는 데 생각이 미치자 감탄한 나머지 경계심마저 느꼈을 것이다. 경제적 가치는 이를테면 온도, 길이, 질량 등 특별한 물리적 속성이 있는 사물에 적용될 수 있다. 원칙적으로는 어떤 것에도 적용될 수 있다. 재화에는 경제적 가치가 담겨 있다. 서비스에도 경제적 가치가 담겨 있다. 물리적 3차원 세계의 제약을 받지 않는다. 그래서 시간은 곧 돈이다. 추상적 개념도 화폐적 평가의 대상이 된다. 성공의 값어치는 얼마인가라는 말이 있지 않은가? 영적 존재도 경제적 가치를 가로막지 못했다. 성직자의 면죄부 가치도 측정되었고, 그에 따라 죗값이 파운드, 실링, 펜스 단위로 치러졌다. 경제적 가치 개념이 도달할 수 있는 범위에는 제한이 없는 것 같다. 정부기관의 경제학자는 새로운 법규의 도입 여부를 저울질하기 위해 비용편익 분석을 할 때 인간의 생명에도 경제적 가치를 매긴다. 예를 들어, 미국 교통부는 2010년 생명의 가치 추정치를 350만 달러에서 610만 달러로 상향조정했다. 그 결과 연간 135명이 사망하는 사고를 예방하기 위해 트럭 생산자들에게 운전석 지붕 강성roof strength을 두 배로 높이라고 요구해야 한다는 여론이 힘을 받았다.[2] 개인트럭운전기사협회는 격분했다. 그동안 생명의 가치가 낮게 평가된 탓에 느슨한 규제가 정당화되어왔다는 이유에서였다. 반면에 생명의 가치는 값을 매길 수 없을 만큼 소중하다고 항의하지는 않았다. 경제적 가치는 지극히 일반적이다. 익명의 국제 관료가 더 덧붙일 일은 없다.

단순화에 관한 한 아무 할 일이 없다는 것을 깨닫고도 국제 관료는 표준화를 안건으로 내세우려고 할까? 경제적 가치 개념은 보편적이지만, 영국의 파운드화, 일본의 엔화, 유로존의 유로화가 존재하는 데서 알 수 있듯 그 기준은 나라마다 다르다. 다만 미국 달러화는 다소 들쭉날쭉하더라도 국제적으로 널리 통용되는 화폐(도량형총회가 좋아하는 것이다)가 되기를 열망한다. 바로 이 지점에서 국제 관료가 파고들 거리가 생긴다. 단일한 국제기준, 이상적으로는 자연에서 발견되는 보편상수의 관점에서 정의되는 기준에 대한 합의를 이끌어내려는 것이다. 그러나 국제 관료는 곧 장애물을 만나고 만다. 문제는 경제적 가치 개념과 SI로 측정된 개념 사이에는 근본적 차이가 있다는 것이다. 경제적 가치는 사회적 실재의 속성이다. 선의 연장, 질량, 온도 등은 물리적 실재의 속성이다. 물리적 개념을 측정하는 기준을 선택할 때는 기술적 효율성이 중요하다. 반면에 경제적 가치라는 사회적 속성을 측정하는 용도는 질적으로 다르므로, 경제적 가치를 측정하는 기준을 선택할 때 강조해야 하는 것도 달라진다. 어떤 경제적 가치의 측정 기준을 선택했는가, 달리 말해 어떤 화폐 단위의 기준을 선택했는가는 어떻게 해야 다리를 쉽게 건설할 수 있는가 하는 문제에 영향을 미치지 않지만, 소득과 부를 어떻게 분배해야 하는가, 누가 경제적 위험을 부담해야 하는가 하는 문제에는 영향을 미친다. 결국 경제적 가치를 측정하는 기준을 선택하는 일은 기술적 성격은 물론 윤리적 성격도 띤다. 당연히 무엇이 공정한지 결정하는 것은 정치가 할 일이다. 오늘날 세계에서 정치는 본질적으로 개별 나라 차원의 기능이므로, 경제적 가치를 측정하기 위해 사용하는 기준 역시 나라마다 다를 수밖에 없다. 경제적 가치의 국제기준을 정하고 싶다면 먼저 국제정치의 틀을 새로 짜야 한다. 국제도량형국이 감당하기 힘든 임무가 아닐 수 없다.

경제적 가치는 누가 관여하지 않아도 이미 일반적 개념인데, 또 경제적 가치의 기준은 나라마다 다르고 정치적 성격이 강하다. 이런 현실 앞에 좌절감을 느꼈다고 하더라도, 국제도량형국이 SI를 제정하느라 총회를 개최한 경험을 살려 할 수 있는 일이 하나 있다. 즉, SI가 발전해온 역사를 이야기해줄 수 있다. 물리적 세계에서는 SI 6대 단위가 보편성을 누리지만, 사회적 세계에서는 경제적 가치의 정도를 나타내는 화폐 단위 중 힘이 강한 것이 보편성을 누리고 있다. 그러나 SI 6대 단위가 그랬듯이 화폐 단위도 시간이 흐르면서 변화를 겪지 않았는가? 선의 연장 개념이 옛날에는 존재하지 않았지만 지금은 아주 익숙한 개념이 되었듯이, 경제적 가치 역시 마찬가지 아닐까? 보편적인 경제적 가치 개념이 존재하지 않았던 시대와 장소가 있을까? 다시 말해 오늘날과 전혀 다른 전통적이고 제한된 용도의 가치 개념에 따라 사람들이 행동하고 사회를 조직하던 시대와 장소가 있었을까?

있었다. 앞에서 이미 살펴보았다. 화폐가 발명되기 이전 암흑시대 그리스와 고대 메소포타미아가 그러했다. 보편적인 경제적 가치 개념의 발명은 화폐의 발명에서 잃어버린 고리였다. 고대 에게해로 돌아가 화폐가 어떻게 발명되었는지 살펴보자.

화폐의 잃어버린 고리

고도의 기술과 세련된 문화가 반드시 발전을 보장해주지는 않았다. 역사를 보면 새로운 사상의 흡수를 꺼려했거나 흡수할 능력이 아예 없었던 선진적 문명이, 기존 성취의 무게에 짓눌리지 않은 후진적 민족에 따라잡힌 사례가 풍부하다. 고대 세계에서도 별반 다르지 않았다. 메소포타미아에는 당시 세계에서 가장 선진적이고 혁신적인 사회 시스템, 즉 관료제에 의해 운영되는 대도시와 복잡한 경제가 있었다. 관료제는 문자, 수, 회계 같은 최첨단 사회적 기술을 이용해 최적의 효율과 성과를 발휘했다. 인류 문명의 정점을 찍었던 메소포타미아 문명이 서방 미개 민족에게서 배울 점이 있을 것 같지 않았다. 이들 미개 민족은 1000여 년 전 메소포타미아에서 이미 사라진 투박한 부족 제도를 기반으로 소규모 사회를 조직해서 살았다.

그러나 그리스는 달랐다. 그리스인은 문자와 숫자를 받아들이면 편익이 엄청나다는 것을 아주 잘 알았다. 그들은 동방 메소포타미아 문명과 적절한 관계를 맺자마자 새로운 기술을 철저하게 받아들여 전 그리스 세계로 퍼뜨렸다. 그리스와 메소포타미아 사이에서 문명을 전파한 민족은 레반트 지방의 페니키아인이었다. 그리스인이 암흑시대 말기부터 광범위하게 관계를 맺은 페니키아인은 항해술과 장사 수완이 뛰어난 민족이었다. 그리스 문자에 관한 최초의 고고학적 증거로 글귀 세 줄이 간명하게 새겨진 유명한 술잔이 꼽힌다. 1954년 이스키아섬의 한 무덤에서 발견된 이 술잔의 제작 연대는 기원전 750년에서 700년 사이로 거슬러올라간다.[3] 불과 몇십 년 사이 문자와 숫자를 사용하는 능력이 동으로는 흑해 연안에서 서로는 시칠리아섬과 티레니아해 연안 식민지까지, 그리스 세계 전반으로 퍼져나갔다.

문자와 숫자라는 새로운 기술은 그리스 문화에 대단히 중요한 영향을 미쳤다.[4] 기원전 650년 이후 100년간 전례 없는 지적 혁명이 일어났다. 수량화하는 능력, 기록하는 능력, 반성하는 능력, 비판하는 능력 덕분에 사고의 해방이 일어난 것이다.[5] 지적 혁명은 소아시아 서안 이오니아의 상업 중심지 밀레투스에서 처음 시작되었다. 밀레투스의 철학자 탈레스는 기원전 585년 일식을 정확하게 예측했다. 그리스 세계는 깜짝 놀랐다. 그러나 여기서 주목할 것은 예측 그 자체가 아니다. 이집트와 메소포타미아에도 오래전부터 일식을 분석하고 예측하는 데 필요한 천문학 지식이 있었다. 정말 주목할 것은 탈레스가 일식을 예측하면서 사용한 새로운 과학적 방법과 이 과학적 방법에 토대를 둔 새로운 세계관이다. 탈레스는 의식이나 주술로 달래고 구슬려야 하는 변덕스러운 의인화된 신이 주관적 세계를 다스린다는 생각을 거부했다. 그 대신 인간 외적인 자연법칙이 우주를 지배한다는 생각을 처음으로 떠올렸고, 그 필연적인 귀결로 관찰자와 관찰 대상인 객관적·물리적 현상은 서로 별개라는 혁명적인 발상을 내놓았다.

이 새로운 관점은 그다음 세기에도 내내 반향을 일으켰다. 낡은 세계관에서는 우주를 눈에 보이는 것으로만 이루어져 있다고 보았다. 신과 여신조차 물리적 세계에 산다고 믿었다. 그러나 새로운 세계관에서는 형이상학적 영역, 즉 눈에 보이는 세계를 지배하는 자연법칙이 존재한다고 보았다. 자연법칙은 눈에 보이는 세계를 초월한 궁극적 실재였다. 인간이 물리적 세계를 이해하는 방식에서 일대 혁명이 일어났다. "추상적인 논리적 사고, 추상적인 철학이론과 과학이론이 현대 철학자와 과학자가 바로 알아볼 수 있는 형태로 출현했다."[6] 고대 메소포타미아 문명과 이집트 문명에 비하면 굉장히 후진적이었기 때문에 그리스 에게해 세계는 문자가 없던 문화에서 벗어난 지 불과 수십 년 만에 당시로서는 최신의 과학적 세계관을 발명했다.

그런데 세련된 동양세계와 원시적인 서양세계가 만나 혁명적으로 뒤바꿔놓은 것은 물리적 세계를 이해하는 방식만이 아니었다. 사회적 세계를 이해하는 방식도 근본적으로 바꿔놓았다. 이 세상의 사회 조직은 하늘나라 신의 가정을 그대로 본떠 만들어졌다는 것이 전통적인 생각이었다. 여기서 우주는 변덕스러운 신의 지배를 받는 주관적 실재라는 생각이, 우주는 인간 외적인 법칙의 지배를 받는 객관적 실재라는 과학적 생각으로 바뀌었다고 해보자. 그렇다면 사회를 이해하는 오랜 관점도 바뀌어야 하는 것 아닐까? 유추의 원리를 적용한다면, 인간의 주관적 자아와 분리된 사회, 다시 말해 객관적인 물리적 실재에 대응하고 인간 외적인 법칙의 지배를 받는 객관적인 사회적 실재가 존재해야 하는 것 아닐까?

굉장히 매력적인 생각이었다. 오늘날에도 통할 만하다. 그러나 이 생각은 한 가지 의문을 자아냈다. 물리적 우주를 바라보는 새로운 관점은 몇몇 근본적 실체가 물리적 우주를 구성하고 그 우주의 법칙을 만든다고 가정했다. 헤라클레이토스의 불이 되었든 피타고라스의 수(數)가 되었든 현상 저편의 실재를 구성하는 것(오늘날 이론물리학의 기본 구성요소인 에너지 개념에 해당하는 것)이 존재한다고 보았던 것이다. 사회를 바라보는 새로운 관점에서 객관적인 사회적 실재의 기본 구조를 과학적으로 설명하고 이해하려 할 때도 그와 비슷한 어떤 개념이 필요했다. 그것은 무엇이었을까? 왜 원시문화에 머물러 있던 그리스인은 고도로 발달한 메소포타미아 문명이 개척하지 않았던 신천지를 개척하려고 덤벼들었을까?

한마디로 자연세계를 다루는 새로운 과학에서 그랬듯이 사회와 경제를 바라보는 새로운 관점에서도 역사 발전의 역설이 또다시 나타났기 때문이다. 그리스 문명은 상대적으로 후진적이었지만, 오히려 후진적이었기 때문에 근본적인 지적 혁명 일보 직전까지 나아갔다. 사실 메소포타미아에는 없던 개념 하나가 그리스에는 있었다. 사회를 바라보는 새로운 관점에서 객관적인 사회적 실재를 이해하려고 할 때 필요한 단일하고 보편적이며 추상적인 실체를 가리키는 개념 말이다. 야만적이고 원시적인 모습의 문화 속에, 보편적으로 적용 가능한 가치라는 소중한 초기 개념이 숨어 있었다.

당연한 말이지만 메소포타미아의 정교한 회계와 계획 시스템이 가치 개념 없이 작동했던 것은 아니다. 발전 초기 단계 때는 물리적 단위만 표현된 계획에 따라 작동했다. 나중에 신전 관료는 추상적 가치의 단위를 개발했고, 그것을 잣대로 투입을 담당하는 계급과 산출을 담당하는 계급에 자원을 분배했다. 그러나 이들 단위는 특정 부문에만, 그리고 계획 과정의 일부로만 사용되도록 설계되었다. 관료의 통제 시스템 자체가 무척 정교했기 때문에 더 일반적으로 적용할 수 있거나 통제 시스템 밖에서 적용할 수 있는 보편적 가치 단위가 필요하지 않았다. 중세 농부는 특정 작업에 들어맞는 엘, 패덤, 피트 등 제한적 용도의 길이 단위만 알고 있었던 것처럼, 신전 관료도 제한적 목적의 가치 개념과 그에 대응하는 회계 단위만 알고 있었다. "경제 부문별로 은, 보리, 물고기, '연인원延人員(노동자 수와 노동자가 일한 시간의 곱)'이 비교 수단으로나 표준화된 규범과 의무의 척도로 쓰였다."[7]

고대 메소포타미아의 문자, 수, 회계 등의 기술은 그리스의 원시적 부족 제도와 접촉한 뒤 전혀 다른 환경으로 이식되었다. 그리고 원시적 부족 제도 중 하나, 예를 들어 희생물을 나눠 먹는 의식에서는 전과 다른 가치 개념의 싹이 움텄다. 남성 부족원이 한자리에 모여 희생물을 나눠 먹는 의식에서 희생물의 내장은 태워 신에게 공물로 바치고 살코기는 똑같이 나눠 먹었다. 그 목적은 부족원 사이의 이해심과 연대감을 표현하고 다지고 확인하는 데 있었다. 선물 교환이 그렇듯 호혜성에 토대를 둔 의식이었지만, 여기서는 개인과 부족 사이의 호혜성이었다. 개인은 의식을 치르면서 자신도 동등한 부족원이고 부족의 생존을 확보하기 위해 노력할 동등한 의무가 있다는 것을 다시금 확인했다. 당시 의식 참석자의 머릿속에 들어섰을 기본 개념은 굉장히 본질적이고 오늘날의 우리에게도 익숙한 것이라서 간과하기 쉽다. 그러나 메소포타미아의 계층적 우주론과 신분제 사회에서는 전혀 낯선 개념이었다. 그것은 모든 남성 부족원은 공동체의 일원으로서 사회적 가치를 누린다는 개념, 그리고 사회적 가치를 잣대로 해서 보면 모든 남성 부족원은 동등하게 중요하다는 개념이었다.

이들 개념은 부족원의 희생물 나눠먹기 의식이라는 본래의 맥락 속에 머무는 한 야만 행위의 잔재에 지나지 않았을 것이다. 그러나 이것이 동방에서 전해진 새로운 기술과, 새로운 기술이 불러일으킨 세계를 바라보는 새로운 관점과 뒤섞이면서 폭발적인 변화가 일어났다. 사회적 가치 개념은 객관적인 사회적 실재를 이해하는 데 필요한 굉장히 중요한 개념이었다. 또 모든 남성 부족원은 동등한 가치가 있다는 개념은 사회적 가치를 측정하는 기준으로서 사회적으로 쉽게 변해서는 안 되는 것이었다. 달리 말해 그리스 사회의 핵심에는 발생 초기의 보편적 가치 개념과 이 보편적 가치를 측정하는 기준이 있었다. 거기에 사회와 경제를 바라보는 새로운 관점이 던진 물음에 대한 답이 있었다. 물리적 실재를 바라보는 새로운 관점에 관찰자인 인간이 있었다. 그리고 사회적 실재를 바라보는 새로운 관점으로는, 경제적 가치라는 보편적 척도에 따라 표준 단위로 측정 가능한 관계들을 구성하는 객관적 실체로서 사회와 별개로 존재하는 자아 개념이 있었다. 이것은 개념의 중요한 발전이었다. 화폐가 발명되는 과정에서 잃어버린 고리였다.[8]

메소포타미아에는 화폐의 세 가지 요소 중 하나가 있었다. 그것은 바로 문자와 숫자의 발견을 기반으로 발전한 회계 시스템이었다. 그러나 메소포타미아의 정교한 관료 경제, 통제경제에는 보편적인 경제적 가치라는 개념이 전혀 필요하지 않았다. 제각각 독자적인 기준이 있는 제한적 용도의 가치 개념만 필요했고, 그들은 이를 완성시켰다. 화폐의 첫번째 구성요소인 추상적이고 보편적으로 적용 가능한 경제적 가치의 단위를 개발하지 않았다. 반면에 암흑시대 그리스에는 비록 원시적 형태이긴 했지만, 보편적 가치 개념과 보편적 가치를 측정하는 기준이 있었다. 그리스 암흑시대에는 회계 시스템은 고사하고 문자도 숫자도 없었다. 화폐의 첫번째 구성요소가 발생 초기 형태로 존재했지만, 두번째 구성요소는 존재하지 않았다. 그러나 동방의 최신 기술인 문자, 숫자, 회계가 야만적인 서방에서 싹튼 보편적인 가치의 척도라는 개념과 결합하자 비로소 화폐의 개념적 전제조건이 형성될 수 있었다.

무질서 상태를 해소하는 규칙

화폐의 개념적 전제조건이 형성되고 나서 그에 따른 실제 결과가 나타나기까지 그리 오랜 시간이 걸리지 않았다. 보편적으로 적용 가능한 단일한 가치 개념은 정치 제도의 맥락에서 서서히 발전해오다, 사회적 · 종교적 · 법적 맥락에 더 널리 적용되기 시작했다. 아득한 옛날부터 의식을 거행하며 이행해야 했던 의무였던 것, 즉 누구도 비교해보겠다는 생각을 떠올리지 못했던 상대적 가치, 새로운 가치 척도인 화폐 단위로 가치가 매겨졌다.

그리스 최대 종교시설이었던 사모스섬 헤라 신전에 새겨진 기원전 6세기 초의 종교적 헌사를 보면 그리스인은 그때 이미 화폐의 가치를 따지기 시작했음을 알 수 있다.[9] 비슷한 시기에 아테네에서도 범그리스 육상경기대회 우승자에게 화폐로 포상한다는 규정이 등장하기 시작했다. 예를 들어, 이스트미아 제전 우승자는 100드라크마를 받았고, 올림픽 경기 우승자는 500드라크마를 받았다.[10] 보편적인 경제적 가치라는 새롭고 기발한 개념은 공식적 가치 평가에 적용되었을 뿐 아니라 개인들 사이에서도 널리 퍼져 있었다. 기원전 500년경에 제작된 금속 벨트에는 그 주인이 공공 필경사로 일하기로 계약하고서 거금 20드라크마를 받았다고 자랑하는 내용이 적혀 있다.[11]

화폐의 두 가지 구성요소, 즉 보편적으로 적용 가능한 가치 단위 개념과 화폐를 단위로 삼아 장부에 기록하는 관습이 널리 확산됨에 따라 세 번째 구성요소인 탈중앙적 양도 원리the principle of decentralised negotiability도 나타났다. 보편적인 경제적 가치라는 새로운 개념이 싹트면서 중앙통제기관의 승인을 받지 않고 의무를 상쇄하는 것이 가능해졌다. 또 객관적인 경제적 공간이라는 새로운 개념, 즉 시장 개념은 그 가능성이 부단히 존재할 것이라는 확신이 생겨났다. 시장이 있을 때 사람들은 중앙통제기관에 무엇을 선호하는지 알려 행동지침을 받는 대신, 시장에서 가격을 흥정하고 임금에 합의할 수 있다. 이때 흥정이 성공하려면 공통의 언어가 있어야 한다. 흥정하며 주고받는 말이 무엇을 뜻하는지 서로 공유해야 한다. 그래서 가치 개념과 표준화한 가치 측정 단위의 공유는 시장이 제대로 기능하기 위한 필요조건이다. 다시 말해 흥정이 일어나려면 어떤 재화와 서비스에 특별한 가치가 있다는 생각을 공유하는 것만으로는 부족하고 경제적 가치의 단위도 공유해야 하는 것이다. 달러화는 무엇인가에 관한 일반적 합의가 없다면, 시장 바닥에서 달러화로 표시된 가격을 놓고 흥정하는 것은 새와 벌에게 말을 거는 것과 다르지 않다.

이제 화폐는 근원적 지평을 열어놓았다. 전통적인 사회적 의무는 보편적 척도인 화폐를 기준으로 그 가치가 평가되었을 뿐 아니라 이 사람에게서 저 사람에게로 양도되었다. 화폐의 기적이 일어나자 마치 쌍둥이처럼 시장의 기적도 일어났다.[12] 더 나아가 주화의 발명을 계기로 금전적 의무를 기록하고 양도할 수 있는 꿈의 기술도 태어났다. 초창기 주화는 기원전 6세기 초 오늘날의 터키 땅인 리디아와 이오니아에서 주조되었다. 이후 그리스 에게해 세계의 도시국가는 주화가 경제적 가치라는 새로운 개념을 표현하는 이상적 수단이 될 수 있다는 데 착안했다. 주화가 빠른 속도로 보급되었고, 기원전 480년경에는 그리스 세계 곳곳에 100여 개의 주조소가 세워졌다.[13]

그 결과 화폐화의 속도가 빨라졌다. 어디서나 전통적인 사회적 의무 관계가 화폐관계로 변모했다. 아테네에서 전통 소작농은 화폐로 지대를 지불하는 계약 임차농으로 변모했다. 또 고대에는 부유한 도시 주민 1000명이 극장 공연을 위해 배우와 합창단을 모집하고 해군을 위해 함선을 수리하고 수병을 모집하는 등 공적 서비스를 제공하는 시민의 의

무인 '레이투르기아 leitourgia'를 수행했는데, 이것도 화폐로 부과되었다. 기원전 5세기 후반에는 "용병의 급여, 공적 노임과 사적 노임, 지대, 상품가격뿐 아니라 지참금 같은 사회적 지불금이 (…) 화폐의 형태를 띠기 시작했다."[14] 고대 그리스의 도시국가는 최초의 화폐사회가 되었다.

　최초의 혁명적 화폐화 경험은 사회와 문화에 엄청난 영향을 미쳤다.[15] 무소불위의 권력을 누린 경제 중앙통제기관과, 고착화된 사회계층을 특징으로 하던 전통사회 시대는 끝났다. 대신 화폐사회 시대, 시장이 거래를 조직하는 원리로 기능하는 시대, 가격이 인간의 행동지침으로 작동하는 시대, 그리고 야망과 기업가 정신, 혁신이 지배하는 시대가 새로 열렸다. 낡은 우주론은 죽어갔고, 그와 더불어 공정한 사회질서는 우주질서의 지상 축소판이라는 낡은 생각도 사라져갔다. 대신 돈 버는 능력이 사회적 지위를 결정한다는 경제 중심적, 화폐 중심적 생각이 발전했다. 낡은 제도 아래서는 사회적 지위가 절대적이었다. 농부로 태어나면 농부로 살다 죽었고 부족장으로 태어나면 부족장으로 살다 죽었다. 그러나 새로운 세상에서는 모든 것이 상대적이었다. 인간의 가치를 측정하는 유일한 척도는 돈이었다. 그리고 돈의 축적에는 본질적으로 한계가 없다. '재산도 잃고 친구도 잃은' 아르고스의 귀족 아리스토데모스는 새로 자리잡은 질서에 넌더리를 내며 "아, 돈! 돈 나고 사람 나는 세상이야!Money! Money is the man!"라는 유명한 말을 내뱉었다.[16] 이제 돈이 사회적 지위, 가문, 명예를 좌우했고, 전통은 아무 쓸모 없는 것으로 여겨졌다. 누구든 돈이 없으면 별 볼 일 없는 사람 취급을 받았다.

　전통사회에서 기득권을 누리던 집단에서 불만이 터져 나올 것으로 예상되었다. 그러나 화폐는 기득권의 대체물로서, 그리고 낡은 제도 아래에서는 되는 일이 없었던 룸펜 농민의 대안으로서 매력을 발휘하는 기막힌 재주를 부렸다. 그 이전에는 관습적 행동규칙이 지켜지지 않을 때마다 무질서 상태가 빚어질 것이라는 두려움이 높았다. 사회의 붕괴, 만인에 대한 만인의 투쟁을 막는 유일한 방어벽은 전통적 사회질서였다. 화폐에 눈뜬 사회에서는 다른 양상이 벌어졌다. 화폐는 정치적, 경제적 수준에서 전례가 없던 것을 약속했다. 사회적 이동과 정치적 안정을 동시에 달성해주겠다고 했던 것이다. 사회는 화폐를 갖고 두 마리 토끼를 잡을 수 있었다. 야심, 기업가 정신, 사회이동을 실현하는 데 무익하고 걸리적거리기만 할 뿐인 절대적인 사회 시스템과 변하지 않는 사회 시스템은 얼마든지 내버릴 수 있었다. 화폐는 전통적 의무 전체를 녹여 없애는 만능 용매가 되었다. 여기서 중요한 것은 그 결과 사회가 혼란에 빠지지 않았다는 점이다. 이것은 화폐, 보편적 가치라는 개념, 객관적인 경제적 공간이라는 개념이 공동으로 희생물을 나눠 먹는 과거의 제도에 토대를 두었기 때문이다. 나아가 눈에 보이지 않는 불가항력과도 같은 인류의 연대의식 때문이기도 했다. 화폐는 개인적 수준에서도 명백히 상충되는 것을 동시에 달성하겠다는 믿기지 않는 약속을 했다. 인간 심리의 두 가지 근본적 측면, 즉 자유롭고 싶다는 욕구와 안정적으로 살고 싶다는 욕구에 부응했다. 전통사회의 윤리는 안정적으로 살고 싶다는 욕구를 위해 자유로워지고 싶다는 욕구를 희생시켰다. 새로 등장한 화폐사회는 이 두 가지 욕구를 다 실현시켜주겠다고 약속했다.

화폐가 사회를 새롭게 조직하는 방법이라는 주장은 재앙을 불러오지 않았다. 오히려 사회적 이동과 개인적 자유라는 힘과, 사회적 안정과 경제적 안전이라는 힘을 결합시켰다. 뿐만 아니라 거기에는 화폐의 지배는 효과 있고 공정하다는 놀라운 세계관도 내포되어 있었다. 화폐는 단기 '거래 질서'와 장기 '거래 질서'를 융합하겠다고 주장했기 때문이다. 상세한 일상적 수입과 지출은 물론 높은 수준의 사회적 조화를 계속 관리함으로써 말이다. 전통적 신학과 윤리학에는 낯선, 정말 혁명적인 발상이었다. 단일한 논리와 단일한 사회적 기술로 시장에서 닭을 사고팔며 흥정하는 것부터 국가와 통치의 문제에 이르기까지, 인간의 모든 행위를 규율할 수 있다는 생각이 담겨 있었다.[17] 앞으로 살펴보겠지만, 그리스인은 직관에 반하는 이런 생각을 결코 받아들이지 않았다. 2000년이 흐른 뒤에야 유럽 계몽시대 철학자는 화폐가 무슨 주장을 했는지 비로소 깨달았다. 화폐사회가 그 이전의 어떤 사회 시스템도 하지 않았던 주장을 했다는 것을 말이다.

'어느 시대에나 인류를 괴롭힌 문제'

오늘날 우리에게 화폐사회의 확산과 시장과 전횡적 지배가 빚어내는 긴장은 대단히 낯익다. 화폐 중심 사고가 얼마만큼 제2의 본성이 되었는지, 보편적인 경제적 가치라는 개념이 얼마나 강하게 우리를 지배하는지 생각해보면 놀랍기 그지없다. 두려울 정도다. 극장이나 항공기 일등석에만 가격이 매겨진 것이 아니다. 미국 캘리포니아에서는 돈만 있으면 더 좋은 감방에서 형기를 때울 수 있다.[18] 수십 년 전부터 코끼리와 코뿔소의 상아와 뿔, 사체 거래는 불법이었다. 그러나 오늘날에는 누구나 합법적으로 코끼리와 코뿔소를 사냥할 권리를 살 수 있다. 멸종 위기에 처한 검은 코뿔소를 사냥할 권리의 가격은 25만 달러라고 한다. 100년 전 세계에서 가장 부유한 나라의 시민권이 있다는 것은 '인생이라는 복권에서 1등에 당첨되는 것과 같았다'.[19] 오늘날에도 돈만 많으면 미국, 영국 등 선진국으로 이민을 갈 수 있다. 원하는 것을 살 돈이 없는 사람은 앞이마를 광고 공간으로 판매하거나 심지어 건강을 해칠 위험을 무릅쓰면서까지 신약 임상 시험에 인간 기니피그로 참여해 돈을 벌어야 한다. 한편 경제적 곤경에서 빠져나오는 전통적 방법이긴 하지만 현대의 감수성에 비춰볼 때 우려를 자아내는 방법도 있다. 바로 민간 군사기업에 용병으로 고용되어 현대전이 벌어지는 전장으로 가는 것이다. 마이클 샌델은 이처럼 엽기적인 이야기를 모아 이런 결론을 내렸다. "돈으로 살 수 없는 것이 있긴 하다. 그러나 요즘 그 개수는 많지 않다."[20]

화폐 중심 사고가 곳곳에 침투하며 불안감을 부추기는 것은 현대적 현상이라고 생각하기 쉽다. 자본주의 경제 시스템이 널리 확산된 결과라고 믿고 싶은 충동이 치솟아오르기도 한다. 그러나 화폐가 갓 탄생했을 때의 일대기를 보면 그렇지 않다. 자본주의는 근대적 현상이다. 16~17세기 유럽에서 등장했고 오늘날 유럽을 지배하게 된 경제 시스템이다. 그러나 시장적 사고방식의 거침없는 확산과 보편적인 경제적 가치라는 개념의 자신만만한 지배 이면에는 아주 오랜 역사를 지녔으며 사회 작동 방식에 깊이 새겨진 무언가가 있다. 화폐라는 사회적 기술이다. 오늘날 우리가 느끼는 긴장과 불화는 결코 새로운 것이 아니다. 2500년 전 그리스 에게해 연안에서 화폐가 처음 발명된 이래 이 긴장과 불화는 커졌다 줄어들었다를 반복했다.

화폐가 사회와 경제를 혁명적으로 바꿔놓은 강력한 발명품이었다면, 다음에 살펴볼 문제는 자명하다. 영국 정치철학자 존 로크가 『통치론』에서 다뤘던 문제다.

> 어느 시대에나 인류를 괴롭힌 것, 도시를 파괴하고 인구를 감소시키며 세계 평화를 망가뜨려 참혹한 피해를 불러온 것은 세계에 권력이 존재하는가 하는 문제가 아니다. 권력이 어디서 왔는가, 누가 권력을 쥐고 있는가 하는 문제였다.[21]

이제 '누가 화폐를 지배하는가'라는 문제를 둘러싼 영원한 싸움을 살펴볼 차례다.

4

화폐 주권과 화폐 반란

화폐 레지스탕스

2001년 12월, 3년 전부터 심화되어온 아르헨티나 경제위기가 정점을 찍었다. 이른바 '통화위원회 제도'하에서 미국 달러화의 가치에 페소화의 가치를 연동시켰던 아르헨티나는 1990년대 내내 전례 없는 안정과 번영을 누렸다. 그러나 1999년 1월 브라질이 레알화를 평가절하하자 아르헨티나의 최대 수출시장인 브라질에서 아르헨티나 상품의 경쟁력이 급속도로 하락했고, 아르헨티나 경제는 불황에 빠졌다. 2001년까지 2년 넘게 전 세계가 미국의 신경제 열풍을 부러워하는 동안 달러화의 가치가 상승을 거듭했기 때문에 농산물 생산과 수출에 크게 의존한 아르헨티나 구경제의 고통은 날로 심해졌다. 2001년 중반 아르헨티나는 거의 3년째 불황에 빠져 있었다. 몇 차례 재정긴축을 시도했지만, 모두 무위로 돌아가고 재정이 흐트러지기 시작했다. 한때 높은 평가를 받았던 아르헨티나의 고정환율제가 국제경쟁력의 최대 장애물이었다. 아르헨티나 국민과 금융시장 모두 고정환율제를 떠받칠 수 없을 것으로 예상하기 시작했다. 2002년 4월, 예상은 들어맞았다. 2001년 3월부터 1년간 경제장관이 여섯 번, 정권이 네 번 바뀌는 혼란 속에서 여섯번째 경제장관은 통화위원회 제도를 폐지하겠다고 선언했다. 몇 주 지나 환율은 1달러당 1페소에서 4페소로 급등했고, 아르헨티나는 대외채무에 대한 모라토리엄을 선언했다. 이때부터 지금까지 아르헨티나는 국제 금융시장에서 내쫓긴 상태다.

아르헨티나의 통화 시스템과 금융 시스템이 여러 달 동안 휘청거리다 위기로 치닫고 있었기에 아르헨티나 정부는 파국적 결과를 막기 위해 안간힘을 썼다. 1년 전인 2001년 3월 20일 통화위원회 제도의 아버지이자 1990년대 중반 만성 인플레이션과 불안정에 시달리던 아르헨티나 경제를 구한 도밍고 카바요Domingo Cavallo가 경제장관으로 재입각해 충격요법으로 경제정책에 대한 지지를 높이고 시장의 신뢰를 회복하려고 했다. 그해 여름 내내 그는 확고한 자세로 달러화 페그제 유지에 온 힘을 쏟아부었다. 그러나 경제가 계속 위축되고 은행의 자금난이 심화됨에 따라 민간자본이 해외로 빠져나가고 시중에서 유통되는 페소화가 부족해지는 결과만 빚어졌다. 2001년 12월 2일 전국적으로 예금 인출 사태가 벌어졌고 카바요는 결국 당혹스러운 선언을 할 수밖에 없었다. 은행의 유동성을 유지하기 위해 예금자가 인출할 수 있는 현금의 양을 엄격하게 제한했다. 대중적 분노를 불러일으킨 극단적 조치였다. 카바요의 이른바 '코랄리토corralito', 즉 예금인출제한 조치는 임박한 은행 시스템의 붕괴를 막는 데 성공했지만, 그 대가로 페소화 유동성의 즉각적이고 극심한 악화를 불러왔다.

갑자기 빚어진 통화 가뭄 사태에 대해 아르헨티나 국민은 30년 전의 아일랜드 국민 못지않게 창조적인 방법으로 대응했다. 국가의 손길이

미치지 않는 곳에서는 대체 통화가 자연발생적으로 나타났다. 주와 도시, 심지어 슈퍼마켓 체인점에서는 그 나름의 차용증서를 발행했고, 이 차용증서가 곧 화폐처럼 유통되기 시작했다. 페소화 가치를 지탱하기 위해 유동성을 죄려는 정부의 노력에 대한 공개적인 도전이었다. 이렇게 사적으로 발행된 지폐는 2002년 3월에 이르러 아르헨티나 모든 화폐의 약 3분의 1을 차지했다.[1] 파이낸셜 타임스는 당시 상황을 생생하게 그렸다.

> 부에노스아이레스의 한 카페에서 우아하게 차려입은 두 아가씨가 크루아상과 차를 주문해 먹은 뒤 웨이터를 불러 얼마를 내야 하느냐고 물었다. 웨이터는 오늘의 메뉴를 외워 나열할 때처럼 페소peso, 레코프lecop, 파타콘patacone과 시내 식당과 슈퍼마켓에서 유통되는 온갖 점심식사 식권을 안내해주었다.[2]

통화 당국은 몹시 당혹해했다. 그러나 아르헨티나 중앙은행 총재는 친구가 부에노스아이레스주 공무원의 서명이 적힌 파타콘으로 점심값을 내면 당황했을 테지만, 파타콘은 적어도 정부가 일정한 공신력을 부여한 대체통화였다. 파타콘의 액면가도 국가 지정 화폐 단위인 페소로 표시되었다. 그러나 시간이 흐를수록 사태는 악화되기만 했다. 2002년 7월 성인 남녀 10명 중 1명꼴로 지역통화공제회가 독자적 기준에 따라 발행한 상호신용화폐인 크레디토Crédito를 사용하는 것으로 밝혀졌다.[3] 페소화는 위상이 추락하는 와중에도 금융거래 액면가를 나타내는 구실을 해왔으나 이제는 그마저 시들해지는 지경에 이르렀다. 아르헨티나 경제의 상당 부분은 중고품 가게에 의지해 굴러갔다.

2002년 아르헨티나에서 우후죽순처럼 생겨난 준국정화폐 및 사적 화폐는 아일랜드에서 은행이 문 닫았을 때 등장한 차용증서 경제와 닮은 점이 많았다. 그러나 중대한 차이점도 있었다. 먼저 아일랜드에서는 정부가 앞장서서 통화 시스템monetary system의 마비를 막으려 애썼고, 은행 폐쇄에 대비해 예금을 대신할 민간 신용통화의 원천을 찾아내려는 활동도 적극적으로 지원했다. 반면에 아르헨티나에서는 정부가 예금인출 사태를 미연에 막고 자본의 해외 유출을 저지하기 위해 은행 폐쇄 정책을 폈다. 더 나아가 곳곳에서 등장한 유사 통화도 정부와 손잡고 공동의 적에 맞서기 위한 시도의 산물이 아니었다. 정부의 엄격한 통화정책에 공공연하게 도전하는 성격이 강했다. 아르헨티나 정부는 허둥지둥하기만 했다는 것이 일반적 여론이었다. 아르헨티나 정부는 흡혈귀 같은 고리대금업자와 외국 자본가의 이익을 위해 일했고, 해롭고 부당한 정책을 폈다. 독자적으로 사적 통화를 발행하며 정부의 정책에 맞선 지역 정치인, 기업인, 공동체는 스스로를 프랑스의 유명한 레지스탕스 마키Maquis(제2차 세계대전 동안 비시 괴뢰정부에 맞서 대중적 저항을 조직한 '그림자 군단')의 통화 버전이라고 생각했다.[4] 통화 버전 레지스탕스의 저항은 효과를 거두었고, 아르헨티나 통화 당국과 경제자문기관은 깜짝 놀랐다. 2002년 4월 IMF는 아르헨티나 정부를 향해 대체통화의 난립을 방치하면 "경제 관리가 복잡해지고 인플레이션 위협이 높아지며 재정 운용 자신감이 떨어진다"고 경고했다.[5] 페소화가 독점적 통화로서의 지위를 되찾을 때까지 아르헨티나 정부는 나라를 제대로 관리하지 못했다.

아르헨티나 외에도 통화 레지스탕스가 정부의 경제정책에 맞선 게 릴라전을 벌인 사례는 더 있다. 1990년대 초 구소련이 붕괴할 무렵에도 비슷한 일이 일어났다. 러시아 정부는 수십 년간 보조금에 의지해 유지되어온 기업을 겨냥해 예산을 매섭게 줄이는 충격요법을 취했다. 그 밑바탕에는, 홀로서기가 불가능한 기업을 대거 청산하는 창조적 파괴를 거쳐 살아남은 기업의 미래는 밝을 것이라는 기대가 깔려 있었다. 그러나 기업 경영자는 순순히 물러서지 않았다. 경영하던 기업이 공식 금융 부문에 접근할 수 있는 경로는 꽉 막히고 경영자들은 조용히 퇴직하라는 압력에 직면했지만 그들은 묘책을 생각해냈다. 독자적인 통화 네트워크를 만들어 거래를 정산한 것이다. 공급사슬로 연결되어 장기간 거래신용을 쌓아온 덕분에 국정 통화를 사용하지 않아도 채권·채무를 상쇄할 수 있는 기업이 모인 네트워크였다. 1997년에 이렇게 통화 네트워크를 통해 정산된 기업 간 거래 규모는 러시아 전체 거래 규모의 40퍼센트에 달할 것으로 추정되었다.[6] 노동자는 대용 화폐나 바우처로 급여를 받았다. 우크라이나의 한 애널리스트는 그 발행 규모에 관해 다음과 같이 요약했다. "이들 사적 화폐, 독립회계 화폐의 종류가 우크라이나는 수백 가지, 러시아는 수천 가지에 이른다."[7] 『사라진 루블화The Vanishing Rouble』는 당시 러시아에서 나타났던 현상을 연구해 통화 당국이 직면한 문제를 깔끔하게 정리했다.[8]

해체중인 국가의 정부와 통화 주권을 놓고 다투는 것은 아마 쉬운 일일 것이다. 그러나 위기 때만 국정 통화의 지배에서 벗어나려는 시도가 있었던 것은 아니다. 오늘날 서구 선진국에는 제한된 규모이긴 해도 수천 가지의 사적 화폐가 유통되고 있다. 미국과 유럽 전역의 지역사회와 기업은 지역통화Local Exchange Trading Schemes, LETS와 상호신용 네트워크라는 이름으로 사적 화폐를 적극적으로 발행하고 사적 화폐 네트워크를 유지한다. 지역통화를 발행하는 지역사회와 기업이 표방하는 독특한 이념은 종종 해당 통화의 이름에 반영되기도 한다. 예를 들어, 런던의 브릭스턴구에는 브릭스턴 파운드가 있다. 발행기관이 지역경제의 구매력을 제고한다는 목표와 영국을 대표하는 통화 이름을 한데 묶어서 지은 이름이었다. 뉴욕주 북부의 대학촌 이타카에도 이타카 아워스Ithaca Hours라는 지역통화가 있다. 추상적 노동시간을 기본 단위로 삼는다는 점에서 마르크스주의 색채가 물씬 묻어나는 통화다. 지역통화 중에 규모가 엄청 큰 것도 있다. 스위스의 WIR 상호신용 네트워크에는 6만 개 이상의 소기업이 속해 있다. 2011년 내부 거래액은 15억 스위스 프랑 이상이었다.[9] 규모가 작은 것은 아주 작다. 소박한 아기 보기 모임도 간단한 사적 통화 네트워크라고 할 수 있다.[10]

이들 사적 화폐는 공식적 국정 통화를 실질적으로 위협하지 않는다. 통화 당국도 큰 해가 없는 지엽적인 통화로 여긴다. 그러나 세계 모든 나라 중앙은행 총재의 머릿속 한구석에는 아르헨티나의 사례가 맴돌고 있다. 국가가 독점적 화폐 발행권을 잃으면 어떤 일이 일어나는지 보여주는 경고성 사례다. 이런 사례는 미국 역사에서도 어렵지 않게 찾아볼 수 있다. 영국 국왕이 아메리카 식민지에 행사한 권한 중 가장 큰 불만을 샀던 것이 식민지의 독자적 화폐 발행을 불법으로 규정할 권한이었다. 제1차 대륙회의에서 서둘러 통과시킨 법안 중 하나가 새로운 통화의 발행을 허가하는 것이었다. 독립전쟁 자금을 조달하기 위한 의도였다. 만약 지역통화와 상호신용 네트워크가 애초에 내세운 소박한 공동체적 목표를 넘어 성장한다면, 정부는 틀림없이 헌법이 정한 국가의 기본 권한을 침해한다는 이유로 불법화할 것이다.[11] 미국 헌법 제1조가 의회에 독점적 화폐 발행권을 부여한 데는 충분한 이유가 있다.[12] 보수적 정치인은 상당한 역사적 근거를 갖고 크레디토가 대륙 달러로 발전하는 것, 다시 말해 세계화에 대한 기발한 조롱이 화폐 반란으로, 그리고 화폐 반란이 정치 반란으로 번지는 것은 순식간이라고 생각한다.[13]

결국 지독한 경제위기로 좌절감이 팽배해질 때와, 특이하긴 하지만 위협적이지 않은 공동체 프로젝트를 예외로 하면, 현대 국가는 화폐를 거머쥔 고삐를 놓은 적이 없다.

그런 사례를 아는가?

유토피아의 화폐와 현실의 화폐

에게해에서 경제적 가치 개념과 객관적 공간으로서의 경제 개념이 발명되면서 화폐의 개념적 전제조건이 형성되어갔다. 그러나 화폐의 개념적 전제조건이 형성되는 것과 화폐를 이용해 사회를 실제로 조직하는 것은 별개다. 화폐는 실제로 어떻게 작동했을까? 이론상으로는 간단했다. 경제적 가치라는 보편적 언어 덕분에 가격을 둘러싼 말다툼이 있어도 합의를 이룰 수 있었다. 또 개별 판매자와 구매자는 채권과 채무를 누적시키며 외상으로 거래할 수 있었고, 그 잔액은 제삼자와의 거래에서 발생한 다른 채권과 채무를 상계하는 데 사용할 수 있었다. 무언가를 산 구매자는 사실 자신만의 화폐를 발행하는 것과 다름없었다. 구매자는 판매자와 합의한 가격의 가치에 해당하는 채무를 졌는데, 이 채무는 판매자에게 발생한 채권과 정확하게 일치했다. 판매자는 나중에 무언가를 살 때 이 채권으로 제삼자와 합의한 가격을 지불할 수 있었다. 이제 모든 사람이 필요한 만큼의 돈을 가졌고, 언제나 충분한 돈이 돌고 돌았다. 결국 화폐는 자유와 안전을 가져다주겠다는 약속을 지켰다.

이런 화폐의 유토피아야말로 구소련 해체기의 거래신용망과 스위스 WIR 같은 상호신용 네트워크가 모형으로 삼으려 했던 것이다. 네트워크의 한 구성원이 다른 구성원에게 재화나 서비스를 제공하면 그 대가로 채권을 인정받는다. 이 채권으로 본래 구매자는 물론 네트워크 내 모든 구성원에게 발생한 채무를 정산할 수 있다는 데 회원은 동의한다. 야프섬 원주민이 돌 화폐 페이로 기록하는 채권·채무 잔액과 마찬가지로, 화폐는 원래 발행자가 아니라 사회 전체, 또는 상호신용 네트워크의 구성원 모두가 부담해야 하는 채권·채무다. 이 시스템이 성공적으로 작동하려면 두 가지 기본 전제조건이 충족되어야 한다. 첫째, 네트워크 구성원은 신용을 유지해야 한다. 그럴 때만 네트워크라는 공동체는 구성원이 보유한 화폐의 가치를 신뢰할 수 있다. 둘째로, 네트워크 구성원은 서로 직간접적인 관계를 맺으며 알고 지내야 한다. 잘 알지 못하는 구성원의 신용은 관행이나 강제로 정해진 근거에 따라 평가해야 한다. 지역주의 정신과 공동체 정신에 불타는 지역통화 네트워크, 효율성으로 무장한 스위스의 소기업 네트워크, 그리고 태평양의 작은 섬에서는 이 두 가지 기본 전제조건이 충족될 가능성이 높다. 그러나 그보다 규모가 더 크고 응집력이 약한 사회, 이미 국가의 다양한 제도를 향유하는 사회에서는 상호신용 네트워크가 만들어지기 쉽지 않았다.

이 문제는 여러 정치이론가에게 낯익은 것이다. 미국 헌법의 설계자 제임스 매디슨James Madison은 『연방주의자 논집Federalist Papers』에서 유명한 말을 남겼다. "사람들이 천사라면 어떤 정부도 필요하지 않을 것이다"[14] 사람들이 천사라면, 서로 믿고 살아간다면, 그래서 과소비, 채무불이행, 야반도주 같은 문제가 발생하지 않는다면, 정부가 발행하는 화폐역시 필요하지 않을 것이다.[15] 모든 사람이 자신의 차용증서를 발행하고 다른 사람이 발행한 차용증서를 기꺼이 받는 가운데 경제는 커다란 상호신용 네트워크로서 작동할지도 모른다. 그러나 사람들은 정치에서 천사가 아니듯 경제에서도 천사가 아니다. 유토피아 공동체에서 화폐의 핵심 요소는 사회라는 추상적 관념을 바탕으로 형성되고 누적되는 신용이다. 모든 구성원이 공동체에 적극적으로 참여하기 때문이다. 그러나 현실 세계에서 냉철한 채권자가 직면하는 것은 공동체의 고결한 이상이 아니라 개별 채무증서 발행자가 채무를 상환하지 못할 수도 있다는 더욱 현실적인 가능성이다. 개별 채무자는 언제 채무불이행 상태에 빠질지 모른다. 채무자가 채무를 불이행할 수도 있다고 생각하는 사람은 채권자 말고도 수두룩하다. 결국 의미 있는 규모로 유통되는 그어떤 화폐도 '사회'를 배경으로 누적된 유동적 신용을 핵심 요소로 삼을 수 없다. 그렇다면 대안은 분명하다. 그 대안으로 화폐가 탄생한 것이다. 그리고 의미 있는 규모로 유통되는 화폐라면 어떤 화폐든 자연스럽게 사회의 구체적 표상, 즉 군주를 뒷배로 두고 누적된 유동적 신용을 핵심 요소로 삼게 되었다.

어떤 면에서 보더라도 군주를 화폐 발행자로 삼으면 뚜렷한 이점들이 있다. 순전히 현실적인 관점에서 보더라도 군주는 많은 돈을 쓴다. 고대에도 그랬다. 아테네는 물론 아테네와 비슷한 도시국가 구조 아래서도 군인에 대한 수요는 말할 것도 없고 그 밖의 공적 일자리 수요가 많았다. 화폐가 등장하기 전에는 여러 공적 일자리에서 일하는 것이 공적 의무로 여겨졌다. 그러나 고대 그리스의 위대한 정치가 페리클레스에 따르면 기원전 5세기의 아테네는 '급여를 받는 자의 도시'였다.[16] 배심원, 법무관, 군인 등 모든 공직 담당자는 돈으로 급여를 받았다. 기원전 4세기에 이르러 아테네 시민은 공공 축제에 참석하거나 민회에 출석해 법안에 표결한 대가로 돈을 받았다.[17] 아무튼 군주는 무수히 많은 사람과 무수히 많은 경제적 거래를 했다. 오늘날 국가가 경제에서 차지하는 지위가 아무리 압도적이라 해도 고대 군주의 경제적 지배력과는 비교가 안 된다. 2011년 미국 GDP(경제적 거래의 총량을 나타내는 대용변수라고 할 만하다)에서 정부 지출의 비중은 41퍼센트였다. 프랑스는 그보다 더 높아 56퍼센트에 달했다.[18] 러시아와 우크라이나의 경우, 주로 공공 인프라 기업 주변에서 기업 간 거래신용 네트워크가 형성되었다. 공공 인프라 기업은 대규모 구매자이자 청구자이기 때문에 신용으로 거래하고 정산하기가 어렵지 않았다. 그러나 신용으로 거래하고 정산하기가 얼마나 쉬운지를 따지면 공공 인프라 기업은 국가에 훨씬 못 미친다.

군주를 화폐 발행자로 삼을 때의 이점은 더 있다. 군주는 그 개념상 사적 행위자와 달리 정치적 권위를 누린다. 따라서 군주의 신용도는 시장에서 신용을 쌓는 능력에 대한 평가에 좌우되지 않는다. 정치적 권위의 힘, 그리고 신민의 신뢰를 쌓아 세금을 거두기 위해 정치적 권위를 이용하겠다는 군주의 의지에 좌우된다. 군주가 발행한 채무증서가 화폐로서 효과를 발휘하게 만드는 것은 군주의 시장 지배력 정도가 아니라 군주가 시장 외부에서 행사하는 정치권력의 크기다.[19] 뿐만 아니라 널리 주장되었듯이 군주의 정치권력은 법정화폐Sovereign money에 국가의 방대한 시장을 지배하고 국가의 법적 권력을 초월할 지위를 부여한다. 국가가 정당성이 있다고 여겨지는 한 국가가 발행한 화폐는 상업적, 법적 이유에서는 물론 이데올로기적, 종교적 이유에서 신뢰받을 수 있다.[20] 그런데 이들 이점 중 그 어느 것도 군주가 절대로 채무불이행 상태에 빠지지 않는다는 것을 의미하지 않는다. 군주는 얼마든지, 그리고 굉장히 극적으로 채무불이행 상태에 빠질 수 있다. 또 군주의 대차대조표가 영토 내에서 가장 믿을 만한 대차대조표라는 것도 의미하지 않는다. 그러나 군주가 왜 독특한 존재인지 말해주는 것일 수는 있다.

법정화폐가 일반적으로 유통되는 것을 누구나 당연시한다. 일반적 유통은 현실 세계 화폐의 필요조건이다. 그러나 사적 거래를 정산하기 위해 공적 화폐, 국정 화폐를 사용하면 특유의 딜레마를 초래하고 만다. 사실, 좀더 깊게 생각해보면 법정화폐라는 전통적 해법이 화폐 괴짜들의 사적 화폐 네트워크만큼 이상적이라는 것이 금방 분명해진다. 문제는 군주가 사회의 구체적 표상에 가장 가까운 존재일 수는 있어도 사회는 아니라는 데 있다. 군주와 사회의 이해관계가 달라지면 어찌 될까? 군주가 자신의 이득을 위해 화폐에 대한 독점에 가까운 권한을 남용한다면, 예를 들어 군주가 인기를 끌거나 재신임을 확보하는 데 필요한 자금을 조달하기 위해 화폐를 지나치게 많이 발행한다면 어찌 될까? 화폐가 약속한 자유와 안정의 놀라운 결합이 아니라 그와 전혀 다른 무언가를 만들어내기 위해 군주가 화폐 제도를 조작한다면 어찌 될까? 어차피 화폐는 군주가 발행할 수밖에 없는 게 현실 아니냐는 지적이 나올 수 있을 것이다. 그러나 제1차 대륙회의가 보여주었듯이 이 현실은 누가 군주가 되고 싶어하는가 하는 질문을 불러일으킬 뿐이다. 혹은 화폐 레지스탕스 편에서 말한다면 군주가 없더라도 잘살 수 있는 것 아닌가 하는 질문마저 불러일으킬 수 있다.

고대 그리스인의 화폐사상은 이들 실제적, 정치적 물음을 두루뭉술하게 넘겼다. 앞으로 살펴보겠지만, 훨씬 근본적인 다른 영역에 주된 관심을 기울였다. 플라톤이 화폐정책과 관련해서 내놓은 유일한 실천적 권고는 상호교환이 불가능한 두 가지 통화, 즉 국내 거래에 사용할 화폐와 대외무역과 공적 거래에 사용할 화폐를 별도로 운용해야 한다는 것이었다. 그래야 자신이 생각한 금욕적 공동체로 해외 사치품이 수입되는 것을 막을 수 있다고 했다.[21] 그러나 그는 누가 이 두 가지 화폐를 발행하고 관리해야 하는가 하는 문제는 다루지 않았다. 공화국은 그 자체가 유토피아적 공동체이므로, 화폐의 발행과 관리 문제가 발생하지 않는다고 보았던 것이다. 이상국가에서는 철인왕이 화폐를 통제하는 것이 너무나 당연한 일이었다. 아리스토텔레스 역시 화폐의 정치에 많은 시간을 쏟지 않았다. 아마도 아테네는 국가 규모가 작고 응집력이 강해서 공직자의 이익과 사회의 이익이 차이 날 가능성이 크지 않다고 보았기 때문일 것이다(아리스토텔레스 시대 아테네 성인 남자 시민의 수는 3만 5000명을 넘지 않았다).[22] 아무튼 이유가 무엇이건 그리스의 화폐사상이 누가 화폐를 관리해야 하는가 하는 주제를 본격적으로 다루지 않았다는 것은 분명하다.

아리스토텔레스가 세운 유명한 리세움Lyceum이 아테네에서 성황을 이루던 무렵 아테네에서 약 8000킬로미터 떨어져 있고 아테네와 달리 통치자와 피통치자의 동일성을 인정하지 않았던 어떤 나라에서 또하나의 위대한 학파가 등장했다. 거기서 발전한 이론은 화폐를 다른 관점에서 이해했지만, 누가 화폐를 통제해야 하는가 하는 문제에 대해서는 분명한 답을 내놓았다.

'천하의 평화와 질서'

기원전 4세기 중국의 전국시대는 정점에 이르렀다. 고대 주나라의 중앙권력은 무너진 지 오래였고, 기원전 8세기 이후로는 무수한 제후국이 중국을 재통일하기 위해 끝없이 전쟁을 벌였다. 그러나 재통일은 지지부진했다. 거의 450년간 전쟁과 폭력사태가 이어졌고 평화로운 통일된 중국에 대한 기억은 멀어지기만 했다. 큰 나라가 수많은 작은 나라의 영토를 집어삼킨 끝에 기원전 4세기에는 일곱 강대국만이 살아남아 자기 나라를 지키고 이웃 나라를 무찌르기 위한 끝없는 전쟁의 늪에 빠져 있었다. 어느 나라도 결정적 승리에 다가가지 못했고, 평화는 요원하기만 했다. 기원전 4세기 중반 제나라의 위왕은 교착상태를 타개하려고 노력하던 중 굉장히 참신한 아이디어를 생각해냈다.

공자의 철학이나 묵자의 철학 같은 중국 전통사상은 주로 도덕 문제를 다뤘다. 그 안의 도덕적 가르침은 정교하게 다듬어져 통치학의 발전에 크게 이바지했다. 군주가 올바르게 행동하고 신하가 유능하면 나라를 공정하게 효율적으로 다스릴 수 있다고 했다. 그러나 혼란기를 헤쳐나가야 했던 제나라 위왕에게 이 같은 최소주의 정치이론은 별 도움이 되지 않았다. 그는 수도 임치臨淄에 학사를 세웠다. 당대의 뛰어난 학자를 초빙한 뒤 높은 자리를 주고 후하게 대우했다. 제나라 왕에게 국가를 잘 다스리고 외적을 물리칠 최상의 방법을 조언하는 것이 이들 학자에게 주어진 유일한 임무였다. 직하학사는 오늘날 정책 싱크탱크의 원형이었다. 기원전 4세기 말과 3세기 초 전성기 때 직하학사에는 76명의 학사와 수천 명의 학생이 있었고, 중국에서 가장 유명한 학문 연구소가 되었다. 뿐만 아니라 직하학궁에 모인 학자, 즉 직하학파는 당대의 사상을 개혁시켰다. 더는 도덕철학에 초점을 맞추지 않았다. 세속적 목적에 초점을 맞췄다. 통치자가 국가의 존속과 궁극적 통치를 도모할 때 국가를 효과적으로 조직하는 방법을 자세히 설명하는 새로운 학파가 탄생한 것이다. 직하학파 학자는 이 과제를 달성할 가장 중요한 도구 중 하나가 화폐 시스템이라고 보았다.

직하학파의 화폐이론은 『관자管子』(제나라 환공 때의 명재상 관중의 저서로 받아들여졌으나 실제로는 전국시대 제나라에 모인 직하학파 사상가의 언행을 전국시대부터 전한 때까지 엮은 책이라는 것이 정설이다―옮긴이)에 정리되어 담겼는데, 『관자』에 담긴 내용은 2000년간 중국 경제사상에서 정설에 가까운 지위를 누렸다. 직하학파는 아리스토텔레스가 화폐를 연구하던 때와 비슷한 시기에 화폐이론을 선보였지만, 그 접근법은 극명하게 달랐다. 아리스토텔레스는 『정치학』에서 서양의 전통적 화폐이론을 정립했다. "인간은 물물교환을 하기 위해 예컨대 철이나 은처럼 그 자체로 쓸모 있고 일상생활에서도 사용하기 편한 금속을 주고받는 상호 계약을 맺었다……"[23] 그러나 『관자』를 쓴 직하학파 학자들은 전혀 다른 관점을 취했다. 화폐를 군주의 통치 도구, 군주의 통치 시스템 중 일부분으로 보았다. "선대 군주는 화폐를 이용해 부와 재산을 보호하고 백성의 생산 활동을 조절했다. 그럼으로써 천하에 질서와 평화가 찾아올 수 있었다."[24]

화폐를 군주의 통치 도구로 보면 다음과 같은 중요한 물음이 도출된다. 화폐는 정확히 어떤 역할을 하는가? 군주는 어떤 목적을 위해 화폐를 사용하는가? 이들 물음에 답하기 위해 직하학파 학자는 단순하지만 강력한 화폐이론을 전개했다. 먼저 화폐의 가치는 화폐임을 나타내는 특정 증거물의 본질적 가치와 무관하다고 설명했다. "시중에서 유통중인 세 가지 형태의 화폐(진주와 옥으로 만든 화폐, 금화, 칼 모양과 삽 모양의 화폐)는 헐벗은 사람을 따뜻하게 해주지 못한다. 굶주린 사람의 배를 채워줄 수도 없다." 『관자』의 주장에 따르면, 화폐의 가치는 사용 가능한 재화의 양과 비교한 유통중인 화폐의 양에 따라 결정되었다. 그러므로 군주는 재화의 양에 맞춰 화폐본위monetary standard의 가치가 바뀌게 하려면 유통중인 화폐의 양을 조절해야 했다. 군주는 인플레이션 정책을 펼칠 수 있었다. "만약 나라 전체 통화량의 10분의 9를 군주가 갖고 백성은 겨우 10분의 1만 갖는다면, 화폐의 가치는 상승하고 재화의 가격은 하락할 것이다." 반대로 디플레이션을 일으킬 수도 있었다. "군주가 화폐를 찍어내 유통시키며 재화를 모아들이면, 재화의 수요가 늘어나 가격이 10배로 상승할 것이다."[25]

이렇게 화폐본위를 변경하면 두 가지 목적을 달성할 수 있었다. 첫째, 신민의 부와 소득을 재분배할 수 있었다. 화폐의 발행이 늘어나 인플레이션이 발생하면 채권자의 채권가치가 하락하고 채무자의 채무부담이 줄어들어 부가 채권자에게서 채무자에게로 이동한다. 화폐의 발행이 줄어들어 디플레이션이 발생하면 반대 방향으로 부와 소득의 재분배가 일어난다. 더구나 군주가 새로운 화폐를 발행해 유통시키면 신민에게서 군주에게로 부가 무상으로 재분배된다. 뒷날 서구 전통의 경제학자는 이렇게 화폐를 찍어낼 때마다 생기는 놀라운 힘을 가리켜 시뇨리지seigniorage(화폐를 발행할 때 그 교환가치에서 발행비용을 빼고 남은 이익을 말한다. 오늘날에는 기축통화인 달러화 발행국인 미국이 시뇨리지를 독점하고 있다—옮긴이)라고 불렀다. 둘째, 화폐는 거래를 조직하고 정산하는 주요 수단이기 때문에 화폐본위를 바꾸면 경제활동을 통제하기가 쉬웠다. 정부가 조화사회harmonious society를 목표로 삼았다면 화폐정책은 조화사회를 달성하는 강력한 도구가 될 수 있었다. 물론 문제점도 있었다. 직하학과 학자는 군주가 화폐의 힘을 효과적으로 이용하기 위해서는 화폐를 배타적으로 통제할 수 있어야 한다고 지적했다. 군주 외에 다른 누군가가 화폐를 발행한다면 화폐본위의 가치를 통제할 군주의 권한을 침해하고, 더 나아가 군주의 권력을 일부 빼앗는 결과를 낳는다고 보았다.

직하학파의 가르침은 논리적이고 명쾌했기 때문에 세상에 나오자마자 환영받았다. 그러나 이 가르침이 중국 화폐사상의 자명한 공리로 자리잡는 과정은 순조롭지 않았다. 때때로 화폐를 통제하는 문제를 둘러싸고 격렬한 다툼이 벌어지기도 했다. 진나라 멸망 후의 혼란기를 수습하고 기원전 202년 건국한 한나라의 초창기 황제는 수입을 초과해서 지출한 다음 새 화폐를 찍어내 적자를 메우는 느슨한 재정정책과 화폐정책을 폈다. 결국 급격한 디플레이션을 유발하는 화폐정책을 통해 황제의 화폐에 대한 신뢰를 회복시켜야 하는 상황에 내몰렸다. 늘 그렇듯 디플레이션에 뒤이은 긴축정책은 고통스러웠고 인기가 없었다. 기원전 175년 한 문제는 신하의 간언에 따라 직하학파의 신성한 가르침에 어긋나는 전례 없는 실험을 시도했다. 황제가 아닌 사람도 화폐를 찍어낼 수 있게 한 것이다. 한나라의 위대한 역사가 사마천은 이후 결과를 다음과 같이 서술했다.

> 누구나 마음대로 주화를 주조할 수 있게 되었다. 그 결과 일개 지방 제후였던 오왕도 영지 내 광산에서 캐낸 구리로 주화를 주조해 천자에 버금가는 부를 쌓았다. 오왕은 결국 이 엄청난 부를 믿고 반란(오초칠국의 난—옮긴이)을 일으켰다. 마찬가지로 고위 관리에 지나지 않던 등통鄧通도 화폐를 주조해 제후를 능가하는 부를 쌓았다. 오왕과 등통이 찍어낸 주화는 한나라 전역에서 유통되었다. 결국 주화의 사적 주조는 금지되었다.[26]

화폐 사업가는 긴축정책의 고통을 완화시키고 싶다면 화폐의 사적 발행을 허가해야 한다고 황제를 가까스로 설득했다. 이때 문제는 사적 화폐 발행자가 찍어낸 화폐를 유통시키기 위해서는 정치적 권위가 필요하다는 것이었다. 결국 악순환이 벌어지고 말았다. 사적 화폐 발행자는 자신의 정치적 권위를 높여 임시방편적 화폐정책이 적절한 효과를 거둘 수 있게 하려고 했다. 화폐 발행으로 쌓은 자금력은 정치적 권위를 높여주었다. 얼마 지나지 않아 경제적으로 장점이 있다 해도 사적 화폐와 사적 화폐 발행자가 제국의 통합을 정치적으로 위협한다는 사실이 분명해졌다. 황제의 중신은 점점 심해지는 정치적 혼란이 직하학파가 정립한 화폐에 관한 공리를 무시한 직접적 결과라고 경고했다. 기원전 113년 한 무제는 화폐에 대한 황제의 독점적 권한을 재확립했다. 경제 문제를 주로 간언한 대신 상홍양桑弘羊은 사적 화폐 발행을 단속하는 배후에 숨은 정치적 이유를 이렇게 정리했다. "황제가 통제하는 가운데 통화 시스템이 통일된다면 백성은 두 주인을 섬기지 않을 것이다."[27]

이단적 화폐이론의 실험은 실패로 돌아갔다. 직하학파의 화폐 개념과 화폐정책은 옳다고 판명되었다. 권력을 유지하고 나라가 잘 다스려지기를 원하는 군주라면 화폐본위를 관리할 권한, 화폐 발행을 독점할 권한을 반드시 움켜쥐어야 했다. 『관자』에는 이런 말이 나온다. "선견지명이 있는 군주는 운명의 주인을 매수하기 위해 공통 통화의 고삐를 꽉 쥐고 놓지 않을 것이다."[28]

제 위왕의 독창적 기획의 산물인 직하학파는 중국 최초로 화폐사상을 정립했고, 그에 힘입어 화폐에 대한 군주의 독점적 권한을 강화하려는 신하가 속속 등장했다. 유럽에서는 상황이 정반대로 흘러갔다. 유럽의 화폐사상은 1000년 넘게 흐른 뒤에야 플라톤과 아리스토텔레스가 이야기한 원칙을 벗어나 발전할 수 있었다. 그러나 이때 발전을 주도한 세력은 군주가 아니라 군주의 신민이었고, 그 목표도 군주의 화폐에 대한 독점적 권한을 강화하는 것이 아니라 완화하는 것이었다. 다음 장에서 왜 그렇게 되었는지 살펴보자.

5

화폐 이익집단의 탄생

실낙원: 화폐에서 로마인의 업적

세월이 흐를수록 로마의 기술적 업적이 생각했던 것 이상이라는 것을 새삼 깨닫는다. 50년 전만 해도 베르길리우스가 『아이네이스Aeneis』에서 읊어 널리 알려진 관점을 당연시했다. 로마인은 과학, 기술, 예술에는 재능이 썩 뛰어나지 않았지만, 제국을 건설해 세계를 지배해야 한다는 사명감에 불탔기 때문에 결함을 메울 수 있었다는 관점 말이다.[1] 오늘날 우리가 알고 있기로, 로마 장군은 계산기를 사용했고 로마 기업가는 기계화된 공장을 세웠다.[2] 그러나 로마의 기술적 업적이 인상적이기는 하지만, 세련된 금융 수준에 비하면 별것 아니다. 에게해에서 화폐가 처음 등장하고 얼마 지나지 않아 로마 전역에서 화폐가 사용되었다. 금융 인프라도 방대하고 복잡했다. 당연히 신뢰받는 주화가 있었지만, 세련된 화폐경제가 으레 그렇듯 주화는 원칙적으로 소규모 거래에서 사용되었다. 고가 상품(로마 전성기에는 초고가 상품도 드물지 않았다)의 거래는 '리테라littera'나 '노미나nomina', 즉 약속어음이나 담보로 결제되었다. 걸출한 정치가이자 연설가인 키케로는 "노미나 파시트, 네고티움 콘피시트nomina facit, negotium conficit(담보를 주고받으면 거래가 성립한다)"라는 말로 공화정 말기의 정상적인 거액 지불 방법을 요약했다.[3] 거액을 지불할 때만 신용경제가 적용된 것은 아니었다. 로마 시인 오비디우스는 젊은 연인을 위한 풍자시집 『사랑의 기술The Art of Love』에서 예비 바람둥이에게 이렇게 경고했다. "여자친구가 선물을 사달라고 할 때 수중에 현금이 없어서 못 사주겠다는 변명은 통하지 않을 것이다. 수표로도 얼마든지 사줄 수 있기 때문이다."[4]

제정 초기 로마 상류층이 농장 경영으로 부를 쌓던 시절은 한참 전에 끝났다. 로마 시인 호라티우스는 "농장을 경영해 부자가 된 사람이 있는가 하면 돈을 빌려주고 이자를 받아 부자가 된 사람도 있다dives agris, dives positis in faenore nummis"라고 당시의 로마인을 노래했다.[5] 그는 "전 재산을 국채에 쏟아부었다"는 이유를 대며 청구서에 지불하지 못해도 봐달라고 간청한 금리생활자가 드물지 않았던 빅토리아시대 영국에 살았다 해도 전혀 어색해하지 않았을 것이다. 로마시대에도 오늘날과 마찬가지로 부동산은 거들떠보지 않고 화폐 형태로만 부를 쌓기로 선택한 부자가 있었다.[6] 로마의 은행가도 예금을 받고 대출을 일으키며 국제 거래를 정산했다.[7] 그때도 오늘날과 마찬가지로 금융 엘리트는 복잡한 금융기법으로 특별한 지식이 없는 사람을 현혹했다. 금융 엘리트의 행태에 신물이 난 키케로는 신랄하게 비꼬는 글을 썼다. "야누스 신전 부근 영업소에서 일하는 어떤 영악한 친구들은 어디서 돈을 벌고 어디에 돈을 맡겨야 하는지에 관해서는 그 어떤 학파의 철학자보다 말을 잘한다."[8]

이렇듯 화폐화가 널리 진행되었으므로, 로마인이 현대 금융의 낯익은 또하나의 특징인 신용위기를 잘 알고 있었다는 것은 결코 놀라운 일이 아니다. 로마 사회가 현대 사회와 닮은 점이 많아 가끔 기괴한 느낌을 불러일으키기도 한다. 기원후 33년 로마 황제 티베리우스의 재무관은 최근 몇 년간의 사적 대출업 붐이 과도하다고 판단했다. 비정상적 과열 양상을 보인 사적 대출업을 진정시키려면 규제를 강화해야 한다고 결정 내리고 선행 법령을 간략히 살펴보았다. 수십 년 전 율리우스-클라우디우스 왕조의 시조인 율리우스 카이사르가 부유한 세습귀족이 돈을 빌려주고 받는 이자를 엄격하게 제한하는 제도를 도입했다는 사실이 밝혀졌다.[9] 카이사르는 한마디로 대출업자의 자기자본 요건을 엄격하게 정하는 법을 제정했던 것이다. 이 법이 알려주는 바는 명백했다. 아무리 사적 대출업을 규제해도 부지런한 대출업자는 매번 규제를 피하는 방법을 용케 알아낸다는 것이었다. 역사가 코르넬리우스 타키투스Cornelius Tacitus는 "끊임없이 새로운 규제 조치를 취하며 사적 대출업을 억누르려고 했지만, 대출업자는 희한한 수법을 개발해 되살아났다"고 썼다.[10]

티베리우스 황제는 사적 대출업과의 게임을 끝내겠다고 포고했다. 카이사르가 제정한 법을 자꾸 그대로 적용하려고 해서 혼란이 빚어졌다. 포고령을 적용하자마자 원로원 의원 대부분이 법을 어기고 있다는 당혹스러운 사실이 드러났다. 현대 금융위기의 낯익은 특징이 뒤따라 나타났다. 대출업자는 법을 준수한다는 명분으로 미친 듯이 대출을 회수했다. 상황의 심각성을 파악한 집정관은 법의 적용 조건을 완화하고 유예기간을 넉넉하게 주어 포고령의 강도를 약화시키려고 했다. 그러나 너무 늦었다. 채무자가 채무상환자금을 마련하기 위해 담보로 잡힌 부동산을 급매물로 내놓는 바람에 부동산 시장이 붕괴하고 말았다. 대규모 파산사태가 금융 시스템을 집어삼키려고 했다. 로마가 신용위기에 휩싸이자 티베리우스 황제는 어쩔 수 없이 대대적인 구제금융 조치를 시행해야 했다. 황제 재무관은 과도한 대출을 한 대출업자에게 의도적으로 고평가된 부동산을 담보로 잡고는 3년 기한으로 1억 세스테르티우스를 무이자로 빌려주었다. 다행히 사태는 원만하게 수습되었고 원로원은 안도의 한숨을 쉬었다. "이리하여 신용이 회복되었고, 사적 대출업도 서서히 영업을 재개했다."[11]

그러나 유럽에서 처음 꽃피었던 화폐사회는 오래가지 못했다. 로마의 군사력과 정치력이 쇠약해짐에 따라 비옥했던 금융 생태계도 쇠약해졌다. 기원후 3세기 말 로마의 핵심 식민지인 이집트까지 이민족이 쳐들어오자 심각한 통화 혼란이 벌어졌다. 기원후 274년에서 275년에 걸쳐 물가가 1000퍼센트 상승하는 인플레이션이 발생했다.[12] 기원후 300년 이후 각종 기록에서 은행가가 사라졌다. 전문적 금융업을 뒷받침해줄 사회적, 정치적 안정이 무너졌기 때문일 것이다.[13] 로마 제국의 힘이 미치는 범위가 줄어들면서 화폐 시스템이 작동하는 범위도 좁아졌다. 본국에서 거리가 먼 주변부 식민지일수록 심한 영향을 받았다. 브리튼을 예로 들면 5세기 초 로마 군단이 철수하고 나서 한 세대가 채 지나기도 전에 로마식 화폐 시스템이 사라졌다. 거의 5세기에 걸쳐 대표적인 화폐로 꾸준히 사용되었던 로마 주화도 이후 200년간 잊혔다.[14] 결국 유럽 전역에서, 심지어 로마에서조차 세련되고 찬란했던 화폐사회

는 사라지고 말았다. 미케네 문명이 몰락한 이후 그리스가 그랬듯 유럽
도 화폐사회에서 전통사회로 전면적으로 후퇴한 암흑시대로 접어들
었다.

유럽의 화폐 르네상스

화폐사회에서 전통사회로 전면적으로 후퇴했으나 완전하게 후퇴한
것은 아니었다. 대형 금융거래의 정교한 기법부터 자그마한 주화를 사
용할 때의 소박한 편리함에 이르기까지, 다채로운 금융기술의 파노라
마는 잊혔지만, 로마 화폐사회의 흔적은 남아 있었다. 보편적인 경제
적 가치 개념이 그것이다. 유동적 사회구조가 다시 딱딱하게 굳어감에
따라 확고한 부족관계와 봉건관계가 자리를 잡았다. 그러나 화폐사회
의 전형적 징표인 보편적인 경제적 가치 개념은 끈질기게 살아남아, 훗
날 유럽 사회의 재화폐사회화를 널리 촉진시키는 지적 고정자본이 되
었다. 8세기 말 프랑크 왕국이 서유럽을 제패한 뒤 화폐사회는 부활했
다. 샤를마뉴 대제 치하에서 파운드, 실링, 펜스 등의 화폐 단위가 도입
되었고, 유럽 전역에서 일관된 기준에 따라 화폐가 발행되었다. 그러나
이 첫번째 화폐 르네상스는 오래가지 못했다. 12세기 전반에 이르러서
야 2000년 전 에게해에서 확립된 논리에 따른 재화폐사회화가 본격적
으로 시작되었다.[15] 12세기 말부터 서유럽 저지대 나라Low Countries(유럽
북해 연안의 벨기에, 네덜란드, 룩셈부르크 일대—옮긴이)를 시작으로 전 유
럽에 걸쳐 전통적인 현물지대가 화폐지대로 바뀌어갔다.[16] 농노가 1년
중 일정 기간 동안 봉건영주에게 노역을 바치던 부역 제도도 임금노동

으로 대체되었다. 가난한 사람이 보기에 세습귀족과 다르지 않았던 민간 관료는 봉급을 받으며 전문적인 일을 하는 집단이 되기 시작했다. 이것은 민간 관료를 부릴 만한 경제력이 있는 지역에서는 로마시대 이후 처음으로 조세의 금납화가 재도입되었다는 것을 뜻했다.[17]

정적이던 사회관계가 화폐화한 결과 낯익은 일들이 벌어졌다. 사회 이동이 다시 활발해졌다. 야심과 탐욕이 행동에 동기를 부여하는 주요 요인으로 되살아났다. 전쟁터와 마상창시합장에서 경쟁하던 귀족은 이제 누가 부를 더 많이 쌓고 과시하느냐를 두고 경쟁했다.[18] 시인 라바르딘의 힐데베르트Hildebert of Lavardin는 "돈이 사람이다!"라고 한 아리스토데무스Aristodemus의 푸념을 절묘하게 비틀어 "눔무스 노빌리타스nummus nobilitas(돈이 귀족이다—옮긴이)"라고 외쳤다.[19] 그러나 중세 유럽은 고대 그리스보다 규모가 더 크고 더 부유하며 더 강력한 화폐사회였다. 따라서 중세 화폐사회가 발전함에 따라 훨씬 극적이고 터무니없는 일들이 일어났다. 현대 화폐사회의 도가 지나친 모습을 떠올리게 하기에 충분했다. 예를 들어, 중세 초기에 가장 부유한 도시였던 이탈리아 볼로냐의 귀족은 누가 더 높은 탑을 쌓는가를 놓고 경쟁하는 데 에너지를 쏟아부었다. 그 결과는 중세시대 맨해튼이었다. 4제곱킬로미터가 채 안 되는 넓이의 도시에 180개의 탑이 치솟았고, 그중 몇 개는 높이가 100미터에 가까웠다.

샤를마뉴 대제가 정한 화폐 단위는 끈질기게 살아남아 광범위한 재화폐화의 토대가 되었으나, 현실에서 화폐 유통을 조직화할 때는 혼란을 초래하기도 했다. 유럽에 화폐가 처음 도입될 때는 로마의 통일된 정치적 권위가 뒤에 버티고 있었지만, 재도입될 때는 아주 단편적이고 점진적인 양상을 띠었다. 샤를마뉴 제국이 붕괴한 이후 유럽에는 통일된 정치적 공간이 없었다. 잉글랜드를 제외하면 화폐가 유통되는 단일 범위 중 큰 것조차 주요 도시 한두 개와 그 배후지를 넘지 못했다. 대부분의 화폐 유통 범위는 그보다 훨씬 좁았다. 그래서 샤를마뉴 제국의 파운드, 실링, 펜스는 유럽 곳곳으로 퍼져나가 화폐는 다시 가치평가에서 협상, 계약체결로 이어지는 화폐 기능의 발전 과정을 밟았지만, 화폐본위의 표준화는 실종되고 말았다. 덩치 큰 왕국과 공국부터 소규모 남작령과 교회령까지, 화폐 주조와 발행 특권을 향유하는 다양한 지역이 저마다 활발하게 화폐를 발행했다. 화폐가 그려내는 풍경은 단순해 보였다. 어느 지역에서나 파운드, 실링, 펜스라는 화폐 단위가 사용되었기 때문이다. 그러나 실제로는 더없이 복잡했다. 이들 화폐 단위의 실체 가치가 개별 화폐 발행자가 정한 특정 본위에 의해 결정되었기 때문이다.

봉건 화폐 발행자가 보기에 되살아난 화폐 시스템은 특별한 매력이 하나 있었다. 운송과 경제성 측면에서 직접세 부과가 쉽지 않았던 시대에 화폐본위를 조작할 때 발생하는 시뇨리지는 아주 괜찮은 수입원이었다. 당시 화폐 주조 기술의 중요한 특성상 시뇨리지가 발생하기 쉬웠다. 화폐를 만드는 지배적 기술은 주화 주조였다. 높은 가치가 매겨진 주화는 귀금속인 은으로 주조했고, 낮은 가치가 매겨진 주화는 그리 귀하지 않은 구리나 합금으로 주조했다. 그런데 오늘날의 주화와 달리 중세 주화에는 명목가치를 나타내는 그 어떤 표시도 없었다. 앞면과 뒷면에 모두 숫자가 새겨져 있지 않았다. 주화를 발행한 군주의 얼굴이나 무기 등 식별용 디자인만 담겼다. 군주는 정치적 권위를 동원해 주화를 주조한 다음 칙령을 공표해 그 가치를 정했다. 이런 시스템은 군주에게 대단히 유리했다. 군주는 주화에 매겨진 명목가치를 줄이기만 해도 모든 주화 보유자에게 효과적으로 재산세를 부과할 수 있었다. 군주는 특정 주화를 지목해 1실링이 아니라 6펜스라고 선언하기도 했다. 어떤 주화는 군주의 선언에 따라 더는 1실링이 아니라 6페니가 되기도 했다. 주화가 '평가절하'되었다. 달리 말하면 주화의 가치를 재는 기준이 '평가절상'되었다. 이러면 주조소는 평가절하된 주화를 녹여 새 주화를 주조하는 것이 더 낫다고 여겼을 수도 있다. 군주는 주화를 재주조하는 데 들어가는 비용도 추가로 부과해서 거둘 수 있었다.

이 과정은 당연히 법정주화 이용자 사이에서 말이 많았다. 다행히도 주화 이용자에게는 비록 완벽하지는 않지만, 자연 발생적인 대비책이 하나 있었다. 예컨대 은화처럼 귀금속이 포함된 주화는 매겨진 명목가치에 상관없이 고유의 가치를 인정받았다. 시장에 내놓으면 귀금속 함량에 따라 정해진 가격으로 대장장이와 보석세공인이 사가거나 주조소가 서로 경쟁하며 사갔다. 사실 주화는 거기에 함유된 귀금속 가치만큼 지불하겠다는 군주의 약속에 대한 휴대용 담보물이었다. 이것은 군주가 주화를 낮은 가치로 발행하는 데는 한계가 있다는 것을 의미했다. 주화가 과도하게 평가절하되었다고 해보자. 귀금속 함량이라는 담보의 가치가 주화에 담긴 신용의 가치보다 더 높아졌다. 주화 보유자는 대장장이에게 주화를 귀금속 가격으로 팔았다. 이에 대해 계산이 빠른 군주는 가만히 있지 않았다. 주화를 재주조하면서 새 주화의 귀금속 함량,

예컨대 은 함량을 줄이는 '가치저하'로 대응했다. 가치저하는 주화 발행자와 주화 이용자 사이의 쫓고 쫓기는 끝없는 게임에 대한 처방이었다. 주화 발행자의 신용에 대한 담보물로서 효과적으로 기능했던 주화의 귀금속 함량조차 군주가 야금야금 잠식하는 약탈적 행위 앞에서는 취약하기만 했다.

이 취약함이 가치저하의 이론적 위험성보다 더 컸다. 중세 군주는 개인 영지에서 나오는 수익금 외에는 수입을 올릴 방법이 거의 없었다. 봉건적 행정 역량으로는 직접세나 간접세를 부과하는 것이 불가능했던 것이다. 결국 오직 시뇨리지만이 매력적이고 현실성 있는 소득원이었다. 중세 군주는 시뇨리지의 매력에 푹 빠져들었다. 화폐경제의 확산에 대응해 주화의 공급이 서서히 늘어나는 만큼만 시뇨리지를 부과하는 정상적 상황에서는 군주의 수입이 그리 많지 않았다. 그래서 군주는 필요할 때마다 유통중인 주화의 가치를 낮추라는 명령을 내리거나, 심지어 주화의 사용을 중지시킨 뒤 더 낮은 가치로 재주조하라는 명령을 내려 엄청난 수입을 올릴 수 있었다. 예를 들어, 1299년 프랑스 국왕의 총수입은 200만 파운드에 약간 못 미쳤다. 그중 절반은 가치저하와 대대적 재주조로 거둔 주조소의 시뇨리지 수입이었다.[20] 두 세대가 지난 1349년 프랑스 국왕은 주화 재주조로 그해 총수입의 4분의 3을 벌어들였다.[21] 이 같은 막대한 수입의 배경에는 1285년에서 1490년 사이 무려 123차례에 달하는 가치저하가 있었다.[22]

12세기 말에서 14세기 중반에 걸친 이른바 '장기 13세기'에 벌어진 유럽의 재화폐사회화는 서로 모순되는 두 가지 현상을 초래했다. 첫째,

화폐로 거래하며 부를 쌓아가는 개인과 기관이 출현했다. 그들은 군주 이상으로 화폐에 대해 '정치적으로 강력한 이해관계'가 있었다. 둘째, 군주는 시뇨리지가 일으키는 기적에 깊이 중독되었다. 화폐 사용이 늘어날수록 위력이 강해지는 기적이었다. 경제활동의 화폐화가 더욱 심해지고 화폐경제에 말려드는 사람이 점점 늘어남에 따라 시뇨리지를 부과하는 대상도 확대되었다. 그러나 군주는 국고를 채워주는 시뇨리지의 마력에는 한계가 있다는 것을 깨달았다. 기술적 한계가 아니라 정치적 한계였다. 새로 등장한 화폐 이익집단은 때가 되면 군주의 도를 넘는 시뇨리지 추구 행위에 반대할 것이 틀림없었다. 14세기 중반에 그 시점이 찾아왔다. 주목받아야 마땅했지만, 묻혀 있던 주제인 화폐정책을 다룬 서양 최초의 책이 나왔다.

화폐 이익집단의 탄생

1363년 여름, 프랑스 발루아 왕조의 운명은 점점 기울었다. 8년 전 국왕 장 2세Jean II는 푸아티에 전투에서 잉글랜드 흑태자 에드워드Edward에게 패하고 포로 신세가 되어 영불해협을 건넜다. 장 2세에게는 다행스럽게도 중세시대에는 포로, 적어도 포로로 잡힌 국왕만큼은 관대하게 대했다. 그는 템스 강가의 널찍한 사보이궁에서 잉글랜드식 사냥과 연회를 즐겼다. 여담이지만 사보이는 예나 지금이나 상류생활의 대명사다. 그러는 사이 장 2세의 장남인 황태자 샤를Dauphin Charles이 섭정하던 프랑스는 혼란 상태에 빠져들었다. 결국 1360년 브르타뉴 조약이 체결되었다. 장 2세는 몸값 300만 크라운을 내는 조건으로 프랑스로 돌아왔고,

대신 차남 루이Louis가 보증인으로서 칼레에 유폐되었다. 장 2세는 썩 내키지 않았지만, 사보이궁에 작별을 고하고 황폐화된 자신의 왕국으로 돌아왔다. 고생은 오래가지 않았다. 1363년 루이가 브르타뉴 조약을 어기고 유폐지에서 탈출했다는 소식이 파리에 전해졌다. 장 2세는 노블레스 오블리주를 실천하겠다는 충동에 갑자기 사로잡혔고, 즉시 잉글랜드로 돌아가 포로 생활을 이어갔다. 그가 1년 후 세상을 떠나자 황태자 샤를이 다 쓰러져가는 프랑스 왕국을 물려받았다.

1363년 국왕 장 2세가 잉글랜드로 되돌아갔을 때 프랑스 귀족은 충격을 받았지만, 곧 왕위 계승자에게 새로운 생각을 집어넣을 절호의 기회가 왔다는 것을 깨달았다. 프랑스 국왕의 국고 장난질, 무엇보다 지나치게 시뇨리지를 챙기는 그릇된 행동을 끝장낼 기회가 찾아온 것 같았다. 잉글랜드와 전쟁을 하는 동안 장 2세는 새로운 시뇨리지를 극단까지 시험했다. 푸아티에 전투가 일어나기 1년 전인 1355년에도 국왕은 가치저하를 무려 여덟 차례 단행했고, 결국 그해 말 부채 원리금 상환을 유예하겠다고 선언하는 지경에 내몰렸다.[23] 새 시대에는 시뇨리지를 쥐어짜는 해묵은 관행이 도움이 되지 않으며 해롭다고 왕위 계승자인 황태자를 설득해야 했다. 황태자는 젊었고 주변 사람의 말에 쉽게 휘둘렸지만, 멍청하지는 않았다. 각 학파의 설득력 있는 주장을 한데 모아 현실 세계에 적용할 수 있으며 논리학, 경제학, 수사학에 능통한 영민한 귀족 대변인이 필요했다. 무리한 요구였다. 당시 정통 학문은 과학적 조사보다는 고전 텍스트의 정확한 의미를 둘러싸고 벌이는 시시콜콜한 논쟁을 더 중시했다. 과학적 조사 결과를 정책에 적용하는 데 관심이 있을 리

없었다. 다행히 당시 학문 세계의 전반적 규범에서 벗어난 인물이 있었다. 바로 파리의 명문대학교 중 하나이던 나바르 칼리지College of Navarre의 신임 학장 니콜라 오렘Nicolas Oresme이었다. 그는 주저 없이 대변인 역할을 받아들였다.

오렘은 리지외 출신 노르만인으로 1340년대의 유명한 주석학자 장 뷔리당Jean Buridan 문하에서 학문을 연구하기 위해 파리로 왔다. 이후 수학과 천문학에서 철학과 신학에 이르기까지 여러 학문 분야에서 두드러진 업적을 남긴 뛰어난 학자가 되었다. 그는 1360년경 황태자 샤를에게『화폐의 기원, 성질, 법칙, 변천에 관한 보고서Tractatus de origine, natura, iure, et mutacionibus monetarum』(이하『보고서』)를 바침으로써 후대에 널리 기억되었다.[24] 굉장히 효과적인 분석을 담은 이『보고서』에는 강력한 설득력이 담겨 있었다. 오렘은 서두에서 논쟁점 두 가지를 해결하겠다고 분명히 밝혔다. 군주가 화폐본위를 조작하는 것이 옳은가? 만약 옳다면 누구의 이익을 위해 그래야 하는가?

오렘은 획기적인 대답을 내놓았다. 전통적 스콜라 사상에 따르면, 화폐는 발행자인 군주의 봉건적 관할 영역의 일부이므로, 군주는 마음만 먹으면 얼마든지 화폐를 폐기할 수 있다. 주조소의 소유자는 군주인 만큼 존중해야 할 유일한 이익은 군주의 이익뿐이다. 그러나 오렘은 전혀 다른 관점을 선보였다. 화폐는 군주의 소유물이 아니라 공동체 전체의 소유물이다. 화폐가 군주가 지출한 비용을 정산하는 수단의 범위를 벗어나 널리 사용되는 세계, 화폐 형태로 사적 거래를 하고 화폐 형태로 사적 부를 축적하는 세계에서는 화폐의 발행이 필수적 공공 서비스이므로 일반 대중의 이익에 부합해야 한다. 당연한 말이겠지만 오렘이 생각한 일반 대중은 제한적 개념이었다. 그는 현물지대가 화폐지대로 바뀐 시대의 봉건 대지주인 귀족과 교회를 대변했다. 오렘이 말한 '공동체 안의 가장 선량한 계급'은 시뇨리지의 부의 재분배 효과로 고통받는 사람들, 군주가 어떻게 화폐를 관리하는가에 이해관계가 얽혀 있는 사람들이었다. 오렘은 잘라 말했다. "군주가 공국 안에서 유통되는 화폐의 주인인 것은 아니다. 화폐는 천연의 부를 교환하기 위한 평형장치에 지나지 않는다. (…) 그러므로 천연의 부를 소유하는 자가 화폐의 소유자다."[25]

이런 관점 덕분에 오렘은 화폐를 보유한 신흥 계급의 두통거리가 된 군주의 화폐본위 조작을 새로운 눈으로 바라볼 수 있었다. 그는 먼저 화폐본위 조작을 골칫거리라고 지적했다. 보통 군주는 신민에게 시뇨리지를 부과해 거둬들이기 위해 화폐본위 조작에 나섰다. 오렘은 물었다. "군주가 화폐의 액면금액은 그대로 둔 채 무게만 줄이는 짓이 얼마나 부당하고 추잡한지 어찌 말로 다 표현할 수 있겠는가?"[26] 사회정의를 실현하고 경제적 효율성을 달성하기 위해서는 합리적이고 예측 가능한 화폐 시스템이 필요했다. 그러나 치밀하고 머리 회전이 빠른 오렘은 주화의 명목가치와 주화에 담긴 귀금속의 시장가치를 정확히 일치시켜 시뇨리지를 없애려는 시도는 성공하기 힘들다고 보았다. 대신 그보다 온건한 방안을 권고했다. 공동체는 법정화폐를 사용하는 이점을 누리는 대가로 주화 주조 비용과 적당한 시뇨리지를 부담함으로써 군주가 "군주로서 위엄을 유지하고 고귀하고 존경받는 신분을 누릴 수 있게 해

야 한다"고 했다.[27]

오렘은 자신이 제안한 화폐 시스템 개혁이 골치 아픈 문제를 불러온다는 것을 잘 알았다. 시뇨리지를 아예 없애거나 엄격하게 규제하면 군주가 화폐를 관리하며 재량을 발휘할 여지가 줄어들 가능성이 높았다. 군주가 시뇨리지의 수준을 선택하지 못하는데 어떻게 유통시킬 화폐의 양을 결정할 수 있겠는가? 이 문제의 해법은 이론상으로 단순했다. 화폐본위를 고정시켜 쉽게 바꿀 수 없게 하면 사적 주화 수요에 따라 주화의 양이 결정될 것이다. 이때 주화를 원하는 사람은 은을 들고 주조소에 가서 주조 비용과 최소한의 시뇨리지만 지불하면 주화를 주조할 수 있다. 그러나 이 자유방임주의적 해법은 실제로 작동할 가능성이 높지 않았다. 들쭉날쭉한 귀금속 공급이 화폐에 대한 수요와 반드시 일치할 것이라는 가정은 아무런 근거가 없었기 때문이다.

군주의 화폐정책은 제한적 역할을 할 수 있다는 것이 오렘의 결론이었다. 극단적인 경우 가치저하가 필요할 때도 있다. 그는 극단적인 경우 가치저하가 필요하겠지만, 주화의 공급이 넉넉해서 공동체의 수요를 얼마든지 충족시킬 수 있다는 확신을 심어주려고 할 때나 공동체의 명령이 있을 때만 그럴 수 있을 것이라고 했다. "공동체가 군주에게 합리적 한도 내에서 화폐의 가치를 저하시킬 권한을 준다면 (…) 군주는 공공법규 집행자로서 그 권한을 행사할 것이다."[28] 때로 군주의 화폐정책은 주화의 공급을 늘리기 위해 새로운 귀금속 원천을 찾아내는 쪽으로 향해야 한다. 오렘의 이야기를 들어보자. "동고트족 왕 테오도리크 Theodoric도 나와 똑같은 생각에서 '산 사람을 죽은 사람 사이, 쓸모없는 것 사이에 놔둔다는 것은 죄를 짓는 짓이다'라고 말하며, 이교도 풍습에 따라 무덤에 파묻힌 금과 은을 파내서 공적 이익을 위한 주화를 주조하는 데 보태라고 명령했다."[29]

앞으로 살펴보겠지만, 오렘은 이후 수백 년간 화폐사상에서 계속 골치를 썩일 엄청난 역설도 알아냈다. 손쉽게 시뇨리지를 거둬 타고난 대로 방탕하게 살고 싶다는 군주의 고질적 충동을 억제할 수단이 있어야 했다. 다시 말해 화폐 발행을 규제할 규칙이 필요했다. 화폐본위를 마냥 유연하게 놔둬서는 안 되었다. 그러나 화폐 발행을 규제하는 규칙 때문에 화폐 부족 사태가 주기적으로 발생하면 상업활동에 제약을 받을 우려가 있었다. 결국 재량권을 갖고 화폐 공급을 조절할 누군가가 있어야 했다. 화폐본위를 고정불변의 것으로 만들어서도 안 되었다는 말이다. 오렘은 이 역설을 해결하지 못했다. 군주가 무덤을 파헤쳐 금과 은을 캐내는 것이 화폐정책의 중심이 될 가능성은 없다고 말하는 데 그쳤다. 그렇지만 오렘은 부와 소득을 재분배할 수 있고 거래를 활성화시키거나 질식시킬 수 있는 화폐정책의 힘을 살핀 뒤, 군주의 재정적 필요가 아니라 공동체의 상업적 번영을 더 우선시해야 한다는 혁신적인 생각을 내놓았다.

화폐에 관한 이 새로운 관점에서 정치적으로 급진적인 결론이 나왔다. 화폐정책이 공적 이익을 지향하는 것이어야 한다면, 군주 혼자가 아니라 공동체 전체가 화폐정책을 제어해야 한다고 보았기 때문이다. 『보고서』의 결론은 더할 나위 없이 직설적이었다. "화폐를 바꿔야 할지, 만약 바꾼다면 언제 어떻게 어느 정도로 바꿔야 할지에 관해서는 공동체만이 결정할 권한이 있다. 군주는 내려진 결정을 함부로 뒤집어서는 안 된다."[30] 오렘은 더 나아가 군주의 권력에 전반적 한계를 두고, 다음 사실을 서슴없이 인정했다. "군주는 자신이 거느린 그 어떤 신민보다 부유하고 강하지만, 공동체 전체는 군주보다 훨씬 부유하고 강하다. 이렇게 볼 때 군주의 부와 권력은 신민 개인과 공동체 전체의 중간 어디쯤에 위치한다고 할 수 있다."[31] 오렘은 자신의 주장을 무시한 군주가 어떤 운명을 맞이할지 논하며 장을 마무리했다. 샤를 황태자는 그 장의 불길한 제목인 '독재자는 권력을 오래 유지하지 못한다Quod tyrannus non potest diu durare'를 허투루 보아 넘기지 않았을 것이다.[32]

오렘의 주장은 설득력이 있었지만, 분명한 효과를 거두지는 못했다. 문제는 군주의 화폐에 대한 아무런 대안이 없는 상황에서, 군주가 그의 말을 귀 기울여 듣게 할 뾰족한 방법이 없다는 점이었다. 중세시대에도 비록 소규모지만 신용이 널리 이용되었다. 심지어 지역 대용 통화가 유통되기도 했다. 그러나 당시엔 사적 신용의 화폐화에 끊임없는 제약이 가해진데다 정치적 분열도 심했기 때문에 군주가 자신의 권위를 실어 발행하는 다목적 화폐만이 살아남을 수 있었다. 사실 군주 자신의 신용도와 정치적 권위도 대개 취약했기 때문에 귀금속으로 만든 주화가 화폐의 지배적 형태였다. 법정화폐조차 귀금속 함량이라는 형식의 휴대 가능한 담보물을 필요로 했으니 군주보다 정치적, 경제적 지위가 낮은 화폐 발행자에게 무슨 희망이 있었겠는가? 그래서 군주는 화폐 발행권을 실질적으로 독점했다. 군주 자신도 이 사실을 잘 알았다. 이제 막 등장한 화폐 이익집단은 유럽 최고 지식인을 고용해 군주는 시뇨리지를 삼가야 할 뿐 아니라 화폐 이익집단의 이익을 고려하며 화폐를 관리해야 한다는 주장을 펼쳤다. 오렘이 바로 그 지식인이었다. 그러나 군주를 강제할 수단이 없었다. 화폐 발행자로서 군주의 경쟁 상대는 아무도 없었다.

화폐사상의 역사에서 흔히 있는 일이지만, 오렘의 주장은 나오자마자 쓸모가 없어졌다. 그 무렵 군주에 버금가는 부와 권력의 원천, 즉 귀족계급과 교회 바깥쪽에서 상업혁명이 일어났고, 신흥 상인계급이 형성되기 시작했다. 신흥 상인계급은 오렘의 이론을 써먹지 못했을 것이다. 상업활동을 정당화할 학문적 논리가 아직 필요하지 않았던 것이다. 그들은 대신 오렘의 뛰어난 『보고서』가 도저히 생각할 수 없던 방식으로 화폐사회를 짊어지고 나갈 새로운 발명품을 부지런히 찾아 나섰다. 바로 은행이었다.

6

은행의 탄생

리옹의 수수께끼 상인

1555년 무렵 프랑스 리옹에서 놀라운 일이 일어났다.[1] 한 이탈리아 상인이 리옹으로 건너와 자리를 잡더니 단기간에 엄청난 부자가 되었다. 그 자체는 특별히 놀랄 일이 아니었다. 리옹은 프랑스와 유럽 최대 상업도시 중 하나였다. 국제무역업에서는 기업활동이 왕성한 상인이 부를 축적하는 일이 드물지 않았다. 리옹에는 기원이 로마시대까지 거슬러올라가는 큰 시장이 1년에 네 차례 문을 열었다. 16세기 중반에도 유럽 전역의 상인이 모여들었다.[2] 이탈리아 상인이 돈을 번 방법은 상당히 놀라웠다. 그는 시장에 아무 상품도 갖고 오지 않았다. 탁자와 잉크스탠드만 가져올 뿐이었다. 그래서 상인이 아니라 떠돌이 학자처럼 보였다. 그는 온종일 이웃 상인이 가져온 종이에 자신의 이름을 적는 것 말고는 별다른 일을 하지 않았다. 그러나 시장이 파할 무렵 이 책만 파고들 것 같은 창백한 안색의 남자는 몇 주 사이 하나도 힘들어 보이지 않는 일만 하고서 엄청난 돈을 벌었다. 빤한 말이 나돌았다. 그 남자가 사기꾼이라는 것이었다.

이 낯선 광경을 목격한 그 시대 사람들의 불안감은 얼마 동안 깊어갔을 것이다. 그러나 시대 상황과 무관한 사례는 아니었다. 사실 리옹 같은 대도시에서 시장이 서면 유럽의 대상인은 대륙 곳곳의 마을과 도시에서 매주 열리는 장을 크게 키울 기회로 생각해 모여들었다. 이런 시장은 국경을 가로지르는 고가의 사치품 거래가 일어나는 주요 공간으로, 거기서 중세 경제의 역동성이 크게 발휘되었다. 그것은 물론 지역에서 생산되는 변하기 쉬운 다양한 농수산물이 소규모로 거래되는 공간이기도 했다. 그러나 장기 13세기 동안 국경을 넘나드는 무역을 조직하는 방식이 바뀌었다. 무엇보다 무역업에서 노동의 분화가 일어났다. 상인 가문의 수장은 이제 더는 상품을 갖고 돌아다니지 않았다. 본국에 머물면서 대리인을 주요 수출 시장에 보내 상주시켰고, 계약에 따라 육지나 해상으로 상품을 운송하는 전문 운송인을 두었다. 상인은 상품이나 상품거래대금의 명의변경 같은 국제거래의 법적, 재무적 측면이나 전화 한 통화로 받은 수입과 다른 통화로 나간 지출을 조정하는 재무적 계산에 주로 관심을 기울였다. 상품을 어느 한 곳에서 다른 곳으로 넘기는 지루한 작업은 상인보다 더 낮은 계급에게 넘어갔다.[3]

이처럼 무역을 조직하는 방식이 바뀜에 따라 시장의 본질도 서서히 바뀌어갔다. 본래 리옹 같은 대도시의 시장은 지역 소매상인의 거래가 맨 밑에 위치하고, 도매상인과 국제상인의 거래가 중간에 위치하며, 낮은 수준에서 누적된 신용거래의 상계 처리가 맨 꼭대기에 위치하는 피라미드 모양을 이루고 있었다. 그러나 시간이 흐르면서 유럽 상인계급이 정기적으로 만나는 횟수가 늘어날수록, 프랑스 역사학자 페르낭 브로델Fernand Braudel이 말했듯이 "피라미드 밑바닥이 아닌 꼭대기에 상품이 아닌 신용이 집중되었다".[4] 상품을 물리적으로 교환할 기회는 점점 줄어들었다. 반면 지난 몇 달 동안 국제거래에서 누적된 채권과 채무 잔액을 정산하고 결제할 기회는 날로 늘어갔다. 한 시장이 문을 닫고 다른 시장이 문을 여는 사이 국제거래는 주화가 아니라 환어음에 바탕을 둔 신용으로 결제되었다. 환어음은 범유럽 상인 가문이 고객에게 발행한 크레디트 노트credit note였다. 그러면 고객은 해외 도시의 공급자에게 상품대금 대신 크레디트 노트를 건네주었다. 결국 1555년 무렵 리옹 시장은 유럽의 상인 가문이 거래대금을 조달하기 위해 환어음을 발행함에 따라 상호 누적 채권과 채무 잔액을 정산하는 정산소 역할을 주로 했다. 상품이 아니라 화폐를 교환하는, 유럽에서 가장 중요한 시장이 되었다.

온종일 문서 작업에 매달리던 이탈리아 상인도 이 시장 시스템의 일부였다. 오늘날의 글로벌 금융시장이 그렇듯이 그때도 국외자에게는 불가사의하고 혼란스러운 시장이었을 것이다. 이제 옛날 시장의 들뜨고 활기찬 분위기, 다시 말해 폭죽놀이와 모닥불, 도박과 창녀, 곡예사, 외줄타기 광대, 발치사 등이 하나로 어우러지는 지방 장날의 분위기 대신, 잉크가 잔뜩 묻은 손가락으로 불가해한 장부책을 움켜쥔 상인-은행가merchant bankers의 희미한 그림자만 어른거렸다. 전표 다발을 제외하고는 오늘날에도 실질적으로 변한 것이 없다. 상업이 수학의 한 분야가 되었다. 1494년 프란체스코 수도회 소속 수도사 루카 파치올리Luca Pacioli가 펴낸 『산술집성De Arithmetica』은 수학과 상업을 접목시킨 표준교과서였다. 주변 사람이 보기에 상인-은행가의 행동은 '이해하기 힘든 밀교 의식'과 같았다. 그들이 별 노력을 하지 않았는데도 거의 예외 없이 부자가 되었다는 사실에 당혹감을 느꼈던 것이다.⁵ 500년 뒤 어떤 소설 속 인물이 금융혁명에 대해 보인 반응도 섬뜩하리만큼 비슷했다.

> 그녀의 영국인 남편 오시Ossie는 지금 엄청난 부자지만 돈 굴리는 일, 오로지 돈만 굴리는 일을 하고 있다. 그가 하는 일은 오로지 돈하고만 관련 있다. 채권과 주식, 현물과 선물 거래를 주로 한다. 그저 돈을 주무를 뿐이다. 금발머리 오시는 6번가와 치프사이드에 있는 음침한 고층 빌딩 사무실에 앉아 돈을 사고판다. 전화통을 붙잡고 돈 내고 돈을 사고 돈 받고 돈을 파는 것이다. 매일 오르락내리락하는 거래 상황을 주시하다 기회가 생겼다 싶으면 차익을 노리고 돈을 사고판다. 그는 그 대가로 돈을 받는다. 아주 많은 돈을.⁶

1555년의 사건이 보여주듯이 상인이 어떻게 떼돈을 버는지 몰라서 느낀 당혹감은 쉽게 분노로 바뀌었다. 자세히 이해하기는 힘들었지만, 시장이나 시장 참여자가 관리하는 신용 시스템은 화폐화한 새로운 거래 시스템의 맨 꼭대기에 있는 것으로서 점차 최하층 농부의 삶까지 지배할 것으로 보였으니 말이다. 그러나 이렇게 대강 이해하고 넘어가기에는 석연치 않은 구석이 많았다. 의심이 많은 사람은 한없이 떠오르는 의문에 골치를 썩였다. 상인은 환어음을 갖고 도대체 무슨 짓을 하는 것일까? 어째서 환어음에는 배타적 비밀회의와 아무 상관 없는 사람의 삶에까지 엄청난 영향을 미칠 수 있는 힘이 있을까? 상인은 왜, 어떻게 부자가 될 수 있었을까? 강력하지만 책임도 없는 이러한 상인들의 출현은 귀족, 교회, 군주 들의 기존 권력과 어떻게 관계 맺고 있을까? 이 수수께끼를 풀기 위해서는 당시 사정을 잘 아는 사람, 돈의 흐름에 해박한 사람이 필요했다.

그럴 만한 사람은 아주 드물었지만, 분명히 있었다. 1604년 프랑스 왕국에서 높은 벼슬을 한 클로드 드 루비Claude de Rubys가 지적했듯이 리옹 시장의 가장 두드러진 특징은 현금을 사용하지 않고서도 수많은 거래를 정산할 수 있었다는 점이다. "수중에 땡전 한 푼 없는데도 아침나절에만 수백만 파운드를 결제하는 광경을 쉽게 볼 수 있었다."[7] 다시 말해 법정화폐 없이도 수백만 파운드가 오가는 거래가 이루어졌던 것이다. 유럽의 대상인 가문은 금융기법, 즉 대규모로 사적 화폐를 만들어내고 운용하는 기법을 재발견해냈다.

피라미드의 비밀

중세의 신흥 상인계급은 자신의 이익이 군주의 이익과 어긋날 때 화폐경제를 어떻게 운영해야 하는가 하는 문제에 부딪혔다. 이 문제는 구소련 해체기의 소련인, 금융위기를 겪은 뒤의 아르헨티나인, 그리고 오늘날 그리스인이 직면한 문제와 본질적으로 똑같았다. 중세 상인계급도 거래에 필요한 화폐가 항상 충분하고, 군주가 시뇨리지 특권을 남용해 부당한 수입을 거두지 않는 유토피아를 갈망했다. 오렘의 창의적인 주장을 빌려 군주를 설득했지만, 신통한 효과를 거두지 못했다.[8] 결국 후세의 화폐 레지스탕스가 그랬듯이 저항 외에는 다른 대안이 없었다.

사적 상호신용 네트워크를 만들고 거기서 거래를 정산하는 것이 군주의 손아귀에서 도피하는 확실한 수단이었다. 이에 상인은 고객이나 공급자와의 거래에서 미지급금과 미수금이 쌓이면 청구서를 주고받으며 법정주화로 결제하는 대신, 잔액을 최대한 상쇄시키고 나머지를 이월해 다음 거래의 기초금액으로 삼으려 했다. 그러나 우리가 잘 알고 있듯이 상호신용 네트워크의 문제점은 구성원이 개인적, 상업적으로 지나치게 가깝고 서로에 대한 신뢰가 한순간에 무너질 수 있다는 자연적인 한계 때문에 규모가 커지기 어렵다는 것이다. 상호신용 네트워크는 경제 전체를 조직하는 메커니즘 기능을 수행할 수 없었다. 현실 세계에서는 법정화폐만이 경제 전체를 조직하는 데 필요한 유동성을 발휘했다. 니콜라 오렘의 지지자는 당혹스러운 문제에 직면했다. 그들은 군주가 화폐를 발행하고 관리하는 방식이 마음에 들지 않았을 것이다. 그러나 상호신용 네트워크라는 유일한 대안은 새로운 상업경제의 발전을 떠받칠 수 없었다.

유럽의 대상인 가문은 영업활동이 복잡해지고 규모가 커짐에 따라 거래 사슬의 중간에 한 가지 가능성이 있다는 것을 깨달았다. 신용을 계층적으로 조직화할 가능성을 재발견한 것이다. 지역 소매상인의 지불약속은 고객과 공급자라는 좁은 범위를 벗어나면 별 가치가 없었다. 그러나 지역 소매상인보다 거래 규모가 훨씬 크고, 보유자금이 아주 많으며, 오랜 성공의 역사를 누려온 국제적 대상인의 지불약속은 달랐다. 대상인이 자신의 지급약속으로 지역 소매상인의 지불약속을 대체하면 그전에는 고작 지역경제 테두리 안에서만 유통되던 차용증서가 대상인의 명성이 자자한 곳이라면 어디서나 유통되는 차용증서로 바뀔 수 있었다. 결국 지역 소매상인의 신용이 맨 아래에 놓이고, 도매상인의 신용이 중간에 놓이며, 배타적이고 유명하며 결속력이 강한 국제적 대상인 집단의 신용이 맨 꼭대기에 놓이는 신용 피라미드가 세워졌다. 다시 말해 국제적 상인 가문이 지역 상인과 지역 상인의 거래 상대에 끼어들어, 유동성 없는 쌍방향 지불약속을 이 채권자에게서 저 채권자에게로 쉽게 양도 가능한, 그래서 대상인 가문의 신용이 통하는 곳에서는 화폐처럼 유통할 수 있는 유동성 있는 부채로 바꿔놓았다. 달리 말해 아주 영세한 지역 상인조차 국제적 대상인의 이름 아래서, 지역의 테두리를 벗어나 원래 채무자가 누구이고 무슨 사업을 하는지 전혀 모르는 유럽 다른 지역의 상인과 거래하고 대금을 결제할 수 있었다.

바로 여기서, 즉 사적 결제 시스템의 창출에서 근대 은행의 발명이 싹텄다. 근대 은행의 기원이 보잘것없어서 의외라고 생각할 수도 있다. 흔히 생각하기에 은행 부문의 지급 서비스는 틀에 박힌 지루한 업무이고 대출이나 증권·채권 거래는 역동적인 업무일 것 같다. 그러나 자금조달 및 지급결제finance and settle payments 활동은 은행의 기본 활동이다. 이 활동 덕분에 은행은 통화 역할을 하며 특별한 지위를 누릴 수 있다. 은행은 한편으로는 차용증서(은행이 예치한 예금, 은행이 발행한 채권과 어음 등 은행 입장에서 볼 때 부채)를 발행하고, 다른 한편으로는 차용증서(은행의 대출금과 보유 유가증권 포트폴리오 등 은행 입장에서 볼 때 자산을 의미)를 모아둔다. 모든 기업은 공급자에게 미지급금을 지급하겠다는 약속을 해주고, 고객에게서는 대금을 지급하겠다는 약속을 받아놓는다. 대부분 기업에서는 이들 재무적 자산과 부채(전문 회계 용어로는 기업의 매출채권과 매입채무)의 가치가 설비자산, 업무용 부지와 시설, 재고자산 등 실물자산의 가치보다 작다. 그러나 은행은 정반대다. 리옹 시장의 수수께끼에 싸인 이탈리아 상인이 어떤 모습이었는지 떠올리면 짐작할 수 있을 것이다. 은행의 실물자산은 예나 지금이나 무시할 만한 것으로 평가받는다. 현대 은행의 대차대조표에 적힌 금액을 보면 어마어마하다. 2007년 영국 스코틀랜드 왕립은행의 대차대조표에 적힌 자산 규모는 영국 전체 GDP보다 더 컸다. 제조업 기업도 그만한 규모의 자산을 쌓아둘 수 없다. 은행이 이렇게 엄청난 규모의 자산을 보유하고 있다고 대차대조표에 적어둘 수 있는 것은 거의 모든 자산이 지불약속에 지나지 않기 때문이다. 거의 모든 부채도 마찬가지다.

어떤 차용증서든 두 가지 근본 특성이 있다. 첫째는 신용도다. 신용도는 만기가 도래할 때 지급될 가능성이 얼마나 높은가를 뜻한다. 둘째는 유동성이다. 유동성은 제삼자에게 팔 때 또는 팔지 않은 상태에서 만기가 도래했을 때 얼마나 빨리 그 가치가 실현될 수 있는가를 뜻한다. 지불약속과 관련된 위험은 이 두 가지 근본 특성에 좌우된다. 1년 뒤의 지불약속은 내일의 지불약속보다 위험도가 높다. 24시간 뒤보다는 365일 뒤에 상황이 잘못된 방향으로 흐를 우려가 높은 법이다. 이것을 가리켜 유동성 위험이라고 한다. 사적 지불약속은 중간에 팔리지 않는 한 법정화폐로 정산되는 순간까지 유동적이기 때문이다. 한편 차용증서 발행자가 만기 도래 여부와 무관하게 지불할 수 없는 상황에 몰릴 가능성도 있다. 이른바 닌자NINJA(No Income and No Job or Assets. 소득과 직업, 자산이 없는 사람)의 지불약속은 워런 버핏의 지불약속보다 훨씬 위험하다. 이것이 신용 위험이다.

은행은 자산과 부채의 신용 위험과 유동성 위험을 관리하는 일을 한다. 채무자의 자산과 소득에 대한 청구권 중 신용도와 유동성이 낮은 청구권을 위험성은 낮고 유동성이 높은 청구권, 즉 채무자가 부채를 정산할 때 위험성은 낮고 유동성이 높아 폭넓게 인수될 수 있는 청구권으로 바꿔놓는 것이다. 은행이 이렇게 놀라운 변환을 해낼 수 있는 힘은 한편으로는 정부, 기업, 개인에 대한 대출금의 신용 위험과 유동성 위험을 관리하고, 다른 한편으로는 예금자와 채권 소유자에게 부담해야 하는 지급의무의 신용 위험과 유동성 위험을 관리하는 데서 나온다.[9]

어떤 채무자가 NINJA이고 어떤 채무자가 워런 버핏인지 알아내고, 최적의 채무자 조합을 구성하며, 대출금이 남아 있는 동안 채무자를 추적 관찰하는 등 신용 위험 관리는 가장 명백한 은행의 업무 중 하나일 것이다. 그러나 가장 중요한 업무는 아니다.[10] 은행의 대차대조표를 샅샅이 파헤쳐보면, 단기거래자금 대출이 가장 단순한 형태의 은행 업무, 즉 위험 회피적인 은행의 실제 업무라는 것을 알 수 있다. 단기거래자금 대출에서 신용 위험은 최소화된다. 이 유형의 은행 업무에서 대출은 대개 판매할 곳이 정해진 상품의 매입과 운송에 필요한 자금을 대준다. 상품 자체는 종종 담보물로 이용된다. 만약 상품이 넉넉한 보험금을 받는 보험에 들어 있다면 은행은 신용 위험을 완전히 제거할 수 있다. 그러나 유동성 위험은 완벽하게 제거할 수 없다. 그래서 은행은 상품이 생산자의 손을 떠나 시장으로 나오는 짧은 기간 동안 거래자금을 대출할 때도 대출 기간을 명확하게 정해놓으려 한다. 은행의 대차대조표 오른편에는 만기가 도래한 예금, 어음, 채권 같은 부채 내역이 실려 있다. 복잡한 신용 위험이 없을 때는 은행가가 사용하는 기법의 알맹이가 뚜렷이 드러난다. 그것은 한마디로 은행이 자산과 부채(달리 말해 은행의 모든 채권자와 채무자의 자산과 부채의 총합) 만기에 맞춰 수입과 지출을 일치시키는 것이다. 중세의 국제적 대상인이 재발견한 것이 바로 이 기법이었다.[11]

이탈리아 국내 경제에서는 이 재발견의 효과가 12세기 초부터 감지되기 시작했다. 12세기 말부터는 이탈리아 해양 도시국가 제노바에서 상인이 설립한 지역 은행은 고객과의 거래 내역과 서로의 거래 내역을 장부에 기재해 보관했고, 그럼으로써 한 은행의 고객은 계좌이체를 통해 다른 은행의 고객과 거래대금을 주고받을 수 있었다.[12] 14세기 피렌체에서 계좌이체는 거액의 거래대금을 주고받는 일반적 방법으로 자리 잡았다. 80개 은행이 계좌이체 서비스를 제공했다.[13] 한편 계좌 소유자가 직접 은행에 가서 지급을 승인해야 하는 베네치아 같은 곳에서는 불편한 중앙집중적 정산이 이루어지는 정도에 비례해 계좌이체 시스템이 제한적이었다. 14세기 중반에 이르러 토스카나 대공국 소속 도시국가, 제노바, 바르셀로나에서는 수표와 차용증서에 의한 지급이 점점 흔해졌다. 자필로 작성된 이들 수표나 차용증서는 은행에서 공증받지 않은 채 상인 공동체 안에서 유통될 수 있었다. 이리하여 수표와 차용증서도 법정주화 못지않게 분산적 정산을 촉진했다. 최초의 수표는 오늘날에도 남아 있다. 오렘이 샤를 황태자에게 바치는 『보고서』를 쓰고 10년이 채 지나지 않은 1368년 피렌체의 귀족 토르나퀸치Tornaquinci 가문이 자필로 작성해 은행가 카스텔라니 가문에 넘긴 수표가 그것이다.[14] 오렘이 군주에게 화폐를 공정하게 관리하라고 탄원했을 때 신흥 상인계급은 군주의 횡포에서 벗어날 방법을 강구하고 있었던 것이다.

은행은 특정 군주가 지배하는 지역에서 운영되었으므로, 은행이 하는 일은 군주의 면밀한 관심을 받았다. 금융 거래를 전문으로 하는 직업이 부활함에 따라 해묵은 의구심도 되살아났다. 성 토마스 아퀴나스를 비롯한 중세 스콜라 철학자가 저술한 화폐에 관한 책 대다수는 이자를 받고 돈을 빌려주는 것은 부당한 짓이라는 아리스토텔레스의 비난을 열심히 분석했다. 신흥 이자 생활자를 옹호한 오렘조차 발 빠르게 "무가치한 사업 (…) 부끄러운 거래로 부를 쌓는 환전상, 은행가, 금괴 거래자"를 비판했다.[15] 당시 티베리우스 황제 시대의 금융위기에 관한 타키투스의 설명 같은 옛날 문헌을 통해 대규모 은행업에는 거시경제적 위험이 잠재되어 있다는 불길한 교훈이 널리 알려져 있었다. 또 군주는 자신이 발행한 화폐의 지속적인 우위를 확보하면서 시뇨리지를 거두는 데 깊은 이해관계가 있었다. 결국 새로 등장한 은행업은 엄격한 규제를 받을 수밖에 없었다. 1321년 베네치아 정부는 상인이 지급준비금을 일부만 적립한 상태로 은행을 운영한다는 사실을 적발했다(은행의 자산에서 국가가 발행한 주화의 비중이 아주 낮았다). 곧바로 은행은 현금인출 요구가 있으면 3일 안에 지급해야 한다고 규정한 법률을 만들었다.[16] 같은 해 카탈루냐 정부는 실패한 은행가는 배상을 마칠 때까지 빵과 물만 먹고 지내야 한다는 1300년에 나온 명령을 개정했다. 고객의 현금인출 요구에 응하지 못한 은행가는 공개 고발한 뒤 은행 앞에서 즉결 참수형에 처한다는 규정이 들어갔다. 이것은 결코 엄포가 아니었다. 1360년 불행한 바르셀로나 은행가 프란체슈 카스텔로Francesch Castello는 참수당했다.[17] 이렇게 가혹한 규제 아래서 국내 은행업은 위험한 사업이었다.

국제 은행업은 국내 은행업과 달리 상황이 좋았다. 무엇보다 국제무역은 중세 경제에서 가장 역동적인 부문이었다. 봉건사회가 화폐사회로 변화하기 시작하면서 1차적 수혜자인 귀족이 외국산 사치품을 선호했기 때문에 고가품 국제무역은 활기를 띠었다. 게다가 해외에 주재하는 대리인을 두고 본국과 해외에서 대규모 영업망을 운영하며 은행업에 대한 새로운 전문지식을 갖춘 대상인 가문은 지역 상인에게 신용 서비스와 외환 서비스를 제공할 수 있었다. 그러나 가장 중요한 것은 그 개념상 국가 간의 무역을 규제하는 군주의 권력도 없고 거래 수단으로 활용할 법정화폐도 없었기 때문에 국제무역이 활발해질 수 있었다는 점이다. 그래서 상업혁명을 가속화할 은행의 잠재력이 가장 먼저 완벽하게 실현된 곳은 바로 국제무역이었다. 16세기 중반 '어음 교환exchange by bills' 시스템의 완성이라는 핵심적 혁신이 일어났다. 어음 교환은 범유럽 상인-은행가가 자신만의 추상적 계산화폐로 산정한 금액을 환어음에 기재해 발행하고 분기마다 리옹 시장에서 정산하는 화폐신용monetary credit을 이용해 국제무역에 필요한 자금을 융통하는 시스템이었다.

시스템은 간단했다.[18] 저지대 나라의 공급자에게서 상품 수입을 원하는 이탈리아 상인은 피렌체의 대상인 가문 중 하나로부터 환어음으로 알려진 크레디트 노트를 살 수 있었다. 상인이 이렇게 신용으로 혹은 지역 법정화폐로 환어음을 사면 이탈리아 상인은 한꺼번에 두 가지 일을 할 수 있었다. 첫째, 은행이 일으키는 기적에 접근할 수 있었다. 믿을 것이라고는 신용도 낮은 말뿐인 차용증서를, 신용도 높은 가문이 발행하고 유럽 전역에서 인수되는 차용증서로 바꿀 수 있었다. 자신의 사적 신용을 화폐로 전환시켰던 것이다. 둘째, 피렌체 화폐를 수입처인 저지대 나라 화폐로 바꿀 수 있었다. 환어음의 액면금액은 환은행가exchange-banker 네트워크가 환전을 목적으로 만든 사적 화폐 단위, 즉 에퀴 드 마르écu de marc로 표기되었다. 반면 법정주화 중 에퀴 드 마르로 액면금액이 표기된 것은 없었다. 에퀴 드 마르는 환은행가가 유럽 대륙의 온갖 군주가 발행한 다양한 법정화폐의 가치를 놓고 서로 흥정하는 과정에서 탄생한 그들만의 사적 화폐본위였다. 오늘날의 관점에서는 다소 기이하게 보이겠지만, 환어음 거래에 포함된 외환 거래에는 두 가지 환율이 적용되었다. 하나는 피렌체 화폐와 에퀴 드 마르를 교환할 때 적용되는 환율이었고, 다른 하나는 에퀴 드 마르와 저지대 나라의 화폐를 교환할 때 적용되는 환율이었다.

마침내 이전에는 뛰어넘지 못했던 장애물을 뛰어넘을 수 있게 되었다. 환은행가는 지역 수입업자가 누구인지, 지역 시장에서 어떤 사업을 하는지 잘 알고 있으므로, 수입업자의 신용을 인정했다. 한편 저지대 나라의 공급자도 환은행가의 신용을 인정했다. 환은행가를 거치면 수출대금 정산과 역내 거래대금 정산이 편하다는 것을 알았던 것이다. 더구나 지역 화폐로 거래대금을 받았기 때문에 만족감이 더했다. 두 법정화폐(피렌체의 법정화폐와 저지대 나라의 법정화폐)와 가상의 에퀴 드 마르 사이의 환율이 환어음을 발행하는 시점과 환어음이 저지대 나라에서 현금으로 바뀌는 시점 사이 크게 흔들릴 위험이 있었다. 그러나 환은행가는 수수료를 생각하면 감수할 가치가 있다고 굳게 믿었다.[19]

환은행가가 유럽 대도시 간 무역에 필요한 자금을 조달하기 위해 환어음을 지속적으로 발행하고 인수함에 따라 채권과 채무 잔액credit and debit이 쌓여갔다. 환은행가 집단의 결속력이 끈끈해, 미결제 잔고가 쌓여도 기꺼이 용인했다. 그렇지만 누가 누구에게 무엇을 얼마나 빚졌는지 분명하게 파악하려면 채권과 채무를 정기적으로 상쇄해야 했다. 누적 채권과 채무는 쌍방이 합의하면 즉석에서 상쇄할 수 있었지만, 시장이 정기적으로 열리면서 채권과 채무를 덩어리로 정산할 기회가 점차 자연스럽게 열렸다. 대상인 가문은 분기마다 리옹 시장에서 모임을 갖고 서로의 장부를 맞추며 정산했다. 시장이 열리고 나서 처음 이틀 동안은 열심히 채권과 채무를 사고팔고 새 환어음을 발행하며 오래된 환어음을 취소했다. 일과가 끝날 무렵에는 대상인 가문 대리인이 일제히 분기별 장부를 마감해 대상인 가문 사이의 채권과 채무 잔액을 확정지었다. 셋째 날은 가장 중요한 '환율의 날Day of Exchange'이었다. 환은행가 집단의 고위 간부는 따로 모여 '콘토conto', 즉 에퀴 드 마르와 유럽의 다양한 법정화폐 사이의 환율명세서를 작성했다. 환율명세서는 전체 금융 시스템의 중추였다. 시장 마지막 날인 '결제의 날Day of Payments'에 환율명세서에 적힌 환율로 미결제 잔액을 다음 정산일까지 이월할 것인지, 아니면 이번에 현금으로 결제할 것인지 합의해야 했다.[20]

리옹의 비밀스러운 이탈리아 상인 같은 신중한 환은행가의 임무는 시장이 열린 첫째 날 채권과 채무의 거래를 성사시켜 결제의 날까지 잔액을 완벽하게 털어내고 이익을 올리는 것이었다. 그러나 환은행가가 경이로운 부와 권력을 누리는 실제 원천은 갓 생겨난 외환시장이 요동치는 틈을 파고들어 투기할 줄 아는 능력 하나만이 아니었다. 환어음 시스템은 국제무역이나 외환 거래를 촉진하는 놀라운 성과를 올렸지만, 그 수단에만 머무르지 않았다. 이는 훨씬 포괄적이고 정치적으로 의미 있는 시스템이었다. 환은행가는 유럽 곳곳에서 사적 신용이 화폐로서 유통될 수 있게 하는 거대한 기계의 가동부the moving parts를 차근차근 조립해나갔다. 거기에는 화폐의 세 가지 기본적 구성요소가 담겼다. 먼저 아르헨티나의 크레디토와 마찬가지로 고유의 추상적 가치 단위, 에퀴 드 마르가 있었다. 또 독자적인 회계 시스템도 갖췄다. 파치올리가 『산술집성』에서 정리한 부기규칙과 대상인 가문이 부기규칙을 적용하기 위해 합의한 표준규약이 그것이다. 마지막으로 환어음과 주요 시장의 어음교환소를 이용해 채권과 채무 잔액을 이전하고 정산하는 시스템도 마련했다. 환어음은 "국가 내부의 공적 화폐와 상호작용하는 초국적 사적 화폐"가 되었다.[21] 환은행가는 국제적이고 자율적이며 결속력이 강한 네트워크로 범유럽 신용 위계체계의 최정점에 올라섬으로써 유토피아를 건설하는 데 성공했다. 환어음 시스템을 완성함으로써 유럽 전역에서 유통될 수 있는 사적 화폐를 만들어냈다.

환은행가가 만든 사적 화폐의 경제적 의미는 분명했다. 상업혁명을 촉진했고 환은행가에게 엄청난 부를 안겨주었다. 뿐만 아니라 이는 획기적인 정치 변화, 금융의 면모를 영원히 바꿔놓는 변화의 조짐이기도 했다.

7

화폐 대타협

사적 화폐와 시장 규율

1604년 리옹시의 역사를 쓴 퇴직 관리 클로드 드 루비는 국제 환어음 시스템의 정치적 의미를 알아차린 시대의 관찰자 중 한 명이었다. 상인계급이 환어음 덕분에 법정화폐에 의존하지 않게 되었음을 간파했던 것이다. 노련한 정치인이었던 드 루비는 국내에서 유통되는 화폐에 대한 통제가 가장 기본적이면서 수익성 높은 군주 권력의 원천이라는 것을 잘 알았다. 또 은행가가 사적 화폐를 만들고 관리하는 행위는 경제적 혁신뿐 아니라 정치적 혁명까지 일으킬 잠재력이 있다는 것도 파악했다. 당시 화폐 이익집단은 오렘의 설득력 있는 주장(화폐는 공적 이익을 위한 것이다, 거래의 요구가 화폐정책의 원리이어야 한다)과 가능성 있는 대안(군주가 귀담아듣기를 거부한 대안)으로 무장하고 있었다. 대상인 가문은 어떤 한 군주가 관할하는 영역을 벗어나도 유통되는 국제적 화폐를 생성하는 수단을 발견했다. 국제적 엘리트로서 긴밀한 유대를 자랑하며 능숙한 솜씨로 신용 네트워크 체계를 구축했기 때문에 지급약속 담보물인 귀금속이 필요하지 않았다. 대상인 가문이 만든 화폐는 눈으로 볼 수도 만질 수도 없었다. 오직 피라미드 맨 꼭대기의 소규모 환은행가

집단이 서로에게 보이는 믿음, 즉 위험을 평가하는 능력, 만기가 도래할 때 지급하는 능력, 신용 발행 한도를 넘기지 않는 능력에 대한 믿음만으로 이루어져 있었다. 이 화폐는 싸워서 이기기는 고사하고 정체조차 파악하기 힘든 적과 같았다. 화폐 레지스탕스이자 진정한 '그림자 군대'였다. 이제는 화폐 이익집단이 협박을 하고 나섰다. 우리 이익에 맞게 관리하지 않으면 법정화폐를 포기할 수 있다는 협박이었다. 상황이 180도 바뀌고 말았다.

군주는 당연히 새로운 적과 승산 없는 싸움을 벌이려고 했다. 직접적인 경험을 통해 은행가의 비밀을 잘 아는 유능한 사람을 찾아 나섰다. 유력한 상인 가문 출신으로 1551년부터 영국 국왕 직속 재무관으로 안트베르펜에서 근무한 토머스 그레셤 경Sir Thomas Gresham이 사냥터지기로 변신한 밀렵꾼 역할을 맡았다. 그레셤의 아버지는 헨리 8세가 추진한 수도원 자산 몰수 조치의 주요 수혜자 중 한 사람이었다. 그때 얻은 재산을 잘 굴려 런던 시장 자리까지 올랐다. 그레셤은 '성공한 사업가이자 금융 전문가, 정부의 비밀요원'이었다.[1] 특히 사업가 경력과 금융 전문가 경력은 그가 헨리 8세 치세의 재정 재앙 직후 영국 국왕 직속 재무관으로서 저지대 나라에 있었을 때 큰 도움이 되었다. 영국 파운드화는 1544년 1파운드당 26플레미시 실링으로 정점을 찍은 뒤 가치가 하락하기 시작해 1551년에는 안트베르펜에서 1파운드당 13플레미시 실링으로 거래되었다. 7년 사이 파운드화의 가치가 반토막 난 것이다.[2] 영국 국왕은 안트베르펜에서 주요 채무자로 통하고 있어, 이 같은 파운드화 가치의 가파른 하락이 정말 달갑지 않았다. 채무부담이 2배로 늘어났다. 영국 국왕이 나라 밖에서 지나치게 많은 돈을 빌렸다는 사실은 부정하기 힘들었다. 그러나 그럼에도 궁정의 여론은 환은행가가 파운드화 가치를 떨어뜨린 주범이라는 방향으로 흘러갔다. 환은행가를 영국의 신용도를 낮게 평가해 부당한 이득을 거두는 신용 사기꾼으로 몰아갔던 것이다. 이것은 정부 관리가 시장의 압력에 직면할 때마다 으레 하는 유서 깊은 짓거리다. 국무대신 윌리엄 세실William Cecil은 "여기저기 돌아다니며 온갖 군주를 섬기고 (…) 턱수염에 묻은 고깃기름을 핥아달라고 하면 핥아주기까지 하는" 비밀스러운 이탈리아 상인이 가장 많은 죄를 지었다고 했다.[3]

1551년 영국 궁정은 절망에 빠져 있었다. 그러나 그레셤에게는 계획이 하나 있었다. 국왕 직속 재무관으로 임명된 직후 부당한 파운드화의 평가절하와 싸우기 위해 환율안정기금을 조성하겠다는 아이디어를 내놓았다. 그는 매주 1200~1300파운드의 비밀기금을 적립할 것을 요청했다. 그만한 규모의 기금이면 은행가가 영국 국왕의 정책에 불만을 품을 때마다 파운드화를 팔아치우는 짓을 무력화할 수 있다고 보았다. 그레셤은 어린 국왕 에드워드 6세의 섭정원을 설득하는 데 성공해, 계획을 실행에 옮길 수 있었다. 그레셤은 확실히 선견지명이 있었다. 정부가 환율안정기금을 조성해 환율에 개입하는 조치는 20세기에도 표준 정책수단으로 사용되고 있다. 그러나 안타깝게도 그레셤은 시장이 회의적인 반응을 보이면 환율개입정책이 성공을 거두기 힘들다는 사실 역시 시대를 앞서 깨닫게 되었다. 약 두 달 동안 그레셤의 환율개입정책은 누가 봐도 아무런 효과를 내지 못했다. 영국 정부는 쩔쩔매다 환율개입정책을 철회하고 말았다. 그레셤은 기죽지 않았다. 새로운 계획을 갖고 영국으로 돌아왔다. 이번에는 기존 틀을 벗어나지 못하는 계획이었다. 안트베르펜의 영국 상인이 보유한 외화를 징발해 국왕에 대한 강제 대출을 시행했다. 약삭빠른 환은행가 때문에 발생한 국왕의 외화 채무를 신민에게서 빌린 돈으로 돌려막으려고 했던 것이다. 독창적이고 효과적인 조치였지만, 이번에도 패배를 인정할 수밖에 없었다. 환은행가는 누구와 맞붙어도 지지 않았다. 신민에게 강제력을 행사하는 것만이 군주에게 남은 유일한 해결책이었다. 그러나 그러면 신민에게 저항에 가담할 빌미를 줄 수 있었다.

화폐사상의 역사에서 자주 그렇듯, 이론은 실천에 뒤처졌다. 사업가, 정책기획가, 은행가는 한창 발전중이던 은행 시스템을 밑바닥부터 속속들이 꿰뚫고 있었다. 그레셤조차 당시의 은행 시스템을 주제로 논문을 쓴 적이 있었다. 그러나 은행의 일반적인 정치적 의미는 아직 완벽하게 이해되지 못한 상태였다. 약 200년 뒤 프랑스 계몽사상이라는 용광로가 그때까지 별개의 갈래로 흘러가던 경제사상과 정치사상을 하나로 합쳐 녹여낸 뒤에야 비로소 이해될 수 있었다. 18세기 중반의 프랑스는 그런 촉매 역할을 할 준비가 갖춰져 있었다. 정치적으로는 앙시앵레짐 Ancien Régime(헌정 변화의 광풍에 오랫동안 시달리면서도 요지부동이었던 유럽 대륙의 봉건군주제)의 요새 속에 갇혀 있었다. 프랑스는 재정적으로 서유럽에서 가장 후진적인 나라였으나 지적으로는 세계의 중심이었다. 한편으로는 눈부시게 발전한 서신공화국republic of letters, 다른 한편으로는 정치체와 재정체bodies politic and financial가 빈사 상태에 빠져 있는 극명하게 대비되는 현실 때문에 프랑스 계몽사상가가 화폐와 은행, 정치의 연관성을 처음으로 명확하게 밝혀내는 짐을 떠안아야 했다.

이 모두에 대한 둘도 없이 뛰어난 분석이 당대 최고의 입헌주의 사상가 샤를루이 드 세콩다 몽테스키외Charles-Louis de Secondat Montesquieu의 한 명저에 담겼다. 프랑스 계몽사상의 최고 성과라고 해도 전혀 손색없는 『법의 정신The Spirit of the Laws』에서 몽테스키외는 능란한 솜씨로 영역사학, 인류학, 정치 분석을 하나로 녹여내며 영국 모형에 따라 입헌주의 정부를 세워야 한다고 주장했다. 그는 먼저 정치 발전에 이로운 힘인 상업의 역할에 각별한 관심을 기울이며 특별히 이를 높이 평가했다. 국제금융에도 찬사를 아끼지 않았다. "환어음이 이토록 늦게 나타났다니 믿기 힘든 일이 아닐 수 없다. 이 세상에 환어음만큼 쓸모 있는 것은 없기 때문이다."⁴ 그는 정치개혁과 화폐의 발달이 영국보다 100년이나 뒤진 프랑스에서도 대외교역이 국왕의 정책을 통제한다는 것은 군주의 권력이 아무리 절대적인 것처럼 보여도 실제로는 엄격하게 제한된다는 것을 의미한다고 보았다. 고대와 중세시대에는 군주가 화폐를 남발했지만, "오늘날에는 그러지 못한다. 군주는 자신은 속일 수 있어도 남을 속이지는 못한다. 은행가는 대외교역 덕분에 전 세계 모든 화폐를 비교하며 정말로 가치 있는지 평가할 수 있다. (…) 그들은 군주가 예측 불가능한 행동을 하며 제멋대로 굴지 못하게 하거나 적어도 제멋대로 구는 행동이 효과를 발휘하지 못하게 했다."⁵

그레셤이 실천 과정에서 마주쳤던 아이러니는 이제 완벽하게 이해되었고, 이론적으로 세련되게 정리되었다. 군주가 무분별하게 남용한 화폐 발행 특권은 은행을 재발견하고 환어음 시스템을 발명하는 자극제 구실을 했다. 결국 화폐 이익집단이 군주의 장단에 맞춰 춤추는 것이 아니라 군주가 화폐 이익집단의 장단에 맞춰 춤추게 되었다. 실체를 알 수 없는 은행가의 일은 갑자기 의구심의 원천이 아니라 입헌정부를 세우기 위한 성전의 비밀무기가 되었다. "군주가 탐욕을 부린 덕분에 우리는 상업활동을 할 권리를 군주의 손아귀에서 뺏어오는 교묘한 장치를 만들어낼 수 있었다."[6] 군주는 뜻하지 않게 자기 손을 자기가 묶고 말았다. 이제 오렘이 이야기한 공동체의 이익을 위해 화폐를 관리해야 했다. 화폐 이익집단이 반란에 성공할 수 있게 함으로써 "군주는 부득불 당초에 의도했던 것 이상으로 현명하게 통치할 수 있게 되었다. (…) (이제는) 오직 좋은 정부만이 군주에게 번영을 가져다주는 시대가 되었다."[7]

1992년 미국 대통령선거에서 민주당 후보 빌 클린턴의 선거운동 전략가로 활약했던 제임스 카빌James Carville은 1993년 월스트리트 저널과 인터뷰하며 현대세계의 정치행동은 돈의 특출한 힘에 얽매일 수밖에 없다는 점을 환기시켰다. 그는 "옛날에는 만약 다시 태어날 수만 있다면 대통령이나 교황, 4할대 타자가 되고 싶다는 생각을 했다. 그러나 지금은 생각이 바뀌었다. 채권중개인으로 태어나고 싶다. 누구든 벌벌 떨게 할 수 있으니까"라고 가볍게 농담했다.[8] 간결명료한 이 말은 금방 많은 사람의 입에 오르내렸지만, 그 밑바탕에 깔린 카빌의 생각은 결코 독창적인 것이 아니었다. 그는 돈에는 막강한 권력의 군주조차 말 잘 듣게 하는 힘이 있다는 계몽시대의 통찰력을 일깨워주었을 뿐이다. 사실, 계몽시대에 또 한 명의 제임스, 즉 스코틀랜드인 제임스 스튜어트James

Steuart도 1767년 영어로 경제학을 설명한 최초의 책『정치경제학 원리 연구Inquiry into the Principles of Political Economy』에서 돈의 힘에 관해 길이 기억될 말을 했다.[9] 직하학파 시대는 말할 것도 없고 니콜라 오렘의『보고서』가 나오고 4세기에 걸쳐 일어난 화폐사상의 철저한 변화가 짤막하게 요약된 말이었다. 직하학파나 오렘은 화폐를 궁극적으로 군주의 통치수단으로 보았다. 군주에게 화폐를 슬기롭게 사용하라고 호소하는 것만이 신하가 할 수 있는 일의 전부였다. 그러나 스튜어트의 통찰은 정반대였다. 그는 화폐는 "독재자의 어리석은 행동을 막는 가장 효과적인 고삐"라고 보았다.[10]

국가를 등에 업은 은행: 금융이라는 현자의 돌

그러나 상황은 그렇게 간단치 않았다. 돌이켜보면 법정화폐가 기본화폐의 지위를 누리는 데는 충분한 이유가 있었다. 어떤 사적 화폐 발행자도 군주와 동등한 수준으로 화폐를 유통할 시장을 확보할 수 없다. 화폐에 대한 수요를 강제할 능력이 없다. 군주만큼 심리적 신뢰감을 주지도 못한다. 은행가는 새 예루살렘을 세웠다고 생각했을 것이다. 그러나 그것은 역사에 등장한 모든 새 예루살렘이 그랬듯이 삭막한 현실 앞에서 무너지기 쉬운 화폐 유토피아에 불과했다. 사적 화폐 발행자가 채무를 불이행하는 바람에 채권자가 아무 쓸모 없는 어음만 손에 쥘 소지가 다분했다. 신뢰가 약해지고 수입과 지출을 일치시키기 위해 신중하게 작성한 계획이 혼란에 빠지면 유동성이 증발해 사라질 수 있었다. 은행가가 세운 신용 피라미드조차 어딘가에서 작동을 멈춘 채 국제적 금융가의 배타적 모임의 틀에 머무를 수밖에 없었다. 은행가의 화폐시장마저 신뢰의 위기를 겪거나 예기치 못한 사건의 충격에서 헤어나지 못할 수 있었다.

사실 새로운 사적 화폐의 운명도 군주가 옛날부터 발행한 법정화폐의 운명 못지않게 모순적이었다. 한편으로는 은행이 극소수 엘리트의 배타적 전유물로 유지되어야 했다. 자율적으로 뭉친 패거리만이 사적 화폐 네트워크를 운영하는 데 필요한 사람 사이의 신용을 키워나갈 수 있으므로, 일단 사적 화폐 네트워크의 원칙이 이해되면 새로운 참여자를 가로막는 장애물은 대수롭지 않게 여겨졌다. 군주와 달리 은행가는 독점권을 강제할 힘이 없었다. 그래서 은행가는 은행의 비밀을 지키려고 무진장 애썼다. 독점적 지위를 유지하기 위해 "형식적이고 까다로운 절차라는 장막으로 영업활동을 가리는" 자랑스러운 관행을 쌓기 시작했다.[11] 그러나 이런 상황들은 다른 한편 은행의 발전에 한계로 작용했다. 국제적 은행가가 발행한 신용어음은 그들 모임 안에서만 유통되었다. 특별한 모임 밖으로 나가면 난관에 직면할 수밖에 없었다. 은행가의 사적 화폐를 작동하게 만든 바로 그 특징이 은행가의 사적 화폐가 군주의 화폐를 대체하지 못하게 만드는 특징이었다.

이 모든 것이 하나로 어우러진 결과가 화폐의 만성적 불안정 상태였다. 군주와 사적 화폐 이익집단은 승부를 가리기 힘든 장기 게릴라전에서 헤어나지 못하고 있었다. 그러나 17세기 말 역사적 발명품 하나가 등장하면서 상황이 일거에 바뀌었다. 화폐 역사에서 자주 그랬듯이 금융의 변두리 지역이 그 시대의 가장 정교한 상업 문화에서 형성된 선진적 생각을 받아들이자 혁신이 일어난 것이다. 여러 차례 반복되었을 것 같은 이 오랜 드라마에서 저지대 나라는 세련된 도시 사람 역을 맡았고, 영국은 촌뜨기 역을 맡았다.[12] '더치 파이낸스Dutch finance'로 불리는 네덜란드의 최첨단 기술은 국가부채를 관리하는 최고의 선진적 시스템이었다. 영국이 내세울 만한 것은 얼마 전 진통 끝에 채택한 입헌군주제였다. 이 둘이 어우러진 결과물이 바로 잉글랜드 은행영국 중앙은행이었다. 잉글랜드 은행이 등장하면서 현대 모든 은행 제도, 현대 모든 화폐의 토대가 확립되었다.

1640년대 내전으로 곪아터진 영국의 헌정 위기는 그 이후에도 가라앉지 않았다. 17세기가 끝나갈 무렵에도 영국은 헌정 위기에 시달려야 했다. 올리버 크롬웰Oliver Cromwell의 공화정 실험은 실패로 돌아갔고, 1660년 쫓겨난 국왕 찰스 1세의 아들이 다시 권력을 잡아 왕정복고가 이루어졌다. 왕당파와 의회파의 해묵은 분열은 완화되었지만, 대토지를 소유한 토리당과 상업을 중시하는 휘그당은 이해관계가 전혀 달랐기 때문에 새롭게 적대적 관계가 되었다. 두 당이 대립하는 이유는 전혀 새롭지 않았다. 다만 내전의 직접적 원인이었던 군주의 재정 낭비는 더욱 심해졌다. 복위한 국왕 찰스 2세Charles II는 재정 상황이 악화되자 1672년 '국고 정지Stop of the Exchequer'를 선언하며 채무상환을 중단했다. 군주의 신용은 당연히 바닥에 떨어졌다. 1670년대 말에 영국 군주가 돈을 빌리는 조건은 상인이 개인적으로 돈을 빌리는 조건보다 더 나빠졌다.[13]

1685년 사망한 찰스 2세의 뒤를 이은 동생 제임스 2세를 쫓아내고 오렌지 공 윌리엄William of Orange을 초빙해 영국 국왕으로 추대한 '명예혁명'이 1688년 일어났다. 명예혁명으로 헌정 위기는 해소되었지만, 재정 상황은 좀처럼 개선되지 않았다. 그 바람에 윌리엄이 영국 의회의 제안을 받아들인 주된 이유는 영국을 빈곤에서 벗어나게 하고 싶다는 사심 없는 바람 때문이 아니라, 루이 14세 치하 프랑스의 침략 야욕에 노출된 네덜란드를 구하기 위해 영국의 풍부한 자원을 이용하려는 것이라는 소문이 빠르게 퍼져나갔다. 윌리엄은 국왕의 자리에 앉자마자 프랑스와 전쟁을 벌이는 대륙동맹에 영국을 가입시켰다. 세금을 올려 매년 400만 파운드를 거둬들였다. 찰스 2세 시대에는 꿈도 꾸지 못할 거액이었다. 지출은 더 크게 늘어났다. 매년 600만 파운드가 국고에서 빠져나갔다. 세입과 세출의 차액은 부채로 메워야 했다. 될 대로 되라는 식이었다. 1694년 봄까지 5년 동안 영국은 과도한 전쟁세를 부담했다. 전쟁세의 3분의 1 이상은 토지에 부과되었다. 토리당을 지지하는 지주 계층일수록 세금 부담이 지나치다고 느꼈다. 설상가상으로 전쟁은 끝날 기미를 보이지 않았다. 전쟁이 질질 늘어지면서 국왕의 신용은 큰 타격을 입었다. 한 해를 어찌저찌 넘기면 그다음 해에는 더 큰 적자가 발생했다. 재무부가 두번째 채무불이행을 선언할 것처럼 보였다.

다행히도 영국의 17세기 후반은 헌정 혼란으로 점철되기만 한 시대는 아니었다. 화폐와 공적 금융에서 활발한 혁신이 일어난 시대이기도 했다. 이른바 '프로젝터스Projectors'는 국왕의 대신과 자문관에게 재정적자를 메울 자금을 조달하는 새로운 방법을 수도 없이 제안했다.[14] 일부 기발한 것도 있었지만, 대부분 터무니없었다. 거의 모든 제안에는 미래의 조세 수입을 담보로 부채를 발행할 메커니즘을 찾아내야 한다는 생각이 기본적으로 깔려 있었다. 상환을 확실히 보장받고 채무자에 대한 통제력을 더욱 강화하고 싶다는 채권자의 바람을 만족시키면서 군주의 위신도 지켜줄 묘수를 찾아내는 것이 관건이었다. 그러나 전쟁으로 인해 대규모 재정적자가 발생할 우려가 높아, 대신들은 이것저것 가릴 처지가 아니었다. 바로 그때 참신한 제안이 나왔다. 10파운드짜리 복권 10만 장을 발행해 '100만 파운드가 걸린 모험The Million Adventure'이라는 이름으로 팔자는 것이었다.[15] 언제나 그랬듯이 그렇게 모인 돈은 재무부에 대출되었지만, 이율표에 적힌 채권 이자를 또박또박 받는 데 지루함을 느낀 투자자는 정교하게 계산된 등수에 따라 상금을 탄다는 데 매력을 느꼈다.[16] 복권에 돈을 쏟았다. 그러나 상금을 지급하자 복권도 수지가 맞지 않는 것으로 밝혀졌다. 아무리 기발한 술수를 동원해도 잠재적 채권자에 대한 국왕의 신용이 최악이라는 사실을 숨길 수 없었다.

그러던 중 인상적인 제안이 제시되었다. 국왕의 채무상환자금을 조달할 방법을 근본적으로 개편하는 은행을 세우자는 제안이었다. 투자자는 은행에 자본금을 출자하고 은행은 정부에 대출한다는 것이 핵심이었다. 군주가 쓸 돈을 조달하는 은행을 설립하는 것은 결코 혁신이 아니었다. 중세시대 때부터 지중해 도시국가에서는 공적 은행이 간혹 등장했다. 네덜란드는 1609년부터 암스테르담에서 공적 은행을 운영했고, 스웨덴의 스톡홀름에도 1656년부터 공적 은행이 있었다. 프로젝터 윌리엄 패터슨William Paterson의 제안에서 참신했던 점은 가칭 잉글랜드 은행은 민관합작으로 세워야 한다는 것이었다. 군주의 신용과 재정을 탄탄한 기반 위에 올려놓는 것이 잉글랜드 은행의 주된 역할이었다. 그래서 은행의 영업과 신용관리에 대한 신뢰를 보장하기 위해 상인계급에게 조직과 관리, 운영을 맡겨야 했다. 그러나 그 반대급부로 군주는 잉글랜드 은행에 중요한 특권을 허락해야 했다. 무엇보다 잉글랜드 은행은 은행권을 발행할 권리를 누렸다. 은행의 채무를 나타내는 종이 통화를 유통시킬 허가를 얻었다.[17] 잉글랜드 은행은 정말 톡톡한 보상을 받았다.

패터슨의 제안은 자칫 무수한 제안에 묻혀 사라져버릴 수도 있었다. 하지만 의회 제1당 자리에 오를 휘그당 지도부가 민관합작 잉글랜드 은행을 설립하자는 아이디어를 강력하게 지지하고 나섰다. 그들은 패터슨의 기획이 화폐 대타협Great Monetary Settlement을 가져올 수 있음을 알아챘다. 휘그당, 아니 휘그당이 대변하는 화폐 이익집단이 새로 설립될 잉글랜드 은행의 이사로서 법적 발언권을 누린다는 조건 아래 국왕에게 돈을 대준다면, 국왕은 그동안 뺏기지 않으려고 무던히 애썼던 오랜 특권, 즉 새 화폐를 발행하고 화폐본위를 관리할 권한의 공유를 허락할 것으로 보았다. 화폐 이익집단이 보기에 군주가 사적 은행에 화폐 발행 특권을 허락하는 것은 화폐에서 현자의 돌(연금술에서 부와 영생을 주고 신과의 일체화를 가능하게 해주는 완전한 물질—옮긴이)인 군주의 권위를 사적 은행이 발행한 화폐에 실어주는 것이었다. 군주는 사적 은행의 화폐가 지역의 좁은 테두리를 벗어나도 괜찮음을 보증해주었다. 화폐 이익집단은 군주에게 신용을 빌려주었고, 군주는 그 반대급부로 화폐 이익집단에 권위를 빌려주었다. 화폐 이익집단은 군주에게 신용을 빌려주는 씨앗을 뿌린 뒤 군주의 보증하에 사적 화폐를 발행할 허락을 받았다는 점에서 수백 배를 수확했다. 그 뒤로 시뇨리지가 공유되었다.

당시 세상 돌아가는 사정을 잘 아는 사람이라면 누구나 공적 재정 관리 방식을 개혁하는 것은 겉보기에 기술적 차원의 일 같지만, 실제로는 고도의 정치적인 일이라는 사실을 잘 알고 있었다. 보수적인 사람은 휘그당이 대변하는 화폐 이익집단에 양보하는 것은 질서를 어지럽히는 짓이라고까지는 할 수 없어도 분명히 어리석은 짓이라고 보았다. 은행이라는 신비로운 마법이, 군주가 무절제하게 재정을 낭비하는 문제의 해법으로 대두한 것은 이때가 처음이 아니었다. 1665년에도 찰스 다우닝 경Sir Charles Downing은 재무부가 사실상의 국립 은행이 되어야 한다는 제안을 내놓은 바 있었다. 국왕 수석자문관 클래런던 백작Earl of Clarendon은 "군주제에는 어울리지 않는 것이다. 그 이면에는 공화정을 도입하려는 의도가 깔려 있다"며, 이 제안을 정치적 이유로 일축했다.[18] 1694년 잉글랜드 은행이 설립될 때도 이런 의구심은 가시지 않았다. 1702년 대법관 존 홀트John Holt도 은행가가 약속어음(당시 뛰어난 대표적 화폐로서 자리를 잡아가고 있던 잉글랜드 은행권을 가리킨다)을 발행하는 최신 기술은 "관습법common law에 없는 새로운 전문 기술로 웨스트민스터 홀(18세기 영국에서 법정으로 사용되던 곳으로 법원을 말한다—옮긴이)을 지배하기 위해 롬바드가(잉글랜드 은행을 말한다—옮긴이)가 발명한 것이라고 하며 판례로 남길 반개혁적 판결을 시도했다".[19]

이들을 제외한 많은 사람이 잉글랜드 은행의 설립은 국왕과 화폐 이익집단 양쪽에 이득이라고 보았다. 바로 이 점이 화폐 대타협이 성공을 거둔 비결이었다. 잉글랜드 은행에 은행권 발행을 허용한 것은 선순환을 가져왔다. 정부의 승인에 힘입어 잉글랜드 은행권은 널리 유통될 수 있었다. 상인계급이 잉글랜드 은행을 소유하고 관리한 것은 영국의 신용도 향상에 보탬이 되었다. 군주제에 반대한 골수파 화폐 이익집단은 국왕의 승인이 있었기에 잉글랜드 은행이 설립되었다는 사실을 쏙 빼놓은 채 상인계급이 잘한 일만 강조하려고 했다. 예를 들어, 제임스 스튜어트 경은 의구심 어린 눈으로 잉글랜드 은행을 바라보는 사람들에게 "상인의 신용이 잉글랜드 은행이 운영되는 기본 원리이자 신뢰를 얻는 근거"라는 점을 상기시켜주었다.[20] 이 말은 어느 정도 진실이었다. 그러나 스튜어트와 같은 시대를 살았던 애덤 스미스는 더 큰 그림을 보고 다음과 같은 한마디로 간결하게 정리했다. "잉글랜드 은행의 안정이 곧 영국 정부의 안정이다."[21] 마치 경구처럼 들리는 애덤 스미스의 이 말은 선순환의 본질을 포착했다고 할 만하다. 국가가 없었다면 잉글랜드 은행의 권위도 없었을 것이고, 잉글랜드 은행이 없었다면 국가는 신용을 잃었을 것이니 말이다.

애덤 스미스가 이 말을 한 것은 1776년이었다. 1694년 화폐 대타협을 상징하는 잉글랜드 은행의 설립에 관한 조례가 나오고 100년 가까이 흐른 뒤 잉글랜드 은행은 대영제국의 정치경제에 깊게 뿌리내렸다. 이 기간 동안 국채시장이 크게 성장함에 따라 긴급 재정조달 창구로서 잉글랜드 은행의 역할은 줄어들었다. 반면 국가의 통화를 관리하는 기관으로서의 역할, 다시 말해 정부 회계 관리자, 정부 지불 대리인, 국채 발행 관리자로서의 역할은 거침없이 늘어났다. 화폐 피라미드의 정점에 있는 잉글랜드 은행의 지위 역시 꾸준히 강화되었다. 1709년 잉글랜드 은행은 영국England 안에서 은행권을 독점 발행할 권한을 확보했다.[22] 1710년에는 정부의 복권기금을 관리하는 수탁자로 지정되었고, 5년 뒤인 1715년에는 정부 연금 지불을 총괄하는 기관으로 자리잡았다.[23] 1760년대에는 국가 부채의 3분의 2 이상을 관리하기에 이르렀다.[24] 1781년에는 잉글랜드 은행의 합헌성에 관한 모든 의구심이 사라졌다. 그해 6월 수상 로드 노스Lord North는 아메리카 식민지와 전쟁 와중에 분위기가 과열된 의회에서 연설을 했다. 혁명의 기운이 흉흉하던 그때 위안을 얻을 변치 않는 것이 몇 가지 있었다. 노스 수상은 이런 말로 의회를 달랬다. 영국인이 나라 안팎에서 실패를 거듭할 때도 "잉글랜드 은행은 지난 100년 가까이 (…) 헌법의 일부로서, 백번 양보해 헌법의 일부가 아니라 해도 (…) 국고를 관리하는 기관으로서 늘 우리 옆에 있었다".[25]

잉글랜드 은행 설립으로 화폐 이익집단과 군주는 역사적 타협에 도달했다. 화폐 레지스탕스가 마침내 권력을 잡았고, 그 보답으로 '그림자 군대'가 비록 부분적이긴 하지만 정부를 지지했다. 이 타협은 오늘날 세계를 지배하는 화폐 시스템의 직계 선조다. 화폐를 '창조'하고 관리하는 일은 사적 은행에 거의 전적으로 위임되지만, 법정화폐가 최종정산자산final settlement asset으로 남아 있는 시스템 말이다. 여기서 최종정산자산은 피라미드 맨 위에서 두번째 층에 있는 은행 간, 혹은 이들 은행과 국가 사이 얽히고설킨 채권·채무 잔액을 정산할 때 이용할 수 있는 유일한 신용잔액을 말한다. 현금은 군주가 지켜야 할 신용의 징표라는 자리를 지키고 있지만, 유통중인 화폐 대부분은 사적 은행 계좌에 기록된 신용잔액이다. 1694년의 정치적 타협을 모태로 탄생한 군주의 화폐와 사적 화폐의 융합은 아직도 현대 화폐 시스템의 기반을 이루고 있다.

화폐 대타협의 실제 결과가 분명한 만큼, 화폐사상 측면에서 바라본 화폐 대타협의 함축적 의미 역시 혁명적이었다. 아니, 어쩌면 혁명적이라는 말로는 다 표현하지 못할 만큼 중대했다고 할 수 있다. 누가 화폐를 통제해야 하는가 하는 핵심 문제를 바라보는 서양의 관점은 두 차례에 걸쳐 주요 변화를 겪었다. 오렘이 등장하기 이전에는 화폐가 암암리에 정부의 도구로 인식되었다. 군주의 봉건적 지배 영역의 일부이자 군주가 동원하는 정책 수단의 하나였던 것이다. 오렘은 이런 인식에 도전했다. 공동체의 수요를 충족시켜주는 것이 화폐정책의 목표라고 주장했다. 그러나 오렘의 주장에는 약점이 있었다. 군주가 발행한 법정화폐에 대한 대안이 없었다. 결국 화폐정책에 관한 논의는 한 발자국도 앞으로 더 나아가지 못했다. 그러나 이후 은행이 재발견되었고, 군주에게 불리한 방향으로 형세가 바뀌었다. 화폐 네트워크의 창조와 관리를 둘러싼 진정한 경쟁이 벌어졌다. 화폐사상도 군주에게 애처롭게 호소하는 듯한 말투를 내던지고 새로운 현실을 똑바로 마주하기 시작했다. 이제 화폐는 군주가 마음대로 부리는 도구가 아니라 군주에게 맞서는 도구로 변했다. 화폐는 중국의 『관자』에서 말한, "군주의 운명에 굴레를 씌우는" 수단이 아니라, 제임스 스튜어트가 이야기한 "어리석은 폭정을 막는 최상의 굴레"가 되었다.[26]

이렇듯 누가 화폐를 통제해야 하느냐는 물음에 대해 정반대 대답이 나왔지만, 화폐사상에서 일어난 그다음 혁명은 화폐는 군주의 도구라는 관점과 군주에게 맞서는 도구라는 관점 사이에 얼마나 많은 공통점이 있는가를 밝히는 데 초점이 맞춰졌다. 화폐 대타협은 화폐사회를 설명하는 새로운 이론, 즉 경제학이라는 사회과학이 생기게 했다. 그리고 이 경제학에서 화폐는 근본적인 변화를 겪었다. 화폐는 군주가 부리는 도구도, 군주에 맞서는 도구도 아니라는 인식이 생겼다. 화폐는 더는 정치적인 것으로 인식되지 않았다. 그후 오늘날까지 화폐는 강력한 사회적 기술social technology이라는 인식이 자리잡았다. 경제적 가치는 사회활동의 협력을 도모하기 위해 독창적으로 공유되는 개념이라는 생각, 그리고 화폐본위는 부를 재분배하고 상업을 장려하는 유력한 도구이므로, 화폐본위의 조작은 격렬한 논쟁의 대상이 되어야 마땅하다는 생각이 널리 퍼졌던 것이다. 이제 화폐는 스스로 움직이지 못하는 금속 덩어리가 되었다. 경제적 가치도 자연계의 무해한 하나의 속성으로 여겨지게 되었다. 그래서 화폐정책에 관한 논쟁은 물론이고 화폐정책부터 모순이 되는 순간이 왔다.

바야흐로 화폐를 바라보는 전통적 관점이 등장할 때가 무르익었다.

로크가 경제에 미친 영향

은화 대개혁을 둘러싼 논쟁

시티 오브 런던(런던의 금융 중심지—옮긴이)과 의회에 포진한 열정적 지지자promoter가 보기에 화폐 대타협은 영국에 새로 들어선 입헌군주제가 발전하며 내디딘 위대한 발걸음이었다. 그러나 그렇게까지 확신하는 시각으로 바라보지 않는 사람도 적지 않았다. 화폐 대타협은 참신하고 독창적이었지만, 대단히 중요한 문제가 아직 해소되지 않았던 것이다. 잉글랜드 은행이 새로운 민관합작 화폐를 발행하는 본위는 무엇이어야 하는가?

이것은 오래전부터 화폐정책을 괴롭힌 난제였다. 군주와 신민이 지난 수백 년간 끝없이 다툼을 벌인 바로 그 문제였다. 군주와 상인계급의 이해관계를 중재할 수 있는 기획Project을 그럭저럭 만들어낸 것은 그 자체로 좋았다. 하지만 서로 우위를 다투는 두 세력을 화해시킬 화폐정책이 여기서 나올 수 있을까? 만약 나온다면 어떤 것일까? 온통 불확실한 것뿐이었다. 화폐 대타협은 범위가 더 넓은 국왕과 의회 사이의 정치적 타협 그 자체가 잠자던 때 이루어졌다. 입헌군주제 지지자는 맹목적인 믿음에 사로잡혀 있어 엄청난 불안감에 떨었다. 오랫동안 바라 마지않왔고 내전까지 불사하며 만들어놓은 시스템의 미래가 몇몇 시티 오브 런던 은행가가 생각해낸 금융 제도로 인해 위태로워졌다고 보았다. 잉글랜드 은행으로 대표되는 화폐 대타협이 화폐 이익집단의 목적 달성 수단에 지나지 않는 것으로 밝혀진다면, 입헌군주제는 무너지고 최악의 경우 명예혁명으로 대표되는 정치적 타협 역시 무너질 것으로 예상했다. 다른 선택의 여지가 없었다. 새로운 정부 시스템인 입헌군주제 지지자는 해로운 가능성을 싹부터 짓밟아 없애야 했다. 다행히 그럴 수 있는 천금의 기회가 열렸다. 화폐를 둘러싼 아주 해묵은 문제 하나 덕분이었다.

잉글랜드 은행이 새로운 형태의 화폐를 발행하는 역사적 실험이 닻을 올리고 나서 1년도 채 지나지 않은 1696년, 의회는 역사가 가장 오랜 화폐 형태인 주화를 주조하는 문제에 맞설 때가 왔다고 결정했다. 주화 주조는 특별히 새로울 것이 없는 문제였지만, 그렇다고 마냥 무시할 수도 없는 문제가 되고 말았다. 지금까지 살펴봤듯이 귀금속 주화, 즉 은화를 사용하면 자동적으로 기술적 도전에 직면할 수밖에 없다. 은화에 함유된 은의 시장가격이 은화 그 자체의 법정가치를 넘어서게 두면 곧바로 재앙이 뒤따랐다. 녹인 은화가 은 세공인에게 팔리거나 은괴로 만들어져 외국으로 수출되었던 것이다. 원칙적으로는 화폐를 나타내는 대안적 수단, 즉 나무 엄대, 동화, 지폐로 은화의 결함을 메울 수 있었다. 그러나 현실에서 은화는 여전히 화폐 제도의 핵심 대들보여서, 은화 부족은 무역을 가로막는 심각한 장애물이었다. 영국은 수십 년 동안 이 문제로 골머리를 앓았다. 17세기 초 은괴의 시장가격이 은화의 법정가치

언저리를 맴돌다가 그 이상으로 뛰어오르는 일이 빈번했다.[1] 결국 은화는 점점 부족해졌다.

의회는 1666년 '은화 주조 장려 법안'을 통과시키며 대책을 강구했다. 은화의 가치와 은의 시장가격을 일치시키기 위해 시뇨리지 부과를 철폐하고 조폐국의 은괴 매입가격을 올리는 전례 없는 조치를 취했지만, 역부족이었다.[2] 당시 은의 시장가격은 법정가격tariff보다 1온스당 1~2페니 정도 꾸준히 높았다. 은을 온전히 함유한 은화를 화폐로 사용하지 않고 은괴로 만들면 그 가치가 2~3퍼센트 더 올라갔다. 그 결과 1663년 이후 약 300만 파운드 가치의 은이 은화로 주조되었지만, 1690년대 초에 이르러 그 대부분이 유통되지 않고 사라진 것으로 밝혀졌다.[3] 더구나 유통중인 은화도 무참하게 깎이고 갈리고 잘렸다. 비양심적인 사용자가 은화로 식별될 최소한의 모습만 남겨두고 최대한 많은 은을 뽑아내려고 했기 때문이다. 날이 갈수록 은화는 어디서나 부족해졌고, 그래서 아주 흉측하게 훼손되지 않으면 은화는 얼마든지 법정가치대로 유통될 수 있어, 은화 훼손은 상당히 수지맞는 돈벌이였다. 1695년 정부가 표본 조사한 결과 유통중인 대부분 은화에는 처음 주조되었을 때의 은 함량의 절반가량만 들어 있고, 온전한 무게의 은화는 화폐로 사용하지 않고 은괴로 만들면 그 가치가 약 25퍼센트 더 늘어나는 것으로 밝혀졌다.[4] 이대로 두면 아직 남아 있는 은화마저 모조리 사라져버릴 것이 분명했다. 이 사태를 어떻게 해결해야 하는가가 초미의 관심사로 떠올랐다.

의회는 해법을 얻기 위해 평생 재무부에서 근무한 노련한 전문가 윌리엄 라운즈William Lowndes를 신임 재무장관에 임명했다. 라운즈는 방대한 실무 경험, 냉철한 지성, 영국 화폐 역사에 대한 종합적 지식을 자신과 연줄이 닿는 상인 및 은행가 네트워크와 결합시켜 논리적이고 현실적이며 상식적인 보고서를 공들여 작성했다. 먼저 그는 중세 후기에도 이와 똑같은 골치 아픈 상황이 몇 차례 벌어졌다는 것을 알아냈다. 근본적인 문제는 어떤 이유에서인지 파운드화의 가치가 폭락했다는 점이었다. 한마디로 인플레이션이 일어났다. 파운드, 실링, 펜스에 담긴 은의 가격이 올랐던 것이다. 그가 알아낸 바로는 인플레이션 사태가 벌어질 때마다 "영국 조폐국은 언제나 (…) 발등에 불이 떨어진 상황에서 외적 액면금액을 높이는 식으로 은화의 가치를 끌어올리는 정책을 폈다".[5] '액면금액이 높아진' 은화가 정기적으로 주조되었다. 달리 말해 파운드화의 가치 하락을 반영하기 위해 일정한 은을 함유한 은화의 법정 명목가치를 끌어올렸던 것이다. 라운즈는 역사적, 논리적 근거에 비춰볼 때 합당한 정책 대응이었다고 결론 내렸다. 조폐국이 은 구입 가격을 올리거나 공식적인 온전한 무게의 은화 속 은의 함량을 줄임으로써 화폐 가치의 하락을 반영해야 했다. 매번 화폐본위가 바뀌었고 파운드화의 가치는 하락했다. 한마디로 조폐국은 시장과 다퉈봤자 소용없다는 사실에 무릎을 꿇었다.

라운즈는 은화의 은 함량을 20퍼센트 줄이는 조치를 한 번만 취해도 효과를 거둘 수 있을 것으로 추정했다.[6] 조폐국의 공식 은 가격은 온스당 62페니였으나, 라운즈가 보고서를 작성할 무렵 은의 시장가격은 온스당 77페니에 달했다.[7] 이에 따라 온전한 공식적 무게의 은 1온스에 미달하는 은을 함유한 크라운 은화의 공시가격표상 명목가치는 60페니였으나, 은의 시장가치는 77페니였다. 당연히 크라운 은화는 유통되지 않고 어디론가 사라졌다. 그는 온전한 무게의 크라운 은화에 은 0.8온스를 넣어 재주조해야 한다는 제안을 내놓았다. 공시가격표에 실린 크라운 은화의 명목가치와 은 함량을 일치시켜 은화를 깎아내거나 수출할 유인을 없애야 한다고 보았던 것이다. 은 시장가격의 예상치 못한 상승을 막을 수 있는 한 은 함량을 재조정하기만 해도 은화 주조를 활성화하고 은화 공급을 회복시킬 수 있었다. 신빙성 있는 역사적 선례에 근거를 둔 합리적이고 현실적인 해법이었다. 그러나 라운즈의 보고서는 운 나쁘게도 당시 가장 존경받는 지식인이던 철학자 존 로크의 완강한 반대에 부딪혔다.

로크는 새로 등장한 입헌군주제 시스템의 이론가이자 입헌군주제 원리를 수호하는 주요 지식인의 자격으로 라운즈의 보고서를 읽고 평가해달라는 의회의 요청을 받았다. 1695년 12월 그는 라운즈의 보고서에 담긴 제안과 제안을 뒷받침하는 개념을 준열하게 비판하는 평가서를 제출했다. 로크가 보기에 라운즈의 주장은 화폐와 화폐본위에 대한 근본적으로 잘못된 이해에 바탕을 두었다. 라운즈는 화폐와 은화가 다른 것처럼 말했다. 로크는 화폐와 은화가 다르다고 하는 것은 좋게 말하면 헷갈린 것이고, 나쁘게 말하면 못된 협잡질을 숨기기 위한 시티 오브 런던의 전형적 연막술이라고 따끔하게 경고했다. 화폐는 은 그 자체 이상도 이하도 아니었다. 로크는 딱 잘라 말했다. "은은 문명화되고 교역이 활발하게 이루어지는 전 세계 모든 곳 모든 상업활동의 수단이자 척도다. 은의 양이 얼마나 많은가는 상업활동이 얼마나 활발한가를 보여주는 척도다. 은은 고유한 가치가 있는 척도이기도 하다."[8] 로크는 화폐 본위도 라운즈보다 훨씬 분명하게 이해했다. 로크의 관점에 따르면 '파운드'는 은의 무게를 객관적으로 지칭하는 말이었다. 중요한 것은 "상거래를 하는 사람은 은화의 액면금액이나 상태가 아니라 그 본질적 가치를 갖고 흥정한다는 점이다. 여기서 본질적 가치란 공적 권력이 은화의 액면금액에 담겨 있다고 보증하는 은의 양을 말한다".[9] 이렇게 볼 때 은화에는 은 함량의 20퍼센트가 사라지더라도 그 '가치'를 유지하는 어떤 형이상학적 차원이 있다는 라운즈의 허황된 주장은 "사람의 발feet을 열두 부분이 아니라 열다섯 부분으로 나누고 '그 각각을 인치라고 부르면' 발의 길이가 늘어난다는 말만큼이나 뻔뻔하고 터무니없는 사기"라고 맹공격했다.[10]

다음은 로크가 라운즈를 비판한 주요 내용이다. 라운즈는 개념적 오류를 범했기 때문에 그의 정책 권고가 대역죄에 해당하는 것이라고 할 수는 없지만, 사기성이 짙은 것은 사실이다. 그의 설명은 현실과 정반대다. 은 함량과 상관없이 파운드화가 가치를 잃거나 얻을 수 있다는 생각은 정말 터무니없다. 화폐본위는 실체 없이 떠돌아다니는 유령 같은 것이 아니라 자연의 진리다. 1파운드는 은 3온스, 17페니웨이트, 10그레인 이상도 이하도 아니다.[11] 파운드화가 그 가치의 20퍼센트를 불가사의하게 상실한다는 것은 결코 있을 수 없는 일이었고, 은화의 은 함량을 줄이는 것도 해법이 될 수 없었다. 영국 역사에서 유례를 찾기 힘든 범죄가 대규모로 저질러졌다. 은화가 과거에는 상상조차 할 수 없었을 정도로 깎이고 잘리고 녹여져 은괴로 만들어졌다. 은화의 소재인 은의 가치가 곧 은화의 가치이므로, 은화를 훼손하고 변형시켜 은을 빼돌리는 것은 백주 대낮에 선량한 은화 사용자를 상대로 강도질하는 것과 마찬가지다. 은 함량이 줄어들었기 때문에 파운드화의 가치가 하락했다. 파운드화의 가치가 하락했다고 해서 그에 맞춰 은 함량을 줄여야 하는 것은 아니다. 결국 파운드화의 은 함량을 줄여 재앙이 빚어지는 상황을 인정하자는 라운즈의 제안은 사실상 은화 훼손을 묵인하자는 제안과 다름없다. 로크는 비판을 마무리하며 당장 은화 개혁을 해야 한다는 라운즈의 제안만큼은 옳다고 인정했다. 그러나 로크가 생각한 은화 개혁은 범죄 행위로 은화의 가치를 떨어뜨리는 것을 온순하게 묵인하는 은화 개혁이 아니라, 유통중인 훼손된 은화를 복구해 공인된 온전한 무게의 은을 함유하게 만드는 은화 개혁이었다.

놀랍게도 로크의 명망과 정치적 영향력은 라운즈와 시티 오브 런던 은행가를 압도했다. 1696년 1월 의회는 깎이고 마모된 은화는 6월 이후 법정 화폐의 지위를 상실한다는 법안을 통과시켰다. 그러면서 6월이 되기 전 훼손된 주화로 세금을 내거나 국채를 사라고 권고했다. 이렇게 모은 은화는 공인 무게로 다시 주조되었다. 재무부가 은을 보충할 책임을 맡았다. 6월까지 수거되지 않은 가벼운 은화는 정상적 은화로서의 유통을 정지시키고, 7월 이후 실제 은 함량의 시장 가치로만 유통되는 것을 허용한다는 계획도 담겼다. 달리 말해 납부할 세금이 있거나 가벼운 은화를 기한 안에 조폐국에 제출하는 사람에게는 재산의 안전을 보장했다. 반면에 납부할 세금이 없거나 세금을 납부하지 않은 사람, 가벼운 주화를 조폐국에 제출하지 못한 사람은 은화에 담긴 은의 가치와 폐기

된 명목가치의 차이만큼 손해를 감수하게 했다.[12]

전반적 집행 과정은 처음부터 끝까지 처참한 실패로 얼룩졌다. 기한인 6월이 오기 한참 전부터 약삭빠른 모리배는 나라 곳곳을 돌아다니며 아직 세금 납부 기한이 도래하지 않아 훼손된 은화를 갖고 있다가 나중에 평가절하당하면 손해보지 않을까 혼비백산한 상인에게서 훼손된 은화를 사들였다. 국세청 관리에게 뇌물을 먹여 이들 가벼운 은화의 출처를 위조한 다음 온전한 무게의 은화로 돌려받았다. 6월이 지나자 가벼운 은화를 보유한 사람은 엄청난 손실을 보았다. 예를 들어, 재무부는 470만 파운드에 상당하는 은화를 거둬들였다. 그 안에는 공인된 온전한 무게의 은화 250만 파운드를 재주조하기에 충분한 은이 담긴 것으로 밝혀졌다. 재무부의 라운즈는 분통이 터졌지만, 적어도 자신의 힘이 약해 의회가 다른 쪽 주장에 동의했다는 것을 잘 알고 있었다. 그러나 제때 훼손된 은화를 교환하지 못한 가난한 사람이나 정보에 어두운 사람은 그렇지 않았다. 요크셔, 스태퍼드셔, 더비셔 등지에서 폭동이 일어났다. 결국 그해 7월, 정부는 가벼운 은화에 담긴 은을 온스당 6펜스에 발행한 특별국채로 교환할 수 있게 허용하는 부분적인 양보안을 내놓았다. 조폐국이 은을 구입할 때 지불하는 가격보다 후하게 쳐주며 훼손된 은화를 사들였던 것이다.[13]

이처럼 세상 흐름을 잘 아는 사람들과 남이 훼손한 주화를 끝까지 쥐고 있던 사람들 사이 부의 급격한 재분배는 혼란의 시작이었을 뿐이다. 기존 은화를 유통과정에서 퇴출시키는 작업에는 많은 시간과 노력이 들었다. 재주조가 임박할 때까지도 적지 않은 은화가 시중에 유통되었다. 뿐만 아니라 새로 발행한 온전한 무게의 은화는 화폐로 사용할 때의 가치보다 은괴로 만들어 해외로 판매할 때의 가치가 더 높아, 상당수가 시중에 풀리자마자 수출되었다. 곧바로 숨막히는 은화 부족 사태가 빚어졌다. 디플레이션도 시작되었다. 물가가 하락했고 경제는 급격히 활력을 잃었으며 거래는 위축되었다. 영국 경제의 성장과 안정도 로크의 화폐철학이라는 제단에 올라간 제물 목록에 추가되었다(로크의 화폐철학 탓에 영국 경제의 성장과 안정도 큰 손상을 입었다). 토리당 소속 정치 선전물 집필자 에드먼드 보훈Edmund Bohun은 1696년 7월 노리치 일대를 돌아다닌 뒤 정부가 자초한 경제적 외상 때문에 얼마나 많은 비용이 발생했는지 에둘러 알렸다.

> 외상거래를 빼곤 일체의 상업활동이 중단되었다. 임차인은 임
> 대료를 내지 못하고 있다. 곡물 도매상도 곡물을 매입하고 그 값
> 을 치를 수 없다. 앞으로 곡물을 거래하지 않을 것이다. 모두 어
> 쩔 줄 몰라 한다. 불만이 극도에 달하고 있다. 가난에 시달리다
> 자살하는 사람이 많아졌다. 민심이 흉흉하다……[14]

올림피아의 올리브관에서 금본위제로

존 메이너드 케인스는 언젠가 자신의 지적 라이벌 프리드리히 폰 하이에크Friedrich von Hayek가 쓴 책을 놓고 다음과 같이 혹평한 적이 있다. "아무리 냉철한 논리학자라도 오류를 범하기 시작하면 베들램 왕립병원에서 삶을 마감할 수 있다는 것을 보여주는 훌륭한 예다."[15] 라운즈를

비롯한 재무부 고위층 역시 로크의 처참한 은화 재주조 정책에 대해 비슷한 감정을 느꼈을 것이다. 그들은 위대한 철학자의 논증은 은화의 은 함량과 명목가치 사이에 본질적 연관이 없을 뿐 아니라 실제로 그런 적도 없었다는 자명한 진리에서 출발했지만, 일반적으로 인정되는 사실에 어긋나는 결론으로 빠진 위대한 철학자의 주장에 당혹감을 느꼈다. 화폐본위는 마음만 먹으면 언제나 바꿀 수 있는 것이었다. 그래서 군주와 상인 사이에서는 화폐본위를 둘러싼 힘겨루기가 끊이지 않았다. 은의 함량이 아니라 은화의 명목가치를 규정한 공시가격표 뒤에 숨은 군주의 권위와 신용도가 화폐의 가치를 좌우했다. 당시 은행가 니컬러스 바본Nicholas Barbon의 말을 들어보자. "화폐의 가치는 정부의 권위에서 나온다. 정부는 화폐를 유통시키고 화폐에 들어갈 금속의 가격을 정한다. 그래서 화폐를 가볍게 주조한다 해도 그 가치는 사실상 같다. (…) 정부의 권위가 변하지 않으면 화폐의 가치도 변하지 않기 때문이다."[16] 화폐의 본질을 바라보는 이런 관점의 뿌리는 난해한 철학이나 추상적 경제이론이 아니라, 아무리 심하게 잘리고 깎인 주화라도 명목가치대로 유통되고 있다는 단순한 사실이었다. 라운즈와 시티 오브 런던 은행가가 보기에 이렇게 화폐를 이해하는 것은 무난하고 논란의 여지가 없었다.

결국 로크의 화폐사상은 고대와 중세의 주류 화폐사상과 상당히 달랐다. 고대인 사이에서, 경제적 가치는 사회적 세계의 한 특성이고 화폐는 원형적 사회현상이라는 인식이 일반적이었다. 화폐를 가리키는 그리스어는 노미스마nomisma, 즉 '현재 통용되거나 확고하게 자리잡은 관행이나 관습으로 인정되는 것'[17]이었다.『국가』에서 플라톤은 화폐를 가리켜 "교환을 위해 존재하는 상징"이라고 했다.[18] 플라톤의 제자 아리스토텔레스도 "처음 생길 때부터 화폐로 정해지는 것은 없다. 관습이 화폐를 만들어낸다"고 주장하며 비슷한 관점을 피력했다.[19] 화폐는 사회적 제도이고 주화는 사회적 관계의 상징이라는 인식의 뿌리는 "상징 치환을 (…) 즐기는 독특한 성향으로 고대 세계에서 유명했던" 그리스 문화였다.[20] 헤로도토스가 남긴 기록을 보면, 페르시아인은 올림픽 경기에 출전한 운동선수가 올리브관을 상으로 받았다는 말을 듣고 귀를 의심했다고 한다.[21] 화폐는 경제적 가치(즉, 어디에나 존재하고 동시에 아무데도 존재하지 않는, 실제세계에서는 주화라는 상징을 통해서만 그 존재가 드러나는 무형의 실체)라는 혁신적 개념을 토대로 개발된 기술이었다. 이 기술은 그리스인과 궁합이 잘 맞았다.

　중세시대 스콜라 철학자 사이에서는 더 극단적인 주장이 전개되었다. 화폐는 관습이 만들어낸 가치라는 고대인의 명목론적 관점뿐 아니라 관습 역시 군주가 의도적으로 만들어내는 것이라는 생각이 등장했던 것이다. 아퀴나스는 화폐를 매개로 한 거래는 '본능이 아니라 이성이 발명한 것'이라고 말했다.[22] 화폐는 "만물을 측정하는 척도로서 저절로 존재하는 것이 아니라 인간에 의해 척도로 정해지는 것"이었다.[23] 화폐는 관계 당국이 뜻하는 대로 움직였고, 그래서 "국왕이나 공동체가 결정하면 화폐는 가치를 잃었다".[24] 이것은 가치는 물질적 실재가 아니라 사회적 실재의 속성이라는 고대인의 인식에서 한 걸음 더 나아간 생각이었다. 더구나 가치는 군주가 정치적 권위를 이용해 만들어낸 것이라는

주장까지 등장했다. '화폐법정주의자chartalist'가 바로 여기서 싹텄다.[25]

이런 점에서 로크의 화폐 개념은 정통적이지 않았다. 그가 금융혁명이 한창이던 시대에 살았다는 점을 고려해도 마찬가지다. 은화는 여전히 중요했으나, 화폐신용의 대표 자리에서 밀려나고 있었다. 새로운 금융기술인 은행이 은화의 자리를 꿰찼다. 은화 재주조 정책이 펼쳐지기 2년 전 잉글랜드 은행이 세워졌고, 지폐인 잉글랜드 은행권이 처음 발행되었다. 두말할 필요 없이 이 새로운 세상의 원로격인 라운즈와 시티 오브 런던 은행가는 로크의 주장이나 로크의 주장이 성공할 가능성에 대해 신빙성이 없다는 태도를 보였다.

그러나 세상을 잘 안다고 자부하던 그들은 핵심을 놓치고 있었다. 로크는 화폐본위의 정치적 중요성을 아주 잘 알고 있었다. 사실 로크 화폐이론의 기원은 그의 정치사상이었다. 30년 사이 왕정복고, 왕위계승 배척 위기(1679년에서 1681년 사이 세 차례 열린 의회에서 프로테스탄트와 국교도 의원이 가톨릭교도인 요크 공 제임스를 왕위계승 서열에서 배제하기 위해 이른바 '배척법안'을 제출하면서 빚어진 정치적 위기―옮긴이), 명예혁명이 숨가쁘게 이어진 격동기를 겪으며 로크는 절대군주제의 지적 신뢰성을 무너뜨리고 정치적 자유주의와 입헌군주제의 정당성을 확고하게 다지는 연구에 매진했다. 로크의 철학체계 중심에는 개인의 재산권은 군주의 승인에 의해 존재하는 것이 아니라 태어날 때부터 존재한 것이라는 공리가 있었다. 로크가 절대권력의 침해로부터 시민의 자유를 보호해야 할 근거를 찾는 과정에서 정립한 이 공리는 입헌군주제라는 새로운 정치체제의 이데올로기적 토대였다. 두말할 필요도 없이 화폐는 가장 중요한 재산의 하나이므로, 로크의 논리적 추론의 예봉을 피할 수 없었다.

화폐이론도 새로운 정치철학에 어울리게 변모해야 했다. 라운즈는 스콜라 철학자의 가르침에 따라 영국인이 보유한 화폐의 가치는 군주가 지닌 권위의 산물이라는 전제에서 출발해 주장을 펼쳤다. 이 전제에는 '가난한 사람이건 부자건, 능력자건 거지건, 자유민이건 죄인이건 사적 개인은 군주의 뜻에 따라 살아가야 한다'는 속뜻이 담겨 있었다.[26] 로크는 군주가 신민에게 행사하는 절대적이고 자의적인 권력이 존재한다는 것은 부당하고 비정상적이라는 점을 입증하는 데 초점을 맞춰 자신의 철학체계를 구성했다. 로크의 주장은 시대를 설득하는 힘을 발휘해 명예혁명 및 권리장전과 더불어 영국의 정치 시스템을 완전히 바꿔놓았다. 은화의 가치를 하락시키자는 라운즈의 제안은 어떤 이유에서든 정치적 자유주의라는 이상향에 들어오면 안 되는 트로이의 목마 같은 것이었다.

잉글랜드 은행이 세워진 뒤 사회 혼란을 초래할 위험이 높은 화폐 이론의 뿌리를 뽑는 일이 더욱 시급해졌다. 금융혁명은 신용을 창조하는 은행가의 불가사의한 기술이 엄청난 정치적 힘의 원천이라는 것을 일찍이 보여주었다. 잉글랜드 은행으로 상징되는 화폐 대타협은 그 힘에 군주의 승인이라는 성배를 안겨줄 만반의 태세를 갖추고 있었다. 엄청난 가능성과 높은 위험이 동시에 존재하는 순간이었다. 잉글랜드 은행은 화폐를 정확하게 이해하기만 하면 군주의 힘과 신민의 힘이 균형 있게 이뤄지게 하는 이상적 수단, 달리 말해 금융이 입헌군주제라는 독창적인 정치적 개념에 발맞춰 내놓은 대안이 될 수 있었다. 그러나 이때

라운즈와 바본 같은 사람이 화폐의 가치는 군주나 군주의 수족인 은행가가 정하는 것이라는 잘못된 생각을 퍼뜨리게 놔두면 금융과 정치에서의 독재가 고개를 처들 것이 분명했다. 입헌군주제를 위해 화폐 대타협을 안전하게 유지시키는 유일한 방법은 군주와 은행가를 비롯한 그 누구도 간섭하지 못하는 고정된 화폐본위를 굳게 지키는 것이었다. 자유로운 정치질서의 승리를 보장하기 위해서는 자유로운 화폐 질서를 희생시켜야 했다.

앞에서 살펴봤듯이 화폐본위를 고정시키는 새로운 정책의 실제 결과는 고무적이지 않았다. 은본위제를 엄격하게 고수했지만, 그로 인해 한 세대가 지나기도 전에 은본위제는 안락사하고 말았다. 너무 많은 은이 화폐 유통과정에서 사라졌고, 결국 금이 은을 대신해 귀금속 본위가 되었다. 그러나 로크가 확립한 화폐이론과 정치적 자유주의의 근본 원리 사이 긴밀한 관계는 처음엔 삐걱거렸지만 무너지지 않았다. 오히려 더욱 확고해졌다. 파운드화는 일정한 무게의 금이라는 관점이 화폐를 바라보는 전통적 관점으로 자리잡았다. 그리고 파운드화에 들어갈 금의 무게를 확실하게 정하는 것은 의회의 의무가 되었다. 뛰어난 영국 화폐사가 앨버트 피버리어 경Sir Albert Feavearyear은 이렇게 설명한다. "로크가 영향력을 발휘한 결과 3파운드 17실링 10.5페니가 금 1온스의 가격으로 정해졌다. 우리가 결코 벗어나서는 안 되는 가격, 벗어났다면 반드시 되돌아가야 하는 마법의 가격이 나온 것이다."[27]

화폐 대타협은 화폐본위를 어떻게 관리해야 하는가 하는 오랜 난제를 매듭지었다. 이제 화폐는 곧 금이므로, 자연 속에서 길이, 무게, 시간의 기준이 정해지듯이 그 본위가 정해져야 했다. 화폐본위를 정하는 권한을 남용해 신민의 재산을 도둑질했다는 점에서 중세 군주의 화폐정책은 백주대낮의 날강도 짓이었다. 화폐는 곧 금이었다. 화폐본위는 금무게의 약칭이었을 뿐이다. 이렇게 탄탄한 지적 토대 위에서 잉글랜드은행은 새로운 입헌정체를 훼손할 위험 없이 민관합작 화폐를 새로 발행할 수 있었다. 그러는 사이 새롭게 나타난 한 무리의 정치경제학자는 화폐를 발명한 고대 그리스인이 엄두도 내지 못했던 일을 마침내 해냈다. 화폐사회를 설명하고 정당화할 수 있는 지적 틀을 만들어낸 것이다.

벌의 왕국에 들어가다: 화폐사회의 절정

1699년에 영국으로 이주한 네덜란드인 의사 버나드 맨더빌Bernard Mandeville은 잉글랜드 은행이 설립되고 나서 11년이 흐르고 로크가 죽고 나서 1년이 지난 1705년에 풍자시집『투덜대는 벌집, 또는 정직해진 악당The Grumbling Hive, or, Knaves turn'd Honest』을 발표했다.[28] "그 옛날 꿀벌의 왕국이 있었지 / 거기 사는 꿀벌들은 호사를 누리며 편안하게 살았다네"라는 구절로 시작하는 이 시는 꿀벌의 왕국이 번영을 누리는 밑바탕에는 돈을 벌려는 꿀벌의 욕구가 있다고 설명했다. 간추리면 이렇다. 변호사는 일거리를 만들려고 분쟁을 부추긴다. 정부 관리는 뇌물을 받는다. 의사는 환자의 행복은 안중에도 없고 오로지 진료비만 받아 챙기려고 한다. 군인은 국왕과 나라를 사랑해서가 아니라 돈과 명예를 얻으려고 싸운다. 그럼에도 왕국은 활기차고 번영을 누린다. 그러던 어느 날 재난이 닥친다. 꿀벌들은 잘못을 뉘우치고 착하게 살아야겠다고 마음먹는다. 탐욕과 야망을 버리고 부정부패를 척결한다. 정치인과 장군은 애국심의 노예가 아니라 이기심의 노예라는 질책을 받는다. 그러나 이 뉘우침은 왕국의 모든 일이 마비되게 하는 역설적인 결과를 낳고 만다. 경제가 위축되고 인구는 줄어든다. 벌들은 속이 빈 나무에서 원시적으로 살아가야 하는 처지로 내몰린다. 시가 주는 교훈은 이런 것이다. "고생하며 사는 것은 바보짓이다/세상을 편하게 살아야 한다/(…)/사기, 사치, 교만이 판쳐도 그대로 놔둬야 한다/그러는 것이 우리에게 이득이다."

맨더빌의 엉터리 시는 유럽 대륙에서 벌어지는 전쟁에 대한 토리당의 비판, 특히 전쟁을 주도하는 말버러 공작 존 처칠John Churchill에 대한 토리당의 비판을 반박하기 위한 것이었다. 토리당은 오랜 전쟁으로 말버러 공작 및 휘그당 지지자가 부유해지고 권력이 강화되었다고 보았다. 새로운 공적 금융 시스템, 특히 공적 금융 시스템의 가장 중요한 혁신인 잉글랜드 은행은 휘그당 화폐 이익집단 및 이들과 한패거리인 말버러 공작이 사리사욕을 취하기 위해 만들어낸 기관에 불과하다고 오래전부터 의심했다. 맨더빌은 방종한 벌에 대한 우화를 통해 정치인, 상인, 군인의 부정부패는 적과 맞서 싸울 만큼 경제가 부유해지고 정치가 강력해진 데 따른 대가라는 것을 보여주려고 했다. 맨더빌은 다음과 같이 경고했다. 기사도 정신의 시대는 오래전에 지났다. 말버러 공작 같은 사람들은 개인적 영예를 위해서만 싸우지 않는다. 이런 사람들을 적이 아니라 자기편으로 만드는 것이 중요하다. 말버러 공작을 비판하는 자들이 주장하는 청교도적 대안을 받아들이면 영국은 약하고 가난하며 적의 공격에 취약한 나라가 될 것이다.

맨더빌은 비록 가볍게 툭 던지듯 우화를 발표했지만 그 우화에는 세월이 흘러도 변치 않는 심오한 생각을 담았다고 생각했다. 탐욕스러운 말버러 공작의 특별한 사례는 일반화될 수 있었다. 언뜻 사악해 보이는 모든 행동이 의도와 달리 실제로는 최상의 결과를 낳았다. 맨더빌은 1714년 이 풍자시의 증보판을 새로 펴냈다. 증보판의 제목 '꿀벌의 우화: 개인의 악덕, 사회의 이익The Fable of the Bees, or, Private Vices, Publick Benefits'은 사회의 역설적인 면을 직설적으로 지적했다. 인간 사회를 존재하게 하는 것은 "인간의 타고난 우호적인 자질과 속 깊은 애정이 아니다. 이성과 자기부정에 의해 후천적으로 획득하는 도덕성도 아니다. 선천적인 악에서 도덕적인 악에 이르기까지 우리가 이 세상의 악이라고 부르는 모든 것 덕분에 인간 사회는 존재할 수 있다." 자칫 악을 장려하는 말로 들리겠지만, "인간의 모든 예술과 과학의 진정한 기원은 악이다. (…) 악이 멈추는 순간 사회는 완전히 해체되지는 않더라도 심하게 망가질 것이다".[29] 사회 차원에서 최적의 결과를 낳는 최상의 방법이자 사실상 유일한 방법은 야망, 탐욕, 원초적 이기심을 추구하는 개인 차원의 행동을 장려하는 것이다. 당파성 짙은 풍자시인이 진지한 정치경제학자가 되었다.

맨더빌의 시집은 심한 분노를 샀다. 철학자와 성직자가 앞다퉈 그의 끔찍한 주장을 반박했다. 그가 쓴 시집과 수필집은 금서로 지정되었다. 그러나 금융혁명이 잉글랜드 은행의 설립이라는 날개를 달고 탄력을 받았듯이, 맨더빌의 역설적 주장은 분명 시대정신을 정확히 반영한 것이었다. 화폐는 어디서나 유통되었다. 해마다 새로운 회사가 세워졌다. 시골 아낙네조차 주식투자에 관한 수다를 떨었다. 기업혁명과 금융혁명이 빚어낸 새로운 세상은 설명과 정당화가 필요했다. 바로 이때 물의를 일으키며 등장한 맨더빌의 주장은 그 두 가지를 동시에 달성해낸 것처럼 보였다. 계몽시대의 떠오르는 샛별 중 한 명이던 스코틀랜드인 애덤 스미스가 받아들인 맨더빌의 주장은 오늘날까지도 충분히 통할 만한 화폐사회이론의 밑거름이 되었다.

『국부론』에서 애덤 스미스는 조직적 경제활동과 개인의 행동을 연관시키는 체계적 이론을 최초로 정립했다. 금융혁명이 전통사회를 어떻게 바꿔놓았는지 살핀 초기 사상가들의 생각을 최초로 일관성 있게 종합했다. 그는 상업이 발달하고 화폐 사용이 늘어남에 따라 "질서와 좋은 정부가 자리를 잡았고, 개인의 자유와 안전도 향상되었다"고 주장했다.[30] 애덤 스미스는 이 같은 금융혁명의 정치적 배당이 축적되고 지급되는 이전의 역사적 역설도 깨달았다. 전통사회의 최대 수혜자였던 봉건영주는 화폐의 마력에 푹 빠졌다. 그들은 사치품을 무척 좋아했고, 그로 인해 봉건지대의 화폐화가 촉진되었다. "봉건영주는 유치하고 천박하며 추잡한 허영심을 만족시키기 위해 자신의 권력과 권위를 내동댕이쳤다."[31]

맨더빌이 읊은 역설적 과정을 애덤 스미스가 은유적으로 표현한 것이 바로 '보이지 않는 손'이다. 사적 이익을 추구하는 개인의 행동이 의도와 달리 사회의 이익을 효율적으로 증진할 수 있게 보장해주는 '보이지 않는 손'은 대단히 유명해 오랜 세월이 흐른 지금도 생명력을 유지하고 있다.[32] 애덤 스미스는 또한 이 만족스러운 결과가 개인이 내린 자기결정의 특징이라기보다는 시스템 자체의 특징이라는 점을 강조했다. 개인은 "사실 사회의 이익을 증진할 의도가 없다. 심지어 자신이 어떻게 사회의 이익을 증진하는지 알지 못한다".[33] 애덤 스미스는 경제적 가치가 만물의 척도가 되고 화폐사회의 동적 관계가 전통사회의 정적 관계를 대신할 것이라는 전망을 명확하게 밝혔다. 그것은 정치적 균형과 경제적 균형을 지향하는 객관적 시스템으로서의 화폐사회에 대한 전망이기도 했다. 전통사회가 전복되면, "임차농이 독립자영농이 되고 지대가 사라지면 (…) 도시는 물론 농촌에도 정상적인 정부가 들어서면, 어느 누구도 그 정부가 작동하는 것을 방해하지 못할 것이다".[34] 애덤 스미스는 화폐사상의 역사에서 전례 없는 업적을 남겼다. 경제적 관점과 정치적 관점 양쪽에서 화폐사회를 철저하게 정당화했던 것이다.

화폐사회는 실천적 차원에서의 화폐 대타협에 어울리는 지적, 도덕적 차원에서의 역사적 타협이었다. 잉글랜드 은행의 설립자는 사적 은행과 국정화폐를 결합시키면 역사 속에서 경제적 진보와 사회적 진보를 향한 힘이 용솟음칠 것으로 믿었다. 정치적 자유주의의 아버지 로크는 누구나 화폐를 올바르게 이해한다면, 그리고 화폐에 수반하는 자연스럽고 변치 않는 경제적 가치의 기준에서 벗어나지 않는다면, 화폐는 새로운 복음인 입헌정부와 완벽하게 조화를 이룰 것이라고 선언했다. 화폐는 절정기에 도달했다.

그러나 한 가지 문제가 있었다.

9

거울나라의 화폐

화폐사회의 아킬레스건

문제는 부채였다. 구체적으로는 부채가 감당하기 힘든 수준으로 늘어나는 경향이었다. 오늘날 우리는 '금융 불안정'이라는 완곡한 말로 이야기되는 화폐사회의 취약성을 아주 잘 안다. 2007년 막이 오른 글로벌 금융위기는 화폐사회의 취약성을 보여주는 근래의 사례다. 이것 말고도 2002년 아르헨티나의 채무불이행과 1998년 러시아의 채무불이행 등 국제적 국가부채위기에서 2000년 3월 미국 첨단기술 주식 붐의 붕괴, 1990년대 초 미국 저축대부은행 위기, 1987년 영국 주식시장 대폭락 등 영국 국내 금융위기에 이르기까지 기억나는 것만 대충 적어도 목록은 상당히 길어진다. 현재의 글로벌 금융위기는 이례적으로 오래 지속되고 있기 때문에 경제학자들 사이에서는 장기 부채위기에 대한 관심이 깊어졌다. 독자들은 서점으로 급히 달려가서 뛰어난 금융 사학자 찰스 킨들버거의 책을 찾아보았다.[1] 그가 "지난 400년 동안 대략 10년의 간격을 두고 금융위기가 발생했다"는 걸 발견했다 하니, 사람들은 관점에 따라 불안감을 느끼기도 하고 안도감을 느끼기도 했다.[2] 몇 년 전 경제학자 카르멘 라인하트Carmen Reinhart와 케네스 로고프

Kenneth Rogoff는 금융위기를 포괄적으로 고찰한 책, 『이번엔 다르다This Time is Different』를 펴냈다. 이 책의 불길한 부제 '800년간 금융에서 저질러진 우매한 짓들Eight Centuries of Financial Folly'은 독자에게 400년이 아니라 800년간 우매한 짓이 빈번하게 저질러졌다는 인상을 심어주었다.[3] 티베리우스 황제 시대의 신용경색에 관한 타키투스의 설명이 보여주듯 화폐사회는 800년이 아니라 그보다 훨씬 오래전부터 부채의 증가가 지불 능력의 위기를 초래하는 문제로 골머리를 앓아왔다.

이것은 안전과 자유를 결합시키겠다는 화폐의 약속에 내재하는 불안정성 때문이다. 화폐는 사회구조가 바뀌지 않는 전통사회는 엄두도 내지 못할 방법으로 사회적 안정과 사회적 이동을 결합시킬 수 있다는 독특한 약속을 했다. 화폐가 혁신적이고 매력적인 발명품이 된 것은 이 약속 덕분이었다. 분명히 말하지만, 화폐사회가 확산됨에 따라 사회와 경제가 전통에 얽매여 옴짝달싹 못하는 곳에서 야망과 혁신이 굉장히 효과적으로 싹텄다. 화폐는 은행과 더불어 정치혁명의 분위기를 조성했을 뿐 아니라 예상치 못한 규모로 사회 구석구석을 활발하게 변화시켰다. 화폐의 장점을 의심 어린 눈으로 바라본 유명한 회의주의자 카를 마르크스와 프리드리히 엥겔스가 19세기 중반의 고도로 발전한 화폐사회를 두고 다음과 같이 불평한 데는 다 이유가 있었다. "모든 고정된 관계, 빠르게 굳어진 관계는 유서 깊은 오랜 편견 및 견해와 함께 사라져갔다. 새로 형성된 모든 관계 역시 미처 자리잡기 전에 낡은 것이 되고 만다. 견고한 모든 것은 아무 흔적 없이 사라진다. 신성한 모든 것이 모독당한다."[4]

문제는 화폐가 이들 회의주의자의 주장처럼 단순한 것이 아니었다는 점이다. 사회적 이동은 화폐사회가 한 약속의 절반에 지나지 않았다. 나머지 절반은 사회적 안정을 유지하겠다는 역설적인 약속이었다. 화폐사회는 무정부 상태를 약속하지 않았다. 사실 화폐사회에서 무정부 상태가 유행한 적은 한 번도 없었다. 그 대신 화폐는 무정부 상태를 진정시키기 위한 원칙, 즉 사회적 이동성과 안정성, 자유와 확실성을 약속했다. 그리고 화폐가 한 약속의 뒷부분, 즉 안정성과 확실성은 신용과 부채의 명목가치는 고정되어야 한다는 공리에 의해 지켜졌다. 사회적 의무가 파괴된 곳에서는 금융적 의무, 다시 말해 부채가 쌓였다. 중요한 것은, 파괴된 사회적 의무는 '없어질 수 있지만' 사회적 의무를 대신한 부채는 없어지지 않는다는 점이다. 애덤 스미스와 애덤 스미스 학파는 화폐가 한 약속의 앞뒤 두 부분이 지켜질 수 있다는 것을 보여주는 이론을 정립해냈다. 화폐사회를 지배하는 객관적 법칙은 쉽게 변하지 않는 금융적 의무와 사회변화를 증진하는 화폐의 지칠 줄 모르는 힘이 충돌하지 않는 상황을 어떻게 안배하는가 하는 이론 말이다. 그러나 이 이론은 화폐사회의 현실에 들어맞지 않았다.

이처럼 화폐사회의 핵심 문제를 다루기 위해 경제학자가 새로 내놓은 이론 틀이 실패한 것은 화폐사회의 표면적 결함 때문이 아니었다. 글로벌 금융위기의 후유증에서 재차 확인했듯, 감당하기 힘들 정도로 쌓이는 부채는 화폐사회에 대한 우발적인 도전일 뿐 아니라 실존적인 도전이기도 하다. 달리 말해 불안정을 유발하려는 화폐의 내재적 경향은 붕괴와 불경기의 희생자에게 위험한 것일 뿐 아니라 궁극적으로는 화폐 그 자체에도 위험한 것이다. 금융위기 때문에 청년 인구의 절반이 실업자 신세로 내몰리고 정부가 대외부채를 갚기 위해 공무원을 해고해야 하는 상황이 펼쳐지는 이때, 현행 경제 시스템 테두리 안의 관습적 처방은 아무 매력 없는 것처럼 보일 수 있다. 각국 중앙은행과 재무장관은 화폐사회 그 자체가 잘 작동한다는 가정하에서 일한다. 그들의 조언에 따르면 화폐사회의 규칙을 존중한다. 화폐사회에서 발생하는 그 어떤 불평등도 누진세 제도를 도입하거나 외부 투자를 끌어오면 해결할 수 있다. 그러나 부채위기가 날로 심해지는 요즘에는 전반적으로 분위기가 달라졌다. 뉴욕의 '점령하라Occupy' 시위대와 마드리드의 인디그나도스indignados(분노한 사람들―옮긴이)는 이렇게 묻는다. 경제 시스템이 끊임없이 위기를 일으킨다면, 경제 시스템의 규칙을 존중해야 할 이유가 어디에 있는가?

제어하지 않고 그대로 내버려두면 감당하기 힘든 부채를 유발하는 화폐사회의 경향 그 자체가 화폐사회 최악의 적이라는 생각은 새로운 것이 아니다. 1919년 6월 존 메이너드 케인스는 베르사유 평화회담 영국 재무부 대표직을 그만두었다. 당시 연합국은 패전국 독일을 응징하기로 단단히 마음먹고 가혹한 배상금을 부과했다. 그래야만 침략이 어떤 결과를 낳는지 교훈을 줄 수 있고 미래의 평화를 확보할 수 있다고 주장했다. 그러나 케인스는 독일이 짊어져야 할 새로운 금융적 의무가 비현실적일 정도로 과중한 상황에서 의무이행을 강요하면 재앙이 빚어질 것으로 예측했다. 1919년 12월 베르사유 평화회담의 전말을 자극적으로 설명한 『평화의 경제적 귀결The Economic Consequences of the Peace』에서 그는 무분별하게 부과한 배상금 때문에 발생한 독일의 과도한 부채를 줄여줄 방법을 찾아보라고, 연합국을 향해 호소했다. 그러나 이 간절한 호소는 위험한 헛소리 취급을 받았다. 안정과 평화를 보장하는 가장 기본적 장치인 국제 금융의 규칙을 희롱하는 미숙한 짓으로 여겨졌던 것이다. 그러나 케인스의 예측은 옳았다. 불구가 된 경제를 되살릴 수 없고, 그래서 충분한 조세수입을 확보할 수 없는 상황에서 내전까지 벌어지는 바람에 독일은 극도의 초인플레이션에 시달리며 총체적 경제 붕괴로 치달았다. 1923년 케인스가 공개적으로 예측했던 채무불이행 사태가 빚어졌고, 연합국은 배상합의서를 다시 써야 했다.

케인스는 바로 그때 이 정책적 오류가 주는 전반적 교훈을 꿰뚫는 분석에 돌입했다. 1923년 출간된 『화폐개혁론Tract on Monetary Reform』에는 베르사유 평화회담 이야기가 수시로 등장했다. 그는 감당하기 불가능한 부채는 베르사유 평화회담에 참석한 비겁한 정치인이 만들어낸 것이 아니라 화폐사회 고유의 문제라고 썼다. "고리대의 힘은 엄청나다. 고리대를 놓는 사람이 대대손손 줄어들지 않고 늘어나기만 하면, 인구의 절반은 다른 절반에게 노예처럼 예속될 것이다."[5] 그러므로 계약을 우상으로 떠받들 줄만 알지 불공정한 계약은 오래가지 못한다는 한 수위의 법칙을 잊은 사람들, 이를테면 베르사유 평화회담의 승전국, 로크의 추종자는 결국 계약 목적을 달성하지 못하고 쓴맛만 볼 것이다. "그런 사람들은 가장 중요한 사회적 원리, 즉 계약을 청산할 개인의 권리와 기득권을 통제할 국가의 권리는 근본적으로 다르다는 사실을 간과함으로써 자신이 지키려고 하는 것의 최악의 적이 되고 만다. 견디기 힘든 고통이 된 것을 바로잡을 국가의 재량권이 없다면 계약은 온전하게 유지될 수 없기 때문이다."[6] 달리 말해 로크의 화폐이론은 엄청난 역설로 귀결된다. 오로지 계약만 받드는 것은 화폐사회의 존속과 번영의 충분조건이 될 수 없다. "계약절대주의자는 (…) 혁명의 실제 부모다."[7]

케인스가 옳았다. 부채위기 및 부채위기를 해결하는 방법의 진정한 본질은 애덤 스미스 및 애덤 스미스 학파의 논증에 근본적 결함이 있다는 것을 보여준다. 화폐는 자유와 안정을 결합시키는 방식으로 사회를 조직하겠다고 약속한다. 그리고는 먼저 사회적 의무(서로 비교하기 불가능할 정도로 근본적으로 다른 전통적 권리와 의무)를 금융적 의무(동일한 단위의 추상적인 경제적 가치로 측정되는 자산과 부채)로 전환시키고, 이어 이 금융적 의무의 유동성을 높임으로써(금융적 의무가 어느 한 사람에게서 다른 사람에게로 쉽게 양도될 수 있게 함으로써) 약속을 이행한다. 문제는 이 세상은 불확실한 곳이라는 점이다. 유동성은 증발하고 지불 능력은 재평가된다. 얼마 전만 해도 지속 가능했던 부채의 네트워크가 갑자기 지속 불가능해진다. 네트워크는 적응해야 한다. 그러나 문제가 있다. 화폐는 현재의 네트워크 안에서 기득권을 쥔 이익집단을 만들어냈다. 이제 핵심 문제가 발생한다. 애덤 스미스와 애덤 스미스 학파가 답을 내놓지 못하는 문제 말이다.

새로운 학문인 경제학은 어째서 부채 문제나 부채가 불러온 금융 불안정 문제를 간과했을까? 왜 이상도시에 기분 좋게 입주한 새 주민에게 그 토대에 결함이 있다는 것을 알리지 못했을까? 경제학이 등장한 이후 펼쳐진 금융의 역사를 살피면 상당히 극적인 실수였다. 시대를 불문하고 명쾌한 답 하나가 많은 인기를 끌었다. 화폐사상, 범위를 더 넓혀 경제학은 타락한 학문이라는 답이 그것이다. 이 답을 토대로 니콜라 오렘은 경제학을 바라보는 기본 관점을 정했다. 정통 경제학자는 기득권 집단의 하수인이다, 자칭 객관적이라는 경제학 이론은 돈 많은 계급을 향한 애원에 다름 아니다, 이런 관점 말이다. 미국 영화감독 찰스 퍼거슨 Charles Ferguson은 글로벌 금융위기에서 경제학의 역할을 다룬 오스카상 수상 다큐멘터리 〈인사이드 잡Inside Job〉에서 다음과 같이 정리했다. 현대 금융이론가는 공정한 과학자인 척했지만 실제로는 그렇지 않았다. 금융계의 로비 활동을 돕는 치어리더에 지나지 않았다. 기업의 부도덕한 짓을 정당화하는 정교한 지적 논리를 만들고 두둑한 보수를 받았다. 부채위기는 일종의 내부자 범죄Inside Job였다.

그러나 더 심한 우려를 불러일으키는 또하나의 가능성이 있다. 경제학이 화폐사회의 현실에 제대로 대응하지 못하는 것이 기득권 집단 때문 아니라면 누구 때문일까? 화폐사상의 차원에서 생긴 오류 때문 아닐까? 달리 말해 경제학 이론가는 알릴 문제가 없다고 순진하게 믿었기 때문에 화폐사회의 구조적 결함을 알리는 경고음이 울리지 못한 것 아닐까? 애덤 스미스와 애덤 스미스 학파의 이론 안에 거대한 맹점을 만들어놓은 실제 범인은 기득권 집단이 아니었다. 존 로크에 의해 널리 알려진 화폐에 관한 전통적 인식 그 자체였다.

거울나라의 화폐

문제는 입헌정부를 위해 화폐를 안정시키려는 좋은 의도가 담긴 존 로크의 노력은 숨은 비용이 들 수밖에 없었다는 점이다. 은화 재주조 논쟁에서 드러났듯이 로크가 화폐를 바라본 관점은 라운즈와 시티 오브 런던 은행가가 화폐를 바라본 관점과 정반대였다. 그들이 보기에 파운드화는 경제적 가치를 나타내는 자의적 기준에 불과했다. 파운드화는 은과 비교해 그 가치를 잃었고, 이 때문에 인플레이션이 일어나 은 가격이 올랐다. 한마디로 파운드화가 가치를 잃었기 때문에 은 함량이 줄었다고 보았다. 그러나 로크는 이에 대해 거꾸로 된 생각이라고 지적했다. 로크의 생각은 이랬다. 파운드화는 일정한 은괴의 무게를 나타낸다. 은 함량이 줄었기 때문에 파운드화의 가치가 하락했다. 낡은 관점에 따르면 화폐는 신용이고 은화는 그 신용의 물리적 표현에 불과하다. 그러나 새로운 관점에 따르면 화폐가 곧 은화이고 신용은 그 은화를 통해 표현되는 것에 지나지 않는다. 라운즈와 시티 오브 런던 은행가는 지구가 태양의 둘레를 돈다고 믿었고, 로크는 태양이 지구의 둘레를 돈다고 설명했던 셈이다.

태양에 서서 우주를 바라본 결과는 극적이었다. 화폐가 『거울나라의 앨리스Through the Looking-Glass』에 나오는 앨리스를 따라 화폐의 핵심 난제가 어디서도 보이지 않는 다른 세상으로 넘어가버린 것 같았다. 먼저 무엇이 화폐사회를 바라보는 적절한 관점인가, 화폐사회의 핵심 개념인 경제적 가치는 사회생활을 조직화할 때 얼마나 폭넓은 역할을 해야 하는가 하는 문제를 보자. 앞에서 살펴봤듯이 이것은 그리스인이 화폐를 발명했을 때부터 철학자를 괴롭힌 난제였다. 그러나 화폐를 전통적 방식으로 이해하는 거울나라에서는 이야기가 달라진다. 경제적 가치는 길이, 무게, 부피 같은 자연계의 한 속성에 지나지 않는다. 서울에서 평양까지의 거리를 재는 것은 비윤리적이라고 불평하는 것이 말이 안 되듯, 인간의 삶에 가격을 매기는 것이 옳은가 그른가를 묻는 것도 말이 안 된다.

다음으로 화폐본위의 문제를 보자. 수백 년간 화폐본위는 가장 열띤 정치적 논쟁의 주제였다. 화폐본위는 또 서로 대립하는 군주와 신민의 주장을 저울질할 때의 받침점이었고, 받침점이 어디에 놓여야 하는가는 전형적인 정치적 정의의 문제였다. 그러나 로크의 거울나라에서는, 화폐는 일개 사물이었고 가치는 자연의 한 속성이었다. 화폐본위는 객관적 사실이었다. 저울의 받침점은 고정되어야 했다. 받침점이 고정되지 않으면 어떻게 일관된 측정값이 나올 수 있겠는가? 거울나라가 아닌 곳에서는 계약의 존중과 화폐본위의 존중이 상황에 따라 바뀔 수 있는 원칙이었다. 채무재조정, 평가절하, 인플레이션으로 계약이나 화폐본위를 파기하는 것이 도덕적으로 옳은가는 그 본질상 정치적 문제로 이해되었다. 그러나 로크가 화폐를 이해하는 거울나라에서는 계약의 존중과 화폐본위의 존중이 공정성이 아니라 정확성을 따져야 하는 문제가 되었다.

사실대로 말하자면 화폐의 거울나라는 앨리스가 방문한 거울나라가 그랬듯이 허구다. 경제적 가치 개념은 물질계의 자연적 속성이라고 할 수 없다. 화폐가 발명되지 않아 경제적 가치 개념이 아예 존재하지 않았던 때가 있었으니 말이다. 경제적 가치를 측정하는 객관적으로 올바른 기준도 존재하지 않는다. 화폐본위의 선택은 언제나 정치적 선택이다.

기준 그 자체는 무엇이 부와 소득, 경제적 불확실성이라는 위험의 공정한 분배인가에 대한 결정을 옹호할 수밖에 없기 때문이다. 그 결과 화폐를 바라보는 로크의 관점은 은화 대개혁 논쟁에서는 승리했지만, 경제 문제에서 객관성이 지배하는 새로운 시대를 열지 못했다. 대신 정반대 시대를 열었다. 자의적인 특정 편견이 판칠 길을 연 것이다. 과학적 객관성이라는 베일로 그 길을 덮으면서 말이다.

화폐를 새롭게 이해한다는 것이 반드시 해야 할, 화폐에 관한 도덕 논쟁을 하지 않아도 된다는 것을 의미하지는 않는다. 이제 화폐의 도덕은 전혀 다른 것을 의미했다. 오랜 난제가 시야에서 사라졌다. 화폐는 사물이고 가치는 물리적 속성이라고 했을 때 도덕적 관점에서 화폐나 가치를 논하는 것은 아무런 의미가 없었다. 화폐본위가 불공정하다고 말하는 것은 날씨가 불공정하다고 말하는 것만큼이나 터무니없는 짓이었기 때문이다. 대신 사익의 자유로운 추구와 계약의 존중 같은 자유주의 색채가 짙은 말이 도덕적 관심의 최우선적 초점으로 자리잡았다. 이제 화폐사회에서는 자유방임주의 철학에 무조건 굴복했는가, 부채를 상환했는가가 도덕성의 잣대로 작용했다. 법의 명령에 따라야 하듯 화폐의 명령에 복종해야 했다. 복종하지 않는 것은 비도덕적 행동이었다. 어쩌면 『거울나라의 앨리스』는 너무 가벼운 문학적 비유일지 모른다. 화폐는 거울나라가 아니라 프란츠 카프카가 쓴 『심판』의 무대인 프라하나, 아나톨 프랑스Anatole France가 쓴 『붉은 백합The Red Lily』의 무대인 파리로 넘어간 것과 같다고 하는 편이 더 타당할 것이다. 『붉은 백합』에서 냉소주의자 슐레트는 법을 극구 찬양한다. "법은 부자인지 빈자인지 따지지 않고 다리 밑에서 잠자는 짓, 거리에서 구걸하는 짓, 빵을 훔치는 짓을 금지한다. 평등하지 아니한가?"[8]

정통 경제학이 화폐사회의 불안정성의 사회적, 정치적 뿌리를 파헤치는 데 무능력한 것은 화폐를 바라보는 로크의 관점이 미친 영향이 크다. 민주주의를 위해 안정된 화폐를 만들겠다는 로크의 사명으로 인해 발생한 숨은 비용 중 가장 큰 것은 로크가 경제학 영역 내에 있는 문제가 아니라 경제학이 배제한 문제를 다루려고 했다는 데 있다. 로크는 화폐 개념과 경제적 가치 개념을 통해 경제학자에게, 시장의 방종한 행동을 존중하는 것을 모든 합리적인 인간의 도덕적 의무로 삼아도 좋다는 허가증(실제로는 명령)을 주었는데, 이는 결국 지극히 해로운 결과를 낳았다.

은화 재주조 자체의 직접적 후유증은 로크가 자초한 도덕적 맹점이 인간의 비극을 불러올 수 있다는 것을 알리는 불길한 경고장 역할을 했다. 그러나 이 경고장은 다가오는 파국의 단순한 그림자였을 뿐이다. 화폐사회는 자신을 조절할 놀라운 능력이 있다는 경제학자의 이야기에 대한 믿음이 널리 확산될 때, 경제정책 기획자가 화폐사회 거울나라의 단순한 매력에 푹 빠져들면 도덕적 재앙이 발생할 가능성이 증폭된다. 경제정책 기획의 역사에서 가장 수치스러운 사건을 보면 나쁜 일이 어떻게 일어나는지 잘 알 수 있다.

보이지 않는 손

1845년 아일랜드는 40년 이상 영국United Kingdom에 속해 있었고, 그 훨씬 전부터 때로는 강제로 수백 년간 영국의 경제와 정치에 철저하게 종속되어 있었다. 그러나 아일랜드의 종교, 정치, 언어는 이웃 영국과 뚜렷하게 구분되는 특징을 보였다. 경제적, 사회적으로 아일랜드와 영국은 거의 다른 시대에 있었다. 19세기 초까지 영국은 세계에서 가장 규모가 큰 제조업 경제를 보유했지만, 농촌 경제와 농촌 인구 거의 전체가 감자 농사에만 의지했다는 것은 아일랜드의 빈곤을 보여주는 가장 강력한 증거였다. 그래서 1845년 9월 아일랜드의 감자 농사가 참담한 실패로 돌아갔다는 신문 기사가 처음 나왔을 때 영국 정부는 곧바로 주목했다.

영국 정부의 초기 대응은 빨랐다. 진상을 과학적으로 조사할 조사단을 보내 상황의 엄중함을 파악했고 구호위원회를 조직했다. 워털루 전투 때 고위 영참장교였던 랜돌프 루스Sir Randolf Routh가 구호위원회 위원장직에 올랐다. 한편 영국 정부의 구호정책을 총괄하는 임무는 재무부의 젊은 차관보 찰스 에드워드 트리벨리언Charles Edward Trevelyan이 맡았다. 트리벨리언은 천재 소리를 듣던 사람으로, 당시 영국 공직사회를 지배하기 시작하던 새로운 유형의 근대적 혁신주의자 중에서 가장 뛰어났다. 이렇게 거룩한 원칙과 오랜 실무 경험이 결합된 나무랄 데 없는 팀은 아일랜드 기근 사태를 무난하게 해결할 것으로 보였다.

그러나 트리벨리언이 이끄는 재무부가 자비로운 구호정책을 펼 것으로 기대하던 아일랜드인은 1845년 11월 말 『이코노미스트』에 실린 만평 속 트리벨리언의 나비넥타이에 편집자가 적어놓은 글을 보고 일찌감치 기대를 접어야 했다. 그 첫마디부터 다음과 같은 섬뜩한 경고가 등

장했던 것이다. "자비를 베푼다는 것은 국가적인 실수와 다름없다."⁹ 기
사 내용은 대략 이랬다. 아일랜드에 곧 닥칠 기근 사태가 경제 재앙이고
인간 비극이라는 데는 의문의 여지가 없다. 그러나 구호물자를 보내기
만 하는 것은 단언컨대 잘못된 지원 방식이다. 이는 경제이론의 두 가지
핵심 원칙에 어긋난다. 첫째, 도덕적 해이를 피해야 한다는 원칙에 맞지
않다. 구호물자를 보내면 기근 사태를 일부 완화할 수는 있겠지만, 아일
랜드인은 그 대가로 영국에 영구히 의존해야 하는 처지에 내몰릴 것이
다. 둘째, 정부가 시장의 작동에 개입하지 말아야 한다는 신성한 원칙에
도 위배된다. 애덤 스미스는 개인의 이기심이 한껏 발휘되도록 놔둘 때
사회적 선이 가장 효과적으로 달성될 수 있다고 했다. 이런 점에서 시장
이 작동해 위기를 해결하려고 할 때 정부가 개입하는 것은 멍청한 짓이
아닐 수 없다.

　1846년 3월 『이코노미스트』의 두번째 사설은 영국 지배층 사이에서
전반적으로 합의된 생각을 정확하게 포착해 다음과 같이 경고했다. 정
부의 전향적 개입은 헛수고에 그칠 것이다. "현재 정부는 아일랜드인에
게 식량을 제공하겠다는 방침을 밀어붙이고 있지만 (…) 의회의 지지를
얻기는 물리적으로 불가능할 것이다."¹⁰ 기근 사태에 개입하려는 그 어
떤 시도도 정부의 권위를 훼손시키기만 할 것이다. "참견하기 좋아하는
경솔한 의원은 피해를 볼 것이다. (…) 그 의원은 아무리 도와주어도 만
족하지 않을 아일랜드인의 비난을 받을 것이고, 결국 힘을 잃고 말 것이
다."¹¹ 아일랜드 기근 사태에 개입하는 것은 득보다 실이 더 많다. "의회
는 아일랜드를 도와주어도 효과를 거두지 못할 것이다. (…) 알코올 중

독자가 매일 독한 위스키를 마시면 알코올 진전섬망(오래 술 마시던 사람이 갑자기 술을 끊거나 줄였을 때 나타나는 발작, 망상, 환각, 환청 등 금단증상—옮긴이)을 치료할 수 없듯이, 영국이 아무리 도와주어도 아일랜드인의 가난을 구제할 수 없다."[12] 무엇보다 이 자명한 진실을 부정하는 것은 다른 정치적, 도덕적 성향을 갖고 있다는 증거가 아니다. 객관적, 과학적 사실을 멋대로 무시한다는 증거다. 『이코노미스트』 논설위원은 비아냥댔다. 영국인에게 아일랜드를 도와주라고 호소하는 것은 "가장 기초적인 산수 규칙조차 무시한 채 2 더하기 2를 5로 계산하라고 요구하는 것과 같다".[13] 화폐사회에 관한 애덤 스미스의 이론은 세상에 나온 지 70년도 채 지나지 않아 과학적 진리(사실은 수학적 진리)의 반열에 올랐다.

애덤 스미스의 이론은 영국 정책을 좌우했다. 아일랜드 기근 사태에 관여한 모든 관료와 정치인은 애덤 스미스 이론의 헌신적인 추종자였다. 수상 로버트 필Sir Robert Peel은 10만 파운드어치의 미국산 옥수수를 구입해 아일랜드에 보내는 안건을 의회에 제출해 가까스로 승인을 받았다. 그러나 그 직후 필 내각은 붕괴했고, 그와 더불어 의미 있는 구호활동에 대한 희망도 사라지고 말았다. 이 무행동의 결말은 파국이었다. 1845년 겨울과 1846년 봄에 걸쳐 아일랜드 역사에서 전례 없는 규모의 기근이 발생했다. 1846년 여름까지 수많은 가난한 아일랜드인이 들판을 떠돌며 초근목피로 연명했다. 농촌은 공공질서가 완전히 무너지기 일보 직전 상태에 놓였다. 사실상의 군정이 실시되었다. 그러나 상황은 더욱 악화되기만 했다. 그해 8월 감자 농사가 2년 연속 흉작으로 판명났다. 이제 아일랜드의 참상은 더는 비밀이 아니었다. 상황은 생생한 보도를 통해 속속들이 알려졌다. 1846년 9월 2일 타임스 논설위원은 '전멸'이라는 말로 참상을 생생하게 전했다.[14]

믿기지 않게도 영국 정부와 의회 내부의 정책 논쟁은 추상적 원칙 수준을 벗어나지 못했다. 애덤 스미스와 애덤 스미스 지지자는 화폐사회의 자연스러운 작동에 개입하는 것은 좋지 않은 결과를 낳을 뿐이라고 주장했다. 그러면서 정부 개입을 요청하자고 유혹하는 소리에 귀를 기울이지 않는 것이 중요하다고 했다. 1847년 1월 2일 『이코노미스트』 논설위원은 "애덤 스미스의 추론만큼 폭넓게 확인된 이론적, 과학적 추론은 없다"고 외쳤다. 애덤 스미스의 이론과 도덕은 아무런 관련이 없었다. "정부가 개입이라는 신빙성 없는 케케묵은 원칙으로 되돌아가 아주 비과학적이고 평판이 좋지 않은 관행을 되풀이하는 것"은 이성을 희롱하는 짓이다.[15] 이 사설은 아일랜드 코크주 치안판사 니컬러스 커민스 Nicholas Cummins가 웰링턴 공작에게 제출하는 보고서 형식으로 스키버렌의 참상을 타임스에 알리고 나서 2주가 채 지나지 않은 시점에 나왔다.

공작님, 제가 지난 3일간 직접 보고 들은 것을 미리 말씀드리지 못한 채 고명하신 이름을 빌려 영국인에게 불쑥 전하게 되었습니다. (…) 저는 한눈에 버려진 것이 분명한 형편없는 작은 마을을 보고 경악하지 않을 수 없었습니다. 왜 이 지경에 이르렀는지 알아보려고 돼지우리 같은 몇몇 집에 들어갔습니다. 거기에는 말이나 글로 전달할 수 없는 끔찍한 장면이 펼쳐져 있었습니다. 그중 한 집에서는 겉모습만 보면 굶어죽은 시신과 다름없는 사람 여섯이 지저분한 밀짚더미 한쪽 구석에 옹송그린 채 모여 있었습니다. 저는 두려움에 떨며 다가갔는데, 희미한 신음소리를 듣고는 그들이 살아 있다는 것을 알았습니다. 그들은 열병을 앓는 어머니와 어린아이 넷, 그리고 싸늘한 시신이 되고 만 아버지였습니다. 자세한 상황은 차마 살펴볼 수 없었습니다. (…) 같은 날 아침 경찰이 그 인근에서 오래 닫혀 있던 어떤 집 문을 열었는데, 쥐떼에 반쯤 뜯어먹힌 싸늘한 시신 두 구가 진흙 바닥에 누워 있는 것을 발견했습니다. (…) 같은 날 한 어머니가 열두 살쯤 먹은 나체 상태의 딸 시신을 집 밖으로 끌어내 돌 더미로 덮는 모습을 보았습니다. 열이 펄펄 나는 몸으로 말입니다. 한 보건진료소 의사는 스키버렌 마차역에서 약 500미터 근방에 있는 어떤 집에서 여섯 사람이 망토 하나를 같이 덮고 누워 미동도 하지 않는 모습을 보았습니다. 그중 한 사람은 몇 시간 전에 죽었지만, 나머지 사람은 몸을 가눌 수 없어 시신을 망토 밖으로 빼내지 못했다고 합니다.[16]

이 글만큼 잘못된 정책, 그리고 분별 있고 인정 많은 사람조차 잘못된 정책을 아무 의심 없이 믿고 따르게 만든 끔찍한 지적 오류에 대한 신랄한 고발장은 없을 것이다. 언뜻 보면 그렇지 않은 것 같지만, 이 부끄러운 사건에서 드러난 경제사상의 참혹한 실패는 로크의 화폐사상 혁신으로 그 뿌리가 거슬러올라간다. 로크의 도움을 받아 화폐가 거울나라로 넘어간 뒤 화폐사회를 오랫동안 괴롭혔던 윤리적 난제가 마법처럼 사라졌다. 이들 난제 중 가장 어려운 문제는 화폐가 어느 정도로 사회생활을 조율하는 메커니즘이 되어야 하는가 하는 것이었다. 이 난제는 화폐를 일개 사물, 즉 자연 속 순수한 실재로 보는 새로운 관점이 대두하면서 진부한 것으로 취급되었다. 새로운 경제학 원리는 과거에 도덕적, 정치적 정의의 문제로 여겨졌던 문제를 객관적인 과학적 진리가 기계적으로 적용되는 문제로 과감하게 축소시켰다. 그 당시 사람들 모두가 새로운 경제학 원리와 도덕적 재앙이 밀접하게 관련 있다는 사실을 놓친 것은 아니었다. 아일랜드 기근 사태가 벌어지고 몇 년 뒤 옥스퍼드 대학교 베일리얼 대학 학장 벤저민 조엣Benjamin Jowett은 옥스퍼드 대학교 드러먼드 강좌 정치경제학 교수이자 영국 정부의 아일랜드 경제정책 수석자문관이던 나소 시니어Nassau Senior를 넌지시 지목하며 이런 말을 한 적이 있다. "나는 어떤 정치경제학자가 1848년 아일랜드의 기근 사태로 죽은 사람이 100만 명에 미치지 못했는데, 더 많이 죽지 않아 유감이라는 말을 했다고 들었다. 정치경제학자의 비정함에 몸서리가 쳐진다."[17]

다행히 화폐를 바라보는 전통적 관점은 하나가 아니다. 앞에서 살펴보았듯이 화폐사상에는 거울나라에 발을 디디지 않는 또하나의 전통적 관점이 있다. 화폐본위의 선택 속에 담긴 보편적인 경제적 가치 개념과 정치적, 경제적 실재 개념의 도덕적 결과에 대해 과감하게 의문을 품은 관점이었다. 그것은 그리스인이 화폐를 처음 발명했을 때로 거슬러올라가는 전통이기도 했다.

10

회의론자의 전략

그리스인에게 돈 그 자체를 좇는 것이 선한 행동일 수 있다는 생각은 직관에 반하고 도저히 이해되지 않는 것이었다. 그들에게 돈은 언제나 생경하고 이상한 것이었다. 그리스인은 돈이 사회 조직화 이데올로기라고 꽤 정확하게 이해하며 이를 비판적 평가의 대상으로 삼았다. 그들의 관심은 2000년 뒤 화폐를 바라보는 전통적 관점이 등장하면서 감추려고 했던 화폐의 바로 그 측면, 즉 화폐의 핵심인 경제적 가치라는 혁신적 개념에 초점이 맞춰져 있었다. 그리스인은 경제적 가치 개념을 사회생활을 조직화하는 참신한 개념으로 경험했고, 그 덕분에 수백 년간 화폐사회에서 살아온 닳고 닳은 사상가는 구분하지 못하는 화폐의 긍정적 효과와 부정적 효과를 명확하게 구분할 수 있었다. 그리스인이 화폐에 대해 어떤 의혹을 품었는가는 그리스에서 아주 오래전부터 전해져온 유명한 이야기인 미다스왕 신화에 잘 요약되어 있다.

미다스왕은 프리기아의 왕이었고, "가꾸지 않아도 저절로 자라는 장미 60송이가 진한 향기를 내뿜는" 정원의 주인이었다.[1] 어느 날 미다스왕은 사티로스(그리스신화에 나오는 반인반수—옮긴이)인 실레노스가 술의 신 디오니소스 행렬에서 벗어나 장미 사이에서 뛰어다니는 모습을

봤다.[2] 미다스왕은 실레노스를 붙잡고 아는 지혜가 있으면 모두 털어놓으라고 윽박질렀다. 먼저 인간이 얻을 수 있는 가장 좋은 것은 무엇인지 물었다. 실레노스는 즉시 미다스왕이 천박하고 탐욕스러운 폭군이라는 것을 알아차렸다. 평소와 마찬가지로 미다스왕의 하루살이 같은 생각을 놀리고 싶은 기분이 들었다. 인간에게 첫째로 좋은 것은 태어나지 않는 것이고, 둘째로 좋은 것은 최대한 빨리 죽는 것이라고 철학적인 대답을 했다. 미다스왕은 기대에 어긋난 대답이라며 대놓고 실망감을 표했다. 그러자 실레노스는 이렇게 대답했다. "좋아, 그러면 자네가 바라는 대로 해주지. 나를 풀어주면 원하는 것 하나를 주겠네. 인간에게 가장 좋은 것 하나를 골라 말해보게나!" 인간이 가질 수 있는 것 중 최고의 것은 부라고 믿었던 미다스왕은 손대는 것마다 황금으로 변하게 해달라고 했다.

　짓궂은 신 실레노스는 이 소원을 들어주었다. 미다스왕은 처음에는 아주 즐거웠다. 나뭇가지를 꺾었더니 황금으로 변했다! 돌멩이를 집었더니 역시 황금으로 바뀌었다! 사과를 만졌더니 그 유명한 헤스페리데스의 황금사과가 되었다! 탐욕스러운 늙은 왕은 새로 생긴 굉장한 능력에 푹 빠져들었다. "욕심이 차올라 세상 만물을 황금으로 바꾸려고 했다."[3] 미다스왕은 자신의 행운을 자축하는 성대한 연회를 열라고 명령했다. 그러나 이때부터 상황이 잘못된 방향으로 굴러가기 시작했다. 빵을 먹으려고 한 조각 집어들자 빵이 바로 딱딱한 황금으로 바뀌었다. 와인을 마시려고 입에 갖다 댄 순간 와인이 녹은 황금으로 변했다. 그리스신화의 나중 버전을 보면 미다스왕은 사랑하는 딸에게 입맞춤하는 치명적 실수를 저지른다. 딸은 즉시 몸이 차갑게 식어 황금 덩어리가 되었다. 미다스왕은 자신이 저지른 멍청한 실수에 괴로워했다. "부유해졌지만 비참하기 이를 데 없는 신세가 된 미다스왕은 부에서 도망치려고 했다. 자신이 간절히 원했던 것을 증오했다."[4] 신들에게 끔찍한 선물을 취소해달라고 빌었다. 다행히도 디오니소스가 미다스왕을 불쌍히 여겼다. 리디아의 팍톨로스강River Pactolus 발원지를 찾아가 머리와 몸을 담가 손대는 것마다 황금으로 변하게 하는 능력을 씻어내라고 알려주었다. 미다스왕은 알려준 대로 했고, 마침내 지긋지긋한 능력을 잃었다. 이제 팍톨로스강 자체가 미다스왕의 능력을 물려받아 최초의 주화가 만들어진 금과 은 합금의 원천, 다시 말해 미심쩍긴 하지만 인류 최초의 주화 발명의 원천이 되었다.

미다스왕 신화의 핵심 주제는 세상 모든 것을 보편적인 경제적 가치라는 저울로 잼으로써 하나의 차원으로 환원시키는 화폐의 본질적 속성이다. 미다스왕의 손도 사과, 나뭇가지, 빵, 와인, 심지어 가족까지 굉장히 다양한 생물과 무생물을 생명이 없는 단일한 물질로 환원시킨다. 자연에는 다양한 물질이 존재하고 전통사회에는 무수한 차원의 사회적 가치가 존재하지만, 화폐사회는 인위적 획일성만 강요한다. 그리스인은 냉혹한 돈의 논리가 세상 모든 것에 가격을 부여할 뿐 아니라 세상 사람으로 하여금 오직 한 가지 관점에서만 세상 모든 것을 생각하게 만든다는 것을 깨달았다. 오늘날도 그렇듯이 어디에나 적용 가능한 경제적 가치 개념 그 자체는 어떤 의미에서는 굉장히 매력적인 것이었다. 그어떤 판단에서건 기준이 될 수 있는 단일한 척도는 복잡한 경제를 조직하는 데서 굉장한 효과를 발휘한다. 그러나 그리스인에게 단일한 척도는 불안의 원천이기도 했다. 사람은 우주의 신성한 질서에 따라 살아가야 하는가 하는 거창한 문제는 물론, 닭 몇 마리를 시장에 내다 팔아야 하는가 하는 따분한 문제에서 딸을 누구와 결혼시켜야 하는가 하는 골치 아픈 난제에 이르기까지 온갖 문제를 돈으로 해결하는 것이 정말 옳은가 하고 의문을 품었다. 아리스토파네스는 희극으로 불안감을 누그러뜨리는 전통적 방법을 시도했다. 예를 들어, 희곡 「개구리The Frogs」를 보면 산전수전 다 겪은 헤라클레스가 디오니소스에게 얼마 전부터 스틱스강을 건너 하데스에게 가려면 돈을 내야 한다고 설명하는 장면이 있다.[5] 지하세계에서조차 돈이 사회를 조직하는 힘을 발휘했던 것이다.

미다스왕 신화가 이야기하는 것은 분명하다. 경제적 가치라는 새로운 개념을 보편적으로 적용하면 심각한 문제, 이를테면 소비, 축적, 지위의 추구에는 본질적 한계가 없다는 문제가 발생한다. 미다스왕은 얼마간의 황금만 원했던 것이 아니다. 손대는 모든 것이 황금으로 변하기를 원했다. 그럴 때만 자신이 이 세상 그 누구보다 부유해져 사람이 살면서 얻을 수 있는 최고의 것을 얻는 것이라 확신했기 때문이다. 전통사회에는 본질적 한계, 다시 말해 농민이 부족장에게, 부족장이 신관에게 이행해야 하는 만고불변의 사회적 의무로 인해 발생한 한계가 있었다. 그리스인은 화폐사회에는 아무런 한계도 없을 것을 우려했다. 부의 축적에는 본질적 한계가 없다. 화폐사회에서 사회적 지위는 그 성격상 절대적이지 않고 상대적이기 때문에 화폐사회에서는 남보다 한 발 더 앞서려는 끝없는 경쟁에 빠질 위험이 높다. 아리스토파네스의 희극 「플루

토스Plutus」의 주인공 크레밀로스는 부의 신에게 말한다. "당신의 도움을 원 없이 받은 사람은 아무도 없습니다." 남자다움 같은 추상적 미덕에서 소박한 렌틸콩 수프 같은 현실의 구체적인 음식에 이르기까지 "갖고 싶은 것이 아주 많습니다. 그러나 당신의 도움을 원 없이 받은 사람은 없습니다. 13탤런트(고대 그리스의 무게 및 화폐 단위—옮긴이) 가진 사람은 16탤런트를 원하고, 16탤런트 가진 사람은 40탤런트를 원합니다. 그러다 원하는 것을 다 갖지 못하면 살 가치가 없는 삶이라고 신세한탄을 늘어놓곤 하지요".[6] 그리스인은 더 나아가 돈을 벌어야 할 무한한 필요는 돈을 좇는 무한한 행동을 낳을 것이라고 우려했다. 이 점에서 미다스왕은 특별한 사례였다. 원하는 것을 얻을 기회가 저절로 굴러들어왔다. 그러나 지나가는 사티로스가 소원을 들어주지 않는 현실 세계에서는 그리스인이 우려했던 것처럼 무한한 부를 얻을 수만 있다면 무엇이든지 하겠다는 의욕이 무한히 샘솟기 마련이다.

오늘날 지나친 부의 축적, 지나친 소비, 그리고 높은 지위에 오르기 위한 지나친 경쟁의 부정적 영향을 우려하는 목소리가 높다. 현대의 여러 사상가는 이들 현상을 일으키는 수많은 잠재적 범인을 적발하고 있다. "오늘날 사고파는 논리는 물질적 재화에만 적용되지 않는다. 그 논리는 점점 삶 전체를 지배하고 있다"고 미국 철학자 마이클 샌델은『돈으로 살 수 없는 것들』에서 한탄한다. "이렇게 살기를 원하는지 스스로 물어봐야 할 때다."[7] 달리 말하면 시장이 문제다. 우리는 시장이 손을 뻗쳐도 되는 곳과 뻗쳐서는 안 되는 곳을 의식적으로 결정해야 한다. 영국 사상가 로버트 스키델스키와 에드워드 스키델스키 형제는 최근의 저서 『얼마나 있어야 충분한가』에서 다음과 같이 주장한다. 얼마나 있어야 충분한가라는 영원한 물음은 현실의 도덕 개념에 비춰 무엇이 좋은 삶을 이루는지 살필 때만 답할 수 있다. 시장 메커니즘이 시장의 한계를 정할 것이라는 희망은 헛된 몽상이다.[8] 우리에게 필요한 것은 좋다고 생각하는 것과 나쁘다고 생각하는 것을 명확히 정하는 것이다. 그럴 때 우리의 판단을 고수할 도덕적 근력이 생긴다. 신경과학자나 신경과학자의 연구를 지지하는 경제학자의 설명에 따르면, 스키델스키 형제와 샌델의 물음은 아무 소용 없다.[9] 시장과 도덕은 거품 같은 것이다. 높은 지위에 오르기 위한 경쟁은 인간의 뇌에 각인되어 있다. 최고의 배우자와 최상의 음식이 유전자의 생존을 뜻하는 세계에서 우리의 경쟁력을 높이는 방향으로 진화한 신체적 특징이다. 진화가 문제다. 그리고 진화를 걱정하는 것은 아무 소용 없다.

그리스인은 욕심과 야망, 그리고 욕심을 채우고 야망을 달성하려는 인간의 행동에는 한계가 없을 거라는 의구심을 품었다. 이 의구심은 인간의 욕심과 야망의 한계를 둘러싼 논쟁이 오늘날에만 고유한 것이 아니라는 것을 보여준다. 한편 화폐를 바라보는 그리스인의 관점도 남달랐다. 정리하면 이러했다. 시장이나 도덕, 인간 그 자체가 문제인 것은 아니다. 화폐가 문제다. 때 이르게 발명된 사회적 기술(화폐)을 구성하는 특정 개념과 관습은 욕심과 야망의 한계가 사라진 근본 원인이다. 그리스인은 화폐사회에서의 삶은 보편적인 경제적 가치 개념에 대한 열렬한 믿음, 경제적 가치를 계산하는 관습, 경제적 가치가 이 사람에게서 저 사람에게로 분산적으로 이전할 가능성과 떼려야 뗄 수 없는 관련이 있다고 이해했다. 이 보편적인 경제적 가치 개념 때문에 그리스가 사회생활과 경제생활을 조직한 방식은 앞선 시대와 달랐다. 경제적 가치 개념이 인정되자 사회생활과 경제생활을 조직하는 방식도 그에 맞춰 자동으로 바뀌었다. 경제적 가치에는 본질적 한계가 없으므로, 화폐사회에는 고정된 기준이 존재하지 않는다. 바로 이 경제적 가치 개념에서 시장의 제국주의적 힘, 끝없이 도는 회전목마 같은 높은 지위를 차지하려는 경쟁, 아무리 채워도 채워지지 않는 돈에 대한 욕구가 흘러나온다.

그리스인은 화폐에 무제한의 자유를 허용할 때 필연적으로 나올 수밖에 없는 결과에 대한 예상을 바탕으로, 화폐는 사회를 조직하는 확실한 방식이거나 이상적인 방식이기는커녕 자기모순적인 것이라고 결론내렸다. 아리스토텔레스의 해석에 따르면, 미다스왕 이야기는 경제적 가치를 자연적 속성이 아니라 사회적 발명품으로 보는 유명론nominalism의 신화적 표현이다. 그리고 바로 이 점에서 돈이 많다는 것은 식량이나 땔감 등 현실 생활에서 쓸모 있는 것이 풍족하다는 것과 다르다. 돈은 사회 속에서만 가치가 있고 사회 속에서만 존재할 수 있기 때문이다. 돈의 사회적 맥락을 제거하면 돈이 많다는 것의 의미가 드러난다. "아무리 돈이 많아도 신화 속 유명한 미다스왕처럼 굶어죽을 수 있다."[10] 그런데 신화는 교훈적인 이야기이기도 하다. 화폐와 화폐의 가치는 타인의 존재를 필요로 하지만, 미다스왕은 세상만물을 황금으로 바꿀 수 있는 능력(달리 말하면 경제적 가치 개념을 보편적으로 적용할 수 있는 능력) 때문에 세상 사람으로부터 고립되고 만다. 결국 화폐의 핵심에는 역설이 가로놓여 있다. 화폐는 한편으로는 타인의 존재를 필요로 하는 사회적 기술이지만, 다른 한편으로는 인간관계라는 풍요롭고 다양한 생태계를 금전관계라는 기계적이고 단조로운 시계장치로 변환시킴으로써 사람을 타인으로부터 고립시키는 사회적 기술이기도 하다.

그리스 고전 예술과 고전 사상의 정점에 있는 아이스킬로스, 소포클레스, 유리피데스의 비극은 이 터무니없는 것, 즉 화폐의 결점을 폭로하는 데 열중한다. 무엇보다 돈과 권력을 간절히 원하고 마침내 획득하지만, 그 대가로 공동체와 가족으로부터 고립되고 마는 주인공이 거듭 등장한다. 그리고 주인공이 최악의 순간을 맞이할 때마다 돈의 냉혹한 논리가 선명하게 드러난다. 아이스킬로스의 비극 「테베를 공격하는 일곱 명의 장군Seven Against Thebes」을 보자. 주인공 에테오클레스가 테베의 왕권을 놓고 동생과 싸우기로 결심한 순간 그러지 말라는 합창이 등장한다. 골육지간에 사생결단의 싸움이 벌어질 거라고 경고하는 것이다. 그 놈의 돈 때문에 "영원무궁토록 변치 않을 자연의 질서를 어기는 죄를 짓는구나".[11] 곧 애원하는 합창이 나온다. "사악한 욕심을 버리세요!"[12] 그러나 에테오클레스는 골육상쟁을 멈추지 못한다. 아버지가 "이득이 먼저고 자연의 질서는 나중이다"[13]라는 저주 어린 충고를 귀에 속삭인다고 말한다. 그리스인이 화폐사회를 겪으며 가장 두려워했던 점이 압축적으로 담긴 말이다.

화폐는 전통적인 사회적 의무로부터, 심지어 가족에 대한 의무로부터 개인을 해방시키는 능력이 있기 때문에 화폐사회는 그 이전 사회보다 활기찰 것으로 전망되었다. 그리스인은 그릇된 계급 제도나 숨막히는 가족 위계질서를 견뎌야 했던 현대의 그 어떤 사람들 못지않게 그런

전망을 잘 알고 있었다. 정치적 안전과 개인적 안전을 지켜주는 이들 오래된 계급 제도와 가족 제도가 빚어낸 안전과 안정을 파괴하지 않고 개인을 해방시키겠다는 화폐의 약속은 언뜻 아주 괜찮은 약속 같다. 그러나 자신을 파멸로 몰아넣은 고전 비극의 주인공과 황금에 에워싸인 어리석은 외톨이 미다스왕이 보여주듯이, 화폐의 약속은 결국 너무 근사하기에 곧이곧대로 믿어서는 안 되는 것이었다.

스파르타의 해법

고대 그리스에서 등장한 화폐회의론은 아무 쓸모 없는 철학적 사유의 소재가 아니었다. 활발한 정치적 논쟁의 주제였다. 화폐가 발명된 이후 그 직접적 여파로 화폐사회와 전통사회는 극명하게 대비되었다. 화폐가 사회와 정치에 미친 부정적 영향이 긍정적 영향을 능가한다고 느껴질 때마다 심포지움과 아카데미에서, 민회 회의장과 전장에 이르는 온갖 곳에서 불만이 터져나왔다. 아테네의 교양 넘치는 예술가와 사상가가 화폐사회를 굉장히 정교하고 세련되게 비판했다면, 아테네의 이념적 호적수 스파르타는 화폐사회에 대해 본능에서 우러난 부정적 반응을 보였다. 결코 놀라운 일이 아니었다. 스파르타는 호전적이고 전체주의적인 도시국가였다. 자칭 '그리스의 학교'보다 훨씬 엄격한 기풍을 자랑했다.[14] 사실 그 시대 사람들이 보기에도 스파르타의 통치 형태는 위험할 정도로 광적이었다. 스파르타의 상무정신을 감당하기 힘들 것 같은 허약한 어린이는 가차없이 죽이고 살아남은 어린이는 일곱 살 때부터 엄격하게 훈육하고 단련시키는 임무를 맡은 관리가 있었다. 어린

이는 열두 살 때부터 가족과 떨어져 지냈다. 또 군대식 식사를 하는 공동체 생활과 국가에 대한 무조건적 복종을 강제하기 위해 가족 제도는 적극적으로 억압당했다. 고대 세계에서는 드물게 남성과 여성이 법적으로 평등을 누렸다. 그러나 신분 제도는 엄격해 최하층 계급인 농민은 엘리트 귀족계급의 야만적 억압에 시달렸다.[15]

많은 고대 사상가가 보기에 스파르타는 맹목적 편견에 젖어 있긴 했지만, 규율과 기강이 굉장히 엄격하고 전통과 관습을 중시한 시민생활을 했다는 점에서 '역사에서 가장 중요하고 모범적인 이상사회'였다.[16] 스파르타인들도 자신이 이상사회에서 살고 있다고 생각했다. 스파르타의 정치체제가 400년 넘게 변하지 않고 유지되었다는 사실이 부인할 수 없는 증거였다. 이 증거는 기원전 5세기 후반의 결정적 전쟁에서 스파르타가 아테네에 승리함으로써 더욱 확고해졌다. 당시 스파르타인이 화폐의 바람직하지 못한 측면에 대해 경쟁 상대인 아테네인보다 훨씬 극단적인 반응을 보인 것은 결코 놀라운 일이 아니었다. 다른 것은 몰라도 이상국가에 화폐 같은 사회적 혁신이 무슨 필요가 있는가? 공동식사 참석자이자 부족의 구성원, 그리고 궁극적으로는 스파르타 국가의 시민으로서 보장받는 자유야말로 진정한 자유 아닌가? 400년간 변함없이 유지된 정치체제 이상으로 안정적인 것이 무엇이 있겠는가? 스파르타인이 내린 자명한 결론은 이상국가는 화폐가 필요없다는 것이었다. 자국의 전통적 사회구조가 완벽하다고 확신한 스파르타는 화폐 사용을 가급적 삼갔다. 결국 펠로폰네소스 전쟁의 중대 국면에서 아테네의 동맹인 민주정 만티네아에 결정적 승리를 거두었을 때 스파르타인은 패배한 도시를 철저히 파괴하고 살아남은 주민을 강제로 이주시키는 고대 전쟁 승자의 관행을 따랐을 뿐 아니라 아테네인에게 굴욕을 강요하는 참신한 방법도 고안했다. 화폐 사용을 폐지한 것이다. 화폐의 말소를 목표로 한 이 전략은 어떤 의미에서는 스파르타의 정책 중 그나마 문명적인 것이었다. 패배한 만티네아는 승리한 이상국가 스파르타에 보조를 맞춰 화폐를 퇴치했다. 어쩌면 전후 국제개발원조의 최초 사례였을지도 모른다.

스파르타인은 화폐의 결점을 다루는 유일한 현실적 방법은 화폐를 제거하고 전통사회로 되돌아가는 것이라고 믿었다. 수백 년에 걸쳐 주기적으로 인기를 끈, 화폐의 결점을 다루는 전략이었다. 고대 세계는, 심지어 아테네의 위대한 철학자 플라톤조차 화폐를 제거하는 전략을 찬양했다. 플라톤은 이상사회를 설명한『국가』에서 화폐를 폐지하는 단계로까지 나아가지는 않았지만, 화폐 사용을 엄격하게 규제하고 화폐 교환을 철저하게 통제하며 높은 신분의 시민은 화폐를 아예 사용하지 못하게 막아야 한다고 정했다.[17] 스파르타의 화폐 폐지 전략은 그 나름의 완벽한 근거가 있었다. 비화폐적 제도가 잘 설계되면 화폐가 쓸모없어질 것으로 보았다. 물론 한 국가의 제도가 아무리 완벽하다 해도 그 안의 불완전한 시민이 제도를 엉망으로 만들 가능성은 언제나 존재한다. 그래서 스파르타의 전략은 인간이 근본적으로 선하다고 믿는 몇몇 전통에서 대단히 인기를 끌었다. 서양에서는 사회주의 전통이 그중 가장 대표적인 것이었다.

16세기에 토머스 모어가 쓴『유토피아』에서 가공의 섬 유토피아 주민은 "화폐를 전혀 사용하지 않는 공동생활을 한다".[18] 재화를 공동창고에 넣어두었다가 필요할 때마다 갖다 쓸 뿐이다. 한편 17세기 퀘이커교도이자 경제 선전물 집필자 존 벨러스John Bellers는 화폐는 나름의 쓸모와 매력이 있다고 인정했지만, 결국에는 화폐가 없는 세상이 올 것으로 전망했다. "정치체body politick에서 화폐는 지체장애인의 목발과 같지만, 사지가 멀쩡한 사람에게 목발은 성가신 물건에 지나지 않는다."[19] 19세기 카를 마르크스와 프리드리히 엥겔스는 화폐를 두고, 상업경제 초창기만 해도 단순한 골칫거리였으나 산업자본주의가 활짝 피어난 시대에는 위험물이 되었다고 지적했다. 두 사람에게 화폐는 경제적 자유를 의미했다. 물론 여기서 말하는 경제적 자유는 모든 사람이 자신의 잠재력을 실현하는 사회주의적 의미의 자유가 아니라 부르주아 자본가가 프롤레타리아 노동자를 마음껏 착취할 수 있는 자유였다. 화폐는 부르주아 사회의 경제 기구를 하나로 묶어주는 비인격적이고 비인간적인 관계를 의미했다. 사회주의 낙원의 특징인 자연적이고 인간적인 관계가 아니라 "노골적 이기심, 냉혹한 '현금지불' 논리가 인간 사이의 관계를 지배했다".[20] 자본주의 경제에 존재하는 화폐는 공산주의 기획의 궁극적인 목표와 상반되는 것이었다. 그래서 다가올 사회주의 낙원에서는 화폐가 쓸모없었다.

그러나 플라톤이 그랬듯이 20세기 공산주의 정치체제도 스파르타의 해법을 화폐에 적용하려고 했지만, 예상했던 것보다 화폐가 까다롭다는 사실을 깨달았다. 결국, 화폐를 폐지하지 않고 억압하는 두번째 전략을 동원할 수밖에 없었다.

소비에트의 해법

일리야 일프Ilya Ilf와 예브게니 페트로프Evgeniy Petrov가 1931년에 발표한 풍자소설 『황금 송아지The Golden Calf』의 주인공 오스타프 벤더는 될 대로 되라는 식으로 사는 날건달이다. 소비에트 체제가 수립되고 나서 처음 10년간 오스타프 벤더는 당혹감에 빠져 지냈다. 그는 자신이 새로운 질서와 체질적으로 어울리지 않는다는 것을 일찌감치 알았다. 그는 동료 사기꾼에게 속마음을 털어놓는다. "요 몇 년간 나는 소비에트 체제에 살면서 곁돌기만 했어. 저들은 사회주의를 건설하고 싶어하지만 나는 그렇지 않아. 사회주의 건설이라는 말을 듣기만 해도 신물이 올라올 지경이야."[21] 벤더의 평생에 걸친 열망은 아주 소박하고 평범하다. 그저 부자가 되고 싶을 뿐이다. 가능하다면 리우데자네이루로 이주해서 살고 싶어한다. 그러려면 백만장자를 찾아내 사기를 쳐서 재산을 가로채야 한다. 벤더가 만약 서방세계에 살았다면 사기 치는 것이 식은 죽 먹기 같은 일이었을 것이다. '서방세계에서 백만장자는 인기인이지.' 벤더는 생각에 잠긴다. '어디 사는지 금방 알 수 있어. 리우데자네이루 어딘가 대저택에서 살 거야. 거기 찾아가서 현관에서 첫인사를 나누기만 하면 그의 돈을 가로채기란 시간문제지.'[22] 문제는 그가 살고 있는 곳은 "모든 것이 베일에 싸여 있고 지하에서 은밀하게 행해지는" 소비에트 사회라는 점이었다.[23] 그러나 돈이 있는 곳에는 백만장자가 있는 법이다. "돈이 돌고 있으니까, 어딘가에 백만장자가 있을 거야."[24] 이제 그가 할 일은 부자가 사는 곳을 찾아내는 것이다.

벤더는 잡다한 사람들의 도움을 받으며 백만장자를 찾아본다. 곧 암시장의 거물 한 사람이 후보로 떠오른다. 발진티푸스가 유행할 때는 정부 의약품 화물에 투기하는 수법부터, 기근이 발생할 때는 기근에 휩쓸리는 지역으로 향하는 식량을 가로채는 수법까지 갖가지 방법으로 어마어마한 부를 쌓은 늙은 구두쇠 철도원 코레이코Koreiko였다. 그러나 코레이코는 알고 보면 굉장히 수완 좋은 사람이었다. 그가 갈취했다고 소문난 돈은 사실 오랫동안 위험한 사업에 파격적으로 투자해서 벌어들인 것이었다. 소비에트 중앙아시아 한복판으로 향하는 기차를 몇 날며칠 타고 간 끝에 벤더는 마침내 성대한 소비에트 연방 횡단철도 개통식장에서 코레이코를 만난다. 거기서 벤더는 백만 루블을 순순히 내놓지 않으면 그동안 저지른 범죄를 당에 고발하겠다고 코레이코를 협박한다. 코레이코는 협박에 굴복해 지폐가 가득 든 가방을 벤더에게 건네준다. 사기꾼이 평생 기다리던 순간이 온 것이다. 벤더는 좋아서 어쩔줄 모른다. 그런데 불길하게도 코레이코의 표정이 전혀 어둡지 않고 밝기만 하다.

벤더는 곧 그 이유를 깨닫는다. 기죽은 코레이코에게 모스크바에서 가장 근사한 식당에서 저녁식사를 대접하겠다고 제안한다. 그러나 두 사람이 모스크바로 돌아가는 기차를 타려고 할 때 공식 방문단의 일원이 아니라는 이유로 자리를 얻지 못한다. 신흥 백만장자 벤더는 단념하지 않고 지방 공항으로 향한다. 거기서 이륙 직전의 비행기를 발견한다. 그러나 비행기도 탈 수 없다. 중앙계획국이 정한 방침에 따라 예약한 사람만 이용할 수 있는 '특별 비행기'였던 것이다. 결국 길 가던 카자흐족 유목민이 루블화를 운반할 유일한 대안이 된다. 두 사람은 부자인데도 낙타를 타고 모스크바로 향한다. 숙소를 잡을 때도 고생한다. 한 도시에서는 모든 호텔의 방이 학회에 참석한 토양 과학자에게 배정되었다는 말을 듣고, 다른 도시에서는 방들이 새 발전소를 세우는 건설노동자에게 할당되었다는 이야기를 듣는다. 벤더는 어쩔 수 없이 "빈털터리 시절에 자주 써먹던 방법에 의지한다. 방을 얻으려고 (…) 기술자, 군의관, 테너가수 등을 사칭하기 시작한다".[25] 그가 오랫동안 탐냈던 백만 루블은 사실 아무 쓸모 없었다. 명령경제 아래서는 그가 살 수 있는 것이 하나도 없었다. 현대식 교통수단, 호화로운 숙소, 맛있는 음식 등 그가 꿈꿨던 모든 것을 당과 중앙계획국이 이미 분배를 마쳤기 때문이다.

일프와 페트로프의 풍자소설에 나온 낙심한 주인공은 화폐의 결함을 바로잡으려는 두번째 전략, 즉 화폐억압 전략의 희생자였다. 러시아 사회주의 혁명에 뒤이은 이른바 '전시 공산주의' 시기에 신생 러시아 공화국은 화폐를 완전하게 폐지하는 급진적 스파르타의 해법을 시도했다.[26] 재무인민위원Commissar for Finance은 1918년 열린 제1회 전 러시아 국가경제협의회 대회All-Russian Congress of the Council of the National Economy에서 사과성명을 발표했다. "사회주의 사회에 금융이 존재해서는 안 됩니다. 아직도 금융이 존재하는 현실에 용서를 빌고 싶어 이 자리에 나왔습니다."[27] 소비에트 정권은 재무인민위원이 재차 사과하지 않도록 신속하게 움직였다. 혁명이 일어나고 2개월 후 모든 은행을 국유화했고, 3개월 후에는 모든 공적 부채를 무효화한다고 선언했다. 1919년 6월 전 러시아 중앙집행위원회는 재무인민위원회에 다음과 같은 명령을 내렸다. "화폐를 전면적으로 폐지한다는 목표하에 화폐가 불필요한 결제 제도

를 확립하도록 노력하라."[28] 1920년 말 재무인민위원회는 화폐가 불필

요한 결제 제도를 준비하는 사업이 순조롭게 진행되고 있다고 보고했다.

화폐 시스템을 마음껏 이용해 백군과 싸우는 적군에게 군자금을 대주었

다고 자랑했다.[29] 재무인민위원회는 화폐 시스템을 마음껏 이용하면 '화

폐의 가치가 점점 하락하다가 마침내 화폐가 완전히 사라지고 마는' 부

수적 효과를 거둘 수 있을 것이라고 자신만만하게 기대했던 것이다.[30]

그러나 화폐의 실용적 요소를 부정하기는 힘들었다. 다름 아닌 최고

지도자 블라디미르 일리치 레닌부터 스파르타 전략을 경계했다. 레닌

은 먼저 마르크스와 엥겔스조차 진정한 사회주의를 달성하기까지 시간

이 오래 걸리기 때문에 사회주의로의 이행기 동안 부르주아계급의 강

력한 무기인 화폐는 아직 사회주의 혁명의 축복을 받지 못한 나라와 공

존하며 무역하는 데 필요한 수단으로서 존재해야 한다고 조언했다는

사실을 지적했다. "사회주의가 전 세계에서 승리하면 세계 대도시의 거

리에 황금으로 공중화장실을 지어야 할 것"[31]이라는 말로 당을 안심시

키는 것을 잊지 않았지만, 그전까지는 화폐를 유지해야 할 것이라고 강

력하게 충고했다. "늑대 사이에서 살아가려면 늑대처럼 울어야 한다"는

것을 공산당원에게 일깨워주었던 것이다.[32] 소비에트 정권은 뒤늦게 레

닌의 지혜로운 충고의 의미를 깨달았다. 재무인민위원회는 선의에서

화폐의 가치를 떨어뜨리려고 노력했지만, 그 결과는 농업 생산량과 공

업 생산량의 처참한 하락으로 나타났다. 결국 1921년 초 극적인 반전이

일어났다. 그해 12월 열린 제9차 전 러시아 소비에트대회는 화폐정책

을 전면적으로 바꿨다. "소규모 경제단위 간 거래에 절대적으로 필요한

안정적 화폐 단위로의 이행"에 초점을 맞춘다고 엄숙하게 선언했다.[33] 은행이 되돌아왔다. 화폐는 폐지되지 않았다.

　세계 최초 공산주의 사회는 근본적 딜레마에 직면했다. 자본주의 화폐와 금융을 기반으로 사회주의 경제를 조직한다는 것은 모순이었다. 하지만 전시 공산주의 경험에 비춰볼 때 화폐를 폐지하자는 말은 상당 기간 헛소리로 취급받을 것이 분명했다. 타협책을 궁리해야 했다. 화폐를 존속시키되 그 힘에는 엄격한 제한을 가해야 했다. 자유를 가져다주는 능력은 줄이고 안정을 보장하는 의무는 확대시킴으로써 화폐를 억압하는 것이 소비에트 전략의 본질을 이루었다. 달리 말하자면 화폐사회를 전통사회로 부분적으로 되돌리는 전략을 추구했던 것이다. 달리 말하면 소비에트 전략은 화폐사회를 전통사회로 부분적으로 되돌리기 위한 것이었다. 당연히 화폐의 공격에서 보호해야 하고 화폐보다 우선시해야 할 가치와 질서는 1917년 10월 굴욕스러운 종말을 맞이한 봉건 러시아의 가치와 질서가 아니라, 사회주의적 가치와 질서와 혁명의 정치적 우선 사항이었다. 자본주의 국가에서처럼 화폐가 사회 곳곳에 마구잡이로 흘러들어가는 대신 사회주의의 발전으로 향하는 물길을 따라 흐르도록, 그 흐름을 막을 때는 막고 뚫을 때는 뚫어주어야 했다. 레닌의 후계자 스탈린의 말을 빌리면, 화폐는 "소비에트 권력이 낚아채 사회주의에서 유리하게 개조해야 하는 부르주아 경제의 도구였다".[34] 그 결과는 오스타프 벤더가 갇힌, 돈이 아무리 많아도 무용지물인 거울의 방이었다.

　실제로 소비에트의 화폐 억압 전략은 두 가지 방향으로 진행되었고,

둘 다 1920년대 말부터 탄력이 붙었다. 먼저 모든 경제적 의사결정에서 화폐와 금융을 부차적으로 고려해야 하는 지위로 낮췄다. 계획국the Plan 은 우선순위를 정하기만 했을 뿐, 화폐의 관점에서 계획을 규정하지도, 계획을 실행하기 위해 도입한 중앙집중적 관리 시스템을 규정하지도 않았다. 최우선으로 고려한 것은 물리적 양과 기술계수였다. 화폐의 역할은 통제 수단이 아니라 기장 수단이었다. 기업의 연간예산을 기술·산업·재무 계획을 뜻하는 테크프롬핀플랜techpromfinplan에 따라 작성할 때 의도적으로 재무의 순위를 맨 뒤로 놓았다. 엔지니어나 테크니션이 맨 앞에서 기업을 이끌었다. 기업에서 재무 업무는 기장 업무에 불과했고, 막강한 권한을 휘두르는 서구 기업의 CFO는 없었다. 금융 부문의 무력화는 더욱 심했다. 은행은 자금조달 계획을 걸러내지도, 승인된 대출을 감시하지도 않았다. 단지 엔지니어가 책상머리에서 작성한 지급지시서가 넘어오면 그 즉시 주문한 자금을 조달해주기만 했다. 이 과정은 자동이었다. 궁극적 목표는 사람들 사이에 화폐가 돌지 못하게 하고 화폐에 그 어떤 책임도 부여하지 않음으로써 계획국의 경제조직 활동에 대한 화폐의 개입을 최대한으로 줄이는 데 있었다.[35]

이렇게 화폐를 수동적 역할만 하는 지위로 떨어뜨린 결과 화폐 발행이 폭발적으로 늘어날 수밖에 없었다. 기업 경영을 책임진 엔지니어는 재무적 관점에서 볼 때 계획의 성공 가능성이 떨어진다는 은행가의 조언을 칭얼대는 소리쯤으로 여기며 귀기울여 듣지 않았다. 법에 따라 생산자금을 조달할 책임이 있는 은행가는 어쩌면 생산을 지속적으로 늘리며 신규 자금을 요구하는 행동을 자제해달라는 요청서를 정기적으로 보냈을 것이다. 그러나 중요한 것은 자금이 아니라 생산이어서, 아무도 요청서에 신경쓰지 않았을 것이 분명하다. 이에 분통 터진 한 은행가는 기업 최고책임자의 전반적 태도를 다음과 같이 설명했다. "공장을 세우자. 재화를 생산하자. 승자는 뭘 해도 심판받지 않는다."[36] 화폐 발행이 홍수를 이룬 결과 소비에트 전략 두번째 부분의 필요성이 높아졌다. 화폐의 사용 목적과 사용 시기에 더욱 엄격한 제한을 가해야 했던 것이다. 1928년 제1차 5개년계획이 도입되고 1930년 그와 관련해 신용개혁 조치가 취해짐에 따라 경제의 여러 영역에서 수동적 형태의 화폐조차 점점 사라져갔다. 오스타프 벤더가 알아차렸듯이 사회를 조직하는 기술로서 화폐의 쓸모는 점점 줄어들었다. 계획국이 화폐를 대신해 사회를 조율하는 역할을 맡았고, 특정 노동자계급이나 노동조합원에게 할인권과 특전을 부여하는 정교한 시스템이 등장했다. 화폐의 가장 기본적 요소, 즉 보편적인 경제적 가치 개념은 작동을 멈췄다. 넘쳐흐르는 재화와 서비스에는 화폐로 표시된 가격이 없었다. 돈으로 사고팔 수 있는 것이 아니었기 때문이다. 돈으로 사고팔 수밖에 없는 재화와 서비스에 대해서는 가격을 엄격하게 관리했고, 접근을 제한했다. 결국, 가치의 보편적 척도로서 화폐의 역할은 빈 껍데기였다.

화폐를 폐지한 스파르타의 해법과 화폐에 대한 억압을 시도한 소비에트의 해법은 모두 보편적인 경제적 가치라는 화폐의 핵심 개념이 적용될 가능성을 제한하거나 제거하는 데 초점이 맞춰져 있다. 오늘날에는 화폐의 폐지를 지지하는 사람이 극히 드물지만, 화폐 사용에 고삐를 채워야 한다는 생각은 상당한 호응을 얻고 있다. 철학자 마이클 샌델은

2012년 9월 영국의 제1야당인 노동당 연례 전당대회에 초대받아 화폐 사용에 고삐를 채워야 한다는 주제로 강연을 하기도 했다. 그러나 화폐 사용에 고삐를 채울 실천적 방법은 아직 포착되지 않았다.[37]

그런데 화폐의 모순을 관리할 제3의 역사적 전략도 있다. 화폐 사용의 제한이나 폐지에 초점을 맞추기보다는 화폐본위는 무엇이어야 하는가 하는 해묵은 문제의 참신한 해법을 찾아내는 데 초점을 맞춘 전략이다. 이 전략은 혁명가의 비전이나 철학자의 공개강연에서 언급되는 차원에 머물지 않고 전 세계 금융 시스템의 핵심부에서 활동하는 정치인과 규제기관의 논의 속에서 점점 구체화되고 있다. 한마디로 화폐를 구조적으로 개혁하기 위한 혁신 전략이다.

존 로의 천재성과 솔론의 지혜

한 스코틀랜드인의 해법

셰익스피어의 「십이야」에서 주인공과 대립하는 자만심 강한 주인 말볼리오는 이런 대사를 읊는다. "어떤 사람은 위대하게 태어나고 어떤 사람은 위대함을 이루며 어떤 사람은 위대함을 떠안는다." 스코틀랜드인 존 로John Law는 세번째 부류에 속하는 사람이다. 1705년 서른네 살 때 로는 이미 아주 흥미로운 경력을 쌓았다(흔히 말하는 성공한 사람의 경력은 아니었다). 에든버러에서 유명한 금세공인의 아들로 태어난 그는 숫자 감각이 뛰어났지만, 1694년 4월 블룸스버리 광장에서 결투를 하다 상대방을 죽여 교도소에 갇히는 바람에 1690년대 들어 프로젝터스 런던Projectors' London에서 받고 있던 상업교육을 중도에 그만둬야 했다.[1] 로는 1695년 새해 첫날 탈옥을 감행해 유럽 대륙 쪽으로 도주했다. 그는 비범한 수학적 재능을 살려 8년간 전문 도박사로 베니스에서 저지대 나라들까지 온갖 곳을 누비고 다녔다. 1703년, 떠돌이 생활에 신물이 난 로는 고향 에든버러로 돌아갈 길을 알아보기 시작했다. 그러나 실망스럽게도 스코틀랜드와 잉글랜드가 연합왕국을 구성하자는 제안을 놓고 한창 논의중이었다. 그 제안이 어떤 정치적·경제적 이점을 담고 있건

연합왕국의 수립은 로에게 엄청난 재앙이었다. 아직 범죄인인도조약이 없던 시절이어서, 스코틀랜드가 독립국의 지위를 유지하는 한 로는 자유인이었지만, 연합왕국이 들어서면 체포당해 재판에 넘겨질 것이 분명했다. 스코틀랜드 의회의 진취적인 의원들은 잉글랜드가 금융혁명에 성공한 것을 몹시 부러워했으며, 스코틀랜드가 잉글랜드를 그대로 따라 하려고 했지만 실패한 것을 수치스러워했다.[2] 스코틀랜드와 잉글랜드가 연방을 이루는 것이 스코틀랜드가 잉글랜드를 따라잡는 유일한 방안이라고 믿었다. 로는 이들 의원을 설득해 스코틀랜드가 독립국으로 남아 있게 하고 싶었다. 그는 잉글랜드의 금융 시스템을 통째로 수입하는 것이 아니라 적절한 화폐 시스템을 독자적으로 갖추는 것이 스코틀랜드가 해야 할 일이라고 보았다. 위기를 모면하려면 스코틀랜드만의 화폐 시스템을 왜, 어떻게 만들어야 하는지 설명해야 했다. 그 결과 1705년 당대의 그 어떤 경제학 논문보다 심오하고 통찰이 뛰어난 『국가에 화폐를 공급하는 방법에 관한 제안을 곁들인 화폐와 무역의 고찰 Money and Trade Considered, with a Proposal for Supplying the Nation with Money』이 나왔다.[3]

로는 먼저 근대 은행과 금융이 엄청난 효과를 발휘할 수 있다는 것을 증명했고, 이어 로크와 라운즈 사이에 벌어진 논쟁을 꼼꼼하게 살펴봤다. 로의 분석은 명료함과 깊이 측면에서 자신보다 훨씬 유명한 이 두 사람을 능가했다. 그는 다음과 같은 간결한 공식으로 화폐를 이해하며 논의를 시작했다. "화폐는 재화 교환의 대가로 받는 가치가 아니다. 재화의 교환이 이루어지게 하는 가치다."[4] 화폐의 진정한 본질, 그리고 좋을 수도 나쁠 수도 있는 화폐의 진정한 잠재력을 이해하려면 교환만 보지 말고 근원적인 신용 및 정산 시스템도 봐야 한다고 보았다. "금, 은, 구리, 지폐, 끈으로 꿴 조개껍데기는 부의 표상, 다른 말로 하면 실제 부를 양도할 때 사용하는 상징일 뿐이다."[5] 딱딱한 금화도 '양도 가능하다는 표지sign'에 지나지 않는다는 점을 명심해야 한다. 그는 대담하게도 "나는 크라운 은화 그 자체조차 부를 양도한다는 조건을 담아 작성한 어음으로 생각한다"는 말까지 했다.[6]

　로는 화폐를 양도 가능한 신용으로 본다면 로크와 라운즈 사이의 논쟁은 헛다리를 짚은 것이 되고 만다고 생각했다. 두 사람은 사실 화폐의 본질 그 자체가 아니라 무엇이 추상적인 경제적 가치의 기준이어야 하는가를 두고 논쟁을 벌였던 것이다. 로는 추상적인 경제적 가치의 기준을 정하는 것은 두 가지 이유에서 모든 경제정책의 가장 중요한 문제라고 보았다. 첫째, 화폐의 충분한 공급을 보장해 경제적 번영을 달성하기 위해서다. 화폐의 충분한 공급은 니콜라 오렘으로 거슬러올라가는 모든 화폐 평론가가 굉장히 중시한 목표였다.[7] 둘째, 어떤 추상적인 경제적 가치의 기준을 선택하는가에 따라 부와 소득의 분배도 달라지기 때문이다. 추상적인 경제적 가치의 기준을 선택하는 것은 화폐사상의 해묵은 주제로, 신민의 부를 군주에게 재분배한 화폐정책인 시뇨리지와 관련이 깊었다. 그러나 로는 화폐와 금융이 사적 부문으로 스며들어가기 시작한 새로운 세상에서는 인플레이션과 디플레이션이 점점 사적 채무자와 채권자 사이 경제력의 균형을 바꿔놓을 만큼 경제적으로 중요해진다는 것을 깨달았다. 그는 상업경제가 건강해지려면 기업가계급의 중요성을 인정해야 한다고 보았다. 순환하지 않는 화폐경제, 단지 기업가와 지주 사이의 쌍무적 담보대출 관계를 되살리기만 하는 화폐경제가 경기침체의 처방이라고 했다. 차라리 전통사회의 정적인 봉건적 의무관계로 되돌아가는 것이 낫다고 생각했던 것이다.

문제는 화폐가 스스로의 힘으로 경기침체를 해소하지는 못한다는 점이다. 사람들이 심리적 안전을 도모하는 수단으로 화폐를 이용할수록 화폐가 부를 창출하고 부의 이동을 촉진할 가능성은 줄어든다. 로는 부의 대표적 표상을 부 축적 기술 그 자체로 착각하는 경향은 화폐의 핵심부에서 싹트기 시작한 결함을 더욱 악화시키기만 한다고 주장했다. "불안이나 불신에 사로잡힌 신민이 양도 가능한 표지를 실물재산으로 여기며 (…) 쌓아둘 때" 경기침체가 발생한다.[8] "나는" 화폐에 대한 그릇된 이해를 자양분으로 삼아 자라나는 화폐를 쌓아두려는 심리적 욕구를 "맹목적 요구라고 부른다. 화폐의 순환을 중단시켜 국가에 손실을 끼치고 신민 자신에게는 빈곤을 안겨주기 십상이기 때문이다".[9] 적절하게 개입하지 않으면 화폐는 자멸적 미래를 맞이할 것이다.

로는 화폐의 문제점을 최초로 자세하게 분석했다. 로가 논리적 추론을 통해 찾아낸 해법은 간단했다. 최고 화폐 발행자는 사적 상업과 공적 재정의 요구에 부합하고 사적 채무자와 채권자 사이의 균형을 이루는 방향으로 화폐의 공급을 변경할 능력이 있어야 한다. 이때 어떤 화폐본위를 선택하는가가 핵심 문제다. 화폐 발행의 재량권을 허용하는 화폐본위여야 한다. 이 조건에 의해 귀금속본위는 배제되었다. 사실 대규모 금광이나 은광이 없는 나라의 국민은 "자신의 세력권이 아니라 적의 세력권 안에 있는 사람에게 의지해야 하기 때문에 국민의 산업은 제약을 받을 수밖에 없다. 이것은 이치에 부합하지 않는다".[10] 로의 경제학은 급진적 방향으로 흘러갔다. 화폐의 충분한 공급과 건전한 분배를 달성하기 위해서는 화폐를 관리해야 한다. 또 화폐를 관리하기 위해서는 화폐 본위가 유연해야 한다. 로는 스코틀랜드 의회에 "어느 모로 보나 충분한 자격을 갖춘 사람이 있다"고 알렸다.[11]

세상 사람들은 13년의 세월이 또 한 번 흐른 뒤에야 스코틀랜드인 기획가 로가 조바심치며 만들어낸 대안이 정확히 무엇이었는지 알게 됐다. 로는 자신의 계획에 담긴 스코틀랜드 독립안이 잉글랜드와의 연방 구성안보다 더 낫다고 스코틀랜드 의회를 설득하는 데 실패했다. 그는 1706년 대륙으로 되돌아가 다시 떠돌이 생활을 시작했다. 도박 외에, 그는 이제 두번째 소명을 갖게 되었다. 자신의 경제사상을 정치적으로 후원할 세력을 확보하고자 한 것이다. 그러나 스코틀랜드만 로의 경제사상을 무시한 것이 아니다. 토리노나 베네치아 같은 그리 유명하지 않은 공국도 좀처럼 귀담아듣지 않았다. 로는 지칠 줄 모르고 미끼를 던졌지만 아무도 물지 않았다. 아이러니하게도 10년 뒤 유럽에서 가장 크고 부유한 왕국 프랑스에서 로의 경제사상이 빛을 볼 기회가 찾아왔다.

1715년 초 프랑스는 반세기 가까이 온갖 전쟁에 휘말려 있었다. 베르사유 태양왕 루이 14세가 수십 년간 절대군주로 군림해 쌓이고 쌓인 폐해가 정점으로 치달았다. 왕실의 영지와 국세는 모두 국왕이 차입한 부채의 담보로 제공되었다. 공적 재정 시스템과 사회구조 전반은 국왕이 끊임없이 벌인 전쟁에 맞춰 형성되고 성장해갔다. 어떤 부자는 국왕에게 돈을 빌려주고 장기국채rentes를 받은 뒤 그 이자로 호화롭게 살았고, 다른 부자는 특정 지역의 주민에게서 온갖 수수료와 세금을 거둘 권리가 있는 봉건적 관직을 샀다. 이 정교하게 짜인 통치기구의 주인은 국왕과 궁정대신이 아니었다. 한 줌도 안 되는 파리의 대재정가 무리였다. 그들은 네트워크를 이루며 사적 화폐private money를 거둬들였고, 그 대가로 고객에게 한가한 명예직과 국왕이 발행한 국채를 나눠주었다. 스페인 왕위계승전쟁에 자금을 지원한 사무엘 베르나르Samuel Bernard, 베르나르의 친구였던 은행가 형제 앙투안 파리Antoine Paris와 클로드 파리Claude Paris, 프랑스령 북아메리카의 무역독점권을 가졌던 앙투안 크로자Antoine Crozat 같은 대재정가는 프랑스 최고의 부자였다.

거물급 부자, 특히 국고를 도둑질해 부를 축적한 부자 대부분이 그렇듯 프랑스의 부자 대재정가도 시중의 평판은 대체로 좋지 않았다. 흔히 거머리로 불렸다. 파리의 궁정귀족과 지방의 농민이 똑같이 품은 유일한 생각은, 때가 되면 이들 거머리가 빨아들인 피를 뱉어내게 해서 국가의 숨통을 조이지 못하게 해야 한다는 것이었다. 국왕은 불평하는 목소리가 부글부글 끓어올라 최고조에 이를 때마다 특별 법정인 정의법정Chamber of Justice을 열어 대재정가를 엄벌에 처하겠다고 선언하곤 했다. 그러나 국가는 거머리 대재정가에게 피를 빨리면서도 의지할 수밖에 없었다. 여론이 좋지 않으면 거머리는 몇 달 동안 납작 엎드려 지내면서 불만이 가장 심한 납세자를 회유했고, 그러다보면 어느새 여론이 잠잠해져 시스템을 다시 작동할 수 있었다. 그러면 피 빨아먹기를 다시 강행했다.

1715년 9월 1일 모든 것이 바뀌었다. 프랑스 역사에서 가장 오랫동안 통치했던 루이 14세가 죽었다. 루이 14세의 조카인 오를레앙 공 필리프가 어린 루이 15세를 대신해 절대적 권력을 누리는 섭정 자리에 올랐다. 프랑스의 새 통치자가 최우선으로 해야 할 일은 자신의 권력을 강화하고 파산 상태에 놓인 공적 재정을 재정비하는 것이었다. 그 첫번째 단계가 권력 과시였다. 1716년 3월 정의법정이 선포되었고, 거기서 고발의 향연이 벌어졌다. 1689년까지 거슬러올라가며 탈세행위를 샅샅이 조사했다. 세금을 정확하게 납부했다는 것을 입증하지 못한 사람은 극형을 면치 못했다. 그들은 갤리선 선원으로 팔렸고 유형에 처해졌으며 재산을 빼앗겼다. 심지어 공개처형을 당하기도 했다. 정보원은 두둑한 보상을 받았다. 프랑스 상인계급은 공포에 떨었고, 상업은 위축되었다. 로는 호시탐탐 기회를 엿보았다.

로가 보기에 프랑스는 특별한 사례였다. 유럽에서 만난 최대 정책 도전이자 정책 기회였다. 로는 스코틀랜드가 그렇듯 프랑스도 만성적 화폐 위기에 시달리고 있다고 생각했다. 간단히 말해 프랑스는 중세시대의 버릇을 버리지 못하고 귀금속 화폐본위의 최악의 조합에 기대어 오로지 주화만 발행한 결과 화폐가 부족했다. 더구나 프랑스는 수십 년 동안 과도한 군사비 지출로 심각한 공적 부채 문제도 안고 있었다. 이론적으로는 도버 해협 너머에서 그랬듯이 잉글랜드 은행의 설립 같은 혁신을 시도해야 만성적 화폐 위기와 과도한 공적 부채에 대응할 수 있었다. 그러나 로는 프랑스의 상황이, 이론적 처방이 효과를 발휘할 차원을 넘어섰다고 보았다. 누적된 국왕의 빚은 당시 과세표준으로 감당하기 힘들었다. 화폐 개혁과 공적 부채의 근본적 재조정이 절실하게 필요했다. 다행히 로의 이론에는 이 두 가지 과제를 해결할 계획이 담겨 있었다.

로의 계획 앞부분에는 프랑스가 경제적 잠재력에 걸맞은 화폐를 제대로 공급하지 못하는 문제를 해결할 방법이 담겼다. 정의법정이 열린다는 소문을 듣고 오랜 전통의 금융 이익집단financial interests이 달아나자 로는 섭정을 설득해 지폐를 발행할 권한이 있는 프랑스 역사 최초의 은행 방크 제네랄Banque Generale 설립 허가를 받아냈다. 방크 제네랄은 처음에는 관행에 따라 귀금속 화폐본위를 채택했다. 방크 제네랄이 발행한 지폐, 즉 은행권은 요구하면 언제든지 정화正貨(소재가치가 명목가치와 일치하는 본위화폐. 금본위국에서는 금화, 은본위국에서는 은화를 의미― 옮긴이)로 교환할 수 있었다.[12] 로는 방크 제네랄 은행권이 무역대금을 결제하는 수단으로 사용될 수 있도록 해외 환거래은행의 네트워크를 활성화시켰다. 섭정은 방크 제네랄 은행권으로 세금을 납부할 수 있다고 공표했다. 방크 제네랄의 설립은 대성공이었다. 로가 예상했던 대로 방크 제네랄의 은행권은 널리 유통되기 시작했고, 무역도 자극을 받아 활성화되었다. 이 초기 단계의 성공은 더 큰 성공의 시작에 지나지 않았다. 로가 귀금속 화폐본위의 효과에는 한계가 있다고 10년 넘게 퍼부은 심한 독설을 잘 아는 사람은 방크 제네랄의 성공을 의심하지 않았다. 예상대로 방크 제네랄은 1718년 12월 국영화되었고, 왕립은행으로서 부가적 권한을 누렸다. 뿐만 아니라 방크 제네랄이 발행할 수 있는 은행권 매수는 금은 보유량과 무관하다는 발표도 나왔다. 이후 국왕평의회King's Council의 결정에 의해서만 은행권 발행 속도가 조절되었다. 로가 염두에 두었던 대안적 화폐본위의 베일이 벗겨졌다. 이제 국왕 본인의 판단만이 프랑스의 화폐본위를 구성하는 요소가 되었다. 국왕평의회가 신중하게 은행권을 발행할 것이라고 은행권 사용자가 믿어주기만 하면 만사가 잘될 것으로 보였다. 아니, 로의 이론에 따르면 제한적 금속 화폐본위를 채택할 때보다 훨씬 더 좋아져야 했다. 은행권 사용자가 믿어주지 않는다면 안전망은 아무데도 없었다. 은행권이 귀금속 표준량과 교환될 것이라는 보장이 없었던 것이다. 1718년 크리스마스에 맞춰 존 로는 프랑스와 전 세계에 명목화폐를 소개했다.

로는 프랑스에 은행권이라는 전혀 새로운 시스템을 도입한 데 만족하지 않았다. 프랑스가 당면한 경제 문제의 두번째 부분, 즉 기생적 공적 재정 시스템과 더는 감당하기 힘든 수준의 공적 부채에 손대기 시작했다. 그때까지 시도되고 검증된 해법은 화폐 단위를 평가절하하거나 대놓고 지불유예를 선언함으로써 국왕의 채권자의 채무상환 요구를 쳐내는 것이었다. 로는 국왕의 채권자의 두려움이 아니라 탐욕을 이용해 문제를 해결하겠다는 계획을 세웠다. 1717년 방크 제네랄의 성공으로 명성을 떨친 로는 섭정을 설득해 서부회사the Company of the West라는 주식회사를 세웠고, 거물 거머리 앙투안 크로자가 움켜쥐고 있던 프랑스령 북아메리카 개발권을 얻어냈다. 로는 국왕의 지지 덕분에 신설 서부회사가 드넓은 미개척지에서 어마어마한 수익을 거둘 수 있을 것이라고 공공연하게 예언했다. 국왕이 발행한 국채 보유자에게도 국채와 서부회사의 주식을 맞바꾸라고 권유했다. 이제 영리한 투자자라면 정부 부채 대신 정부 주식government equity을 보유할 기회를 누리게 되었다.

반응은 뜨거웠다. 국왕의 채권자가 국채를 주식으로 바꿀 수 있기를 기대하며 신설 서부회사의 사무실로 몰려들었다. 서부회사의 주식 공모는 대성황을 이뤄 목표액을 크게 넘어섰다. 이제 사업 모형의 성공을 입증한, 아니 적어도 자금을 조달하는 능력을 입증한 서부회사는 인상적인 인수·합병 여정을 밟기 시작했다. 프랑스령 아메리카에서 무역할 권한이 있는 회사를 하나씩 집어삼켰다. 먼저 세네갈회사를, 이어 동인도회사와 중국회사를, 그리고 아프리카회사를 줄줄이 인수·합병했다. 인수·합병 자금을 조달하는 방식은 매번 같았다. 투자자는 캥캉푸아 거리에 있는 로의 사무실에 국채증서와 어음증권을 제출하고 나날이 규모가 커지는 서부회사의 주식증서로 교환했다. 1719년 중반 서부회사는 공식 명칭을 인도회사Company of the Indies로 바꿨지만, 대중적으로는 미시시피회사Mississippi Company로 알려졌다. 미시시피강 유역이 서부회사의 큰 자산이었기 때문이다. 로의 거대한 회사는 프랑스의 주요 주식회사를 모조리 집어삼켰다.

1719년 8월 로는 계획의 마지막 단계를 실행에 옮겼다. 미시시피회사를 통해 프랑스의 모든 간접세를 징수할 권리를 획득했다. 이제 미시시피회사는 국왕의 해외이익만을 대표하는 회사에 머무르지 않고 프랑스 경제 전체를 대상으로 수익을 거두는 회사로 발돋움했다. 미시시피회사는 국왕의 미상환 부채를 모두 매입할 의향이 있다고 선언했다. 이 어마어마한 거래에 필요한 자금을 조달하기 위해 주식을 새로 분할 발행했다. 이제 로의 '시스템'을 둘러싸고 낙관적 기대가 팽배해질 대로 팽배해져 투자자를 끌어들이는 것이 아니라 몰려드는 투자자를 내쫓는 것이 더 큰 문제가 될 지경이었다. 5월에 500리브르였던 미시시피회사의 주가는 12월에 1만 리브르 이상으로 뛰어올랐다. 미시시피회사의 주가가 오를 때마다 새 주식을 발행해 국왕의 부채를 사들였다. 부채를 매입하는 거래가 끝나자, 로는 정부 부채를 정부 주식과 포괄적으로 맞바꾸는 전무후무한 위업을 달성했다. 한편, 1719년 말까지 국왕의 이름으로 잇따라 공표된 법령에 따라 금과 은은 프랑스의 법정 통화로서의 지위를 잃었고, 왕립은행권이 그 자리를 대신해 법정 통화의 지위에 올랐다. 은행권의 패권, 명목화폐본위fiat standard의 패권이 확립되었다.

로는 정의법정이 열어준 기회의 창도 최대로 활용했다. 왕립은행은 화폐 위기를 해결해나갔고, 경제는 호조세를 보였다. 미시시피회사는 차곡차곡 이익을 거두어 공적 부채위기를 넘겼다. 로가 생각한 시스템에서 아직 해결되지 않고 남아 있던 문제, 즉 은행권을 발행한 왕립은행과 위험자산을 보유한 미시시피회사 사이의 관계도 대대적 혁신을 통해 정리되었다. 화폐본위는 군주만 정할 수 있었다. 그래서 경제가 불황에 빠지고 미시시피회사도 어려움에 처하면 그에 따라 왕립은행이 발행한 지폐의 가치도 하락할 수 있었다. 로의 눈부신 업적을 찬양하는 사람이 사방에서 넘쳐났다. 섭정과 궁정대신은 무척 기뻐했다. 20년이 흐른 뒤 로와 같은 시대를 살았던 한 사람은 지난날을 그리워하며 이렇게 말했다. "왕립은행은 모든 프랑스인의 찬양을 받았다. 이웃 나라의 부러움을 샀다. 이 시대 사람은 믿지 못할 기적이었다."[13]

로가 만든 시스템의 모든 핵심 요소가 제자리를 잡자 그 밑바탕에 깔린 로의 생각이 분명히 드러났다. 군주가 관행적으로 발행하는 국공채의 문제점은 그것이 고유한 가치가 불확실한 국고 수입을 토대로 확실한 가치를 갖는 금전적 청구권이라는 데 있다는 것이었다. 군주는 국채를 발행하며 이자와 원금을 지급하겠다고 약속하고, 신민은 그 약속을 믿는다. 이들 약속과 믿음은 국채에 엄숙하게 새겨진다. 그러나 군주가 거두는 수익의 궁극적 원천은 단 하나, 프랑스의 산업과 상업이었다. 경제가 번영하면 군주의 조세 수입이 늘어나고 신용도도 높아진다. 군주가 발행한 국공채도 약속대로 이자와 원금이 지급된다. 경제가 번영하지 못하면 정반대 상황이 펼쳐진다. 로는 물었다. 이것이 공적 재정의 실상인데 왜 아무도 솔직하게 말하지 않는가? 군주는 경제활동에 내재한 불확실성을 감쪽같이 사라지게 할 수 있다고 신민에게 거짓말할 것이 아니라, 경제활동으로 거둔 수익에 신민이 접근하게 하고, 같은 이유에서 경제활동의 위험도 감수하게 해야 한다. 그러는 것이 군주에게 더 유리하다. 정부 지분, 즉 미시시피회사의 주식이 있다면 신민은 경제활동의 수익과 위험에 직접적으로 접근할 수 있을 것이다. 또 명목본위를 토대로 한 양도 가능한 군주의 신용, 즉 왕립은행이 발행한 은행권이 있다면 신민은 경제활동의 수익과 위험에 간접적으로 접근할 수 있을 것이다.

1720년 1월 5일 존 로는 프랑스 재무총감으로 임명되었다. 그는 몇 주 후 미시시피회사와 왕립은행을 거대한 단일 복합기업으로 합병시키며 출세의 정점에 올랐다. 그러나 승승장구한 기간은 짧았다. 로가 재무총감에 임명된 직후부터 로의 시스템에 균열이 생겼던 것이다. 정의법정의 긴 그림자가 마침내 희미해졌다. 구舊재정 시스템의 거머리가 다시 날뛰기 시작했다. 로는 섭정에게 조세 시스템을 과감하게 단순화해야 한다고 제안했으나. 섭정은 구재정가 무리가 반란을 일으키지 않을까 걱정했다. 로는 다음과 같은 차분한 대답으로 섭정의 걱정을 달래주었다. "헛간에 쟁여둔 곡식을 안전한 곳으로 치우면 거기 사는 쥐새끼는 어찌 될까요?"[14] 그러나 로는 적을 과소평가했다. 자신의 성공이 사상누각이라는 사실을 미처 깨닫지 못했던 것이다.

로의 숙적이었던 노회한 재정가들은 로의 시스템도 여느 화폐 시스템과 마찬가지로 신뢰의 붕괴에 취약하다는 것을 잘 알았다. 기댈 만한 실적을 올린 기간이 짧았기 때문에 미시시피회사 주식과 방크 제네랄 은행권의 가치는 아주 작은 의심만 받아도 치명적으로 흔들릴 우려가 있었다. 뜬소문이 돌았다. 뜬소문을 만들어낼 근거는 차고 넘쳤다. 대서양을 건너려고 환한 얼굴로 줄지어 부두로 갔던 식민지 이주민은 프랑스령 아메리카 정부 공여지에서 땀 흘려 일했지만 잘살지 못했다. 그 절반은 말라리아로 죽었고, 나머지 절반은 꼭두각시 노릇만 했을 뿐 대서양을 건너지 못했다. 루이지애나는 로가 장담했던 것처럼 영국령 북아메리카와 맞먹을 만큼 돈 벌기 쉬운 약속의 땅이 아니었다. 개간이 불가능한 늪지대여서 수익을 전혀 거두지 못했다. 그러나 더 큰 문제는 보잘것없는 실제 경제활동만 좇는 금전적 청구권이 너무 많았다는 점이다. 정부 부채라고 하건 정부 지분이라고 하건, 혹은 방크 제네랄 은행권이라고 하건 미시시피회사 부채라고 하건 프랑스 경제가 창출한 현금 흐름에 대한 청구권 중 로의 시스템이 처리하지 못하는 청구권 가치는 감당할 수 없는 규모로 커져갔다. 프랑스 경제의 앞날이 아무리 낙관적이어도 결코 해결될 수 없었다.

눈치 빠른 사람들은 내다 팔기 시작했다. 섭정 궁정의 원로대신이 지난 12월(1719년 12월)에 방크 제네랄 은행권을 금으로 바꿨다는 소문이 돌았다. 패닉 상황이 벌어졌다. 로는 시스템의 주식과 은행권의 가치를 조심스럽게 낮추려는 공작을 폈다. 금과 은의 소유를 억누르고 결국에는 불법화할 엄격한 조치를 새로 내놓았다. 시장 붕괴는 심해졌다. 1720년 5월 말 시스템이 해체되었고, 로는 체포되었다가 이틀 뒤 풀려났다. 섭정의 한 자문관이 밝힌 바에 따르면 "섭정이 미궁에 빠져 헤어나지 못하는 자신을 구할 사람은 로뿐이라는 것을 알아차린" 덕분이었다.[15] 혼란 속에서 로의 신뢰성은 망가지고 말았다. 눈 깜짝할 사이 부활한 거머리 무리는 섭정에게 급히 물러서는 것이 유일한 현실적 대책이라고 진언했다. 6월 1일 금과 은은 법정화폐의 지위를 되찾았다. 그리고 이틀 뒤 연금재정이라는 낡은 시스템이 다시 도입되었다. 10월에는 방크 제네랄 은행권이 폐지되었다. 12월이 되자 로는 생명의 위협을 느껴 프랑스를 탈출했다.

로의 시스템은 믿기지 않는 성공을 거두었다가 한순간에 실패의 나락으로 떨어진 탓에 금융사기극의 전형으로 매도당했고, 로는 18세기 버니 메이도프Bernie Madoff로서 금융사기극의 주연을 맡았다는 비난을 샀다. 영국 작가 대니얼 디포는 로가 한 일을 놓고 일확천금을 좇는 젊은이의 본보기라고 비꼬았다. "로의 사례가 말해주는 바는 간단하다. 할 수만 있다면, 검을 차고 다니다 애인의 남자친구 한두 놈 죽여 교도소에 갇혔다가 사형선고를 받고 탈옥하라. 낯선 나라로 건너가 주식 투기꾼으로 변신한 다음 국채를 발행해 나라 전체를 거품경제 속으로 몰아넣어라. 그러면 당신은 금방 대단한 인물이 될 수 있을 것이다."[16]

그러나 디포의 평가는 너무 피상적이다. 로의 시스템은 화폐의 힘을 활용하려는, 역사적으로 의미 있는 실험이었다. 화폐사회의 장점은 살리고 바람직하지 못한 결점은 피하기 위한 제3전략의 원형이었다. 스파르타 전략과 소비에트 전략은 기본적으로 화폐를 믿지 않았고, 화폐의 이용을 억제하거나 제한하려고 시도했다. 반면에 존 로는 야망과 기업가 정신을 촉발시킬 수 있는 힘이 화폐의 가장 중요한 특징이라고 믿었다. 로의 회의론은 화폐의 두번째 약속, 즉 고정된 금융적 의무가 제공하는 안전성과 안정성을 사회적 유동성과 결합시키는 능력을 발휘하겠다는 약속과 관련이 깊었다. 그래서 로의 전략은 보편적인 경제적 가치라는 개념의 사용을 막는 것을 지향하지 않았다. 대신 경제적 가치를 측정하는 기준을 유연하게 함으로써 원과 넓이가 같은 정사각형을 만들어내는 것을 지향했다. 불가능한 일을 시도했던 것이다. 이것이 로의 시스템의 궁극적 목적이었다. 그는 이행 불가능한 군주의 지급약속이라는 베일로 화폐의 모순적 약속에 담긴 위험을 가리는 대신 모든 화폐 사용자가 그 위험을 명시적, 전면적으로 부담하게 하는 새로운 타협을 이뤄내려고 했다.

로는 국가 소유 단일회사와 국가 소유 단일은행을 합병시킴으로써 분산된 화폐 시스템과 금융 시스템에 숨어 있던 것을 명확하게 드러내보여주었다. 모든 소득과 부는 따지고 보면 생산적 경제에서 흘러나온다. 화폐가 궁극적으로 대표하는 것은 이 소득에 대한 청구권이다. 그러나 소득은 불확실하다. 세계는 불확실한 공간이기 때문이다. 소득에 대한 청구권의 가치도 불확실하다. 이 어쩔 수 없는 현실을 인정하는 가장 단순한 방법은 일반적으로 화폐로 이용되고, 다른 말로는 부채라고도 하는, 고정적인 금융적 청구권을 가변적인 금융적 청구권, 달리 말하면 주식으로 바꾸는 것이다. 그러기 위해서는 네덜란드나 잉글랜드에 전에도 존재하지 않았고 후에도 존재한 적 없는 무언가가 필요했다. 그것은 바로 조세징수권을 비롯한 국가의 모든 자산을 소유하는 기업이다(시민은 이 기업의 지분을 소유할 수 있다). 이 지분-화폐는 관습적 화폐보다는 안정성이 떨어졌다. 1720년 로가 만든 시스템에 투자한 사람들이 깨달았던 대로 주식-화폐의 가치는 하락할 수도 있기 때문이었다. 그러나 똑같은 이유에서 지분-화폐의 이동성은 더 높았다. 로의 시스템은 이렇게 철저한 투명성을 감당하기 어려운 사람들을 위해서 덜 강력한 대안도 내놓았다. 왕립은행이 발행하는 지폐, 즉 은행권이 그것이다. 이 은행권은 화폐본위의 단위를 잣대로 고정된 가치가 매겨졌다. 그러나 화폐본위 그 자체는 국왕평의회가 경제적, 재정적 관점에서 가장 적절할 것 같은 수준에서 결정했기 때문에 변동이 심했다. 달리 말하자면, 지분-화폐와 은행권의 유일한 차이는 지분-화폐는 시장에 의해 가치가 결정되지만, 은행권은 군주에 의해 가치가 결정된다는 점이었다.

로의 시스템은 독창적이고 혁신적이었으며 시대를 수백 년 앞서갔다. 1973년 국제 금환본위제가 무너지고 명목화폐본위제fiat monetary standard가 전 세계 규범이 되었다는 사실에 비춰볼 때 250년 앞을 내다본 것이었다. 그러나 로의 시스템은 처참하게 실패했다. 어디에 결함이 있었을까? 당연히 온갖 부수적 문제가 로의 야심만만한 계획을 방해했다. 로는 자신의 능력은 과대평가했지만, 자신의 시스템 때문에 특권을 빼앗긴 기득권 집단의 힘은 과소평가했다. 아주 짧은 시간에 너무 많은 것을 이루려는 계획을 세웠다. 게다가 공적 정부 부채가 아니라 공적 정부 지분을 제공한다는 로의 독특한 생각 자체도 시대를 너무 앞선 것이었다. 이후 시대에 로와 비슷한 생각을 한 사람은 아무도 없었다.[17] 그러나 로의 해법에는 이들 부수적 문제를 압도하는 근본적 오류가 있었다. 그것은 2000년 전에 또 한 명의 천재가 해결책을 발견한 오류였다.

솔론의 지혜

고대 그리스 세계에서 스파르타는 화폐의 발명에 대해 명백히 부정적인 반응을 보였다. 그러나 화폐의 결함에 관한 회의론이 널리 퍼져 있었음에도, 많은 그리스 도시국가가 화폐를 열광적으로 받아들였다.[18] "시민이 민회에서, 법정에서, 행정구역에서 공적인 임무를 수행하면 그 대가를 받는 것이 상례였다"[19]는 아리스토텔레스의 말에서 드러나는 화폐에 대한 개방적 태도는 민주적 도시국가의 특징이었다. 아테네가 가장 모범적 사례였다. 기원전 5세기 무렵 아테네는 유일무이하게 화폐화 사회가 되었다. 화폐가 시민생활의 거의 모든 측면에 영향을 미치는 '월급쟁이의 도시salary-drawing city'가 되었던 것이다.[20] 고대 아테네의 시인, 철학자, 극작가는 화폐에 대한 깊은 의구심을 토로했지만, 그 시민은 위험이 잠재된 때 이른 발명품 화폐를 이용할 방법을 고안해냈다. 아테네에 첫번째 금융위기가 닥쳤을 때 우연의 일치로 전성기를 맞이한 위대한 철학자이자 시인이자 정치인이었던 인물 덕분이었다.

기원전 7세기 후반 아테네에서 화폐 및 화폐의 확산은 심각한 사회문제였다.[21] 그전까지 아테네는 소작농에게 토지를 빌려주고 그 대가로 수확물 일부를 받는 소수 지주 귀족을 중심으로 전통적 방식에 따라 조직된 사회였다. 귀족은 소작농을 조직해 군대를 편성하면서 소작농과 서로 돕자는 약속을 했다. 그러나 경쟁이 심하고 원자화한 화폐사회에 살면서 사회이동의 가능성을 엿보던 소작농은, 당장은 전장에 나가 싸우라는 요구와 귀족이 부과하는 전통적 지대에 분개했다. 반면에 귀족은 자신이 보유한 토지를 소작농을 보호할 의무가 딸린 세습지로 보지 않았고 금융 이득의 잠재적 원천으로 보았다. 화폐가 사회구조를 결딴내고 말았다. 시인 솔론Solon은 한탄을 했다. "돈에 눈이 먼 천박한 시민이 이 위대한 도시를 망치고 있구나."[22]

전대미문의 금융위기가 발생할 조건이 무르익었다. 채권자인 귀족계급은 이득의 극대화를 추구할수록 고분고분하지 않은 소작농의 저항에 맞닥뜨렸다. 분쟁은 늘어났지만, 판결의 잣대가 될 재산법이나 계약법은 없었다. 빠른 속도로 해체중이던 관습과 금기만 있었다. 부동산 소유권 기록도 제대로 갖춰져 있지 않았다. 부동산 소유권 분쟁을 해결하기 위해 세워둔 표지석의 글씨는 닳아서 희미하기만 했다. 전통사회가 화폐사회로 이행하는 동안 어지러운 계급전쟁이 일어났다. 그리스인이 보기에 화폐가 내놓은 멋진 약속의 실현을 방해하는 화폐의 결함이 부채위기에 기름을 부었고, 부채위기는 다시 계급전쟁을 촉발시켰던 것이다. 금융적 의무는 사회적 의무가 수행할 수 있는 역할을 모두 수행하지 못한다. 화폐사회에서는 욕심의 본질적 한계가 없다. 욕심을 억누르지 않고 놔두면 화폐가 약속한 신나는 독립은 파멸적 고립이 되고 만다. 솔론은 경고했다. "민중의 지도자가 오만에 젖어 욕심을 자제할 줄 모르는 탓에 (…) 혹독한 고통을 겪어야 할 때가 무르익었다."[23] 상황을 진정시킬 조치를 취해야 했다.

마침 전례가 있었다. 메소포타미아의 명령경제command economy는 화폐의 모든 요소를 짜맞추지는 못했지만, 빚지면 이자를 지급해야 하는 이자부부채interest-bearing debt 제도가 있었다. 따라서 메소포타미아인은 부채가 불러일으키는 위기를 낯설어하지 않았다. 다만, 그리스인이 그랬듯이 부채에는 도시의 군사 역량을 무력화시키는 잠재력이 있다고 우려했다. 부채를 못 갚은 사회 핵심인 전사계급이 재산을 압류당하고 시민권을 박탈당함으로써 사기가 곤두박질치지 않을까 조바심을 냈던 것이다.[24] 메소포타미아인은 이렇듯 부채의 문제점을 꿰뚫어보고, 자신의 전통과 종교적 우주론에 바탕을 둔 해법도 마련해놓았다. 부채의 일부나 전부를 탕감해 사회의 균형을 회복하는 것이 하늘의 신을 대리해 지상을 다스리는 국왕의 책임이라고 보았다. 메소포타미아에서 부채로 인한 부담이 사회적으로 감당하기 힘든 수준에 도달하면, 부채를 전액 탕감해주는 전통이 존재했다는 증거는 이자부부채가 존재했다는 증거만큼 역사가 길다. 이 전통은 도시국가 라가슈Lagash의 국왕 엔테메나Entemena가 통치하던 기원전 2400년경으로 거슬러올라간다.[25] 이 전통은 고대 근동세계로 전해져 성서시대 희년의 관습으로 살아남았다. 성경의 레위기를 보면 히브리인은 50년마다 희년을 선포하고 즐겼다는

구절이 나온다.[26]

그런데 부채 문제에 대한 동방의 처방은 오랜 검증을 거친 것이긴 했지만, 기원전 6세기 무렵 아테네에 적용하기엔 근본적 난점이 있었다. 당시 아테네는 과학적 깨달음의 진통기에 있었다. 전통사회의 종교적 우주론은 지상의 권력을 분배하는 명확한 지침으로서 기대에 부응하지 못했다. '인간은 자신의 운명을 지배한다'가 시대정신이었다.[27] 따라서 인간 스스로 화폐를 이용해 부와 권력을 공정하게 분배해야 했다. 또 한 번 동방의 관습, 즉 부채탕감 제도가 그리스로 수입되었고, 또 한번 그리스의 독특한 정치문화 특유의 중대한 혁신이 일어났다. 사회질서라는 불순한 이상으로 한없는 방종에 빠지기 쉬운 화폐사회에 고삐를 채우려고 했던 것이다. 그런데 사회질서는 하늘나라의 신적 질서의 복제품이 아니었다. 인간이 힘들여 만든 사회의 공정성을 뜻하는 인간적 개념이었다. 간단히 말해 사회질서는 정치를 통해 결정되었다.

이 혁신적인 생각을 도입한 사람은 화폐사회의 문제점을 진단하려고 애썼던 정치가이자 시인 솔론이었다. 기원전 594년 아테네의 집정관으로 선출된 솔론은 훗날 '부담 줄여주기Shaking-off of Burdens'로 알려진 일련의 사회개혁 조치를 입법화했다. 그중 가장 중요한 것이 부채탕감이었다. 그러나 솔론의 부채탕감은 동방의 희년 관습과 근본적으로 달랐다. 부채구제 조치를 취할 때 가장 중요한 문제인 누구에게 이득이고 누구에게 손해인지 결정하는 문제를 정치적 타협으로 해결하려 했기 때문이다. 당연히 재능 있는 정치인의 지도력이 중요했다. 세월이 흐른 뒤 솔론은 자신이 남긴 위대한 유산을 옹호하며 이렇게 말했다. "중대한 문제일수록 모든 사람을 만족시키는 결정을 내리기가 아주 힘들었다. 나는 서로 적대하는 두 세력 사이에서 경계석처럼 서 있어야 했다."[28] 솔론은 시인이었다. 자신이 주도한 혁명의 본질을 멋진 은유에 담아 전달할 수 있었다. 화폐사회가 제대로 작동하려면 붙박이 경계석으로 비유된 낡은 시스템(고정불변의 사회적 의무를 강요한 전통사회의 시스템)이 사라져야 했다. 그 자리에 사회정의의 기준이라는, 경계 표지가 화폐로 인해 초래될 수밖에 없는 사회변화에 유연하게 적용되는 새로운 시스템이 들어서야 했다. 이때 인간이 자신의 운명을 결정하는 세계에서 새로운 기준인 공정성에 정당성을 부여하는 것은 단 하나일 수밖에 없었다. 그것은 바로 민주정치였다.[29] 솔론의 부담 줄여주기는 거침없이 진행되었다. 소작 제도를 철폐했다. 계급에 따른 과세가 아니라 경제적 능력에 따른 과세를 도입했다. 배심 재판을 받을 권리를 보장했다. 200년 뒤 아리스토텔레스는 이중에서 배심재판을 가리켜 "다중이 권력을 행사하는 주요 토대가 되었다고 할 만하다. (…) 법정을 지배하면 정부도 지배할 수 있다"고 주장했다.[30]

그런데 솔론이 추진한 개혁의 또다른 측면도 중요했다. 당시 무엇이 경제적으로 공정한가와 공정하지 않은가에 관한 정치적 결정이 앞으로 중요한 역할을 할 것으로 비쳤다. 그래서 정치적 결정을 기록하고 잘 지켜졌는지 평가할 새롭고 공식적인 시스템이 필요했다. 종합적인 법률집이 있어야 했다. 솔론은 이 필요에 부응해 나무 회전판에 법률을 새겨놓았다.[31] 솔론이 법의 지배를 받는 민주적 국가를 만들어냄으로써 화폐를 작동시키는 공식이 완성되었다.

신의 화폐, 독재적 화폐, 민주적 화폐

화폐회의론의 족보는 길고 뚜렷하다. 화폐가 처음 등장했을 때로 거슬러올라간다. 오늘날에도 스파르타 전략이나 소비에트 전략 같은 급진적 전략의 지지자가 드물지 않다. 그러나 가장 오래된 화폐회의론의 전략은 화폐를 제거하거나 축소시키는 전략이 아니라 뜯어고치려는 전략이다. 화폐는 근본적으로 좋은 점이 있지만, 관리하지 않고 내버려두면 통제 불가능한 것이 된다고 보는 데서 나온 전략이다. 일회성 희년이나 일방적 채무면제처럼 극적인 모습으로, 아니면 화폐본위의 점진적 절하 같은 단조로운 모습으로. 화폐사회를 주기적으로 재보정하는 전략이기도 하고, 심지어 존 로의 전례 없는 실험에서 보이듯 안정을 가져다주겠다는 화폐의 약속을 완전히 철회함으로써 화폐사회를 구조적으로 바로잡으려고 시도하는 전략이기도 하다. 이들 전략, 즉 존 로의 전략이나 솔론의 전략은 화폐본위의 유연성에 초점을 맞춘다. 그래서 두 사람은 다른 사람들은 대답하지 않는 물음, 즉 화폐본위를 조정하는 이유는 무엇인가라는 물음에 대답해야 한다.

역사를 돌아보면, 이 물음에 어떤 대답을 하는가를 두고 화폐사회를 재보정하려는 전략 지지자는 여러 방향으로 나뉘었다. 고대 동양 문명에는 고유의 채무백지화 제도와 희년 제도가 있었다. 그때는 신의 법에서 답을 얻었다. 레위기에는 돈이 50년 동안 돌고 돌게 놔둔 뒤 "50년째가 되면 전국 모든 주민에게 자유를 선포하라. 그해는 희년이 될 것이다"라는 구절이 나온다.[32] 이 같은 신의 법이 세상을 다스린다는 세계관을 대체한 것이 바로 그리스인의 과학혁명이었고, 과학혁명의 자손이 지금의 우리다. 오늘날 차기 IMF 이사회 이사나 중앙은행 금융통화위원회 위원을 종교적 신념에 따라 결정해야 한다고 주장하는 사람은 아무도 없다. 위대한 혁신가 존 로가 보기에 이 모든 것은 너무나 명백했다. 그는 신이나 자연이 아니라 인간이 결정을 내려야 한다고 주장했다. 이것이 그가 일궈낸 위대한 혁신인 명목화폐본위, 다시 말해 화폐를 발행하고 화폐의 가치를 정하는 일을 언제 어떻게 변할지 모르는 상황에 종속된 것으로 보지 않고, 의도적인 정책의 문제로 보는 시스템의 진정한 의미였다.

그러나 로의 전략에도 근본적인 결함이 숨어 있었다. 로는 절대군주가 화폐정책을 만들어야 한다고 믿었다. 국왕이 경제적 효율성을 달성하고 사회정의를 실현하는 데 도움이 될 화폐본위를 정하면 사용자는 국왕을 믿고 그 화폐본위를 사용해야 한다고 판단했다. 그는 정말로 절대군주만이 화폐본위를 정할 수 있다고 보았다. 민주주의자와 공화주의자는 화폐를 적절하게 관리할 수 없다고 믿었다. 로는 이렇게 생각했다. 민주주의자와 공화주의자는 늘 누가 이익이고 누가 손해인지를 놓고 논쟁을 벌이기 때문에 아무도 그들이 한번 내뱉은 말을 지킬 것이라고 믿지 않을 것이다. 그러나 절대군주는 달랐다. "지혜로운 군주는 이 모든 골치 아픈 문제를 처리하는 시간을 줄일 수 있다."

늘 그렇듯이 골치 아픈 문제를 해결할 역량은 국왕이 국왕참사회Sovereign Council보다 훨씬 뛰어나다. 국왕참사회는 긴급한 문제가 생겨도 논쟁으로 날을 새거나 미루기 일쑤다. 다수결로 결정하는 데 걸리는 시간도 길다. (…) 국왕은 혼자 힘으로도 수많은 견해를 모아 하나로 정리할 수 있고, 국가의 전반적 신용도를 높일 수 있어, 외국인조차 신뢰하는 유일한 존재다.[33]

강력하게 외곬으로 밀고 나가는 '독재권력'이 정치에 대한 충성심과 재정에 대한 신뢰성을 높일 수 있다는 믿음은, 비록 낡긴 했지만 도저히 뿌리치기 힘든 덫이다. 역사가 보여주듯, 로가 이 글을 쓸 때 이미 정반대 현실이 펼쳐지기 시작했다. 얼마 뒤 "국왕은 자신의 부채를 갚는 데 실패한 적이 없고 앞으로도 실패하지 않을 것"이라는 로의 주장은 절대군주제 자체만큼이나 부조리하고 시대에 뒤떨어지는 것으로 보였다.[34]

화폐관리 전략이 효과적으로 작동하는 방법을 처음부터 간파한 사람은 오히려 솔론이었다. 타협을 앞세우는 민주적 정치만이 무엇이 공정한지 흔들림 없이 결정할 수 있다. 민주적 정부의 약속만이 확실하게 지속될 수 있다. 이것이 화폐본위를 보완하고 바로잡는 비결이었다. 화폐의 장점은 살리고 결함은 최소화하는 비결이기도 했다. 암흑시대 그리스의 부족사회는 모든 사람이 근본적으로 평등하다는 것을 알고 있었다. 이것은 보편적 가치 기준을 싹트게 한 유용한 생각이었다. 이는 동방의 회계기술과 고대 그리스 지적 세계관 속 과학혁명과 결합해 화폐의 발명을 낳았다. 그러나 그리스인은 처음부터 화폐 속에 담긴 거창한 약속에 의구심을 품었고, 초기 화폐사회를 겪으면서 그 의구심은 더 깊어졌다. 사실 자유와 안정의 결합을 이뤄내겠다는 화폐의 약속에 담긴 모순은 아테네인의 새로운 문명국가를 괴롭혔다. 바로 이때 솔론은 불가능해 보이는 일에 덤벼들었다. 경제적 가치라는 본원적 기준, 즉 화폐가 하나의 무역로나 관료제의 일부는 물론 경제 전체와 사회 전체를 조직하는 장치로 기능할 수 있게 한 기준에는 정치적 이상이 담겨 있었다. 부족의 개별 구성원은 동등한 사회적 가치가 있다는 정치적 이상 말이다. 그러나 화폐는 그 본질상 사회적 이동과 부의 축적, 타인에 대한 지배를 허용한다. 그래서 화폐 가치를 정하는 그 어떤 고정된 기준도 점점 시대 흐름에 뒤처질 수밖에 없고, 낡은 기준은 치명적 위험을 초래한다. 사회갈등의 뿌리가 되기 때문이다. 국가는 이런 상황에서 사회가 공정하다고 믿는 것이 금융적 의무의 구조에 반드시 반영되도록 경계심을 늦춰서는 안 된다. 오직 정치, 끊임없이 살아 움직이는 민주적 정치만이 시대 흐름에 발맞춘 화폐 가치의 기준을 내놓을 수 있다. 그리고 오직 법, 즉 법적 논의, 법적 체계화, 법의 지배만이 화폐 가치의 기준을 제정할 수 있다.[35]

2500년 전 화폐의 잠재력을 적절하게 이용하려고 했던 솔론의 전략은 오늘날에도 의미가 있다. 그러나 화폐사상에서 회의론 전통은 화폐에 대한 관습적 이해conventional understanding, 그리고 이 관습적 이해를 토대로 등장한 새로운 학문인 경제학에 가려져 빛을 보지 못했다. 우리는 이미 화폐회의론을 무시한 데서 발생한 도덕적 추론의 맹점을 발견한 적이 있다. 글로벌 금융위기의 직접적 여파로 실제 경제정책에 결함이 있다는 외면할 수 없는 증거가 나왔다. 다음 장에서는 현재의 경제적 곤경을 초래한 화폐에 대한 관습적 이해의 후과를 살펴보겠다.

12

화폐를 잊은 경제학

엘리자베스 여왕의 질문

2008년 11월 5일 엘리자베스 2세 여왕은 세계에서 가장 오랜 경제학 교육 및 연구기관인 런던정치경제대학 증축공사 준공식에 참석했다. 7100만 파운드가 투입된 대규모 공사였다.[1] 여왕은 웅장한 신축 건물을 둘러본 뒤 교수진을 접견했다. 몇 달 전에 일정이 잡힌 행사였다. 그러나 그 몇 주 전 미국의 손꼽히는 투자은행 리먼브러더스가 파산했다. 전례 없이 혹독한 글로벌 금융위기가 닥쳤다. 지나쳐서는 안 되는 절호의 기회였다. 여왕은 앞에 도열한 일류 경제학자들에게 물었다. 왜 위기가 닥치는 것을 아무도 알아차리지 못했는가?

이 물음은 깊은 여운을 남겼다. 언론에 대문짝만하게 보도되었다. 왜 정교한 이론과 컴퓨터 예측 모형으로 무장한 똑똑한 경제학자와 고액 연봉을 받는 금융가는 경제 시스템의 핵심에 도사린 엄청난 재앙을 예측하지 못했는가? 영국학사원은 이 물음의 답을 구하기 위한 학술대회를 열었고, 2009년 7월 여왕에게 답을 보냈다.[2] 거기에는 글로벌 거시경제의 불균형, 은행의 위험관리 실패, 낮은 인플레이션이 장기간 지속된 데 따른 경기과열, 느슨한 규제 등 너무 많이 들어 이제 귀에 딱지가 앉은 장황한 설명이 담겨 있었다. 주요 이해 당사자는 이들 문제가 파국적 금융위기를 촉발시킬 수 있다는 것을 미처 깨닫지 못했다고 인정했다. 더불어 어느 누구도 넓은 시야로 시스템 상황을 바라보지 못한 이유, 즉 여왕의 물음에 대한 대답을 찾아냈다. 영국학사원 회장단은 이렇게 썼다. "폐하, 정리해서 말씀드리겠습니다. 실패 이유로 여러 가지를 꼽을 수 있지만, 그중에서 가장 주요한 것은 영국과 전 세계 수많은 똑똑한 사람들이 집단적 상상력을 발휘해 시스템 전반에 내재한 위험을 알아차리지 못했다는 점입니다."[3] 영국학사원의 진단은 모두 "외따로 흩어진 채 최선을 다해 자신이 해야 할 일을 했다"는 것으로 요약된다.[4] 아무도 큰 그림을 보지 못했다는 것이 문제였다. "위험 하나하나는 작았지만, 시스템 전체로는 어마어마하게 컸다."[5]

여왕이 이 대답을 듣고 뭐라고 했는지 알려주는 자료는 없다. 한 가지 분명한 것은 이 대답이 미국 하원의 정부개혁위원회를 만족시키지 못했다는 점이다. 여왕이 런던정치경제대학을 방문해 질문하기 보름 전 미국 하원 정부개혁위원회는 제4차 금융위기 청문회를 열었다. 아무도 큰 그림을 보지 못했다는 대답이 만족스럽지 못했던 것이다. 그러나 큰 그림을 보는 것은 거시경제학자, 중앙은행 총재, 금융 규제 당국이 해야 할 일이었다. 앨런 그린스펀이 청문회에 증인으로 불려나간 것은 전혀 놀랍지 않은 일이었다. 그린스펀은 최장수 연방준비제도이사회 의장이었고 논란의 여지없이 금융위기가 발생하기 전 20년간 세계에서 가장 중요한 정책입안자였다. 그린스펀은 영국학사원과 달리 책임을 얼버무리지 않았다. 경제 전반이 어떻게 작동하는지 정확하게 파악하는 것이 자신의 할일이었다는 것을 부정하지 않았다. 그는 사실 감탄을 자아낼 만큼 솔직한 자세로 자신이 잘못 파악하고 있었다고 털어놓았다. "결함을 하나 찾아냈습니다. (…) 이 사실 때문에 몹시 괴로웠습니다. 세상이 작동하는 방식을 규정하는 아주 중요한 기능 구조인 모형에 결함이 하나 있다는 것을 알아냈으니 괴롭지 않을 수 없었습니다."[6]

그린스펀이 사용하던 모형에 결함이 있었다는 것, 그리고 그 결함이 그린스펀의 생각에 영향을 미쳤다는 것이 문제, 말 그대로 수조 달러짜리 문제였다. 경제학은 역사가 짧은 학문이 아니다. 중앙은행도 오래전부터 있었다. 지난 200년간 막강한 영향력을 발휘한 사회과학의 여왕 경제학은 왜 파멸적 오류를 범했을까? 세계은행의 수석 이코노미스트와 재무장관을 지낸 미국 최고의 경제학자 래리 서머스Larry Summers는 오바마 정부 국가경제위원회 위원장직에서 물러난 직후인 2011년 4월 세번째 의견을 내놓았다. 그는 금융위기로 인해 정통 거시경제학과 금융이론이 경제 현실을 이해하는 데 실패했다는 사실이 만천하에 드러났다고 보느냐는 질문을 받았을 때 놀랍게도 그렇다고 인정했다. 서머스의 설명에 따르면, 정통 거시경제학이 제2차 세계대전 이후 쌓아올린 방대한 '이론 체계'는 금융위기가 닥치자 아무 소용 없었다.[7] 왜 경제가 휘청거리는지, 휘청거리는 경제를 바로 세우기 위해 무엇을 할 수 있는지에 대해 아무 말도 못했던 것이다.

서머스는 세상에 널리 알려지지 않은 어떤 경제학 전통이 오히려 도움이 되었다고 말했다. 미국 금융 시스템이 심하게 흔들리며 혼수상태

일보 직전에 이른 2008년 말과 2009년 초 백악관에서 혼신의 힘을 다해 정책을 수립하는 동안 그는 세 명의 경제학자 월터 배젓Walter Bagehot, 하이먼 민스키Hyman Minsky, 찰스 킨들버거를 스승으로 지목했다.[8] 서머스는 스스로 인정했듯이 정통 경제학의 범위를 한참 벗어난 오래전 경제사상가를 스승으로 골랐다. 먼저 하이먼 민스키는 화폐경제가 어떻게 작동하는가에 관한 파격적인 이론을 내놓았지만, 주류 경제학계의 냉대에 시달리다 1996년 사망한 경제학자였다. 찰스 킨들버거는 1978년 유명한 『광기, 패닉, 붕괴: 금융위기의 역사Manias, Panics and Crashes: A History of Financial Crises』를 쓴 경제사학자였다. 대학 강단의 경제학자는 경제사를 별 볼 일 없는 경제학의 방계 학문쯤으로 취급한다. 1877년 사망한 영국의 금융언론인 월터 배젓은 1873년 명저 『롬바드 스트리트Lombard Street』를 썼다. 그는 당시 근대 경제학계에서 경제학자로 대접받지 못했다. 서머스는 금융위기가 한창이던 때 은행과 금융이 어떻게 작동하는지 이해했지만, 이름이 널리 알려지지 않은 한물간 경제사상가를 스승으로 삼고 의지했다. 그리고 금융위기의 가장 심각한 국면이 지나 중기 정책대응 방안을 모색할 때가 되자 케인스에게 눈을 돌렸다. 서머스는 이런 말을 했다. 현대 강단 거시경제학의 핵심 연구 프로그램은 "정책입안 과정에 큰 영향을 미치지 않았다. 나는 기본적인 케인스주의 경제학 (…) 체계의 영향을 많이 받았다".[9]

그렇다면 이 대안적 경제사상 전통의 어떤 점이 제2차 세계대전 이후 많은 사람이 정성을 쏟았던 '방대한 체계'보다 훨씬 쓸모 있고, 훨씬 현실적인 이론을 만들어낼 수 있었을까? 최대 규모의 금융 붕괴가 한창

진행되던 때 1870년대 초의 런던 금융시장을 설명한 월터 배젓의 『롬바드 스트리트』가 빼어난 21세기 경제학자의 최신 연구 성과가 담긴 학문적 성취도 높은 무수한 책을 제쳐두고 대통령 경제자문위원회 위원장에게 많은 이야기를 들려줄 수 있었던 이유는 뭘까? 서머스의 말을 빌리자면 "경제학은 아는 것이 많다. 잊은 것도 많다. 그리고 한눈판 것도 많다".[10] 문제는 경제학이 무엇을 잊었는가, 무엇에 한눈팔았는가 하는 것이다. 어쩌면 가장 큰 수수께끼는 바로 이것일 것이다. 이 모든 일은 도대체 어떻게 일어난 것일까?

'기업이 만악의 뿌리라는 것을 보여주는 모범 사례'

흔히 그렇듯 시장은 건망증이 심하다. 금융 붕괴로 은행 시스템이 파멸 직전 상태로 내몰려도 몇 년 뒤면 경제 또는 자본주의 그 자체는 위기 뒤에 찾아오는 호황 속에서 모든 것을 까맣게 잊고 만다. 그러나 2008~2009년 금융위기는 과거와 전혀 다르다. 그도 그럴 것이 세계경제와 금융 그 자체가 획기적인 변화를 겪고 있기 때문이다. 금융위기 직전 10년 동안 자본시장은 전례 없는 성장과 혁신을 겪었다. 신흥 글로벌 경제를 위해 신용을 창조한 주역은 전통적 은행이 아니었다. 거래 가능한 채무증권debt securities을 고안해 시장에 내놓은 새로운 유형의 거래인dealer이었다. 이들 새로운 형태의 신용은 하나하나 놓고 보면 위험이 높고 유동성은 낮았지만, 곧 개별 신용을 뭉뚱그려 위험이 낮은 다채로운 신용 다발을 전문적으로 만들어내는 회사가 새로 등장했다. 새로운 금융기법에 의문을 품은 사람은 경제 러다이트족으로 매도당했다. 그러나 금리 급등으로 몇몇 작은 회사가 파산함에 따라 신용 피라미드에 금이 가기 시작했고, 이어 큰 회사도 어려움을 겪는다는 소문이 돌았다. 믿기 어렵지만, 금융 규제 당국은 상황이 흘러가는 대로 내버려두었다. '대마불사'를 너무 믿었던 것이다. 중앙은행이 신성한 체하며 도덕적 해이의 위험을 떠들어댔지만, 아무도 귀담아듣지 않았다. 아무 예고 없이 금융 붕괴가 엄습했다. 모두가 앞다퉈 채무증서를 팔아치웠고 중앙은행은 속수무책으로 지켜보기만 했다. 아수라장이 벌어졌다. 수십 년 만에 패닉이 발생했다. 금융시장이 완전히 무너졌고 신용이 작동을 멈추었으며 경제가 뒤집혔다. 중앙은행은 한가롭게 도덕적 해이를 걱정하며 손놓고 있을 수 없게 되었다. 금융 부문이 완전히 망가지기 전에 인쇄기를 전속력으로 돌려 찍어낸 돈으로 구제금융을 실시해야 할 때가 왔다.

지금까지 말한 것이 래리 서머스가 대단히 중요한 정책입안자로 활약한 2008~2009년 금융위기의 줄거리다. 이 최근의 금융위기와 판박이지만 세상에 덜 알려진 금융위기가 또하나 있다. 1866년에 일어난 금융위기가 그것이다.

애덤 스미스의 『국부론』이 나오고 두 세대가 흐른 무렵, 영국은 산업혁명이라는 이름이 붙은 굉장히 철저한 경제적, 기술적 변화를 겪었다.[11] 모든 좋은 혁명이 그렇듯 산업혁명에도 선봉세력이 있었다. 영국 산업의 패권 확립에 이바지한 많은 기업가가 개신교 소수 교파였던 종교적 친우회Religious Society of Friends, 즉 흔히 말하는 퀘이커교의 신자였다.[12] 그 당시 많은 사람이 퀘이커교도 기업가가 눈부신 성공을 거둔 것은 기독교인의 탈을 쓰고 돈벌이에 힘쓰는 위선을 용납했기 때문이라고 시샘했다. 비퀘이커교도는 독실한 퀘이커교도를 향해 "서로 경쟁하듯 열심히 마몬Mammon(신약에 나오는 탐욕을 상징하는 악마—옮긴이)을 숭배하고 재물을 하느님이 주신 선물이자 축복이라고 부른다"고 수군거렸다.[13] 그러나 새로 형성된 세계질서 속에서 퀘이커교도의 생활방식은 성공에 많은 도움이 되었다. 퀘이커교는 개인의 성실과 근면, 보수성을 중시하는 기풍이 있었다. 무엇보다 교육을 장려했다. 퀘이커교도는 독특한 복장과 말투로 일상적으로 교류하고 여러 세대에 걸쳐 서로 결혼함으로써 교우 간 연대의식을 다졌다. 퀘이커교의 이 모든 특징은 신뢰성, 개인신용, 문자해독 능력, 산술 능력을 토대로 급성장하던 상업경제에 딱 들어맞았다.

은행업이야말로 퀘이커교의 특징이 유감없이 발휘된 경제 부문이었다. 무조건적 신뢰로 끈끈하게 묶이고 겉으로 드러나지 않은 이데올로기로 똘똘 뭉친 배타적 상인 조직은 사적 화폐 네트워크가 번성할 수 있는 이상적 환경을 이루었다. 퀘이커교도가 은행업에서 두각을 나타낸 것은 결코 놀라운 일이 아니었다. 오늘날 영국의 4대 은행 중 두 곳, 즉 로이즈 은행Lloyds Bnak과 바클레이스 은행Barclays은 본래 퀘이커교 계열의 회사였다.[14] 그러나 19세기 중반의 퀘이커교 계열 은행 중 규모가 가장 컸던 은행은 오늘날 존재하지 않는다. 로이즈 은행과 바클레이스 은행이 지방의 카운팅 하우스counting house에 지나지 않던 시절 전무후무한 위세를 떨치며 시티 오브 런던을 지배한 은행이 있었다. 바로 퀘이커교 계열의 '오버렌드거니 회사Overend, Gurney & Co.', 또는 빅토리아시대

금융가에게 알려진 이름으로는 '코너 하우스Corner House'였다. 오버렌드거니는 금융시장에서 잉글랜드 은행과 맞먹는 독점적 지위를 누렸고 (corner에는 '독점'이라는 뜻도 있다—옮긴이), 실제 위치도 시티 오브 런던의 중심가인 롬바드가와 버친레인Birchin Lane의 모퉁이에 있었기에 코너 하우스라 불렸다.

거니 가문은 이스트 앵글리아East Anglia(영국 동남부에 있던 고대 왕국. 오늘날의 노포크주와 서포크주—옮긴이)의 부유한 농업지대에서 모직물 상인으로 사업을 시작했고, 자연스럽게 시티 오브 런던에서 가문의 이름으로 자금을 빌려 지방의 목양업자에게 빌려주는 상인-은행가로 성장했다. 영국 경제가 발전하고 다각화함에 따라, 신용을 절실히 필요로 하던 피라미드 아랫부분 지방의 자본가와 피라미드 윗부분 런던의 은행을 서로 이어주며 이득을 취할 수 있는 매력적인 사업 기회가 열렸다. 마침내 노포크의 거니 가문도 시티 오브 런던에서 활동 기반을 마련하기로 결정한 뒤, 1807년 런던의 작은 회사 리처드슨오버렌드Richardson, Overend를 인수하고, 1809년 오버렌드거니社의 경영권을 장악했다. 오버렌드거니는 초반에는 단순하고 순수한 중개업만 했다. 지방의 잠재적 차입자는 검토를 요청하기 위해 어음을 들고 오버렌드거니를 찾아오곤 했다. 만약 오버렌드거니가 신용 있다고 판정하면 어음을 담보로 대출해줄(어음을 '인수해줄') 런던의 상업은행을 알아볼 수 있었다. 오버렌드거니 등 중개인의 어음 검토 기술은 점점 노련해졌다. 상업은행은 중개인이 추천한 어음을 군말 없이 인수해주었다. 어음중개업은 날로 성황을 이루었다. 중개인이 활약한 채무증권은 산업혁명을 추진하는 지배적 장치로 자리잡았다.

　세월이 흐름에 따라 어음중개인은 상업은행의 대리인으로 활동하는데 멈추지 않았다. 역량을 키워 금융회사로 발돋움하기 시작했다. 은행은 어음 할인 수요만 있으면 어디든 달려가는 어음중개인에게 잉여자금을 맡겼고, 어음중개인은 지방 기업가나 외국 기업가의 어음을 할인해주었다.[15] 이제 어음중개인의 대차대조표 상태가 은행의 위험을 좌우하는 시대가 열렸다. 어음중개인은 무엇을 하건 이익을 거두었다. 현대 용어로 표현한다면 중개인broker(중개 차익만 얻는다—옮긴이)에 머물지 않고 거래인dealer(중개도 하지만 자기 자금으로 임의로 거래할 수도 있다—옮긴이)으로 변신했다. 19세기 중반 런던의 어음중개인은 글로벌 금융 시스템의 한복판에서 활동하는 상업은행가로 성장했다. 중세 유럽 이탈리아인 환은행가의 직계 상속자였으나, 그때와는 비교하기 힘들 정도로 국제적이고 복잡하며 부유한 신분의 귀족이 된 것이다. 1857년 의회는 런던 자본시장을 조사하기 위해 위원회를 만들었다. 어음중개인의 회계장부를 살펴본 조사위원회 위원은 대단히 놀랍다는 반응을 보였다. 그들은 따져 물었다. "잉글랜드 은행 총재께서는 자딘 매디슨Jardine Matheson이나 베어링브러더스Baring Brothers & Co.의 신용을 얻지 못하면 (…) 그 누구도 광둥에서 차를 살 수 없다고 하셨는데, 맞습니까?" "예, 그렇습니다." 지극히 사무적인 대답만 돌아왔다. 영국에서 1만 킬로미터나 떨어진 곳에서조차 롬바드가 어음중개인의 이름을 들먹이지 않으면 상품을 내놓으라고 상인을 설득할 수 없었다. 어음중개인 덕분에 "영국의 신용이 거의 전 세계에 자본을 공급할 수 있었다".[16]

1830년대에 이르러 오버렌드거니는 유럽 최고 어음중개인으로 꼽혔고, 1850년대에는 세계 최고 어음중개인으로 성장했다. 연간 1억 7000만 파운드를 운용했고, 시티 오브 런던의 모든 은행에 예금을 맡겼으며, 영국 랭커셔에서 파키스탄 라호르에 이르는 세계 곳곳의 기업가 및 상인의 어음을 할인해주었다. 오버렌드거니는 출자사원partners에게 연간 20만 파운드의 수익을 안겨주었고, 영국에서 규모가 가장 크다고 꼽히는 은행 두 개의 대차대조표를 합친 것보다 '0' 하나가 더 붙는 대차대조표를 자랑했다.[17] 세계 역사에서 이렇게 독보적으로 중요한 위치를 차지한 금융회사가 있었던 적은, 일개 금융회사의 이름과 신용이 국가경제, 아니 세계경제의 신용과 동의어 구실을 한 적은 없었다. 월터 배젓이 증언했듯이 런던 최고 어음중개인의 신용이 못 미치는 곳은 없었다. "(내가 경험한 바로는) 촌구석에 사는 사람도 그들의 비위를 거스르는 말을 입 밖에 꺼내지 못했다".[18] 오버렌드거니는 "영국에서 가장 신용 있는 사기업이다." 차입자를 걸러내는 감각이 굉장히 뛰어났다. "어쩌면 오버렌드거니의 신용을 담보로 잡고 돈을 빌려준 채권자 1000명 중 단 한 명도 담보에 진지한 관심을 기울이지 않았을 것이고, 담보에 의지할 날이 올 것으로 예상하지도 않았을 것이다."[19] 잉글랜드 은행의 총재가 알고 있었듯이 이렇게까지 절대적인 신용에 대한 신뢰는 유동적인 금융시장의 본질적 요소다. 그는 다음과 같이 결론 내렸다. "은행은 (…) 신용에 깊게 의지한다. 말하자면 한 줄기 불신의 바람이 살짝 불기만 해도 일 년 동안 농사지은 것이 휩쓸려 단번에 사라질 수 있다."[20]

이것은 그 이전 50년간 되풀이해서 익힌 교훈에서 나온 말이었다.

1825년 신흥국 은행의 과잉확장으로 투기적 거품이 일면서 산업화 시대 최초의 금융위기가 발생했다. 거품이 터진 뒤 신흥국은 '하루 사이 물물교환만 하는 상태'에 빠졌다.[21] 이후 정기적으로 위기가 발생했다. 1836년 철도회사 채권에 생긴 거품이 터졌다. 10년 뒤 호황과 불황이 또 한차례 반복되었다. 1857년 크림 전쟁이 끝나자 한바탕 투자 붐이 일었으나 그 끝은 고통과 패닉이었다. 수많은 은행이 이렇게 연이어 발생한 위기 중 어느 하나의 직격탄을 맞고 쓰러졌지만, 오버렌드거니는 위기를 모두 이겨냈다. 그러나 1857년 금융위기를 고비로 '코너 하우스'는 두 가지 중대한 변화에 직면해야 했다.

첫째는 규제의 발전이었다. 1825년의 금융위기를 계기로 대차대조표에 위험을 표시하는 거래인으로 변모한 이후 어음중개인은 위기 상황이 빚어져도 잉글랜드 은행에서 대출받을 수 있었다. 그러나 잉글랜드 은행이 보기에 1857년의 금융위기를 겪으며 어음중개인이 무모하게 투자하는 경향이 드러났다. 잉글랜드 은행 이사회는 은행이 아니라 어음중개인이 잉글랜드 은행의 긴급대출에서 가장 큰 비중을 차지한다는 것을 알아차렸다.[22] 어음중개인이 긴급대출을 받아 투기성 짙은 어음에 투자하는 사실을 두고 말이 많았다. 결국 잉글랜드 은행 이사회는 어음중개인에 대한 긴급대출을 중단하기로 결정했다.

기업 환경이 이렇게 바뀔 무렵 오버렌드거니는 두번째 도전에 직면했다. 창업 세대 출자사원이 일선에서 물러나고 젊은 세대가 경영을 맡았다. 그러나 얼마 안 있어 젊은 세대는 걸출한 창업 세대에 비해 퀘이커교도로서의 자질이 부족하다는 것이 분명해졌다. 아버지 세대는 대단히 신중하고 견실했지만, 아들 세대는 성급한 결정을 내리기 일쑤였고 부를 과시하고 싶은 욕구가 강했다. 뿐만 아니라 은행가로서 치명적인 결함이 있었다. 귀가 얇았던 것이다. 1690년대가 런던을 근거지로 활동한 프로젝터의 시대였다면, 1860년대는 기업 발기인이 어디서나 활동한 시대였다. 프로젝터는 간혹 황당한 짓을 하긴 했어도 뛰어난 재능으로 이름을 날렸지만, 기업 발기인은 대놓고 사기 치지 않았을 뿐 하는 일 없이 크게 한탕할 기회만 노리는 사람의 전형이었다. 오버렌드거니의 경영을 새로 떠맡은 젊은 출자사원 주변에 기업 발기인 같은 사람들이 꼬이기 시작했다. 한 고객의 말에 따르면, 오버렌드거니는 "루이 14세 궁정의 축소판"이었다.[23]

잉글랜드 은행이 어음중개인을 위한 최종대출자 기능을 하지 않겠다고 선언한 밑바탕에는 위험 추구 성향이 점점 강해지는 어음할인업을 억누르려는 의도가 깔려 있었다. 그러나 오버렌드거니를 놓고 보면 잉글랜드 은행의 의도는 정반대 효과를 낳았다. 신임 출자사원은 아무 망설임 없이 투기적 투자, 장기 투자, 고위험 투자로 회사의 포트폴리오를 채워나갔다. 근면성실이라는 퀘이커교도의 널리 알려진 덕목을 따르려는 의욕은 오래전에 시들해졌다. 그들은 부사장으로 영입한 에드워드 왓킨 에드워즈Edward Watkin Edwards에게 회사의 투자전략 대부분을 맡겼다. 유명 회계법인의 출자사원과 파산법원의 파산관재인을 지낸 에드워즈는 '코너 하우스' 안에서 '뛰어난 수학자이자 금융권위자'로 통했다.[24] 그의 소명의식은 그리 고상하지 않았다. 한 차입 희망자에게 "내 꿈은 굉장한 부자가 되는 것"이라고 말했다고 한다.[25]

이 모든 변화가 한데 어우러져 재앙을 불러왔다. 연간 20만 파운드의 이익을 거두던 오버렌드거니는 불과 2년 사이 50만 파운드의 손실을 기록했다. 신임 경영진은 더 높은 위험을 무릅쓰면서까지 수익성을 회복하려고 했다. 신흥시장 채권투자에 과감하게 뛰어들었고, 아일랜드 항만개발에 자금을 댔으며, 이외에도 수많은 장기 투자, 투기적 투자에 손을 댔다. 이 모든 투자를 꿰뚫는 공통적인 특징은 그 당시 어음중개인의 사업 모델이 흔히 그랬듯 상업은행의 요구불예금을 대출받아 투자금으로 사용했다는 점이다. 만에 하나 시장이 패닉에 빠지고 상업은행이 대출금을 회수하려 들면 오버렌드거니는 속수무책으로 파산 위험에 처할 수밖에 없었다.

1865년 4월 상황은 점점 절망적인 방향으로 흘러갔다. 책임사원이 모여 여러 대안을 저울질했다. 손실을 메우고 회사 재산을 재건할 자금을 마련하기 위해서는 새로운 자본이 절실했다. 문제는 이 새로운 자본을 어디서 조달할 것인가였다. 새로운 책임사원의 투자를 허용할 수 있고, 종전 책임사원이 출자금을 더 내놓을 수도 있었다. 심지어 경쟁 어음중개인과의 합병도 고려했다. 그러나 최종적으로 선택한 것은 시티 오브 런던에서 오래전부터 써먹던 수법이었다. 다시 말해 합명회사partnership를 주식회사로 탈바꿈함으로써 시티 오브 런던이 곤경에 처할 때마다 구세주로 나섰던 대중에게 문제를 떠넘기기로 했다.[26] 알 만한 사람은 누구나 의구심을 품었다. 『이코노미스트』는 명예훼손죄로 고소당할 우려를 무릅쓰고 다음과 같은 기사를 썼다. 오버렌드거니는 주식을 공모하는 순간 "오랫동안 악평이 자자했던 사업 내용 (…) '순수하고 단순한' 어음중개업과는 전혀 다른 사업 내용이 고스란히 드러나는 회계보고서를 펴낼 수밖에 없을 것이다".[27] 그러나 책임사원이 잘 알고 있던 대로 유망한 투자자 대부분은 『이코노미스트』의 예리한 경고를 귀담아듣지 않았다. 오버렌드거니의 파산을 연구한 한 유명한 역사학자는 이렇게 썼다. "두말할 필요 없이 대중은 투자보고서를 읽지 않았고, 주식공모는 대성공을 거뒀다."[28]

비록 오래 존속하지 않았지만, 오버렌드거니사 Overend, Gurney and Co. Ltd.의 주식은 초기 몇 달 동안 웃돈이 붙어 거래되었다. 그러나 1865년 말 잉글랜드 은행은 어음할인시장을 더욱 압박할 필요가 있다고 보았다. 잉글랜드 은행의 금리가 8퍼센트로 올랐다. 1866년 1월 초 금리 인상의 직격탄을 맞은 불운한 회사가 위험 신호를 보냈다. 중규모 철도채권 전문투자회사가 150만 파운드의 채무를 상환하지 못했다. 운이 나쁘려니까 그 회사 이름이 왓슨오버렌드였다. 오버렌드거니주식회사와는 아무 관계 없는 회사였다. 그러나 전후사정을 모르는 시장은 오버렌드거니주식회사에 불리한 방향으로 움직였다. 왓슨오버렌드사와 오버렌드거니주식회사가 무언가 관련 있을지 모른다는 억측이 나돌았고, 예방적 예금인출이 시작되었다. 종전 책임사원이 자산을 매각해야 할 처지에 몰렸다는 사실이 알려졌다. 예금인출 속도가 빨라졌다. 두 달 사이 예금 250만 파운드가 오버렌드거니주식회사에서 빠져나갔다. 대출여력이 꾸준히 악화됨에 따라 전반적 패닉이 확산되었다. 5월 9일 경영진은 굴욕을 무릅쓰고 지푸라기라도 잡는 심정으로 잉글랜드 은행에 긴급지원을 다급하게 요청했다. 그러나 전반적 금융위기가 예상되는 상황에서 한 회사를 위해서만 긴급지원을 해준다면 잉글랜드 은행은 도덕적 해이를 부추긴다는 반박할 수 없는 비난에 시달릴 수밖에 없었다. 잉글랜드 은행 총재의 반응은 신속하고 명확했다. 긴급지원은 없었다. 1866년 5월 9일 오후 3시 30분 오버렌드거니주식회사는 지급유예를 선언했다.

오버렌드거니주식회사의 파산은 대파국을 초래했다. 『뱅커스 매거진Banker's Magazine』은 다음과 같이 보도했다. "그날과 그다음날 내내 사람들이 느꼈을 공포와 불안을 필설로 표현하는 것은 불가능하다. 안전하다고 생각한 사람은 아무도 없었다. 지급유예를 선언한 즉시 모든 은행에서 상상을 초월하는 규모의 예금인출 사태가 빚어졌다."[29] 블랙 프라이데이Black Friday라는 이름이 붙어 이후 수많은 '블랙 ~데이'의 원조가 된 그다음날 상황은 더욱 나빠졌다. 타임스의 기사를 보자. "정오 무렵 소동은 폭동으로 변했다. (…) 내로라하는 금융회사의 출입문이 군중에 에워싸였다. 롬바드가 주변에서 허둥대고 들썩이는 군중이 좁은 도로를 꽉 메웠다."[30] 고전적 금융위기였다. "얼마 전만 해도 사람들은 서로서로 믿었다. 그러나 지금은 아무도 믿지 않는 것 같다."[31] 유동성이 모조리 증발했다. 어음할인 중개에 나선 어음중개인은 아무도 없었다. 오직 잉글랜드 은행만이 9퍼센트라는 가혹한 금리로 어음을 할인해주었다. 그전 주 잉글랜드 은행의 준비금은 이미 반토막 난 상태였다. 이제 단 하루 만에 400만 파운드를 대출했다. 잉글랜드 은행 이사회는 두려움에 질려 얼어붙었다. 잉글랜드 은행 총재는 훗날 "사태가 이 지경이 될 것이라고는 아무도 예측하지 못했다"고 술회했다.[32]

토요일이 되자 온 세상이 혼란의 도가니에 빠졌다. 그날 오전 재무장관 윌리엄 이워트 글래드스톤William Ewart Gladstone은 다음과 같은 발언으로 하원을 안심시키려고 노력했다. "시티 오브 런던에서 굉장히 오래 일한 사람이 아무리 기억을 되살려봐도 유례를 찾기 힘든 패닉과 고통이 엄습한 것은 사실입니다만, 그렇더라도 잉글랜드 은행이 저에게 화폐 발행 상한을 정한 법의 적용을 중지시켜달라고 요청할 근거는 없습니다."[33] 그러나 재무부로 돌아온 글래드스톤은 잉글랜드 은행 총재가 준비금이 300만 파운드밖에 남지 않았고 금요일 같은 사태가 또 한 번 발생하면 잉글랜드 은행은 더는 버틸 수 없다는 현실을 지적하며 화폐 발행 상한을 해제시켜달라고 했다는 것을 알게 되었다. 글래드스톤은 요청을 받아들였다. 잉글랜드 은행 금리를 10퍼센트로 인상해야 한다는 조건을 걸고, 화폐 발행 상한의 적용을 유예하는 문서에 서명했다. 1847년과 1857년의 위기 때도 화폐 발행 상한을 해제시켜달라는 요구가 있었지만, 잉글랜드 은행이 화폐를 무제한 찍어낼 것이라고 엄포를 놓기만 해도 극심한 패닉을 진정시킬 수 있었다. 위기는 정점을 찍은 뒤 차츰 진정되기 시작했다. 잉글랜드 은행이 발행한 화폐에 대한 수요는 위기 직후 몇 달 동안 평소와 달리 높은 수준을 유지했지만, 이후 제자리로 돌아갔다. 이제 관심의 초점은 오버렌드거니의 파산으로 망하거나 손실을 입은 회사가 얼마나 되는지 헤아리는 쪽으로 이동했다. 상당히 많은 회사가 손실을 입었다. 예금보험이 없던 시대여서, 영국 은행세 곳과 영국계 인도 은행 한 곳이 청산되었다. 어음중개인 수십 명과 금융회사 수십 곳도 파산했다.

언제나 그렇듯이 위기의 실제 영향은 극심한 패닉이 가라앉은 한참 뒤에도 시티 오브 런던 밖에까지 미쳤다. 영국 곳곳에서 신뢰의 손상에서 비롯된 신용경색 때문에 영국 곳곳의 기업활동은 심각하게 위축되었다. 기록을 보면 블랙 프라이데이 이후 3개월간 180건 넘는 파산선고가 내려졌다.[34] 실업률도 1866년 2.6퍼센트에서 1867년 6.3퍼센트로 치솟았다. 1868년에도 경기회복세가 완연해지기 전까지 실업률은 상승세를 유지했다. 런던 이스트엔드의 부두를 출항지로 삼아 전 세계를 누빈 글로벌 해운산업처럼 신용 의존도가 특히 높았던 산업은 몹시 심각한 영향을 받았다. 부두노동자를 위한 자선기관이던 포플러 병원Poplar Hospital의 연례 보고서는 "올해처럼 정부와 사적 기업 모두 엄청난 재앙을 겪은 해는 지금까지 없었다"고 적었다.[35] 대체로 보아 1866년의 금융 붕괴 규모는 1825년 이후 가장 컸다. 시티 오브 런던이 다른 어느 곳보다 앞서 발전하고 국제적 중요성도 훨씬 높은 곳이었기 때문이다. 이런 점에서 7년 뒤 금융 붕괴의 잔해를 살피던 한 잡지의 편집장이 대재앙의 불씨를 지핀 오버렌드거니주식회사의 파산을 가리켜 "기업이 만악의 뿌리임을 보여주는 전형적 사례"라고 한 것은 그리 놀랄 일이 아니다.[36]

경제학이 잊고 있던 것

잡지는 『이코노미스트』였고, 편집장은 다름 아닌 월터 배젓이었다. 래리 서머스가 진정한 가치를 인정받지 못하고 방치되어온 경제사상의 한 전통을 이야기하며 맨 앞에 꼽은 그 월터 배젓 말이다. 1826년에 태어난 배젓은 경제학사에서 독특한 위치를 점한다. 그는 정식 경제학 교육을 받지 못했다. 평소 존 스튜어트 밀이 1848년에 쓴 『정치경제학 원리Principles of Political Economy』를 가리켜 경제학을 초중고등학교와 대학교에서 배워야 할 교과목으로 만든 최초의 진정한 경제학 교과서라 했고, 자신을 가리켜 "밀 이전 시대 마지막 사람"이라고 말하곤 했다.[37] 배젓은 현장에서 일하며 지식을 쌓았다. 서부 잉글랜드에서 규모가 가장 큰 은행을 경영한 삼촌 밑에서 은행가로 일하다 금융 저널리스트가 되었다. 그렇지만 그가 1860년 『이코노미스트』 편집장 자리에 오른 뒤 쓴 여러 글은 경제사상과 경제정책에 깊은 영향을 미쳤다. 1915년 케인스는 "배젓은 영국 경제학에서 독특한 위치를 차지하고 있다"며 수수께끼 같은 그의 존재를 이렇게 축약했다. "배젓이 쓴 몇몇 경제학 관련 글은 대단히 뛰어나지만, 몇 가지 점에서 그는 경제학자가 아니었다고 해야 마땅하다."[38]

상업과 금융의 실제 발달과정을 잘 아는 것은 추상적 이론을 세우는 것보다 훨씬 가치 있다. 1866년 위기 사례만큼 이 사실이 잘 드러나는 것은 없다. 오버렌드거니주식회사가 파산했을 무렵 배젓은 이미 세 차례 금융위기와 그에 뒤이은 경기침체를 겪었다. 그는 이들 금융위기는 근대 화폐 시스템이 수백 년에 걸쳐 발전하는 과정에서 형성된 본질적 특징이라는 것을 깨달았다. 그러나 금융위기를 예방하고 관리하는 방법을 알려준 일반적으로 받아들여지던 경제학 지혜, 즉 애덤 스미스와 존 스튜어트 밀의 지혜는 안타깝게도 현실과 거리가 있었다. 배젓은 이 불일치에서 끔찍한 결과가 나올 수밖에 없다고 생각했기에 그 불일치를 바로잡기 위해 1850년대 중반부터 많은 글을 썼다. 오버렌드거니주식회사 때문에 빚어진 위기가 끝난 뒤, 배젓은 그동안 수집한 사례를 알기 쉽게 설명하기로 마음먹었다. 개혁을 추진할 필요가 있다고 생각하는 정치인이 이해할 만한 책을 쓰기로 한 것이다. 그 성과물이 1873년에 나온 역작 『롬바드 스트리트, 또는 화폐시장에 관한 설명Lombard Street, or, a Description of the Money Market』(이하 『롬바드 스트리트』)이다.

배젓은 간결하고 논쟁적이며 생생한 서술을 의도적으로 『롬바드 스트리트』 첫머리에 배치했다. 케인스는 『롬바드 스트리트』를 이렇게 평가했다. "시티 오브 런던의 거물들 눈높이에 맞게 쓴 선전물로, 그 목적은 그들 머릿속에 두세 가지 기본적 진리를 주입해 미래 정책의 지침으로 삼게 하는 데 있었다."[39] 그러나 『롬바드 스트리트』는 기본적으로 경제적 설명과 분석이 담긴 훌륭한 책이었다. 특히 두 가지 점에서 밀과 고전파의 저서와 구별되었다. 첫째, 배젓의 경제학은 화폐, 은행, 금융을 출발점으로 삼았다. 그는 이 세 가지를 근대 경제 시스템의 지배적 기술로 보았다. 둘째, 배젓은 이론에 화폐경제의 현실을 꿰맞추지 말고 화폐경제의 현실에 맞게 이론을 구성해야 한다고 주장했다. 배젓은 『롬바드 스트리트』의 제목과 서문에서 고전파 선배의 추상적 경제학과의 결별을 당당하게 선언했다. "나는 감히 이 책 제목을 '화폐시장'이나 그와 비슷한 다른 어떤 말이 아니라 '롬바드 스트리트'로 지으려고 한다. 내가 다루려고 하는 것은 구체적 현실이라는 것을 보여주고 싶기 때문이다."[40]

배젓은 근대 화폐경제와 관련해 반드시 짚고 넘어가야 할 기본적 사실로, 금과 은이 곧 화폐라는 전통적 인식은 착각에서 나온 것이라는 점을 꼽았다. 그것은 길을 가는 평범한 사람이 습관적으로 받아들이는 인식이자 강단 경제학자가 퍼뜨린 인식에 불과하다고 보았던 것이다. 배젓의 설명에 따르면 롬바드가를 살짝 들여다보기만 해도 기업인이 압도적으로 많이 사용하는 화폐는 양도 가능한 사적 신용, 즉 은행 예금과 지폐라는 것을 알 수 있었다. "영국에서는 빌린 돈으로 사업하는 것이 일반적이다."[41] 배젓은 근대 경제의 호황과 불황 주기를 이해하고 그것을 조절할 방법을 찾으려고 할 때 이 단순하고 명백한 사실이 깊은 영향을 미칠 수 있다고 주장했다. 강단 경제학자가 주장하는 것처럼 화폐가 상품교환 수단이 아니라 본질적으로 양도 가능한 신용이라고 한다면, 근본적으로 다른 요인으로 경제의 화폐 수요를 설명해야 한다. 상품 수요를 충족시키는 문제는 충분한 양의 상품을 시장에 공급하면 금방 해결된다. 그러나 양도 가능한 신용의 경우 양만 따져서는 충분하지 않다. 신용을 발행한 사람의 신뢰성과 부채의 유동성도 살펴야 한다. 이 두 가지 요인 모두 기술적으로나 물리적으로 결정되지 않는다. 일반적 신뢰 수준과 신용 수준에 의해 결정된다. "영국 은행 시스템의 독특한 본질은 사람과 사람 사이의 전례없이 돈독한 신뢰에서 찾을 수 있다. 그러나 보이지 않는 원인 때문에 신뢰가 약해진다면 작은 사건은 신뢰를 크게 훼손시키고, 큰 사건은 신뢰를 순식간에 파괴하는 사태가 빚어질 수 있다."[42]

배젓은 이 사실을 출발점으로 삼을 때 근대 경제를 올바르게 이해할 수 있다고 주장했다. 사회적 재산인 신뢰와 신용을 중요하다고 생각했다는 점에서 배젓의 경제 분석의 초점은 밀과 고전파의 경제 분석의 초점과 다를 수밖에 없었다. 배젓은 "한 신용 시스템이 다른 신용 시스템과 차이가 난다면 그것은 주로 '건전성' 때문"이라고 했다. "신용은 일정한 신뢰를 얻는 것, 일정한 신뢰 속에 있는 것을 뜻한다. 이 같은 신뢰는 정당한가? 이 같은 신뢰는 현명한가? 이것이 핵심적 물음이다."[43] 그러나 배젓은 기계적 이론화로는 이들 핵심적 물음에 대답할 수 없다고 함으로써 경제학 선배를 실망시켰다. "신용은 상황이 만들어내고 상황에 따라 변화하는 의견"이므로, 경제의 움직임을 이해하려면 경제의 역사, 경제의 정치, 경제의 심리를 잘 알아야 한다. "그 어떤 추상적 논증도, 그 어떤 수학적 계산도 경제를 가르쳐주지 못한다."[44]

배젓에 따르면, 이렇게 화폐의 근본적 성질을 바라보는 관점을 간단히 바꾸기만 해도 경제가 움직이는 방식을 다르게 이해할 수 있을 뿐 아니라, 위기와 불황을 피하는 대안적 정책도 찾아낼 수 있다. 그리고 그러기 위한 첫번째 단계는 모든 화폐는 양도 가능한 신용이지만, 정상적인 상황 아래서는 높은 신용도를 유지하고 풍부한 유동성을 보유할 의무가 있는 신용 발행인, 즉 현대 금융 시스템에서는 화폐에 대한 권한을 잉글랜드 은행에 위임한 군주가 존재한다는 것을 이해하는 것이다. 배젓은 이처럼 군주의 권한이 화폐 시스템에서 지배적 역할을 한 것은 결코 우연이 아니라고 했다. 화폐는 사회적 신뢰에 좌우된다. 그는 다음과 같은 유명한 비유를 했다. "정부에 충성심이 중요한 것처럼 기업에는 신용이 중요하다. 신용은 성장할 수는 있지만, 만들어낼 수는 없는 힘이다."[45]

배젓은 정상적인 상황에서는 법정화폐가 사적 화폐와 질적으로 다르다는 명쾌한 관점에 선 덕분에 근대 경제에서 화폐 대합의의 지속적 중요성과 그 실천적 의미를 설명할 수 있었다. 배젓이 뭐라고 했는지 들어보자. 근대 화폐 시스템은 잉글랜드 은행이 세워진 뒤로 확장을 거듭했지만, 그 작동 원리는 언제나 똑같았다. 잉글랜드 은행은 특권을 누리는 사적 은행가 집단의 상업적 감각과 화폐에 신용과 보편적 양도 가능성을 부여할 수 있는 군주의 공적 권한을 결합시켰다. 설립 이후 150년 동안 잉글랜드 은행과 밀접한 관계를 맺는 사적 은행가는 꾸준히 늘어났다. 군주가 자신의 고유 권한을 잉글랜드 은행에 빌려주었듯이, 잉글랜드 은행도 자신의 고유 권한을 수많은 은행에 빌려주었다. 오버렌드거니주식회사의 종말이 시작되었다는 것을 어음중개인에게 알리며 정책을 전환할 때까지 줄곧 그랬다. 그 결과 근대 화폐 경제는 '영국이 부도나느냐 마느냐'가 일개 합자회사 이사의 말 한마디에 좌우되고 (…) 모든 은행이 잉글랜드 은행에 의지하며, 모든 상인이 은행가에 의지하는" 상황에 빠졌다.[46]

배젓에 따르면, 롬바드가가 글로벌 경제의 화폐시장인 이유, 세계 역사 그 어느 시대보다 많은 은행이 많은 화폐를 발행하는 공간이 된 이유가 바로 여기에 있었다. 잉글랜드 은행이 군주와의 대합의를 통해 화폐 유통권을 얻어냈듯이, 롬바드가의 은행과 어음중개인도 잉글랜드 은행으로부터 화폐 유통권을 얻어냈고, 이어 지방은행도 롬바드가의 은행과 어음중개인으로부터 화폐 유통권을 얻어냈다. 지방과 런던의 은행은 기업가와 지주가 저축한 돈을 예금으로 유치했다. 상인은행과 어음중개인은 기업 발기인으로부터 투자 기회를 제공받았다. 피라미드 맨 꼭대기의 대어음중개인, 즉 최초의 근대식 중앙은행인 잉글랜드 은행은 한 예금자와 기업가에게서 다른 예금자와 기업가에게로 끊임없이 이어지는 어음 할인과 인수를 가능하게 했고, 그 흐름을 조절했다. 위기 상황에서 잉글랜드 은행이 해야 할 핵심 역할은 분명했다. 잉글랜드 은행은 졸지에 최후에 기댈 최종 어음중개인이자 최종 은행가가 되었다. 아무도 어음을 할인해주겠다고 나서지 못할 때 잉글랜드 은행만이 어음을 할인해줄 수 있었기 때문이다.

배젓의 설명에 따르면, 이 놀라운 화폐의 기반시설, 즉 잉글랜드 은행은 산업혁명의 운영 시스템이었다. 잉글랜드 은행이 있었기에 영국은 세계 다른 나라를 제칠 수 있었다. 여기까지가 잉글랜드 은행의 좋은 면이었다. 그러나 똑같은 이유에서 잉글랜드 은행이 제 기능을 다하지 못하면 파국적인 결과가 빚어질 수 있었다. 엄청난 유혹, 고전파의 추상적 경제학이 도저히 극복할 수 없는 약점이라고 밝혀낸 유혹이 일었다. 군주의 대리인인 중앙은행만이 화폐 시스템의 존립을 좌우하는 신용과 신뢰를 지탱할 수 있으므로, 평상시건 위기시건 경제 전반의 건전성은 물론 시티 오브 런던의 건전성을 책임져야 한다는 사실을 망각하고 싶은 유혹 말이다. "우리는 어려운 과제에 매달리다보면 쉬운 과제도 있다는 생각을 하지 못한다. 부자연스러운 상태에서 살다보면 자연스러운 상태가 있다는 생각을 하지 못한다. 롬바드가에는 관리해야 할 화폐가 너무 많다."[47] 1866년 위기 당시 잉글랜드 은행은 세계 최대 금융 중심지 한복판에서 관리 능력과 정책 능력 면에서의 시대착오성을 여지없이 드러냈다. 개혁할 때가 왔다.

배젓은 두 가지 제안을 했다. 현대 중앙은행도 이 두 가지를 실천하고 있다. 첫번째 제안은 잉글랜드 은행 자체의 지위와 관리방법을 개혁하는 것과 관련 있었다. 잉글랜드 은행은 사적 기업에 머물러 있었다. 잉글랜드 은행이 화폐 시스템의 정점에 있다는 합의는 명확하지 않았고, 은행은 간간이 사적으로 임명된 경영진의 기분에 따라 흔들렸다. "잉글랜드 은행의 이사는 (…) 명목상으로가 아니라 실제로 공공을 위한 신탁관리자여야 한다." 그러나 "이 임무수행과 관련해 (…) 확실하게 정해진 일은 없다. 대다수 이사는 자신의 임무를 인정하지 않는다. 몇몇은 대놓고 부정하기도 한다".[48] 잉글랜드 은행의 정치적 감독 문제를 보자. "영국 정치인 열 명을 붙잡고 잉글랜드 은행을 관리할 권한이 누구에게 있냐고 묻는다면 아홉 명은 자신에게 있거나 하원에 있는 것이 아니라고 손사래 치며 대답할 것이다."[49] 이런 상황이 지속된다는 것은 정상적이지 않았다. 중앙은행은 근대 화폐 시스템의 필수 요소, 사실상 유일한 필수 요소다. 이 사실을 위기가 닥쳤을 때만 존중할 것이 아니라 평소 공개적으로 인정해야 한다.

중앙은행 제도 이야기는 그만하자. 중앙은행 제도보다 더 중요한 것은 중앙은행의 정책이다. 1847년과 1857년의 위기 때나 오버렌드거니주식회사가 파산했을 때, 잉글랜드 은행은 금융 시스템을 재앙에서 구하기 위해 특유의 힘을 동원했다. 단, 파국이 목전에 다다랐을 때만 움직였다. 언젠가 윈스턴 처칠이 미국의 사례를 보고 이야기했던 것처럼 중앙은행은 다른 모든 가능성이 사라진 뒤에만 제대로 일한다는 믿음을 줄 수 있었을 뿐이다. 배젓은 오버렌드거니주식회사가 불러일으킨

위기 직후 잉글랜드은행 이사의 증언을 토대로, 분명하고 적절한 화폐정책이 없었다는 것이 문제의 근원이었다고 주장했다. 이에 배젓은 정책 입안자가 쉽게 이해할 수 있는 간명한 화폐정책을 제시했다.

그가 내놓은 최우선적이고 가장 기본적인 처방은 최후에 의지할 대출자나 어음중개인으로서 중앙은행의 역할은 이사의 재량에 맡겨둘 것이 아니라 법적 책임으로 명시해야 한다는 것이었다. 사적 화폐의 안전성이나 유동성에 대한 믿음이 흔들릴 때 잉글랜드 은행은 구체적 한도를 정하지 않고 법정화폐를 빌려줄 준비를 해야 한다. 잉글랜드 은행은 자신의 채무와 신뢰를 상실한 은행 및 기업가의 채무를 맞바꾸겠다고 선언함으로써 패닉이 눈덩이처럼 커지기 전에 억눌러야 했다. 얼마든지 그럴 수 있었다. 이런 점에서 배젓은 전향적 화폐정책을 추진할 근거를 제시했다고 할 수 있다. 그가 정한 첫번째 규칙은 무엇이 전향적 화폐정책의 본질적 내용이어야 하는가를 밝혔다. "패닉이 엄습할 때 (잉글랜드 은행은) 가만히 지켜볼 것이 아니라 대중을 향해 자유롭고 활기차게 앞으로 나아가야 한다."[50]

배젓이 정한 두번째와 세번째 규칙은 전향적 화폐정책을 적용할 때 두 가지 중요한 측면을 다뤘다. 두번째 규칙은 위기가 한창일 때 최후에 기댈 최종 대출자 역할을 하는 중앙은행은 파산한 사람과 유동성이 부족한 사람을 칼로 무 자르듯 구분해서는 안 된다는 것이었다. 중앙은행은 "은행이 보유한 우량 유가증권을 담보로 잡고 요청이 들어오는 대로 후하게" 대출해야 한다.[51] 우량 유가증권은 평상시에 우량하다고 여겨지는 유가증권을 말한다. 중앙은행 운영에서 핵심은 "불안을 잠재우는 것이다. 따라서 불안을 불러일으킬 그 어떤 행동도 해서는 안 된다. 우량 유가증권을 담보로 내놓을 수 있는 사람에게 대출을 거부하는 것은 불안을 불러일으키는 대표적인 행동이다".[52] 만약 최종 대출자가 패닉이 누그러지기를 기다리며 아무 조치도 취하지 않는다면 사적 은행과 상인은 불량 유가증권을 투매함으로써 보험업과 경제학에서 말하는 '도덕적 해이' 문제를 불러일으킬 수 있다. 배젓은 이 위험을 피할 세번째 원칙도 내놓았다. "지나친 몸 사리기에 무거운 벌금을 매긴다는 의미로 (…) 그리고 딱히 급할 것이 없는 사람까지 긴급대출을 신청하는 사태를 예방하기 위해서도 (…) 긴급대출에는 아주 높은 금리를 적용해야 한다."[53]

배젓의 생각은 왜 극심한 논란을 불러일으켰을까? 배젓이 논쟁의 소지가 다분한 책 『롬바드 스트리트』를 열심히 쓴 이유는 뭘까? 이 모든 것이 누가 봐도 명백했는데 왜 야단법석이 벌어졌던 것일까? 화폐의 본질, 경제가 움직이는 방식에 관한 사뭇 다른 관점이 널리 퍼져 있었기 때문이다. 그것은 바로 애덤 스미스가 『국부론』에서 창시했고, 데이비드 리카도David Ricardo와 장바티스트 세Jean-Baptiste Say가 정교하게 가다듬었으며, 존 스튜어트 밀이 1848년 『정치경제학 원리』를 펴내며 체계화한 고전파 경제학의 관점이었다. 배젓은 화폐시장의 상식과 중앙은행의 경험칙을 엄정한 논리에 따라 정리했다. 그러나 그 배후에는 화폐 문제와 경제 문제에 관한 명확한 교리와 정교한 교리문답서로 무장한 고전파 경제학이라는 정통 교회가 있었다. 고전파 경제학의 가르침과 배젓의 가르침은 경제학을 이해하는 방식과 정책적 함의에서만 극명한 차이를 보였을 뿐이다.

13

경제학의 과오

무엇이 경제학을 혼란스럽게 했는가?

배젓이 이렇듯 고전파 경제학 선배와 차이를 보인 뿌리에는 경제와 금융을 생각하는 방식의 차이가 있었다. 애덤 스미스가 쓴 책이나 애덤 스미스의 제자인 고전파 경제학자가 쓴 책에는 한 유령이 어슬렁거렸다. 존 로크와 존 로크의 화폐 자연주의라는 유령 말이다. 로크에 대한 애착이 확고했던 고전파 경제학자는 화폐는 곧 금이나 은이라고 생각했다. 화폐 역시 다른 모든 상품과 마찬가지로 수요와 공급 법칙의 지배를 받는 하나의 상품이었다. 1803년 프랑스 경제학자 장바티스트 세는 이렇게 말했다. "화폐 혹은 사람들이 흔히 말하는 정화正貨도 하나의 상품이다. 그 가치는 다른 모든 상품에 공통으로 적용되는 일반 법칙에 의해 결정된다."[1] 45년 뒤 존 스튜어트 밀은 선언했다. "화폐도 하나의 상품이다. 화폐의 가치가 결정되는 방식과 다른 상품의 가치가 결정되는 방식은 다르지 않다."[2] 이에 반해 사적 신용수단은 화폐가 아니었다. 화폐의 대용물에 지나지 않았다. 금이나 은으로 교환될 수 있는 한에서만 가치가 있었다.

전통적 관점으로만 화폐를 바라본 고전파 경제학자는 세 가지 점에서 배젓과 극심한 차이를 보였다. 첫째는 위기 상황에서 화폐정책이 지켜야 할 올바른 원칙이었다. 고전파의 화폐 개념이 옳다고 해보자. 다시 말해 금이나 은만 화폐가 될 수 있다고 해보자. 위기가 닥치면 누구든 화폐를 원하지만, 유통 가능한 화폐의 양은 정해져 있다. 그래서 잉글랜드 은행은 대출을 중지하거나 대출할 때 적용되는 금리를 올려 화폐 보유고를 보호해야 한다. 바로 이것이 고전파 경제학자가 추천한 정책이었지만, 배젓으로부터 '꿈같은 소리', '망상', '너무 황당해서 오래가지 못한다'는 말을 들은 정책이기도 했다.[3] 배젓은 그런 정책은 패닉을 악화시킬 가능성이 높기 때문에 추구해서는 안 되는 최악의 정책이라고 설명했다. 위기 상황에서 부족한 것은 금이 아니라 신용과 신뢰였다. 중앙은행은 사적 발행자가 발행한 신용 잃은 어음을 잉글랜드 은행이 발행한 화폐로 언제든지 바꿔줌으로써 신용과 신뢰를 회복시키는 고유의 능력이 있었다. 잉글랜드 은행 이사는 위기가 빚어질 때마다 더듬더듬 헤매며 대응하는 과정에서 고유의 능력을 깨달았다. 화폐는 상품이 아니라 신용이라는 것을 이해했다. 화폐는 곧 신용이라는 사실에 입각한 명시적 정책을 세워야 할 이유를 분명히 알게 되었다.

그러나 금융위기에서 적절한 정책을 둘러싼 배젓의 견해와 고전파 경제학의 견해 차이는 거시경제를 전반적으로 관리하기 위한 정부 정책의 필요성, 특히 화폐정책의 필요성을 둘러싼 넓은 범위의 견해 차이에 가려지고 말았다. 화폐는 상품교환 수단이라는 전통적 견해는 고전파의 가장 유명한 명제 배후에 가로놓인 핵심 가정 중 하나였다. 1803년 장 바티스트 세가 『정치경제론Treatise on Political Economy』에서 직관에 반하는 것처럼 보이지만, 중요하기 이를 데 없는 경제의 자연법칙이라고 명쾌하게 정리한 가정 말이다. 세는 이렇게 주장했다. 화폐도 하나의 상품이라고 한다면 법정화폐와 사적 화폐를 갈라놓는 선은 존재하지 않는다. 금화로 주조되건 주조되지 않건 금은 금이기 때문이다. 더구나 교환수단으로 기능할 상품은 임의로 정할 수 있으므로, 화폐가 부족해질 위험은 없을 것이다. 기업심이 왕성한 상인계급은 필요하면 언제든지 대안을 만들어낼 수 있기 때문이다.

낯익은 주장이다. 그리고 널리 인정된 사실에 바탕을 둔 이 주장이 애덤 스미스의 시장이론과 결합하면서 거시경제학의 고전적 물음, 즉 불황의 원인은 무엇인가를 해결할 열쇠가 나왔다. 애덤 스미스는 인위적 개입이 없다고 가정한 뒤 수요와 공급의 상호작용이 어떻게 수요량과 공급량이 일치하는 가격을 형성하는지 보여주었다. 세는 한 걸음 더 나아가 화폐도 하나의 상품으로서 다른 상품에 적용되는 것과 동일한 법칙이 적용되므로, 화폐시장을 비롯한 모든 시장에 개별 시장의 작동 방법에 관한 논증이 일반적으로 적용될 수 있다고 설명했다. 달리 말해, 화폐를 바라보는 전통적 관점에 따르면, 애덤 스미스의 이론은 자유롭게 작동하는 시장 메커니즘은 경제의 모든 시장에서 동시에 수요량과 공급량을 일치시키는 가격을 만들어내므로, 생산된 모든 것은 소비될 수 있다는 것을 의미하게 된다. 세의 말을 그대로 옮기면, "생산물에 대한 수요를 창출하는 것은 생산이라는, 언뜻 역설처럼 보이는 결론"이 나오는 것이다.[4] 이 결론을 현대의 낯익은 표현으로 바꾸면 공급이 수요를 창출한다는 것이 된다.

세의 법칙으로 알려진 이 결론은 고전파 거시경제학의 핵심 구성 원리로서 굉장한 영향을 미쳤다. 세의 법칙이 옳다면, 불황은 수요가 부족해서 발생하는 것이 아니다. 공급 쪽에 문제가 있을 때 발생하는 것이다. 예컨대 애써 지은 농사를 망가뜨리는 자연재해, 예상치 못한 공장의 정전, 노동자의 파업, 파괴적 혁신을 불러오는 새로운 생산기술 등 공급 쪽 차질이 불황을 불러온다. 돈의 부족이 경기침체를 불러온다는 널리 퍼진 말은 착각에서 비롯된 것이다. 생산물을 사는 사람에게 살 돈이 충분하지 않다는 사실은 팔 생산물이 충분하지 않다는 것을 뜻할 수 있다. 공급은 수요를 창출한다. 그래서 총공급에 교란이 발생하면, 총수요가 그만큼 하락하고, 결국 경제의 생산량 전체 가치가 하락할 것이다. 한마디로 불황이 찾아온다.

　따라서 배젓의 화폐경제학은 금융위기를 막을 올바른 정책 계율에 대해서뿐 아니라 고전파와 근본적 차이를 보였다. 불황을 방지할 올바른 정책을 둘러싸고도 차이가 컸다. 세의 법칙이 기본 경제정책에 암시하는 것은 총수요 그 자체를 부양하려고 해봤자 아무 소용 없다는 것이었다. 불경기의 원인은 공급 쪽에 있으므로, 불경기 대책은 공급을 개선하는 데 초점을 맞춰야 한다. 고용을 저해하는 규제를 철폐해야 하고, 조세와 관세를 감축시켜야 한다. 통화정책으로 국민총생산을 증대시키려는 노력은 말 앞에 수레를 두는 것과 같다. 생산이 늘어나야 화폐 수요가 늘어나고 화폐 공급도 늘어나기 때문이다. 그 반대는 아니다. 대부분의 불황은 사실 알게 모르게 경제에 영향을 미치기 시작하다 상당히 빨리 끝난다는 사실을 고려하면, 세의 법칙이 불황에 맞서려는 정부에

권하는 정책은 아주 간단하다. 세는 공급 쪽 상황이 단기간에 크게 바뀔 수 없으므로, 아무것도 하지 않는 것이 최선의 정책이라고 권한다.

반면에 배젓의 경제학은 사람들이 충분한 돈을 갖고 있지 않을 때 불황이 발생한다는 흔한 생각은 아주 옳고, 그렇기 때문에 세의 법칙은 똑똑한 바보의 경제학에 지나지 않는다는 것을 뜻했다. 경제가 위기에 빠질 때 법정화폐의 수요에는 상품의 수요에 적용되는 것과 같은 법칙이 적용되지 않았다. 경제가 위기에 빠지는 것은 생산량이 줄고 신뢰가 약해졌기 때문이 아니다. 정반대다. 법정화폐의 독특한 특징은 위기 때 수요가 늘어난다는 데 있다. 적어도 1825년의 위기 때부터 경제 현장의 전문가는 이 역설을 이해하고 있었다. 뉴캐슬의 부유한 목재상으로, 시간 날 때마다 경제 선전물을 썼던 토머스 조플린Thomas Joplin은 다음과 같이 간결하게 정리했다. "보통때의 화폐 수요와 패닉이 발생할 때의 화폐 수요는 180도 다르다. 평상시의 화폐 수요는 화폐를 경제순환 과정 안에 '집어넣기' 위한 것이고, 패닉이 발생할 때의 화폐 수요는 화폐를 경제순환 과정에서 '빼내기' 위한 것이다."[5] 이렇게 볼 때 경기침체가 막 시작되려고 할 때 세의 법칙이 넌지시 암시한 정책숙명론(아무것도 하지 않는 정책)은 올바른 처방이 될 수 없다. 과도한 수요를 충족시키고 신뢰를 회복시키기 위한 법정화폐의 공급을 확대하는 정책을 펴야 한다. 다행히 배젓이 지적한 대로 현실 세계에서 법정화폐의 공급은 중앙은행이 정책적으로 결정할 문제다.

고전파 경제학은 금융위기 상황에서 중앙은행의 정책이나 불황에 맞서는 올바른 거시경제정책에 영향을 미쳤다. 그러나 장기적으로 볼 때 더 중요하고 결정적인 영향을 미친 것은 고전파 경제학이 화폐를 바라보는 로크의 관점을 놓지 못한 것이었다. 사실, 래리 서머스가 말한 경제학을 혼란스럽게 한 것은 화폐를 바라보는 전통적 관점이었다. 고전파 경제학은 금과 은이 실제 화폐라는 생각 말고도 로크에게 지적으로 빚진 것이 많았다. 로크가 화폐를 바라본 관점의 가장 근본적 특징, 즉 경제적 가치는 역사적으로 우연히 발생한 개념이 아니라 자연적 속성이라는 생각도 그중 하나였다.

경제적 가치 개념은 고전파의 경제 분석에 본질적으로 깊은 영향을 미쳤다. 한마디로 경제를 이해하는 과제를 단순화시켰다. 경제적 가치 개념을 당연한 것으로 받아들이면, 화폐에 관해 걱정할 필요 없이 경제분석을 할 수 있기, 아니 해야 하기 때문이다. 경제적 가치는 화폐, 은행 등 근대 금융의 복잡한 문제가 발명되기 한참 전부터 자연 상태로 존재해왔다. 화폐 그 자체는 교환수단으로 기능함으로써 물물교환의 불편을 최소화하도록 상품의 세계에서 선택된 하나의 상품에 지나지 않는다. 아무도 화폐 자체를 원하지 않는다. 정말로 원하는 것은 화폐로 살 수 있는 상품이다. 사정이 그렇다면 화폐를 무시하는 것이 가장 단순하면서도 좋은 경제분석 방법의 출발점이다. 경제분석은 경제학자가 '실물'이라고 부르는 것을 대상으로 해야 한다. 화폐는 그 자체로 관심을 끄는 주제가 될 때만 사후에 경제분석 대상으로 추가될 수 있다. 그렇지 않다면 경제분석 대상이 될 수 없다.

이것이 로크가 보낸 매력적인 화폐 자연주의 초대장이었고, 고전파 경제학자는 열광하며 받아들였다. 애덤 스미스는 이렇게 주장했다. 근대 금융은 경제적으로 굉장히 중요한 것으로 보일 수 있다. 그러나 실제로는 "돈을 빌리는 사람이 정말로 원하는 것, 그리고 돈을 빌려주는 사람이 돈을 빌리는 사람에게 정말로 제공하는 것은 돈이 아니다. 돈의 가치 또는 돈으로 살 수 있는 상품이다".[6] 생산과 소득분배의 경제학은 이들 상품의 관점에서만 안전하게 분석될 수 있다. 세도 다음과 같이 말했다. 근대 경제에서는 상품을 사고팔 때 돈으로 결제한다. 그러나 곰곰이 생각해보면, "돈은 이 이중 교환에서 지불수단 기능만 할 뿐이다. 거래가 끝난 뒤에는 언제나 한 종류의 상품이 다른 종류의 상품과 교환되었다는 사실만 남는다".[7] 화폐의 의미를 아주 알기 쉽게 정리한 사람은 존 스튜어트 밀이었다. "돈이 있는 나라와 없는 나라의 차이는 크다. 그러나 돈은 고작해야 편리한 수단의 하나일 뿐이다. 손 대신 물의 힘으로 곡식을 빻을 때처럼 시간과 노력을 절약시켜주는 수단인 것이다."[8] 그 결과 화폐는 밀의 표준 경제학 교과서 제3권 중간부로 밀려났다. 경제학의 낯선 주변부로 추방당하고 만 것이다. 생산, 분배, 교환 같은 경제학의 본질적 주제는 모두 논리적으로 볼 때 화폐에 선행하는 가치라는 핵심 개념의 지배를 받으므로, 생산, 분배, 교환에 관해 알아야 할 필요가 있는 모든 것은 '실물' 경제를 분석하면 알 수 있다. 밀은 "경제에서 화폐보다 더 본질적으로 무의미한 것은 없다"고 결론 내렸다.[9]

지금까지 고전파가 화폐를 바라보는 전통적 관점을 바탕으로 구축한 경제학과 배젓이 『롬바드 스트리트』를 통해 대중화하려고 했던 경제학의 차이를 아주 간단하게 정리했다. 1866년의 위기나 2008~2009년의 위기에 비춰볼 때 고전파는 굉장히 터무니없었다.

위기는 어떻게 일어났는가?

정통 경제학의 역사를 잘 모르는 사람은 틀림없이 고전파의 비현실적 이론 장치에 대한 배젓의 강력한 공격의 결과는 즉각적이고 치명적이었다고 생각할 것이다. 래리 서머스가 역사상 최악의 금융위기가 한창일 때 미국이 믿고 의지할 권위 있는 경제학자 목록 맨 앞에 배젓의 이름을 올린 것은 놀라운 일이 아니다. 배젓은 고전파라는 지적 족쇄를 벗어버리고, 화폐가 현실 세계에서 작동하는 방식에 엄격한 분석의 칼날을 들이댔다. 중앙은행의 정책 원리는 화폐경제에 대한 적절한 이해에서 도출되어야 한다고 설명했다. 화폐의 부족 때문에 불황이 발생한다는 고전파의 주장이 왜 틀렸는지, 그리고 이 주장이 어떻게 화폐를 하나의 상품으로 바라보는 잘못된 관점에서 나왔는지도 보여주었다. 화폐와 금융의 세계에 놀라울 만큼 무지했던 고전파의 난해하고 부적절한 교리는 1866년 위기라는 태풍이 불어닥치자 카드로 만든 집처럼 무너졌다. 배젓의 대안적 관점은 이후 모든 거시경제학의 토대가 될 수 있었다.

서머스가 대안 경제학자 목록에 올린 또 한 사람의 눈부신 노력을 안다면, 정통 경제학의 역사를 잘 모르는 사람이 배젓에 대해 그릇된 짐작을 했어도 용서받을 수 있을 것이다. 그 사람은 바로 20세기 전반의 뛰어난 경제사상가 존 메이너드 케인스다. 화폐와 금융은 케인스의 모든 저서를 관통하는 중요한 주제였다. 그는 1920년대 초 고대 메소포타미아에서 금융의 궁극적 기원을 찾아내는 일에 "미친 듯이 빠져들었다". 훗날 그는 그때를 돌아보며 '바빌로니아 광기'라는 말로 스스로를 비웃었고, "정말 황당하고 쓸데없는 짓을 했다"고 인정했다.[10] 1923년 케인스는 『화폐개혁론A Tract on Monetary Reform』을 펴내 다음과 같이 주장했다. 제1차 세계대전 기간과 그 직후의 통화 혼란을 겪으며 인플레이션과 디플레이션이 경제성장 및 부와 소득의 분배에서 중요한 역할을 한다는 것이 드러났다. 고전파 경제학자가 과학적 필연이라고 주장했던 19세기 중반의 통설, 금본위제와 자유방임주의가 만들어낸 안정은 제1차 세계대전 이전 세계의 특별한 사회계약에 뒤따르는 우발적 특수 사례로 밝혀졌다. 제1차 세계대전 이후의 경험을 통해 성장과 분배라는 도전과제에 대처하려면 화폐본위의 신중한 관리가 필요하다는 일반 원칙을 세워야 한다는 것을 알게 되었다. 케인스는 한마디로 화폐를 경제학과 경제정책의 중심에 두는 주장, 어쩌면 존 로가 진심으로 지지했을 주장을 펼쳤다.

이들 주장은 고전파 경제학의 울타리를 한참 벗어나는 것이었다. 화폐의 설 자리가 없는 고전파 경제학의 교리로는 전혀 이해할 수 없는 것이기도 했다. 케인스는 자신의 생각이 정통 고전파 경제학 이론에 부합하지 않는다면 정통 고전파 경제학 이론이 자신의 생각에 부합하게 만들겠다고 마음먹었다. 고전파 경제학 이론을 통째로 다시 쓰기로 다짐한 것이다. 그 결과물이 1936년에 출간된 이후 거시경제학 및 거시경제적 정책결정의 활성화에 크게 이바지한 『고용, 이자, 화폐의 일반이론 General Theory of Employment, Interest, and Money』(이하 『일반이론』)이었다.[11]

케인스는 『일반이론』에서 배젓의 고전파 경제학자에 대한 비판을 한 단계 더 심화시켰다. 먼저 화폐를 바라보는 현실적 관점은 통화정책뿐

아니라 재정정책을 신중하게 관리할 필요성을 인정하는 것이라고 주장
했다. 배젓이 그랬듯이 케인스도 고전파가 실패한 근본 원인을 세의 법
칙에 대한 그릇된 심취에서 찾았다. 케인스의 주장은 이랬다. 문제의 핵
심은 화폐경제에서는 세의 법칙이 지켜지지 않는다는 것이다. 사람들
은 소득으로 재화와 서비스를 사지 않고 화폐를 보유할 수 있다는 단순
한 이유 때문에 화폐경제에서 총공급과 총수요가 반드시 일치한다는
보장은 없다. 경제 전망이 어두워질 때 사람들은 화폐, 즉 가장 안전하
고 유동성이 높은 법정화폐를 보유하려 한다.

　제1차 세계대전과 제2차 세계대전 사이 동안 세계적 수준의 불황을
경험한 케인스는 배젓이 폭넓은 경험을 통해 얻은 깨달음을 훨씬 뛰어
넘는 깨달음을 얻었다. 정리하자면 이렇다. 패닉을 진정시키고 안전과
유동성에 대한 높아진 수요를 충족시키는 데 사용할 법정통화가 충분
하다는 확신을 줌으로써, 수요를 간접적으로 부양하는 사전적事前的 정
책이 불황과 맞서 싸우는 필요조건이다. 그러나 사적 부문의 자신감이
과도한 부채에 발목 잡혀 끊임없이 약해질 때는 사전적 정책만으로 불
충분하다. 이 단계에 도달하면 직접적 정책을 취해야 한다. 사적 부문이
지출하지 않으려고 하면 정부가 지출해야 한다. 서머스의 설명에 따르
면 이것이 2008년 금융위기의 여파와 씨름하던 정책입안자에게 큰 도
움을 준 '케인스 이론의 기본틀'이었다.[12] 확대 금융정책뿐 아니라 확대
재정정책까지 도입되었다.[13]

　또 한번 많은 사건이 일어나 고전파의 화폐이론과 전통적 화폐이론
에 결함이 있다는 것을 드러냈다. 1866년의 금융위기가 고전파의 위기

관리이론이 틀렸음을 보여주었듯이 1930년대의 화폐 불안과 대량실업은 자유방임적 금융정책과 재정정책이 부적절하다는 것을 보여주었다. 또 한번 뛰어난 사상가이자 매력적인 이론 전달자가 화폐와 금융에 대한 현실적 인식에 토대를 둔 대안적 이론 체계가 어떻게 더 나은 정책에 영향을 미칠 수 있는지 설명해주었다. 그러나 역사에는 지적 통설의 놀라운 회복력을 보여주는 기록이 가득하다. 전통적 화폐이론 및 전통적 화폐이론에 기반을 둔 고전파 경제학은 그 확고한 사례였다. 근대의 많은 교회가 그랬듯이 고전파도 고통스러운 실천의 후퇴와 비위에 거슬리는 이론적 비판에 굴복하지 않았다. 적응하고 추상화하며 대응해 나갔다. 화폐는 하나의 상품이라는 주장을 더는 내놓지 않았다(속으로는 화폐를 하나의 상품인 것처럼 생각하는 것이 옳다고 보았다). 가치를 사물의 본질적 속성으로 더는 생각하지 않았다(속으로는 전과 다름없이 가치를 사물의 본질적 속성으로 여겼다). 법정화폐와 사적 화폐는 완벽한 대체물이 아니라는 것을 경험에 비춰 인정해야 했다(실제로는 이 사실을 설명하기 위해서 배젓의 화폐이론이나 케인스의 화폐이론 같은 위험한 이단적 화폐이론을 지지하면서 널리 인정된 교리를 포기할 필요를 느끼지 않았다). 고전파의 화폐 없는 경제학은 욕을 얻어먹고 의심받고 설득력 있는 새로운 견해에 무시당하면서도 제2차 세계대전 때부터 모습을 나타냈다. 그리고 제2차 세계대전이 끝나고 10년이 채 지나기 전에 아주 강력한 강장제를 새로 섭취했다. 고전파 경제학에 활력을 불어넣은 데 그치지 않고 새로운 생명을 부여한 강장제였다.

고전파는 나름의 정신적 자양분을 흡수하지 않았다면 존속하지 못했을 것이다. 『롬바드 스트리트』가 출판되고 나서 1년 뒤 프랑스 경제학자 레옹 왈라스Léon Walras는 『순수 경제학의 구성요소Elements of Pure Economics』에서 고전파의 가격 형성 이론을 수학적으로 엄격하게 정리했다.[14] 노벨상을 받은 영국 경제학자 존 힉스John Hicks는 1937년 케인스의 『일반이론』 속 핵심 개념은 고전파의 통설과 조화를 이룰 수 있다고 주장했다.[15] 1954년 고전파를 신봉하는 신자의 다섯번째 복음과도 같은 논문이 하나 나왔다. 미국 경제학자 케네스 애로Kenneth Arrow와 프랑스 경제학자 제라르 드브뢰Gerard Debreu는 일정한 조건이 충족되면 시장경제는 특정한 가격조합 아래서 모든 시장의 과잉수요와 과잉공급이 완전히 사라지는 '일반균형'으로 향하는 경향을 보인다고 증명했다.[16] 이것은 정통 고전파 교리를 뒷받침하는 강력한 증명, 달리 말해 세의 법칙에 대한 공식적 증명이었다. 오랫동안 글로 된 난삽한 논문을 통해 문제제기와 반론, 재반론이 이뤄졌던 것이 이제는 수학적으로 엄밀하고 명확하게 증명되었다. 물론 곧바로 화폐 없는 경제학에만 적용될 수 있는 증명이라는 반론이 제기되었다.[17] 일반균형이론의 열렬한 지지자는 핵심을 밝혔는데 뭐가 문제인가, 이러면서 좋아서 어쩔 줄 몰라 했다. 애로와 드브뢰의 유명한 증명은 화폐가 경제분석의 외생변수라는 것을 보여주었다. 화폐 없는 고전파 경제학 모형으로 모든 것을 논리적으로 증명했다.

일반균형이 존재한다는 애로와 드브뢰의 증명은 이후 60년 동안 주류 거시경제학 연구의 기본 도구로 빠르게 자리잡았다. 이것이 현실과 지속적으로 충돌한 것은 사실이었다. 일상 경험은 화폐와 금융이 함부로 무시해서는 안 되는 중요하고 독립적인 경제 요인이라는 점을 꾸준히 암시했다. 이단자가 줄지어 나타나 잘못을 뉘우치고 화폐를 진지하게 고민하는 대안적 관점에도 주의를 기울이라고 설교했다. 그러나 주류 경제학은 이단자 대부분을 하찮게 생각했다. 하이먼 민스키는 별난 괴짜로 부르며 무시했고, 찰스 킨들버거는 경제학에 역사의 색깔을 입힌 거짓말쟁이로 몰아세우며 영향력을 차단시켰다. 가끔 밀턴 프리드먼 같은 영리한 수완가가 나타나서는 정책입안자나 대중에게 직접 다가가 경제를 분석할 때 화폐가 중요하다는 것을 알린 적도 있었다. 그러나 애로와 드브뢰가 투여한 강장제는 효과가 강력했다. 두 사람이 재구성한 고전파 이론체계는 거의 무한정으로 유연했다. 그러나 두 사람의 원래 이론은 경제가 정적이지 않고 시간의 흐름에 따라 발전한다는 사실을 무시했다는 목소리가 나왔고, 동적 버전이 개발되었다. 동적 버전은 지나치게 결정론적이고 현실 세계는 불확실한 공간이라는 사실을 무시한다는 지적을 받았다. 통계학자가 말하는 '확률론적stochastic' 발전, 또는 무작위적 발전의 가능성을 보여주기 위해 고전적 확률이론의 여러 도구가 도입되었다. 그러나 결론을 증명하는 데 필요한 가정 대부분은 인간은 대단히 합리적이고 아는 것이 많다, 시장은 어디서나 완벽하게 기능한다, 등 신뢰하기 힘든 것이라는 지적을 받았다. 여러 세대의 연구자가 많은 시간과 노력을 들여 이들 가정을 하나씩 완화시킨 뒤 그 결과를 분석했다. 좀더 저돌적인 연구자는 몇 가지 가정을 한꺼번에 완화시키기도 했다. 동적·확률론적 일반균형 모형으로 불린 이 새로운 통설에 대한 반론은 없을 것 같았다.

그러나 옥의 티가 하나 있었다. 중앙은행은 이른바 '신고전파' 이론을 향해 양면적인 태도를 보였다. 강단 경제학자는 화폐, 은행, 금융이 없는 일반균형이론이라는 신비주의적 추상세계 속에서 초월적 명상을 하며 시간을 보낼 수 있었다. 그러나 정책입안자는 화폐, 은행, 금융이 대단히 중요한 역할을 할 뿐 아니라 중앙은행의 금리정책이 사적 부문을 억제하거나 자극하는 중요한 도구로 사용되는 현실 세계에서 견뎌야 한다. 그 결과 한 유명한 화폐경제학자가 절제된 표현으로 털어놓았듯이 "지난 수십 년간 중앙은행의 경제학자와 강단 경제학자는 유익한 상호작용을 별로 하지 않았다".[18] 누가 봐도 정리가 잘 안 되는 상황, 당혹스러운 상황이 아닐 수 없었다. 정책입안자조차 설득하지 못한다면 어떻게 현대 정통 거시경제학이 사회과학의 여왕으로서 위엄을 보이겠는가? 더욱 유연한 교리가 필요했다. 1990년대 말 마침내 신용이나 유동성 위험 같은 이단적 개념에 의지하지 않고 금융정책의 제한적 역할을 정당화하는 방법이 발견되었다.[19] 이 최신판 고전파 이론에는 '신케인스주의'라는 이름이 붙었다. 고전파 이론을 혁신해 『일반이론』에 담긴 모든 통찰을 적절하게 형태화했다는 것을 나타내기 위한 결정적 일격coup de grâce이었다. 여러 나라 중앙은행의 총재는 이 흥분을 자아내는 혼합물에 엄청난 매력을 느꼈다. 결국 그들의 방어벽에 구멍이 뚫리고 말았다. 세계 주요 나라 중앙은행은 신케인스주의적·동적·확률론적 일반균형 모형을 토대로 정책을 세우게 되었다. 그러나 근본적 수준에서 본다면 이 같은 고전파 이론에 대한 수정은 잔적 소탕 작전일 뿐이었다. 배젓과 케인스가 주도한 실제 전투는 오래전에 패했다. 강단 경제학자와 정책입안자의 주요 분석 도구는 화폐경제이론이 아니었다. 또 2012년 잉글랜드 은행 총재가 말했듯이 그 안에는 "금융의 중개 기능에 관한 설명이 없었기 때문에 화폐, 신용, 은행이 의미 있는 역할을 할 수 없었다." 래리 서머스는 방안의 코끼리(누구나 무엇이 문제인지 알지만 해결 의지가 없어 모른 척하는 상황—옮긴이)를 오래전부터 모른 척하고 지냈다며 한탄했다.[20]

지금까지 화폐 없는 고전파 경제학의 죽었다 살아난 나사로 같은 운명을 살펴봤다. 반면에 배젓이 화폐, 은행, 금융의 핵심적 중요성에 기울인 독창적 관심의 운명은 덜 행복했다. 훗날 케인스가 화폐, 은행, 금융에 대한 관심을 되살려냈으나 주류 경제학에 퇴짜 맞았고, 결국 이는 경제사상의 한구석에 처박혀 시들고 말았다. 제2차 세계대전 후 은행과 금융의 세상이 열리며 규제완화 시대에 접어들었을 때 화폐, 은행, 금융에 대한 관심도 마법의 영약(세상을 바꾸는 놀라운 힘이 있는 영약이기도 했다) 덕분에 되살아났다. 주식시장과 채권시장의 중요성이 점차 높아졌다. 이제 주식시장과 채권시장 참여자 사이에서 투자활동과 거래활동을 일관성 있게 사고하는 데 필요한 이론 틀을 요구하는 목소리가 커졌다. 화폐와 금융에 진정으로 관심을 기울이던 이론가들은 거시경제학이라는 정통 교회의 이단심문을 받을 걱정 없이 화폐, 은행, 금융을 연구할 지적 보호구역이 열렸다는 것을 깨달았다. 안타깝게도 강제 격리는 독단주의가 싹틀 여지를 낳는다. 새로 탄생한 강단 금융학은 제2차 세계대전 후의 거시경제학이 그랬듯이 배젓, 케인스, 민스키, 킨들버거가 강박적으로 고민하던 경제 현실에서 빠른 속도로 멀어져갔다.

강단 금융학에서 문제는 금융적 청구권financial claims(채권과 주식을 말한다—옮긴이) 경제학에 대한 관심이 부족하다는 데 있지 않았다. 정반대였다. 강단 금융학은 금융적 청구권에만 관심을 기울이기로 했다. 제2차 세계대전 후 규제완화정책이 가속화함에 따라 중요도가 더욱 높아진 주식과 채권 등 사적 자본시장에서 거래되는 금융증권의 가격을 결정하는 문제에 연구의 초점을 맞췄다. 금융 전문가는 포트폴리오 균형이론, 자본자산 가격결정 모형, 옵션 가격결정이론 등 강단 금융학의 주요 혁신 성과를 열심히 채택했다. 투자자 및 투자자의 대리인은 자신이 무엇을 하고 있는지 본능적으로 알고 싶어하기 때문이었다.[21] 그러나 사적 시장에서 거래되는 금융증권의 가격을 결정하는 데만 관심을 쏟은 결과 강단 금융학에서도 신고전파 거시경제학의 결함이 그대로 나타났다. 자본시장에서 거래되는 금융증권과 국가와 은행이 운영하는 화폐 시스템 사이의 본질적 연관성을 무시함으로써, 신고전파 거시경제학이 금융이 없는 거시경제학 이론을 정립했듯이 강단 금융학도 거시경제학이 없는 금융이론을 정립했던 것이다.

뿐만 아니라 유동성을 신용의 명백한 한 속성으로 생각하며 중시한 배젓의 통찰이나 배젓보다 앞선 시대의 조플린과 손턴Thornton의 통찰도 결정적으로 놓치고 말았다(이들 세 사람은 유동성이란 존재할 때는 신용을 화폐로 만들어놓지만, 존재하지 않을 때는 신용을 무기력한 쌍방신용으로 바꿔놓는 속성으로 바라보았다). 유동성은 배젓과 케인스가 그토록 강조하고 싶어했던 금융과 실물경제를 잇는 중요한 연결고리이자 거시경제정책의 근거였다. 법정화폐는 어떤 사적 화폐 발행자도 감히 바라기 힘든 유동성을 어느 정도 누리기 때문이다. 그러나 제2차 세계대전 후 강단 금융학은 국가가 유동성을 지원할 필요가 있는가, 필요가 있다면 어떻게 지원해야 하는가 하는 신학적으로 고민스러운 주제를 거시경제학자에게 흔쾌히 떠넘긴 채, 사적 시장에서 거래되는 금융 청구권의 신용도가 가격에 어떻게 영향을 미치는가 하는 문제를 해결하는 데만 관심을 쏟았다. 유동성이라는 추가적 수준까지 살피며 상황을 복잡하게 생각할 필요가 없다고 보았던 것이다. 어떤 중진 강단 금융학자는 다음과 같은 말로 정리했다. "새로운 체계에서는 (…) 유동성 위험을 구분된 범주의 위험으로 개념화하는 것이 불가능했다."[22] 근대 정통 거시경제학이 세, 리카도 및 이들의 고전파 제자의 화폐 없는 고전파 교리를 다루는 공식적, 수학적 이론으로 귀결되었던 것처럼 강단 금융학도 유토피아, 즉 법정화폐에 관해서는 한마디도 하지 않고 화폐를 대신할 만한 금융 청구권이 무한히 늘어선 세계의 화폐에 관한 공식적, 수학적 이론으로 귀결되었다.

왜 화폐가 문제인가? 여왕의 물음에 대한 대답

대부분 사람은 강단 경제학자가 무엇을 하느라 바쁜지 그 자세한 내용에 별로 관심 없다. 거시경제학과 금융학이 상아탑에 처박혀 난해한 이론만 발전시켰으므로, 관심을 받지 못하는 것은 당연하다. 그러나 이것이 전부는 아니다. 거시경제학과 금융학은 어떤 점에서는 자신의 엄정함을 확신하지 못하면서도 세상을 개종하겠다고 나서는 희귀한 신앙이다. 1990년대 말에 이르러 현대 정통 거시경제학과 현대 강단 금융학의 사도는 신앙을 위해 싸우고 복음을 전도한다는 깃발을 하나씩 들고 위풍당당하게 행진했다.

거시경제학보다는 금융학이 더한 악평을 들었다. 처음 등장했을 때만 해도 세상의 때가 더 묻은 오랜 지지자일수록 금융학의 적합성에 의문을 품었다. 예를 들어, 1969년 노벨상 수상자 제임스 토빈James Tobin은 강단 금융학이 묘사하는 세계에서 "화폐정책이 총수요에 영향을 미칠 여지가 전혀 없다는 것, 현실 경제가 금융 부문만 감독하려고 할 뿐 다른 방향으로는 피드백을 주지 않는다는 것"은 강단 금융학이 현실성 없음을 보여주는 걱정스러운 증거라고 지적했다.[23] 토빈은 이들 특징에 비춰볼 때 금융학을 현실 세계의 정책 지침으로 삼기 전에 신중을 기할 필요가 있다고 과감하게 제안했다. 그러나 자본시장의 규모와 범위가 늘어나고 금융혁신 속도가 빨라지며 이론이 발전함에 따라 새로 등장한 금융학 지지자는 앞으로 굉장히 멋진 세상이 펼쳐질 수 있다는 것을 금융학으로 보여줄 수 있기 때문에 토빈의 염려는 부적절하다고 주장했다. 이런 열성적 태도는 1995년 옵션 이론의 창시자 중 한 사람인 피셔 블랙Fischer Black이 자신의 모형이 창조한 새로운 금융수단의 보고를 가리키며 한 다음과 같은 말에서 정점을 찍었다. "사적 시장이 이렇게 훌륭한 파생상품의 집합체를 만들어내면서 체계적 위험도 만들어냈다고 생각하지 않는다." 블랙은 "체계적 위험을 만들어내는 누군가가 있다면 그것은 바로 정부"라고 주장했다.[24]

이렇게 정부 개입에 반대하는 터무니없는 생각과 여기서 자동으로 추정되는 금융규제 완화를 지지하는 주장이 2008년 금융위기를 겪는 동안 현실의 요구에 따라 차단당하는 과정을 또 반복할 필요는 없을 것이다. 그건 그렇고 정책입안자가 거시경제학의 한 분파인 정통적 신케인스주의 거시경제학 교리로 개종한 실제 결과는 그리 널리 알려지지 않았다. 신케인스주의 거시경제학이 가장 많은 신경을 쓴 것은 통화정책의 정확한 목적이었다. 신케인스주의 이론에 담긴 통화정책의 유일한 해악은 GDP의 성장을 늦추는 높고 변동이 심한 인플레이션이었다.[25] 그래서 낮고 안정적인 인플레이션, 즉 '통화안정'을 통화정책의 적절한 목표로 정했다. 정부는 합리적 인플레이션 목표를 정하는 제한된 역할만 하고 금리를 정하는 임무는 유능한 전문가를 거느린 독립적 중앙은행에 위임해야 했다.[26] 1997년 잉글랜드 은행은 독립성을 보장받음과 동시에 인플레이션을 관리할 임무를 부여받았다. 1998년에는 인플레이션을 표적으로 삼는 독립적 중앙은행으로서 유럽 중앙은행이 설립되었다.

대부분 상황에서 낮고 안정적인 인플레이션이 경제적 번영을 자극하고 부와 소득을 분배하는 유익한 효과를 발휘한다는 데는 의문의 여지가 없을 것이다. 그러나 되돌아보면 1990년대 중반에서 2000년대 중반에 걸쳐 추구된 '통화안정'은 너무 협소한 정책 목표였다. 위기 직전의 경제에서 재앙이 임박했다는 징후, 즉 주택가격의 폭등, 자산시장에서 유동성의 급격한 저평가, 그림자 은행 시스템의 출현, 대출 기준의 하향, 은행의 자기자본 감소, 유동성 비율 하락 등은 우선적 정책 목표가 아니었다. 낮고 안정적인 인플레이션과 달리 적절한 정책 목표로 인정받지 못했기 때문이다. 영국 금융감독청 청장은 2012년 중앙은행은 "결함투성이 경제안정 이론을 받아들인 결과 (…) 낮고 안정적인 인플레이션이 경제와 금융의 안정을 보장하는 충분조건이라고 순진하게 믿었고, 그 결과 신용과 자산가격의 순환주기가 불안정을 유발하는 핵심 동력이라는 사실을 파악하지 못했다"고 솔직하게 인정했다.[27]

사실 지난 10여 년간 통화안정을 헌신적으로 숭배한 해악은 심했다. 외곬으로 낮고 안정적인 인플레이션만 추구했기 때문에 2008년 글로벌 경제를 무릎 꿇게 만든 여타 통화 요인과 금융 요인에는 관심을 쏟지 못했다. 아니, 이들 요인을 더 악화시키기만 했다. 이단적 예지자 하이먼 민스키는 수십 년 전에 이미 외곬으로 통화안정을 추구할 때의 해악을 다음과 같이 경고했다.[28] 중앙은행이 낮고 안정적인 인플레이션을 달성함으로써 한 가지 유형의 위험을 완화하는 데 성공할수록, 투자자는 더욱 자신감을 갖고 불확실하고 비유동적인 증권에 투자함으로써 다른 유형의 위험을 기꺼이 감수하려고 할 것이다. 풍선 한쪽을 누르면 다른 쪽이 부풀어 오른다. 바꿔 말하면, 높고 변동이 심한 인플레이션을 제거하면, 자산시장의 파국적 불안정을 초래한다. 통화안정이 금융 불안정을 야기하는 것이다.

모든 정책입안자가 정통 이론이 오류를 범할 수 있다는 것을 모르지는 않았다. 아니, 왜 오류를 범할 수밖에 없는지 알았다. 2001년 세계적으로 유명한 거시경제학자이자 훗날 잉글랜드 은행 총재 자리에 오른 머빈 킹Mervyn King은 "많은 사람이 경제학은 화폐를 연구하는 학문이라고 생각하지만, 실제로는 그렇지 않다"고 안타까워했다. 그는 "대부분 경제학자의 대화에는 '화폐'라는 말이 전혀 등장하지 않는다"[29]고 설명한 다음, "경제학자가 사용하는 표준 모형에 화폐가 등장하지 않는 것이 앞으로 문제를 일으킨다는 것이 내 믿음이다. (…) 추측하건대 경제학자의 대화에서 다시 화폐가 중요한 위치를 차지할 것이다"라고 경고했다.[30] 글로벌 금융위기를 거치며 그의 믿음은 적중했지만, 추측은 빗나간 것으로 밝혀졌다.

화폐를 진지하게 고민하는 경제학을 확립하려고 했던 배젓과 케인스의 꿈을 무너뜨린 것은 무엇이었을까? 이 물음에 대한 궁극적 대답은 화폐에 관한 로크의 교리가 강력한 영향을 미쳤다는 것이다. 배젓은 화폐에 관한 로크의 교리를 공격했지만, 때가 너무 늦었다. 화폐가 거울나라로 사라져버린 지 오래였다. 화폐는 상품교환 수단이라는 전통적 인식이 확고하게 자리잡고 있었다. 화폐는 상품교환 수단이라는 마법에 걸린 사람은 정반대되는 증거나 논거를 아무리 많이 접해도 전혀 이해하지 못했다. 그 결과 1866년의 위기 및 배젓이 이 위기에 보인 반응은 화폐와 경제를 이해하는 두 가지 방식이 수렴하는 지점이 아니었다. 오히려 그 두 가지 방식이 갈라지는 지점이었다.

고전파의 화폐 없는 경제학에서 현대의 정통 거시경제학, 즉 대학교에서 가르치고 중앙은행이 효과적으로 사용하는 화폐사회에 관한 과학이 발전했다. 한편 배젓의 현장 전문가 경제학에서는 금융학, 즉 경영대학원에서 가르치고 은행가와 증권거래인이 사용하는 거래 방법이 발전했다. 거시경제학은 화폐, 은행, 금융 없이 경제를 이해하는 지적 틀이었고, 금융학은 경제 없이 화폐, 은행, 금융을 이해하는 지적 틀이었다. 이렇게 경제학과 금융학이 지적으로 갈라진 결과 2008년 금융 부문에서 발생한 위기로 거시경제학이 역사상 최악의 상황에 빠졌을 때, 그리고 이후 은행 부문의 파탄 때문에 경제가 회복되지 못했을 때, 현대 거시경제학과 현대 금융학 둘 다 왜 그런 일이 벌어졌는지 이해하지 못했다. 다행히도 래리 서머스가 지적했듯이 의지할 만한 대안 전통이 있었다. 엘리자베스 여왕의 물음, 즉 왜 경제학자는 위기가 닥치는 것을 몰랐는가 하는 물음에 대한 대답은 간단하다. 경제학자가 거시경제를 이해하는 틀에는 화폐가 없었다는 것이다. 똑같은 이유에서 수많은 사람이 은행가와 규제 당국에 묻고 싶었던 물음, 즉 왜 당신들은 위험한 짓을 한다는 것을 깨닫지 못했는가 하는 물음에 대한 대답 역시 간단하다. 금융을 이해하는 틀에 거시경제학이 없었다는 것이다.

상황이 이러했으니, 경제적 대재앙으로 끝나지 않았다면 이상하고 우스운 일이 되었을 것이다. 래리 서머스는 브레턴우즈에서 열린 회의에서 연설할 때 경제학이 지난 20년간 금융이 돌아가는 사정을 알지 못했고, 그 결과 금융위기에서 드러났듯이 경제학과 세계가 고통에 시달렸다고 인정했다. 그러나 케인스와 배젓, 그리고 이 두 사람보다 앞선 시대의 라운즈가 열심히 설명했듯이, 경제학과 금융학은 아주 오래전부터 갈라섰다. 화폐를 바라보는 관점이 달라진 것이 그 뿌리였다.

14

글로벌 은행 시스템 개혁

닥터 모로의 섬

2004년 11월 독일의 집권당인 사회민주당 당수 프란츠 뮌테페링Franz Müntefering은 현대 금융자본주의 문화를 비판하는 유명한 연설을 했다. 현대 금융가를 "3개월 간격으로 성과를 측정하며 알맹이를 쭉 빨아먹어 기업을 죽게 만드는 무책임한 메뚜기떼"로 묘사하며 독설을 퍼부었다.[1] 유럽 어디서나 대중의 공감을 산 비유였다. 18세기 초 네덜란드인 버나드 맨더빌이 화폐사회의 장점을 알리기 위해 동원한, 기업가 정신을 갖고 협동하는 꿀벌의 비유와 아이러니한 대조를 이루는 비유이기도 했다.[2]

뮌테페링의 독설에서 알 수 있듯 당시 유럽에서 금융에 대한 대중의 평판은 밑바닥에 이르렀다. 그로부터 9년 뒤 전 세계 은행과 은행가의 평판은 한없는 나락으로 떨어졌다. 직접적 촉매는 2007~2008년의 글로벌 금융위기였다. 무수한 노동자의 일자리를 빼앗고 많은 나라에 깊은 상처를 안긴 이 거시경제적 재앙이 시작된 곳은 금융 부문이었다. 설상가상으로 일반 대중은 위기를 불러온 기관인 은행을 구제금융으로 살려줄 수밖에 없었다. 남부 유럽에서 대중의 분노는 '은행가의 독재'로 향했다.[3] 글로벌 자본주의의 중심지에서도 은행가의 명성은 크게 타격을 입었다. 급기야 글로벌 금융 엘리트의 기관지 『이코노미스트』는 현대 금융 전문가를 '뱅크스터Bankster(날강도 같은 은행가—옮긴이)'라는 한마디 말로 신랄하게 평가했다.[4]

위기와 위기의 후유증을 겪는 사이 뭔테페링이 완벽하게 포착한 오랜 의구심, 즉 금융은 생산적 활동이 아니라 기생적 활동이라는 의구심이 되살아났다. 은행업은 언제나 외부인이 이해하기 힘든 것이었지만, 지난 15년간 금융의 정교화와 혁신 속도는 기하급수적으로 빨라졌다. 이들 혁신 상당수가 금융 붕괴에 연루된 것으로 드러나고, 은행가가 아니라 납세자가 금융 붕괴의 대가를 치르게 되었을 때, 금융에 대한 의구심이 다시 표면화되었다. 1990년대와 2000년대에 우리에게 던져진 부채담보부증권CDO, 신용부도스와프CDS, 자산담보부 기업어음ABCP, 특수목적회사SPV는 도대체 어디에 써먹는 것인가? 짜증난 예금주와 화난 납세자는 물론 금융업 그 자체를 이끌어가는 주요 인물도 의구심을 품었다. 영국 금융감독청 청장 아데어 터너Adair Turner는 2009년 8월 지난 수십 년간의 금융혁신 성과 중 적어도 몇 가지는 "사회적으로 전혀 쓸모없는 것이었다"는 말로 금융에 대한 의구심을 에둘러 표현했다.[5] 글로벌 금융규제를 외친 원로 폴 볼커Paul Volcker는 더 직설적이었다. 지난 20년간 경제 전반에 진정한 가치를 덧붙인 금융혁신 성과는 ATM 하나밖에 없다고 경멸 섞인 말을 했다.[6]

이렇게 위기에 대한 강력하고 폭넓은 반응이 나온 결과 수십 년 만에 처음으로 대부분 선진국에서 은행업과 금융은 물론 통화정책과 금융규제의 전체 틀을 개혁하자는 중대한 운동이 펼쳐졌다. 조사연구, 보고서,

토론회, 법제화 등 무수한 국제적 노력이 끊이지 않았다.[7] 정치인과 규제 당국자는 전 백악관 비서실장 람 이매뉴얼Rahm Emanuel이 내놓은 유명한 지침, '중대 위기를 허비하지 말자'에 열심히 귀를 기울였다.[8]

정말로 귀를 기울였을까? 지금까지 살펴본 화폐의 역사는 위기 전과 후의 경제이론과 경제정책이 무언가 잘못되었다는 것을 보여준다. 화폐의 역사를 자세히 들여다보고 그 안에서 발견되는 구조적 문제, 즉 화폐 시스템과 금융 시스템을 바로잡을 길을 고민하다보면 오늘날과 같은 경제적, 사회적 재앙이 되풀이되는 것을 막는 방법에 영감을 줄 무언가를 찾을 가능성도 있다. 지금은 잊힌 화폐회의론 전통 안에 오늘날의 긴급한 문제를 해결하는 데 도움이 될 만한 무언가가 있지 않을까? 그리고 그것은 세계 금융 수도의 의회와 규제 당국이 현재 적극적으로 추진하는 개혁보다 더 급진적이지 않을까? 이들 개혁이 공식적으로 밝힌 목적은 은행과 금융을 바꿔 실물경제와 사회에 공헌하게 만드는 것이다. 달리 말해 뮌테페링의 메뚜기를 버나드 맨더빌 경의 꿀벌로 바꿔놓는 것이 목적이다. 그러나 H. G. 웰스H. G. Wells의 1896년 작 소설『닥터 모로의 섬The Island of Dr. Moreau』부터 데이비드 크로넨버그David Cronenberg의 영화〈플라이The Fly〉까지 호러 장르에 밝은 사람은 잘 알겠지만, 유전자 조작은 위험한 짓이다. 잘못되기라도 하면 괴물이 탄생할 수 있다.

주고받기에서 일방적 퍼주기로

2007년 9월 14일 영국 재무장관은 잉글랜드 은행이 주택담보대출

전문 중규모 영국 은행 노던록Northern Rock에 정상적 당좌대월 범위를 한참 넘어서는 '유동성 지원 편의'를 제공하는 방침을 승인하겠다고 밝혔다.[9] 노던록 은행은 투자자에게 단기어음과 채권을 판매하고 받은 대금으로 장기 담보대출을 했기 때문에 어려움에 처해 있었다. 2007년 국제 금융시장에서 갖가지 문제가 불거짐에 따라 단기 자금조달 방법은 사라져갔다. 노던록 은행 예금자는 시장이 돌아가는 흐름을 살폈고 예금을 빼내기 시작했다. 기업의 채권과 어음을 취급하는 이른바 '도매금융' 시장에서 벌어진 예금인출 사태는 곧 개인 예금을 주로 취급하는 '소매금융' 시장으로 번졌던 것이다. 노던록 은행은 한순간에 고전적 유동성 위기에 빠지고 말았다. '노던록 은행 예금인출 사태run on the Rock'가 시작되었다. '런 온 더 록run on the Rock'에는 '파멸하다'는 뜻이 있는데 이 말은 곧 유행어가 되었다.[10]

　은행 세계에서 파산은 결코 낯선 문제가 아니었다. 앞에서 살펴봤듯이 은행업은 수입과 지출 잔액을 일치시키는 것을 사업의 본질로 삼는다.[11] 은행이 직면하는 문제는 보유한 자산, 즉 대출금을 상환받는 시기는 보통 비교적 먼 미래에 도래하지만 부채, 즉 다양한 종류의 예금 중에서 요구불예금을 지급해야 할 시기는 아주 가까운 미래에 도래한다는 것이다. 달리 말해 은행 시스템에는 아무리 제거하려고 해도 제거할 수 없는 본질적인 불일치(흔히 '만기 갭'이라고 불린다)가 존재한다. 평상시엔 만기 갭이 문제가 되지 않는다. 어떤 의미에서는 만기 갭의 존재 자체가 은행 시스템의 목적이다. 은행 예금자는 즉석에서 자유롭게 예금을 인출하거나 예금으로 대금을 결제할 수도 있고, 위험하고 비유동적인 은행 대출에서 발생한 이자를 받을 수도 한다. 그러나 은행 입장에서 보면 예금자에게 예금을 지급하거나 채권 보유자에게 이자를 지급하는 시기를 맞추는 것은 여간 까다로운 일이 아닐 수 없다. 만약 예금자와 채권 보유자가 어떤 이유에서 만기가 돌아온 예금을 지급하고 채권을 상환할 은행의 능력을 믿지 못해 예금을 대규모로 인출하고 만기 연장을 거부한다면, 만기 갭은 은행에 극복하기 힘든 문제를 안긴다.

그러나 다행히도 현대 은행은 높은 지위에 오른 친구들이 있다. 화폐 대타협 조건에 따라 은행의 부채는 평범한 기업의 부채와 달리 국가의 화폐 공급원으로 공인받았다. 화폐는 경제를 조율하는 핵심 제도이기 때문에 화폐의 양도 가능성이 조금이라도 훼손되면 화폐를 발행한 특별한 은행은 물론 사회 전체가 막대한 비용을 부담해야 한다. 그래서 화폐를 운용하는 그 어떤 은행도 의심을 받아서는 안 된다. 전기는 발전소 네트워크를 통해 공급되기 때문에 발전소 하나가 고장나도 발전소 시스템 전체가 마비되듯이, 현대의 대다수 화폐는 은행 네트워크를 통해 공급되고 운용되기 때문에 한 은행이 파산해도 은행 시스템 전체가 붕괴할 수 있다. 실제로 은행 시스템은 빈틈없이 감시하고 감독해야 한다. 전력망이 붕괴하면 물리적 사회기반시설이 제대로 작동하지 않는다. 은행 시스템에서도 어느 한 은행이 신뢰를 잃으면 은행 전체가 치명상을 입을 수 있다.

그래서 옛날부터 은행의 유동성 위기를 막는 것은 정부의 중요한 책임이었다. 앞에서 살펴봤듯이 월터 배젓은 위기를 해결하는 방법에 관한 규칙을 정리했다. 그는 패닉이 엄습해 은행의 예금자와 채권 보유자가 예금인출과 채권상환을 요구하면 정부가 개입하는 것이 정확한 처방이라고 가르쳤다. 예금자와 채권 보유자가 지급을 요구할 때 은행은 잉글랜드 은행에서 법정화폐를 빌려 지급해야 한다. 이제 은행의 대차대조표에서 중앙은행이 제공한 자금의 비중은 점점 높아지지만, 사적 투자자가 투자한 자금의 비중은 점점 낮아질 것이다. 마찬가지로, 사적 투자자는 사적 은행에 대한 청구권을 보유하는 비중을 줄이는 대신 잉글랜드 은행에 대한 청구권, 즉 흔히 말하는 현금을 보유하는 비중을 늘릴 것이다. 배젓의 해법은 세계 어디서나 표준 지침으로 자리잡았다. 미국도 뒤늦게 근대 중앙은행이라는 신천지에 발을 내디뎠다. 1913년 중앙은행 시스템을 도입했다. 2007년 9월 잉글랜드 은행은 130년 전에 발생한 오버렌드거니주식회사 파산 이후 처음으로 배젓의 해법을 동원해 금융위기의 충격을 완화시켰다.[12]

몇 달이 흘러 노던록 은행의 문제는 유동성 문제가 아니라는 것이 밝혀졌다. 노던록 은행이 실시한 대출 대부분이 상환 불가능한 악성 대출이었다. 예금을 지급하는 만기와 대출을 상환받는 만기를 일치시키는 것은 더는 중요한 문제가 아니었다. 만기를 아무리 잘 조절해도 상환받은 대출금 총합계는 늘어나지 않았다. 노던록 은행이 짊어진 부채의 총가치는 자산의 총가치를 넘어섰다. 은행이 제대로 영업활동을 하는 정상적인 상황이라면 만기가 언제 도래하건 자산의 가치는 부채의 가치보다 더 클 것이다. 자산과 부채의 차이가 자기자본인데, 자기자본이 플러스일 때 은행은 지급 능력이 있다는 말을 듣는다. 자기자본이 많을수록 자산의 가치가 줄어들어도 은행은 지급불능 상태에 빠지지 않고 버틸 수 있다. 노던록 은행은 아슬아슬한 경영을 해왔다. 자기자본 규모가 크지 않았다. 주택시장 상황이 악화되고 경제가 불황에 빠지자 노던록 은행 자산의 대부분을 점하는 주택담보대출의 가치는 하락하기 시작했지만, 부채의 가치는 그대로였다. 노던록 은행의 자기자본은 빠른 속도로 잠식당했다. 주가도 폭락을 거듭했다. 2007년 2월 12파운드로 정점을 찍었던 주가는 그해 8월 7파운드로 거의 반토막 났다. 잉글랜드 은행이 유동성 지원 방침을 발표한 이틀 뒤에는 3파운드로 되었다가, 결국 주당 1파운드 이하로 떨어졌다. 노던록 은행은 외부의 지원이 없다면 유동성 위기에 빠지는 데 그치지 않고 지급불능 상황에 내몰릴 것으로 시장은 내다보았다.

운 좋게도 노던록 은행에, 아니 노던록 은행의 채권 보유자, 예금자 및 기타 고객에게 두번째로 외부 지원의 손길이 미쳤다. 영국 정부가 또 한번 개입한 것이다. 이번에는 노던록 은행에 대한 대출자의 자격이 아니라 주주의 자격이었다. 노던록 은행의 자산 가치와 부채 가치의 차이를 메우기 위해서는, 또 앞으로 예상되는 자산 가치의 하락에 대비해 적절한 완충장치를 마련하기 위해서는 자기자본이 더 필요했다. 그때까지 유동성 지원은 정부가 지불약속을 해주면(잉글랜드 은행에 대한 청구권이 발생한다), 노던록 은행은 그 대가로 정부가 지불약속을 해준 만큼의 금액을 잉글랜드 은행에 지불약속하는(노던록 은행에 대한 청구권이 발생한다) 방식이었다. 그러나 이제 무언가 달라져야 했다. 정부는 자기자본, 즉 노던록 은행의 자산과 부채의 미확정 차액에 대한 잔여청구권을 확보하는 대가로 지불약속을 해주었다. 유동성 지원은 적어도 원칙적으로 손익 위험과 무관했다. 유동성 위험을 사적 투자자에서 정부로 이전할 뿐이었다. 이 새로운 방식의 유동성 지원은 신용 위험 이전과 관련 있었다. 노던록 은행의 주택담보대출에서 손실이 발생하지 않으면 정부는 돈을 잃을 우려가 없었다. 반대로 주택담보대출에서 손실이 계속 발생하면 자기자본을 보유한 정부는 곤경에 처할 우려가 있었다. 신용 위험을 이전하는 방식의 유동성 지원은 잉글랜드 은행이 할 일이 아니었다. 위험을 무릅쓰고 납세자의 세금을 사용해야 한다면, 민주적으로 선출된 정부가 사용하는 것이 마땅했다. 이에 따라 재정을 담당한 정부 부서인 재무부가 노던록 은행의 자기자본을 매입했다. 2008년 2월 17일 노던록 은행은 국유화되었다.[13]

일반 대중은 노던록 은행의 국유화를 보고 얼떨떨해하거나 무덤덤한 반응을 보였다. 솔직히 말해 노던록 은행이 망해서 국가가 구제금융을 베풀어준 것과 다를 바 없지 않은가, 그런 반응이었다. 그러나 정책입안자와 금융 전문가는 영국 재무부의 단호한 조치를 새로운 급진적 정책으로 받아들였다. 위기의 잠재 규모를 비관적으로 예측하고 급진적 정책 대응의 선례를 남긴 조치로 보았던 것이다. 영국 정부는 노던록 은행을 국유화함으로써 은행 부문에 유동성 지원뿐 아니라 신용 지원을 제공해야 한다는 뜻을 내비쳤다. 2007년 9월에서 2008년 2월에 걸쳐 잉글랜드 은행이 노던록 은행 자기자본의 가치가 남아 있다고 가정하며 대출을 중단하지 않았고 예금자, 채권 보유자, 주주는 피해를 입지 않았다. 손실이 쌓여 노던록 은행의 자기자본이 잠식당하면 주주의 운은 다했다고 해야 한다. 정상적인 상황이라면 주주 다음 차례는 채권 보유자였다. 그러나 노던록 은행 채권 보유자는 제2차 방어선, 즉 영국 재무부가 예전에 은행 투자자의 대손에 대비해 가입해둔 비공인 보험에 기댈 수 있었다. 재무장관이 노던록 은행 채권 보유자에게 괜한 호의를 베푼 탓에 영국 납세자는 나중에 발생할 손실 위험을 대신 떠맡아야 했다.

영국 정부는 왜 그렇게 관대했을까? 유동성 지원은 배젓의 시대 이후 공식적 정책이었고 배젓의 시대 이전에도 비공식적 정책이었다. 관대하게 유동성 지원을 제공하더라도 문제 될 것은 없었다. 그러나 납세자가 비용을 직접 부담해야 하는 신용 지원과 은행 자본재구조화bank recapitalization는 달랐다. 역사적으로 볼 때 최악의 상황에 대비하기 위해 남겨두는 확실하지만 논란의 소지가 많은 정책이었다. 대공황 때는 정부 자금으로 세워진 특별기관 부흥금융공사가 미국 은행의 자본재구조화를 추진했다. 1970년대 영국 경제가 붕괴 일보 직전 상황에 내몰리는 바람에 사적 투자자가 나서려고 하지 않았을 때는 영국 정부가 개입해 2차 은행에 자본을 제공했다. 역사를 되돌아보더라도 신용 지원은 회피할 이유가 많은 정책이었다. 다음과 같은 의문이 들었던 것이다. 도덕적 해이 때문에 중앙은행의 최종 대출자 역할이 딜레마에 빠진다면, 국고의 최종주주 역할은 더 심한 딜레마에 빠지지 않겠는가? 모든 은행가, 그리고 은행가의 은행에 자금을 투자한 모든 투자자는 부실대출로 손실이 발생해도 정부가 언제든지 메워준다는 것을 안다면, 대출기준과 대출규모를 어떻게 규율할 수 있을까?

시장은 무슨 문제가 생긴 것 아닌가 의심하기 시작했다. 문제가 생겼으니까 유동성 지원과 신용 지원의 경계선이 무너진 것 아닌가? 그러니

정치적 망설임 없이 납세자의 세금으로 은행에 구제금융을 해준 것 아닌가? 정책입안자는 자신이 굉장히 중차대한 일을 한다는 것을 잘 알고 있었다. 은행은 뒷감당을 걱정할 것 없이 일을 벌여도 괜찮다는 인상을 주지 않으려고 무척 노력했다. 영국 하원 재무소위원회는 소 잃고 외양간 고치려는 필사적인 노력을 기울인 끝에 "금융기관에 시장규율을 적용하기 위해 은행이 '파산해도' 개입하지 않겠다"고 발표했다.[14]

소는 이미 달아났다. 따끔하게 경고하지 않으면 소를 다시 잡아와 외양간에 집어넣을 수 없었다. 이 때문에 2008년 3월 미국에서 다섯번째로 큰 투자은행 베어스턴스Bear Stearns가 휘청거렸을 때 미국 금융 당국은 유동성 지원만 제공 가능하다고 미리 밝혔다. 베어스턴스가 파산 직전 상황에 몰렸을 때 사적 투자자, 즉 은행 업무와 증권 업무를 겸업하는 J. P. 모건J. P. Morgan이 개입해 베어스턴스의 자기자본을 인수했다. 정책입안자는 고무되었다. 소가 겁먹고 외양간으로 되돌아왔다고 생각했다. 노던록 은행이 파산하고 거의 1년 뒤 미국에서 두번째로 큰 투자은행 리먼브러더스가 재앙과 같은 예금인출 사태로 고통을 겪기 시작했을 때 대담해진 미국 금융 당국은 평온을 유지했다. 아, 그러나 도망간 소는 외양간으로 되돌아오지 않았다. 2008년 9월 12일 금요일 "곰을 쏠 수는 있지만, 형제를 쏠 수는 없을 것"이라는 농담이 금융시장에서 회자되었다. 은행가와 은행 투자자는 베이스턴스 사태의 귀추를 똑똑히 지켜봤음에도 정신을 못 차렸다. 정책입안자가 손들 것으로 확신했다. 그러나 9월 15일 월요일 리먼브러더스가 신청한 신용 지원은 거부당했다. 리먼브러더스는 파산신청을 해야 했다. 은행가와 은행 투자자의 확신은 패닉으로 바뀌고 말았다.

리먼브러더스의 파산은 금융 부문과 실물경제에 예상을 초월하는 부수적 피해를 안겨주었다. 전면적 신용보험이라는 교리를 부인하려는 정책입안자의 영웅적 노력은 수포로 돌아갔다. 시장 자체가 제대로 기능을 하지 못하기 때문에 시장규율을 유지하려는 노력은 아무 소용 없었다. 세상의 종말, 혹은 최소한 은행의 종말이 임박했다. 어떤 대가를 치르더라도, 아니 최소한 납세자를 희생시켜서라도 세상의 종말, 은행의 종말을 막아야 했다.[15] 노던록 은행의 국유화는 한순간에 은행가에게 부적절한 생각을 심어줄까봐 교양 있는 사람이 차마 입에 올리지 못하는 당혹스러운 일탈이 아니라 훌륭한 정책의 모형이 되었다. 세계 각국 정부는 미증유의 수준으로 은행 부문에 대한 신용 지원에 나섰다. 2007년에서 2012년 사이 25개국의 대규모 은행이 위기를 겪었는데, 그 중 3분의 2는 자국 은행에 신용을 지원했다.[16] 몇몇은 위기에 전례 없는 규모로 개입했다. 미국은 GDP의 4.5퍼센트를 은행 자본재구조화에 쏟아부었다. 대규모 전쟁이 한창일 때 지출하는 1년 치 국방예산과 맞먹는 규모였다.[17] 1816년 토머스 제퍼슨Thomas Jefferson은 "은행 제도는 상비군 제도보다 훨씬 위험하다"고 경고했다.[18] 제퍼슨의 경고는 놀라우리만큼 진실에 가까웠다. 영국은 GDP의 8.8퍼센트를 은행 자본재구조화에 지출했다. 이는 영국이 해마다 국민건강보험에 지출하는 예산 규모보다 더 컸다.[19] 아일랜드는 GDP의 40퍼센트를 썼다. 정부 각 부처의 1년 예산을 모두 합친 것보다 많았다. 의심할 여지가 없었다. 정부는 은행가를 철저히 돌봐주었다.

자욱한 먼지가 가라앉고 대침체가 시작되자 대중은 무슨 일이 일어났는지 깨닫기 시작했다. 은행과 은행 투자자는 일방적 정책만 펴왔다. 언제나 그렇듯 은행이 하는 일은 유동성 위험과 신용 위험을 관리하는 것이었다. 만약 자산과 부채의 만기를 일치시키지 못하면, 중앙은행이 개입해 유동성을 지원했다. 대출이 악성으로 변하고 자기자본이 부족해지면, 납세자가 신용 손실을 메워주었다. 되돌아보면 그 결과는 얼마든지 예측 가능했다. 전 세계 숱한 은행이 규모를 늘렸고 완충자본을 줄였다. 서슴지 않고 위험한 대출을 했고 자산의 유동성을 낮췄다. 덩치가 아주 커져서 쉽게 망하지 않을 은행이 늘어갔다. 그 결과 정부가 암암리에 제공하는 신용보험의 수준은 높이 치솟았다. 위기가 엄습하고 도덕적 해이를 억제하려는 정책입안자의 노력이 실패로 돌아가고 나서야 정부가 은행에 퍼준 보조금의 진짜 규모가 드러났다. 리먼브러더스가 망하고 1년이 지난 2009년 11월 전 세계 각국 정부가 은행 부문에 지원한 자금 총액은 약 14조 달러로 추정되었다. 전 세계 GDP의 25퍼센트를 웃돌았다.[20] 이것은 다른 한편으로 납세자가 줄곧 들은 (세금으로 부담해야 할) 손실 예상액의 규모였다. 이에 반해 수익 예상액은 오롯이 은행의 주주, 은행 투자자, 직원의 차지였다.

　배젓이 미처 인식하지 못한 세계가 펼쳐졌다. 중앙은행은 최종 대출자여야 한다는 원칙은 정부가 최종 손실 부담자여야 한다는 원칙으로 바뀌었다. 국고로 신용을 폭넓게 지원한다는 혁신적 발상에서 새로운 차원의 인상적인 정치적 셈법이 나왔다. 중앙은행이 유동성 지원을 제공하면 원칙적으로는 아무도 손실을 보지 않는다. 제대로 기능하는 통화 시스템이 주는 혜택도 유지된다. 반면에 정부가 신용 지원하면 납세자가 실제 비용을 부담한다. 당연히 신용 지원은 누구에게 이득인가 하는 물음이 나올 수밖에 없다. 이 물음에 대한 한 가지 대답, 특히 위기의 직접적 후유증이 여전한 상황에서 가장 주목받은 대답은 은행가에게 이득이라는 것이다. 정부가 은행에 구제금융을 해주면 많은 은행 직원이 상당 기간 동안 일자리를 유지하며 상여금을 받을 수 있었다. 이 사실을 둘러싸고 정치적 논쟁이 벌어지기도 했지만, 은행가가 현실에서 누린 것은 납세자가 낸 세금의 일부에 지나지 않았다. 은행 예금자, 채권 보유자 등 은행가가 대출할 자금을 제공하는 데 흔쾌히 동의한 사람들도 전에 없이 넉넉한 구제금융의 수혜자였다. 리먼브러더스의 사례에서처럼 정부가 구제금융을 거부하면 채권 보유자가 악성 대출에서 비롯된 손실을 부담할 수밖에 없었다. 반대로 정부가 구제금융을 거부하지 않으면 채권 보유자의 불편한 부담은 줄어들었다.

납세자가 은행 채권 보유자에게 구제금융을 한다는 생각은 예전에는 정치적 논쟁거리가 아니었다. 납세자와 채권 보유자를 구분하기 힘들었기 때문이다. 연금기금 투자나 뮤추얼펀드 투자를 통해 납세자와 채권 보유자는 그럭저럭 겹쳐졌다. 그러나 현대 선진국 세계에서는 두 가지 강력한 힘이 상호작용해 은행 시스템에 자금을 대주는 사람과 문제가 생길 때 은행 시스템에 구제금융을 해주는 사람 사이의 편의적 일치를 훼손시켰다. 첫번째 힘은 날로 심해지는 부와 소득의 불평등이었다. 이 힘은 은행 채권 보유자인 부유한 소수와 그렇지 않은 평범한 다수를 갈라놓았다. 은행 채권 보유자를 보호하기 위해 공적 자금을 지출하는 것은 부유한 사람과 가난한 사람이 팽팽히 맞서는 쟁점이 되었다. 두번째 힘은 금융의 세계화였다. 아일랜드와 스페인 같은 나라에서 채권시장의 글로벌화는 국내 납세자가 외국의 은행 채권 보유자에게 이득이 되는 은행 자본재구조화 비용을 부담하는 것을 뜻했다. 공무원 연금기금에 구제금융을 하기 위해 공무원을 해고하는 것과 해외 연금 수급자에게 연금을 주기 위해 공무원을 해고하는 것은 정치적으로 전혀 다른 문제다. 아일랜드 납세자가 낸 세금 253억 유로가 앵글로아이리시 은행Anglo-Irish Bank의 자본재구조화에 투입되었지만, 2011년 1월 31일 앵글로아이리시 은행은 예정대로 채권 보유자에게 7억 5000만 유로의 채권을 전액 상환했다. 이 7억 5000만 유로는 그해 아일랜드 예산에서 삭감된 복지지출액 총액을 약간 웃도는 금액이었다. 이것은 정부가 은행에 신용 지원을 하는 새로운 시스템 아래서 위험이 어떻게 분배되는지를 보여주는 극명한 사례가 아닐 수 없었다.[21]

상황이 이렇게 돌아가자 전 세계 수많은 사람이 놀랐다. 그러나 금융 세계가 어떻게 작동하는지, 아니 어떻게 작용해야 하는지 제대로 이해하지 못해서 놀란 것은 아니었다. 뭔가 잘못되고 있다는 것을 눈치챈 것이다. 2007~2008년의 위기와 정부의 위기 대응에서 불편한 진실이 드러났다. 화폐 대타협에 심각한 문제가 생겼다는 진실 말이다. 1694년 화폐 대타협이라는 역사적 거래에서 군주와 잉글랜드 은행은 신중하게 조율한 끝에 서로 이득이 되는 거래를 했다. 사적 은행가는 자신이 발행한 은행권에 대한 유동성을 얻었다. 국왕의 이름이 적힌 은행권은 사적 은행가의 이름이 적힌 은행권과 달리 국왕이 다스리는 땅 곳곳으로 흘러들어갔다. 국왕의 승인을 얻은 화폐가 보편적으로 유통될 수 있었다. 그 대가로 은행가는 국왕에게 재정감각과 시티 오브 런던에서의 믿음 직스럽다는 평판을 제공함으로써 국왕의 신용도를 높였다. 현대적 용어로 표현하면 정부는 은행에 유동성 지원을 제공했고, 은행은 정부에 신용 지원을 제공했다고 할 수 있다. 그러나 정책입안자의 위기 대응 과정에서 세상은 딴판으로 돌아갔다는 사실이 극명하게 드러났다. 은행은 법정화폐를 발행할 특권을 보유했고, 중앙은행은 필요시 은행의 유동성을 보장할 만반의 준비를 했다. 그러나 정부는 신용 지원을 제공받기는커녕 은행에 신용 지원을 제공해야 했다. 은행, 즉 은행의 직원, 채권 보유자, 예금자는 유동성 지원과 신용 지원 둘 다 받는다. 정부, 즉 납세자는 아무것도 받지 않는다. 위기를 거치며 역사적 주고받기quid pro quo가 일방적 퍼주기quid pro nihilo로 변질되었다는 것이 드러났다.

이것이 전부가 아니다. 더 심각한 것은 아직 말하지 않았다. 위기는 지난 300년간 유지되어온 정부와 은행 사이의 화폐 대타협이 이상한 죽음을 맞이했다는 사실을 잔인하리만큼 속속들이 들춰냈을 뿐 아니라, 화폐 정치의 또하나의 백전노장이 살아서 왕성하게 활동하고 있다는 사실도 남김없이 까발렸다.

신용시장에서 일어난 쿠데타

1970년대 말 일렁이기 시작해 1980년대와 1990년대에 한층 거세졌고 위기 직전인 2000년대 초 최고점에 도달한 경제규제 완화와 세계화의 물결은 자동차 제조에서 전력 공급, 슈퍼마켓에서 영화 제작까지 다

314

양한 산업의 조직을 크게 바꿔놓았다. 핵심 구호는 분권화였다. 단일 기업의 테두리 안에 매여 있던 수많은 활동이 전문화된 작은 기업에 분리 매각되었고, 굉장히 복잡하고 긴 공급망과 네트워크를 활용하는 시장에 의해 재편되었다.[22] 당연한 말이지만 분권화가 지나치다는 소리, 이를테면 고객 서비스를 방갈로르나 마닐라의 콜센터로 이전해 비용을 절약해도 그 효과는 전화를 붙잡고 분통을 터뜨리는 고객 때문에 상쇄되고 만다는 볼멘소리가 나왔다. 그러나 대체로 볼 때 이 산업에서 저 산업으로 꼬리를 물고 진행된 고객 서비스의 분권화가 비용을 엄청나게 절감하고 선택 기회를 늘리는 성과를 거두었다는 것을 부인하긴 힘들다.

금융도 산업조직의 구조변화에서 예외가 아니었다. 1960년대까지 기업대출과 개인대출은 은행이 거의 독점적으로 담당한 단순하고 익숙한 일이었다. 차입자는 은행을 찾아와 대출신청서를 제출했다. 대출 담당자는 대출신청서를 꼼꼼하게 심사한 뒤 대출 서류를 꾸려 승인을 요청했다. 지점장은 심사결과에 맞춰 승인 서명을 했다. 대출금은 은행 대출원장에 자산으로 기입되었고, 예금은 예금자의 대변에 부채로 기입되었다. 거래 당사자는 차입자와 은행뿐이었다. 은행은 대차대조표로 신용 위험과 유동성 위험을 관리했다. 그런데 지난 수백 년간 은행은 자금을 조달하는 다른 방법이 있었다. 어떤 회사의 자기자본에 대한 지분을 지급하겠다는 약속이 담긴 주식(자기자본시장)이나 고정이자를 지급하는 채권(부채자본시장) 같은 금융증권을 투자자에게 직접 판매했다. 자기자본시장, 간단히 말해 주식시장은 언제나 민주적이었다. 아주 작은 기업도 주식을 발행할 수 있었다. 발행된 주식은 공적 거래소에서 거래되었고, 수많은 소매 투자자가 거래에 참여했다. 반면에 부채자본시장은 배타적이었다. 채권 발행을 통한 차입은 '고급 자금조달 방법'이었고, 대기업과 정부의 전유물이었다. 마찬가지로 대기업과 정부가 발행한 채권의 투자자도 보통 연금기금, 보험회사, 뮤추얼펀드 같은 '기관투자자'였다. 이들 기관투자자는 무수한 개인의 저축을 모아 자금 규모를 불린 뒤 채권시장에 참여했다. 채권은 시장에서 생선이 사고팔리듯 증권거래소에서 사고팔리지 않았다. 알맞은 집을 먼저 찾아내야 하는 고가구처럼 중개인이 개인적 인맥을 통해 사고팔았다.

1970년대 말까지 대부분 차입자에게 은행은 부채자본을 조달하는 유력한 원천이었다. 이후 정보기술 혁명과 공급망 관리방법의 혁신 덕분에 여타 산업과 마찬가지로 금융산업에서도 전문화와 노동분화 논리가 발을 붙이기 시작했다. 부채자본시장은 은행을 구성하는 각각의 활동에 특화된 중개인이 등장할 폭넓은 기회를 열어주었다. 거기에는 효율적으로 엄청난 이익을 거둘 잠재력이 있었다. 차입자는 변함없이 은행을 찾아왔고 대출 담당자는 대출신청서를 꼼꼼하게 살핀 뒤 대출서류를 꾸렸다. 그러나 이번에는 투자자 자신이 대출을 사실상 승인하고 차입자를 감독하는 일을 했다. 그런데 은행보다 더 잘했다. 은행은 직접 신용할당을 하지 않고 중개만 했다. 이제 대출은 은행의 대차대조표에 표시되지 않았다. 그 대신 차입자가 소유한, 그리고 개인투자자나 기관투자자가 직접 소유한 금융증권, 즉 채권이 되었다. 이제 은행의 테두리 안에서 무엇이든지 다 하려고 했던 전통적 모형은 새로운 '대출자산유동화originate and distribute' 모형에 자리를 내주기 시작했다. 대출자산유동화란, 차입자와 최종투자자를 찾아내는 기능은 은행이 전문적으로 맡고 대출을 심사하고 보관하며 감시하는 기능은 다른 기관에 넘기는 것을 말한다. 기업과 개인은 금융 창구를 바꾸기 시작했다. 은행을 떠나 금융증권 발행자의 신용 위험에 따라 등급이 나뉘는 금융증권시장, 즉 신용시장으로 대거 옮겨갔다.

유럽보다는 증권 기반 금융이 탄탄하게 자리잡았던 미국에서 더 두드러진 변화가 나타났다. 1980년대 초에는 미국 기업의 부채자본 중 약 절반이 은행에서 조달한 것이었다.[23] 그러나 1980년대 중반부터 신용시장을 통한 금융의 비중이 높아지기 시작했다. 1980년대 말과 1990년대 초 저축대부조합 위기가 이 같은 변화의 주요 동력으로 작용했다. 상업은행 부문이 위기를 수습하느라 정신없을 때 신용시장이 그 공백을 메웠던 것이다. 1993년 말 미국 기업의 차입금융에서 신용시장이 차지한 비중은 60퍼센트 이상이었지만, 10년 뒤에는 70퍼센트를 넘어섰다. 신용시장의 규모뿐 아니라 범위도 바뀌었다. 1980년대 초 마이클 밀컨Michael Milken은 비벌리힐스의 한 사무실에서 소기업이나 위험 기업이 발행한 채권, '정크본드junk bond'를 사고파는 시장을 거의 혼자 힘으로 만들다시피 했다. 그때만 해도 20년 뒤에 정크본드 발행액이 연간 1500억 달러 규모로 늘어나, 은행 부문의 기업금융 기능을 상당 부분 대체할 것으로 예측한 사람은 거의 없었다.[24] 개인의 차입금융에 일어난 혁명적 변화는 규모가 더 컸다. 개인에 대한 무수한 주택담보대출, 자동차 대출, 신용카드 대출을 긁어모은 뒤 증권화하여 자금을 조달하는 기법이 발달함에 따라 이들 세 가지 유형의 부채를 구조화하는 주체가 은행에서 신용시장으로 확 바뀌었다. 자본주의 경제의 가장 기본적인 기능 중 하나에서 극적이고 근본적인 변화가 일어났다. 은행이 주류 금융이고 차입금융시장은 잘 알려지지 않은 특수 분야였던 시절은 영원히 지나갔다. 1968년 시드니 호머Sidney Homer는 유명한 차입금융 안내서인 『채권 투자자를 위한 입문서The Bond-Buyer's Primer』를 펴내 채권을 발행하는 미국의 중요한 기업을 세 페이지에 걸쳐 소개했다.[25] 당시 채권을 발행하는 기업은 극소수였고, 각각의 채권에는 나름의 별명이 붙었다. 지금 돌아보면 호랑이 담배 피우던 시절의 기업 풍경이었다. 1990년대 말부터 채권이 풍기는 친근감은 상상하기 불가능한 것이 되어버렸다. 수많은 채권 발행자가 발행한 수만 가지 채권이 존재하게 되었다. 법적 구조화라는 껍질을 벗겨내고 보면 채권 대부분은 더이상 이름을 말하면 알 만한 것이 아니라 이름을 말해도 알 수 없는 것으로 되었다.

이것은 시작이었을 뿐이다. 2000년대 들어 수많은 소액 채무증권을 묶어서 거액의 새로운 채무증권을 만들어내는 증권화 사업이 본격화되었다. 주택담보대출, 자동차 대출, 기업 대출, 신용카드 부채 등 온갖 종류의 신용은 하나로 묶인 다음 잘게 나뉘어 새로운 채권으로 발행되었다. 이들 채권은 신용평가기관의 평가를 받고 새로운 투자자에게 팔려나갔다. 신용시장을 통해 돈을 빌리는 것이 전에는 간단한 거래였다. 은행의 도움을 받아 회사가 발행한 채권을 개인이나 기관이 매입했던 것이다. 그러나 오늘날엔 그 과정이 굉장히 복잡해졌다. 회사는 여전히 채권을 발행하지만 최종투자자가 채권을 직접 매입하지 않는다. 채권 매입 목적으로 세워진 다른 회사가 취득해 '보관하다가' 자산유동화 기업어음ABCP(asset-back commercial paper. 별도 유형의 채무증권—옮긴이)을 특수목적회사(별도 유형의 회사) 앞으로 발행한다. 특수목적회사의 부채로 잡히는 자산유동화 기업어음은 제4의 회사가 매입해 '보관한다'. 이 제4의 회사의 채무증권은 또다른 특수목적회사가 매입해 부채담보부증권CDO(collateralized debt obligation. 별도 유형의 채무증권—옮긴이)을 배서하는 데 사용한다. 헤지펀드는 다시 이 부채담보부증권을 매입해 머니마켓 뮤추얼펀드MMMF(money market mutual fund 또는 money market fund의 약자인 MMF. 단기금융자산투자신탁—옮긴이)에서 대출을 받기 위한 담보로 사용한다. 이 단계에 이르러서야 최종투자자가 등장해 머니마켓 뮤추얼펀드 지분을 매입함으로써 처음 채권을 발행한 회사로 거슬러올라가는 사슬에 현금을 공급한다. 당연한 말이지만 사슬 맨 앞의 회사가 채권을 발행하는 수수료는 옛날보다 덜 든다.[26]

채권이 굉장히 복잡해짐에 따라『채권 매입자를 위한 입문서』를 읽고 채권에 투자하려던 사람들은 도대체 무엇을 어떻게 하라는 건지 몰라서 당혹스러워했다. 한마디로 옛날 사람, 고루한 사람으로 무시당할 수밖에 없었다. 정통적, 현대적 금융이론과 거시경제학 이론이 읊조리는 강력한 주문 아래서 이들 혁신은 주택 보유자를 위해 주택 담보대출 금리를 낮추는 것에서 거시경제를 안정시키는 것까지 크고 작은 모든 목표를 달성하는 지름길이라는 것이 일반적 상식으로 자리잡았다. 2006년 국제통화기금은 기억에 깊이 새겨둘 만한 결정을 내렸다. "은행이 신용 위험을 대차대조표에 표시하는 대신 다양한 투자자 집단으로 널리 분산시킨 덕분에 은행은 물론 금융 시스템 전반에 회복 탄력성이 생겼다."²⁷ 새로운 질서는 "금융 시스템에 가해진 충격을 완화하고 흡수하는 데도 도움이 될 것이다. 은행의 파산이 줄어들고 신용공급의 일관성이 높아진다는 것은 새로운 질서의 좋은 점 중 하나다".²⁸ 그러나 이렇게 자신만만한 예측에는 결함이 없을 수 없었다. 무엇보다 신용시장에서 새로운 질서의 역할을 지나치게 낙관적으로 평가했다. 새로운 질서가 신용시장에서 부차적 역할만 한다는 것을 파악하지 못했다.²⁹

1990년대 말에서 2000년대 초의 혁신으로 화폐를 창조하는 역할은 몰라도 신용을 창조하는 역할은 은행에서 신용시장으로 넘어갔다는 것이 상식으로 자리잡았다. 누구나 그렇게 생각하기 십상이었다. 그러나 글로벌 뮤추얼펀드 산업은 수십 년 전부터 존재하며 예금을 모으고 신용도 높은 차입자를 선별해 대출을 해주었다. 새로운 질서는 그 범위와 규모를 늘린 데 지나지 않는다. 장기 자산에서 수익이 발생하는 시기와 단기 부채에서 비용이 발생하는 시기를 일치시키는 것, 다시 말해 유동성 위험을 관리하고 은행 부채를 화폐가 되게 하는 것은 여전히 은행의 전유물이었다. 어쨌거나 신용을 화폐로 바꿀 수 있는 것은 정부뿐이고, 정부가 발급한 면허증이 있는 것은 은행뿐이다. 그렇지 않은가?

화폐 게릴라의 역사를 잘 아는 사람은 정부만이 신용을 화폐로 바꿀 수 있다는 것은 순진한 생각이라고 여길 것이다. 지역통화는 정부의 도움 없이도 사적 화폐가 존재할 수 있음을 보여주는 진귀한 사례다. 아일랜드 은행 폐쇄 사례와 16세기 상인 은행가가 사적 화폐를 만드는 데 성공한 사례도 규모가 반드시 장애물로 작용하지는 않는다는 것을 보여준다. 역사가 말해주듯 화폐 발권력은 좀처럼 뿌리치기 힘든 유혹이다. 사적 화폐 발행자는 정부로부터 화폐 발행을 허락받으면 그 기회를 최대한 이용할 것이다. 위기 이전의 10년 동안도 이 일반적인 법칙의 예외가 아니었다. 화폐 게릴라 대원이 묻고 싶은 유일한 물음은 신용시장의 새로운 질서가 성공을 거둔 요인은 무엇인가일 것이다. 화폐를 발행할 때 핵심은 안정과 자유를 보장하겠다고 약속하는 능력이다. 정부는 권위가 있기 때문에 약속할 수 있다. 지역통화 클럽도 이데올로기를 공유하기 때문에 약속할 수 있다. 화폐 대타협도 군주의 보증과 신용도를 결합시킨 아래에서 약속할 수 있었다. 그러면 현대 신용시장이라는 넓은 세계 안에 있으면서 규제받는 은행 시스템 밖에서 안정과 자유를 보장하겠다고 약속하는 것이 어떻게 가능했을까? 규제받는 은행 시스템 밖에서 쌍무적 사적 신용을 만들어내고 관리하는 능력이 어떻게 적어도 니콜라 오렘 시대 이후 사적 은행가가 찾으려 했던 성배가 될 수 있었을까? 군주의 정책이나 중앙은행, 규제 당국자가 가하는 성가신 제약 없이 양도 가능한 사적 신용, 즉 사적 화폐를 만들 수 있는 능력 말이다.

이들 물음에 대한 대답은 굉장히 간단했다. 모든 것을 굉장히 복잡하게 꼬아놓은 덕분이었다. 차입자와 최종투자자를 이어주는 사슬 속에 한 지역에서 한 가지 채권을 발행하는 하나의 발행자 대신 여러 지역에서 일곱 가지 채권을 발행하는 일곱 개의 법인을 끼워넣는 수법이 성공을 거두었다. 중개인이 첩첩이 늘어선 긴 줄을 따라가다보면 수입과 지출을 일치시키는 중요한 문제를 편의에 따라 얼버무릴 기회가 있었다. 전통적 신용시장 거래, 다시 말해 채권을 매개로 한 최종투자자와 차입자 사이의 거래는 유동성 문제에 대해서만큼은 굉장히 투명했다. 3년 만기 채권을 사면 돈이 3년간 묶였고, 10년 만기 채권을 사면 돈이 10년 간 묶였다. 물론 채권에 투자한 돈을 일찍 회수하고 싶으면 만기 전에 채권을 매각할 수 있었다. 정상적인 시장 상황에서는 만기 전에 팔렸다. 채권증서에는 이렇게 만기 전 매각으로 유동성을 확보할 수 있다는 문구가 적혀 있지 않았다. 최종투자자가 채권을 살 때의 유동성 조건과 차입자가 약속한 유동성 조건 사이에는 단순하고 명확한 연관이 있었다. 자동차의 수동변속기가 그렇듯 선택한 것과 선택의 결과로 얻는 것 사이에도 단순하고 기계적인 연관이 있었다.

새로운 방식의 신용시장 거래는 달랐다. 최종투자자는 요구 즉시 현금으로 바꿔주겠다고 약속한 머니마켓 뮤추얼펀드의 지분을 살 수 있었다. 머니마켓 뮤추얼펀드의 지분은 은행으로 치면 요구불예금에 해당한다. 그러나 차입자는 채권을 10년 후에 상환하겠다고 약속할 수 있었다. 이때 발생하는 최종투자자의 유동성과 차입자의 유동성 불일치는 채권 거래 당사자가 첩첩이 늘어선 긴 사슬 어딘가에서 흐지부지되었다. 자동변속기가 달린 자동차를 보자. 운전자는 힘을 거의 들이지 않고 변속할 수 있지만, 기어 박스 안에서 기어가 어떻게 작동하는지 정확하게 알기는 힘들다. 사용자 매뉴얼을 아무리 들여다봐도 소용없다. 새로운 질서 배후의 이론도 화폐 같은 사소한 것에는 신경쓰지 않았다. 이를테면 이런 식이었다. 차가 잘 굴러가는데, 누가 기어 박스 같은 것에 신경쓰겠는가?

화폐 대타협이 종말을 맞았을 때처럼 문제의 진실이 발견되었을 때는 이미 늦었다. 지난 수십 년간 진행된 전문화와 노동분화는 금융 부문에서 다른 산업 이상으로 혁명적 변화를 불러왔다. 복잡한 공급 사슬에 의해 연결된 전문가 회사specialist firms(증권거래소에 상장된 회사를 담당하는 전문가를 고용한 회사. 이 전문가는 주어진 주식의 거래를 촉진하고 호가를 공고하며 주문을 제한하고 거래를 실행하는 시장조성자다—옮긴이)의 분산적 네트워크가 전통적 은행을 대신함에 따라 자동차산업이나 모바일폰산업에서 그랬듯이 효율성이 높아졌고 선택의 폭이 넓어졌으며 기업가치도 좋아졌다. 그리고 화폐 게릴라도 되살아났다. 정부의 통제 밖에서 사적 화폐를 만들어낼 수 있는 새롭고 놀라운 수단이 발견된 덕분이었다. 그 결과 2008년에 이르러 두 가지 금융의 세계가 어깨를 나란히 하게 되었다. 신용시장 내부에서 국제적으로 조직되고 규제받지 않는 방대한 '그림자' 금융 시스템과 국민국가의 규제받는 금융 시스템이 그것이다. 미국을 보면 금융 붕괴 직전 그림자 금융 시스템의 총자산이 약 25조 달러로 전통적 금융 시스템 총자산의 두 배를 훌쩍 뛰어넘었다.[30] 자동변속기가 그렇듯 증권시장도 인기가 별로 없었던 유럽에서는 '그림자 군단'의 수도 적었다. 그림자 금융 시스템 총자산이 9조 5000억 유로에 불과했다.[31]

위기가 닥치고 나서야 그림자 금융 시스템의 규모가 파악되기 시작했다. 전 세계 중앙은행과 정부가 직면한 도전 규모도 분명해졌다. 화폐 대타협은 누더기가 되었다. 규제받는 전통적 은행 부문은 신용 지원된 수십억 달러를 빠른 속도로 집어삼켰다. 위기 전에는 있는지조차 몰랐던 그림자 은행도 모습을 드러냈다. 괴물 기생충인 그림자 은행이 죽으면 그 숙주인 전통적 은행도 죽을 것 같았다. 전통적 은행의 붕괴를 내버려둘 수 없듯이 그림자 은행의 붕괴도 내버려둘 수 없는 상황이 전개되었다. 유동성 지원과 신용 지원은 그림자 은행으로도 확대되었다.[32] 그 결과 미국 재무부가 보험회사에 신용 지원하는 기괴한 광경이 나타났고, 중앙은행의 총자산도 과거에는 상상하지 못할 규모로 확대되었다. 전통적 은행과 그림자 은행이 혼자 힘으로는 관리할 수 없는 유동성 위험을 흡수했기 때문이다. 2008년 9월 10일에서 10월 22일까지 6주 동안 연방준비제도의 총자산은 전보다 두 배로 늘었고, 잉글랜드 은행의 총자산도 세 배 이상으로 늘었다.[33] 유럽 중앙은행은 처음에는 구세주로 나서기를 망설였다. 그러나 곧 전통적 은행 부문과 그림자 은행 부문 둘 다 유동성 전환 약속을 지키지 못하는 것을 보고 후방 방어벽 역할을 해야 함을 깨달았다.[34] 애널리스트들은 통화 공급이 이렇듯 엄청나게 팽창한 것을 보고 깜짝 놀랐다. 초인플레이션이 임박했다, 미국 달러화가 붕괴할 것이다, 통화전쟁이 일어날 것이다 등의 경고를 쏟아냈다. 그러나 이런 끔찍한 공상은 잘못된 전제에서 나온 것이었다. 실제로 일어난 사건에 관한 소식이 새어나오기 시작했을 뿐이다. 화폐는 줄곧 거기 있었다. 그림자 속에 숨어 있었을 뿐이다.

쿠데타가 드러났다. 정부가 어떻게 대응하는지 관심을 기울일 차례였다. 25조 달러를 퍼부은 미국 규제 당국이 금융 시스템을 다시 제어할 실탄이 있는가가 문제로 떠올랐다. 다음 장에서 그 답을 살펴보자.

15

가장 과감한 조치가
가장 안전한 조치다

화폐 대게릴라전

화폐 대타협은 은행만을 위한 일방적 정책이 되었고, 화폐 게릴라는 역사에서 전례를 찾기 힘든 규모로 활발하게 움직였다. 지난 40년간 화폐사회에 덧씌워진 정치적 굴레는 파열을 거듭했다. 따라서 화폐 대게릴라전이 시대의 순리가 된 것은 이상한 일이 아니다. 믿기지 않겠지만 규제 신속대응군의 글로벌 본부가 스위스 북서쪽 소도시에 있다. 금융 규제를 조율하기 위한 1차적인 국제 토론의 장은 중앙은행의 은행이라 불리는 국제결제은행BIS 산하 바젤은행감독위원회(이하 바젤위원회)다. 그래서 위기가 닥치면 바젤위원회가 최일선에서 새로운 규제책을 정했다. 결국, 다름 아닌 바젤위원회에서 도덕적 해이를 줄이기 위한 재래식 규제 무기가 설계되었다. 은행은 포트폴리오 안에 정해진 양의 현금이나 유동성 높은 증권을 넣어둠으로써 중앙은행에서 차입해야 할 필요를 줄여야 한다는 규칙, 또는 은행은 규모가 충분히 큰 자기자본이라는 완충벽을 유지함으로써 위기가 닥쳤을 때 가장 먼저 도산해서는 안 된다는 규칙이 그것이다.[1] 그러나 20세기를 지나며 미국과 영국 은행의 보호적 완충자본 규모는 5분의 1 수준으로 줄어들었다.[2] 포트폴리오

내 현금과 고유동성 증권의 비율 역시 불과 50년 사이 5분의 1 수준으로 떨어졌다.[3] 바젤위원회는 보호적 완충자본의 유지 및 포트폴리오 내 현금과 고유동성 증권 비율 확대는 검증이 끝난 아무 문제 없는 무기지만, 정말 필요한 것은 그보다 화력이 더 강한 무기라고 진단을 내렸다. 2010년 12월 바젤위원회는 은행에 더 많은 자본을 보유하고 포트폴리오 내 유동자산의 비중을 높이라는 명령을 내려야 한다는 데 합의했다.[4]

자기자본과 유동자산 보유를 늘리라는 요구는 위험한 행동에 큰 부담을 안겨준다. 밑바탕에 깔린 기본 주장은, 그렇게 함으로써 은행이 위험한 행동을 한 대가를 비싸게 치르게 하고 위험한 행동을 하는 판의 크기를 제한함으로써 건전한 균형이 회복되도록 할 수 있다는 것이다. 이 주장에 따르면 규제는 틀이 정해져 있고, 이는 사적 편익과 사회적 비용을 유발하는 그 어떤 산업에도 낯익은 것이다. 예를 들어, 화학 공장은 주주에게 줄 이윤을 창출하고 직원에게 줄 월급을 벌어들일 뿐 아니라 환경에 해로운 폐기물도 배출한다. 화학 공장이 환경오염 비용을 부담하지 않고 무임승차를 즐기려 하면, 폐기물은 경제적으로 정당화되는 수준 이상으로 생산된다. 해법은 오염 유발자가 오염을 생산한 경제적 비용을 전부 지불하도록 세금을 부과하는 것이다.[5]

그러나 규제기관에서 일하는 많은 사람은 위기에서 드러난 심각한 문제를 이 같은 재래전 방식으로 대응할 수 있을지 회의적이다. 그들은 금융 부문이 일으키는 오염은 화학 공장이 일으키는 오염과 두 가지 이유에서 다르다고 경고한다. 첫째는 문제의 규모다. 금융 시스템의 현재 구조를 바꾸지 않고 그대로 운영할 때 잠재적인 사회적 비용은 너무 커서 조세 시스템으로 억제할 수가 없다. 은행에 부담금을 부과하면 유동성 지원과 신용 지원이라는 직접적 재정비용을 거의 환수할 수 있을 것이다. 은행이 거둔 이윤 대부분을 빼앗아갈 테지만 말이다.[6] 2007년 이후 자업자득인 금융불안정으로 GDP 감소, 대량실업, 생산 능력 상실 등 엄청난 대가를 치렀다. 금액으로 환산하면 수십조 달러에 달한다. 엄청난 액수다.[7] 바꿔 말해 재래전 방식을 고집한다면, 지구를 파괴할 정도로 위력이 큰 원자폭탄을 사용해야 겨우 이긴다는 이야기다.

세금 부과가 아무 효과 없는 두번째 이유는 네트워크로 연결된 은행 시스템의 성격상 개별 은행의 활동도 시스템 전체의 비상한 위험을 초래한다는 데 있다. 이론적으로만 따지면 오염을 일으키는 화학 공장 사례와 달리 추가 세금을 부과해 시스템 위험을 불러오는 활동을 억제해야 한다. 그러나 은행 시스템은 국제적이다. 세금을 부과할 정당성을 갖춘 다자간 정치권력이 존재하지 않는다.[8] 재래전을 고집한다면 좋은 무기로 무장하고 전투력이 뛰어난 유엔군을 투입해야 이길 수 있다.

그러나 바젤위원회의 재래전 전략을 고집하지 말아야 할 주요 근거는 재래전 전략이 지금까지 거둔 실적에서 찾을 수 있다. 1990년대 말과 2000년대 초의 혁신에서 드러났듯이, 금융 부문은 무한한 창의력으로 세금 기반 규제를 우회할 방법을 찾아낼 수 있었다. 뿐만 아니라 위기의 후유증이 보여주듯이 재래식 무기의 효과는 예상에 어긋나기 일쑤였다. 이를테면 금융 붕괴 직후 은행에 대한 자본비율을 높이라는 요구는 신용경색을 악화시켰다. 또 수요 하락에 직면한 기업이, 신용한도 상승을 필요로 하던 바로 그때 은행의 대출 능력을 제한하고 말았다. 영국에서 대단히 존경받는 규제 경제학자 존 케이John Kay는 다음과 같이 직설적으로 말했다. "바젤 규약은 복잡할수록 미래에 더 강한 효과를 발휘할 것이라는 생각에는 희망이 경험을 이긴다는 기대가 담겨 있다."[9] 재래전 방식으로 계속 접근하면 규제를 놓고 베르됭 전투를 벌일 각오를 해야 한다. 병력과 무기를 더 투입할수록 전과가 더 나빠졌던 베르됭 전투 말이다.

결국, 규제 당국은 전략을 근본적으로 재평가하기 시작했다. 근본 문제는 은행가에게 있지 않고 은행가가 운영하는 은행의 구조에 있다고 인식했던 것이다. 2012년 6월 연방준비제도의 은행규제 총괄담당자 대니얼 타룰로Daniel Tarullo는 다음과 같은 말을 한 적이 있다. "몇 가지 점에서 볼 때 금융안정은 금융 시스템 내부, 적어도 최근 10여 년 동안 발전해온 금융 시스템 내부에서 생성되는 것이다."[10] 도덕적 해이는 금융 시스템 내부에 고유하게 존재하는 것이다. 그래서 자본비율이나 유동성 조건을 어설프게 손보며 도덕적 해이를 완화시키려는 노력은 시시포스의 헛수고에 그치고 만다. 은행업의 본질이 단기로 빌린 돈을 장기로 빌려주며 위험을 무릅쓰는 데 있는 한, 규제 당국이 이만하면 바로잡았다고 생각한 바로 그 순간 도덕적 해이라는 바위는 언덕 아래로 굴러 떨어지고 만다. 현재 필요한 것은 은행 시스템 내부 은행가의 행위가 아닌, 은행 시스템의 근본 구조를 겨냥하는 개혁이다. 금융불안정과 전쟁하려면 재래전 전술이 아니라 대게릴라전 전략이 필요하다.

1920년대의 호황이 1929년의 금융 붕괴와 뒤이은 대공황으로 귀결되었을 때도 미국 은행 시스템의 제도적 구조에 대한 깊은 성찰이 있었다. 그때도 오늘날과 마찬가지로 공공 부문에 화폐를 공급한 목적과는 무관한 활동을 하며 부당하게 정부의 지원을 향유한 것이 문제의 주요 원인으로 꼽혔다. 그래서 1933년의 글래스스티걸법Glass-Steagall Banking Act 은 증권거래업을 허가받은 투자은행과 기업 및 개인 상대 예금·대출·지급결제 서비스를 허가받은 상업은행을 엄격하게 분리했다. 1927년 맥파든법McFadden Act은 연방정부의 허가를 받은 상업은행인 국법은행National Banks이 본거지 주가 아닌 곳에 지점을 두는 것을 금지함으로써 은행의 규모를 효과적으로 제한했다. 이 두 가지 규제조치는 1990년대까지 유지되었다.[11] 은행의 활동과 규모에 대한 이런 구조적 제약을 완화한 결과 문제가 수습 불가능할 규모로 커졌고 이는 2007~2008년 금융 붕괴를 통해 밖으로 불거졌다. 20세기에서 21세기로 넘어갈 무렵 엄격한 구조적 규제가 종지부를 찍고 '대마불사'의 시대가 본격적으로 열렸다.[12]

위기가 발생한 이후 이 역사적 경험은 은행 부문의 구조를 바꾸기 위해 불어닥친 입법 활동 돌풍의 기본 틀을 이루었다. 2009년 초 오바마 대통령은 전 연방준비제도 이사회 의장 폴 볼커를 경제회복자문위원회 위원장에 임명했다. 금융 부문 개혁 전반에 관한 의견을 제시하는 자리였다. 대서양 건너편에서도 새로 출범한 영국 연립정부가 2010년 6월 은행개혁위원회를 신설하고 위원장에 옥스퍼드 대학교의 유명한 경제학자 존 비커스 경Sir John Vickers을 임명했다. 미국과 영국의 두 위원회는 은행의 여러 활동을 서로 분리해야 한다고 권고했다. 뉘앙스의 차이는 있었다. 볼커는 고객 지향적 거래와 재산 지향적 거래를 구분했고, 비커스는 은행의 소매영업 활동과 도매영업 활동을 구분했다. 볼커는 법적으로 독립한 회사가 분리시켜놓은 은행의 활동을 제각각 맡아 수행하게 해야 한다고 권고했고, 비커스는 현존 대규모 은행 내부에 칸막이를 치기만 해도 충분하다고 보았다. 물론 두 사람의 근본 철학은 같았다. 월스트리트와 시티 오브 런던의 거래자가 내키는 대로 도박하게 내버려두라, 단 엄격하게 규제받는 기관만 법에 정해진 대로 정부의 지원을 받게 하라. 이것이 볼커 위원회의 권고와 비커스 위원회의 권고에 공통으로 담긴 정신이었다.

결국, 대게릴라전 전술을 선택해야 한다는 보기 드문 국제적 합의가 이루어졌다고 할 수 있다. 중국의 위대한 병법가 손자는 "전략 없는 전술은 패배하기 전의 소음에 지나지 않는다"는 명언을 남겼다. 미국과 영국이 추진한 구조개혁의 정확한 목적은 무엇인가? 언뜻 보기에도 답은 간단하다. 바로 '금융안정'이다. 위기 이후 새로 세워진 여러 기관은 금융안정을 유지하는 임무를 맡았다.[13] 호되게 고생했던 각국 중앙은행은 그동안 외곬으로 추구하던 굉장히 단순한 목표인 낮고 안정적인 인플레이션(그리고 낮은 실업률)에 더해 금융안정도 목표로 삼겠다고 알렸다. 무엇보다 새로 제정된 모든 법이 공언한 목표는 금융안정이었다.[14] 그러나 금융안정이란 정확히 무엇인가 하고 시끄럽게 묻는 소리는 많았지만, 돌아오는 것은 먹먹한 침묵뿐이었다.

그것은 오늘날의 경제정책 결정과정을 주도하는 그 어떤 지적 체계도 합리적 대답을 내놓을 준비를 하지 못한 물음이었다. 잉글랜드 은행 총재가 지적한 대로 현대의 정통 거시경제학에는 "금융 중개에 관한 설명이 없어서 화폐, 신용, 은행은 의미 있는 역할을 하지 못한다".[15] 잉글랜드 은행 통화정책위원회의 한 창립자도 한탄했다. "거시경제학에는 금융안정과 관련된 모든 것이 빠져 있다."[16] 현대 금융이론 역시 화폐의 거시경제적 역할을 모르기 때문에 금융안정에 관한 무언가 새로운 전문적 이론을 내놓아 기대에 부푼 개혁가의 갈증을 채워주지 못했다. 2012년 10월 미국 연방준비제도 이사회 이사 대니얼 타룰로는 씁쓸한 표정으로 결론 내렸다. "지난 몇 년간 금융안정 분석에 많은 관심이 집중되었지만, 객관적으로 말하면 금융안정 분석은 아직도 걸음마 단계에 있다."[17] 우리가 알아냈듯이 두 경우 모두 화폐에 대한 전통적 이해에서 실패의 뿌리를 찾아야 한다. 정책입안자는 거울에 비치는 세계만 바라보면서 계기비행을 하는 중이다. 그렇다면 화폐 회의주의라는 대안 전통이 도움이 될 수 있을까?

가장 과감한 정책이 가장 안전한 정책이다

규제개혁을 둘러싼 논쟁은 글로벌 금융위기로 더욱 가열되었다. 덕분에 수십 년간 존재감이 희미했던 비정통적 경제사상도 목소리를 낼 공간이 열렸다. 다행히 지난 50년 동안 경제학과 금융학의 이면을 살펴보면 비정통적 경제사상이 풍부하게 묻힌 보고를 찾아낼 수 있다. 몇몇 현대 경제사상가는 이미 진취적인 제안을 내놓았다. 먼저 로버트 스키델스키와 에드워드 스키델스키는 감성과 지성 운동hearts and minds campaign을 공개적으로 지지한다. 사람들로 하여금 '얼마나 있어야 충분한가How Much is Enough' 하는 근본적 물음에 스스로 대답하게 하고, 그럼으로써 화폐사회의 본질인 공격적 불안정을 떨쳐낼 수 있게 하려면 도덕의 부흥이 절실히 필요하다고 주장하는 운동이다.[18] 철학자 마이클 샌델은 소비에트 전략을 암시한다. 그는 대게릴라전을 제안한다. 돈으로 살 수 없는 것이 있다는 확신을 심어주는 개혁을 주장하는 것이다.[19] 스파르타 해법이 적절하다고 주장하는 사람도 있다. 예를 들어, 미국 하원의원 론 폴Ron Paul에 따르면, 현대 화폐 시스템의 본질적 문제를 해결하는 방법은 간단하다. 연방준비제도를 폐지해야 한다.[20]

그러나 색다른 전통이 우리에게 준 가장 중요한 것은 특별한 제안이 아니다. 화폐는 일개 사물이 아니라 사회적 기술이라는 대안적 관점이다. 세상은 불확실한 곳이다. 성경 속 솔로몬왕의 경고, "날랜 사람이 달리기에서 꼭 일등을 하는 것이 아니고 강한 사람이 전투에서 꼭 이기는 것도 아니다. 지혜로운 사람이 먹을 것을 꼭 얻는 것이 아니고 냉철한 사람이 부를 꼭 얻는 것도 아니다"라는 말이 패배주의적인 것으로 들릴 수도 있겠지만, 이 말 뒤에 나오는 핵심 내용, "그러나 누구에게나 때와 기회는 찾아온다"를 부정할 사람은 거의 없을 것이다.[21] 모든 영역이 그렇듯 경제활동 영역에도 피할 수 없는 위험이 일정 부분 존재한다. 경제학자에 따르면 순수한 경제적 위험은 '외생적'이다. 풍년이 들 것인가 흉년이 들 것인가, 세심하게 준비한 다음달 제품발표회가 성공을 거둘 것인가 실패할 것인가 등에 관한 불확실성이다. 그리고 이것은 본질적으로 우리가 통제할 수 있는 범위 밖에 있다. 이에 반해 재무 위험은 '내생적'이다. 우리는 화폐 시스템을 설계함으로써 예측불가능한 경제적 이익이나 손실을 공동체 안에서 나누는 방법을 정할 수 있다. 화폐는 누가 어떤 상황에서 무슨 위험을 부담해야 하는가 하는 물음에 답할 수 있다. 물론 화폐만이 이 물음에 답할 수 있는 유일한 사회 조직 시스템은 아니다. 서구 복지국가는 재분배 기구를 통해, 경제적 가치가 아니라 사회적 권리를 기준으로 누가 무엇을 가져야 하는가를 결정함으로써 화폐의 대안을 마련했다. 그러나 역사를 살펴보면 화폐는 안정과 자유를 둘 다 주겠다고 약속하며 사회의 경제적 위험을 체계적으로 분배했고, 그에 따라 화폐는 빠른 속도로 안착할 수 있었다. 굉장히 용감한 약속이었다.

정부가 직접 발행하는 화폐의 경우 우리가 익히 알고 있듯이 약속이 효과를 발휘한다. 정부는 정치권력이 있기 때문이다. 정치권력은 다시 정부의 정당성과 함수관계를 이룬다. 그래서 아르헨티나의 사적 화폐와 지역통화 사례가 보여주듯이 정부가 시민의 신뢰를 상실하면 사적 화폐가 유통되기 쉽다. 결국, 화폐사회에서는 정부가 정당성을 얼마나 잘 유지하는가가 중대한 문제다. 안정을 보장하겠다는 화폐의 약속은 역으로 부채위기가 일어나기 쉽다는 것을 의미한다는 점에서도 정부의 정당성은 중요하다. 회의론 전통은 아주 오래전부터 가변적 화폐본위가, 화폐사회가 유지되기 위한 중요한 전제조건이자 안전밸브라는 것을 깨닫고 있었다. 화폐본위가 불공정해질 때 화폐본위를 조정해 재무위험 분배 방법을 조정하는 정부의 재량권을 시민이 인정하는 한, 법정화폐는 작동할 수 있다. 그렇기 때문에 화폐를 물리적 사물로만 이해하는 것은 위험하다. 화폐를 물리적 사물로 이해하면 우리가 위험을 측정하고 관리하기 위해 사용하는 화폐본위는 변하지 않는 것, 즉 고정불변의 상수가 되어야 하지만, 화폐를 가치라는 사회적 개념으로 이해하면 수시로 변할 수 있는 것이 되어야 한다. 화폐로 공정한 사회를 만들어내려면 경제적 가치 기준이 고정되어서는 안 되고, 솔론이 보여주었듯이 민주적 정치의 요구에 민감하게 반응해야 한다.

법정화폐는 더욱 그래야 한다. 현대 세계에서 유통중인 거의 모든 화폐는 정부가 발행하지 않는다. 은행이 발행한다. 그러면 은행은 안정과 자유를 주겠다는 화폐의 약속을 어떻게 지켜야 하는가? 이론적으로 따지면 은행은 '유동성 전환'을 해야 한다. 다시 말해, 은행은 유동적인 단기 예금부채를 비유동적인 장기 대출로 '전환시켜야' 한다. 그런데 '유동성 전환'은 에두른 표현일 뿐이다.[22] 실제로는 아무것도 전환되지 않는다. 은행의 부채는 명목가치가 고정된 단기 부채에 머문다. 은행의 자산도 명목가치가 불확실한 장기 자산에 머문다. 이 둘은 결코 만나지 않는다. 그 대신 은행은 대차대조표에 표시할 자산과 부채의 만기를 교묘하게 일치시킴으로써 유동성 전환을 했다는 인상을 준다. 그러나 아무리 교묘하게 만기를 일치시키더라도 사람들이 만기를 일치시키는 은행의 능력을 믿지 못할 가능성은 언제나 존재한다. 이것이 모든 사적 화폐 발행자를 괴롭히는 문제다. 따지고 보면 16세기 국제적 대은행가의 화폐도 같은 문제로 괴로움을 겪었다. 2000년대 초 국제 그림자 은행 부문과 겁에 질린 규제 당국은 다음과 같은 교훈을 다시 깨달았다. 어디에도 기대지 않고 독자적으로 작동하는 사적 화폐는 호경기 때는 제대로 작동하지만 불경기 때는 그러지 않는다. 은행이 발행한 화폐가 오랫동안 유지되며 작동하는 유일한 방법은 정부와 정부의 권력을 등에 업는 것이다. 다시 말해, 화폐 대타협에 이르는 것이다. 300년 전에는 그러는 것이 합리적 해법으로 여겨졌다. 그러나 위기를 겪고 난 뒤 오늘날의 은행 기반 화폐 시스템에서 위험은 지독하게 불공정하다는 사실이 드러났다.

지금까지 설명한 것이 이 책에서 화폐를 바라보는 대안적 관점과 은행 시스템의 문제점을 해석하는 방법이다. 글로벌 은행의 현재 구조는 위험을 불공정하게 분배한다. 손실은 사회화하고, 이익은 사유화한다. 그래서 납세자는 구제금융 때문에 골머리를 앓지만, 은행과 은행 투자자는 발생한 이윤을 전부 가져간다. 그렇다면 이 상황을 바로잡을 수 있는 방법은 무엇일까? 첫번째 방법은 모든 위험을 사유화하는 것이다. 투자자가 모든 수익뿐 아니라 모든 잠재적 위험도 부담하도록 은행 시스템을 구조조정해야 한다. 두번째 방법은 그 반대다. 은행 시스템을 재설계해 모든 위험을 사회화하게 해야 한다. 이러면 납세자는 모든 손실 위험을 부담할 뿐 아니라 가치상승 이득도 누리게 된다.

첫번째 방법은 현대판 존 로의 전략이다. 즉, 화폐의 문제점을 구조적으로 해결하기 위한 존 로의 혁신적 생각에 뿌리를 두고 있다. 로가 세운 계획의 핵심 원리는 거대한 복합 시스템을 만든 뒤 주식이라는 형태로 사실상 군주의 지분을 만들어냄으로써 위험을 군주에게서 신민으로 전가하는 것이다. 로의 희망은 프랑스 경제의 조세수입에 대한 이들 불확실한 청구권(주식)으로 은행권, 즉 비예billets가 대표하는 고정적 청구권 및 기타 군주의 부채증권을 바꿔놓는 것이었다. 로는 그러면 지대국가rentier state라는 지리멸렬한 경제문화가 영원히 폐지될 것으로 내다보았다. 또 불확실한 조세수입에 어울리지 않는 고정적 의무가 사라지기 때문에 부채위기도 더는 존재하지 않을 것으로 예상했다. 일석이조를 도모했던 것이다.

놀랍게도 이 근본 원리는 규제로 위기에 대응하려는 오늘날의 정책과 전혀 동떨어진 것이 아니다. 구조개혁을 하자는 볼커와 비커스의 제안과 은행 시스템의 현재 구조에 함축된 위험을 분배하는 방법을 재조정해야 한다는 로의 기본적 생각은 일맥상통한다. 더욱 적극적으로 개혁해야 한다는 제안도 현재 논의중에 있다. 미국의 유명한 경제학자이자 대중적 지식인 로런스 코틀리코프Laurence Kotlikoff는 '제한적 용도의 은행'을 만들자는 중요한 제안을 했다.[23] 코틀리코프의 급진적 제안을 받아들이면, 우리가 아는 은행은 존재하지 않게 된다. 모든 경제적 위험은 차입자에서 저축자까지 무한히 확대될 수 있는 뮤추얼펀드의 스펙트럼을 막힘없이 지난다. '유동성 전환'을 실천하고 있다는 금융기관의 거짓 주장과 현재 은행 시스템에 담긴 문제의 뿌리를 이루는 본질적 부조화가 영원히 사라진다. 수동변속기가 달린 차만 도로를 달릴 수 있다.

코틀리코프의 상상은 담대하기 그지없다. 그는 존 로의 전략은 받아들이지만 혁명적 결론은 받아들이지 않는다. 제한된 용도의 은행이 들어서면 사적 은행은 불확실한 명목가치의 장기자산을 보유하는 한 확실한 명목가치의 단기 부채를 발행하지 못하지만, 정부는 발행할 수 있다. 법정화폐는 우리가 오늘날 아는 대로 은행 시스템의 심장을 이룬다. 어떤 상황에서도 지급하겠다는 안전하고 유동적인 약속이다. 로는 화폐 사용자이면서 최종 위험회피자인 은행마저 제거하겠다고 생각했다. 그가 생각한 새로운 금융세계 한복판에는 정부 부채가 아니라 정부 지분이 있었다. 다시 한번 말하지만 오늘날 사람들이 들으면 황당하다는 반응을 보일 생각이다. 그러나 지금도 유력한 지지자가 있는 생각이다. 현대의 프로젝터이자 세계에서 가장 유명한 강단 경제학자 중 한 명인 미국 경제학자 로버트 실러Robert Shiller는 오랫동안 정부를 향해 경제성장률에 따라 이자를 지급하는 GDP 연동 국채를 발행함으로써 불확실한 경제성장 때문에 발생할 수밖에 없는 국가재정의 위험을 투자자와 공유하라고 촉구했다.[24] 혁신적 금융수단인 GDP 연동 국채를 점진적으로 도입하라는 것이다. 프랑스가 사상 최대 규모의 경제위기와 재정위기에 시달리던 시대를 살았던 로는 시간이 부족했다.

모든 위험을 사유화하는 화폐 시스템을 만들겠다는 로의 전략은 스펙트럼의 오른쪽 극단이다. 스펙트럼의 왼쪽 끝에는 모든 위험을 사회화하는 방향으로 화폐 시스템을 개혁하려는 시도가 있다. 이 왼쪽 끝 대안은 뮤추얼펀드가 아닌 정부가 은행을 대체해야 한다고 본다. 화폐의 매혹적인 약속을 폐기하지 않는 대신, 약속을 지킬 능력이 있는 유일한 화폐 발행자인 정부가 약속을 지키게 한다. 자본시장과 은행 부문은 앞으로도 계속 공존할 것이고, 화폐는 은행 부문의 특수한 전유물로 남을 것이다. 그러나 이쪽 극단의 대안 아래서 은행을 완전히 소유하고 운영하는 것은 정부다. 굉장히 흥미진진할 것 같은 개혁이다. 겉보기와 달리 그렇게 황당무계하지도 않다. 실제로 각국 정부가 위기를 겪으며 은행을 국유화하고 중앙은행은 전대미문의 수준으로 화폐시장에 개입하고 있다는 점에 비춰볼 때 우리는 자연스럽게 이쪽 방향으로 나아가는 중이다. 미국 연방준비제도가 1조 달러 넘은 주택담보대출을 인수했을 때, 또 유럽 중앙은행이 자동차 대출에서 신용카드 매출채권에 이르는 부실채권을 흡수해 대차대조표에 반영했을 때 개혁이 이미 끝난 것 아니겠는가?[25]

화폐 게릴라를 무력화하고 새로운 화폐 대타협을 확보하려고 했던 대게릴라전 전략은 스펙트럼 왼쪽의 극단적 전략이긴 하나, 현행 은행 시스템 구조에 내재하는 문제투성이 위험 분배 방법을 영원히 제거하는 장점이 있다. 안타깝게도 화폐사회 그 자체를 파괴하는 대가를 치러야 하지만 말이다. 한편, 오른쪽 극단인 존 로의 해법은 현대 강단 금융학이 품은 환상의 극치를 보여준다. 현실 세계에 존재하는 위험을 완벽하게 반영하며 그 가치가 수시로 변하는 자본시장의 증권에 유리한 환경을 조성하기 위해 화폐와 은행을 폐지하는 환상 말이다.[26] 거기서는 화폐본위를 재조정해 근원적 위험을 재분배하는 정부의 능력이 필요하지 않다. 화폐본위에 의해 가치가 정해지는 정부 부채가 존재하지 않기 때문이다. 화폐는 더는 정부의 도구가 아니다. 무정부 상태를 제어하기 위한 규칙이 존재하지 않는다. 사회를 조직하는 다른 어떤 시스템이 자리잡을 때까지 무정부 상태가 존재할 뿐이다. 합법적 정부가 다시 들어서게 하는 대신 무정부 상태를 내버려둠으로써 반란을 진압하려는 셈이다.

법정화폐 하나만 존재하는 사회, 즉 정부가 모든 은행을 운영하기 때문에 모든 화폐 또한 발행하는 사회로 돌아가자는 왼쪽 끝 대안도 마찬가지로 악몽 같은 전망을 내보인다. 여기서 화폐는 더는 정부의 도구가 아니라, 정부 그 자체가 된다. 자금조달 의사결정을 분권화시킬 때의 모든 장점이 사라지고, 그 대신 납세자가 강제로 은행가를 보호해야 하는 부정의를 은행가가 모든 사람을 항상 보호해야 하는 부정의로 바꿔놓은 화폐사회가 들어선다. 궁여지책이 아닐 수 없다. 전체주의 국가가 됨으로써 반란을 진압하는 셈이다.

메뚜기를 꿀벌로 바꾸고 싶다면, 은행 시스템을 근본적으로 개혁해야 한다. 화폐를 바라보는 비전통적 관점은 세 가지 원칙을 내놓는다. 그 가운데 두 가지는 우리가 지향해야 하는 목표와 관련 있고 한 가지는 목표에 도달하는 방법과 관련 있다. 첫째, 현대 금융 시스템 한가운데 자리한 도덕적 해이 문제의 해법은 금융 시스템을 재설계해 모든 금융 위험을 사유화하거나 사회화하는 데 있지 않다. 납세자, 은행가, 은행 투자자가 부담하는 위험과 향유하는 편익을 완벽하게 일치시키지는 못해도 최대한 일치시킬 필요가 있다. 규제로 위기에 대응하는 오늘날의 정책은 올바른 방향으로 나아가고 있다. 미국, 영국, EU가 내놓은 제안에는 하나같이 위험의 사유화는 확대하고 사회화는 축소하며 납세자가 부담하는 위험도 줄여야 한다는 주장이 담겨 있다. 그러나 개혁은 아직 충분하지 않다.

둘째, 화폐는 사회를 조직하기 위한 도구이고, 사회가 조직되는 방법을 지시할 정치적 정당성이 있는 유일한 권력은 정부이므로, 정부는 화폐를 어떻게 재설계하건 화폐정책이 들어설 여지를 극대화해야 한다. 안정과 자유를 가져다주겠다는 화폐의 멋진 약속은 은행의 손에 넘겨진 뒤로 쓸데없는 것이 되고 말았다. '유동성 전환'이라는 허울만 그럴듯한 주장은 일방적 정책을 숨기는 것, 금지당해야 하는 것이 되고 말았다. 그러나 안정과 자유를 가져다주겠다는 약속은 민주적 정부의 강력하고 중요한 도구 중 하나인 화폐의 본질이다. 민주정치는 유연한 화폐 본위라는 유출 밸브를 통제하는 한 보호받아야 마땅하다.

마지막 원칙은 앞에서 말한 두 가지 원칙에 따라 화폐 시스템과 은행 시스템을 개혁하는 방법과 관련 있다. '적은 것이 많은 것이다'가 개혁의 지침이 되어야 한다. 재래전은 무한한 퇴행으로 귀결될 것이다. 금융 부문을 감독하려는 시도는 아무 의미 없다. 구조개혁이 열쇠라고 외치며 규제를 옹호하는 주장은 옳다. 이때 핵심은 가능한 한 적은 규제 규칙을 정해 잘 지켜지는지 엄격하게 감시하되 진취성과 혁신이 자유롭게 분출되는 분위기를 조성하는 것이다. 이 기본적인 규제 규칙이 오늘날 절실히 필요하다.

이 만만찮은 직무기술서에 부합하는 현실적인 은행개혁안이 존재하는가? 다행히 존재한다. 더구나 새롭게 등장한 것도 아니다. 80년 전 대공황이 한창이었을 때 미국 경제학자 어빙 피셔Irving Fisher는 '100퍼센트 돈100% Money'이라는 무언가 영감을 불러일으키는 제목으로 유명한 제안을 했다.[27] 놀라울 만큼 간결한 제안이었다. 피셔의 제안도 로의 전략과 마찬가지로 은행 시스템에 존재하는 여러 위험 사이의 균형을 근본적으로 재조정하려고 했다. 규제로 위기에 대응하려는 오늘날의 정책과 마찬가지로 일정 범위의 활동에 대해서는 정부의 지원을 제한함으로써 위험 사이의 균형을 재조정해야 한다고 주장했다. 훨씬 간결하면서도 철저한 재조정이었다. 피셔의 제안은 요구 즉시 인출할 수 있거나 지급결제하는 데 사용할 수 있는 그 어떤 예금도 법정화폐에 의한 인출과 지급결제를 보장해주어야 한다고 요구했다. 더불어 요구불예금을 취급하는 은행이 다른 업무를 하도록 허락해서는 안 된다고도 했다. 피셔의 제안을 좀더 살펴보자. "은행의 당좌예금 부서는 예금자가 갖고 다니는 돈을 보관하는 단순한 저장창고가 되고, 수표은행으로서 별개의 법인격을 부여받는다."[28] 고객 대면 업무나 비대면 업무, 도매금융 업무나 소매금융 업무 등 은행의 나머지 업무는 다른 모든 자본시장 활동과 똑같은 취급을 받는다. 그리고 이들 업무를 담당하는 기관은 정부의 특별한 지원은 물론 특별한 감독도 받지 않는다. 시장이 어떤 금융상품을 공급해야 하는지, 어떤 기관이 금융상품 공급을 책임져야 하는지 결정한다. '수표은행'의 영역 밖에서는 유동성 전환 같은 의심스러운 약속도 허용된다. 투자자는 수입과 지출 잔액을 일치시키는 은행의 능력을 믿고 싶으면 얼마든지 믿어도 된다. 은행이 약속을 지키지 못할 때 은행을 믿은 투자자는 구제금융을 받는다는 것을 누구도 의심하지 않기 때문이다.

1930년대 시카고 대학교 경제학자는 피셔의 제안을 받아들였고, 이후 그것은 '시카고 플랜'이라는 이름으로 널리 알려졌다. 1960년대에도 시카고 대학교 경제학의 태두 밀턴 프리드먼이 피셔의 제안을 되살려냈다.[29] 오늘날에도 몇몇 유력한 규제 경제학자는 '좁은 의미의 은행업 Narrow Banking'이라는 깃발 아래서 피셔의 제안을 지지하고 있다.[30] IMF는 피셔의 제안이 어떤 영향을 미치는지 수학 모형으로 검증했고, 피셔의 제안대로 하면 거시경제와 금융의 안정이 증대된다는 확실한 증거를 발견했다. 그뒤로 피셔의 제안은 IMF에 의해 새로운 연구 주제로 정

해졌다.[31]

피셔의 제안은 앞에서 개괄적으로 살펴본 세 가지 원칙에 부합하는 개혁이다. 피셔의 제안에 따르면, 금융위험의 사회화는 제거되지 않지만, 엄격하게 제한된다. 좁은 의미의 은행이라는 다목적 활동은 정부의 지원을 받는다. 다른 금융기관은 정부의 지원을 받지 못한다. 좁은 의미의 은행과 그 밖의 모든 은행을 명확하게 구분하면 유동성 환상과 도덕적 해이에 힘입어 화폐 게릴라가 왕성하게 활동할 수 있었던 모호한 중간지대가 사라진다. 법정화폐는 공적 자금 속 현금이자 좁은 의미의 은행이 보유한 유일한 자산으로서 은행 시스템의 핵심에 자리하고 있다. 덕분에 화폐정책 및 화폐정책에 의한 화폐와 사회의 민주적 조직의 통합이 유지된다. 마지막으로, 구조개혁은 간단하다. 좁은 의미의 은행에 적용되는 규칙은 몇 가지 안 되지만, 매우 엄격해야 한다. 은행업 인가를 받으려는 모든 사람은 이들 규칙을 준수해야 한다. 은행업 인가를 원하지 않는 사람에게 적용되는 규칙은 없다. 화폐 자체가 촉발시키고 금융 부문이 최대한 활용하는 끊임없는 혁신만 있을 뿐이다.

존 메이너드 케인스는 대공황이 일어나기 7년 전 경제 상황에 대한 현실적 진단이 담긴 20세기 경제학에서 가장 중요한 책의 마지막 장을 썼다. "우리가 살고 있는 경제 사회의 가장 두드러진 결점은 완전고용을 달성하는 데 실패했다는 것, 부와 소득이 자의적이고 불평등하게 분배된다는 것이다."[32] 또 한 차례 엄청난 경제적 재앙을 겪고 5년이 지난 오늘날도 대공황 때와 마찬가지로 경제적 위험의 불공정한 분배와 극심한 실업이 우리를 괴롭히고 있다. 화폐와 은행을 올바르게 이해하지 못했기 때문에, 또 올바른 화폐와 은행을 만들어내지 못했기 때문에 우리는 지금 힘든 처지에 있다. 올바른 화폐와 금융을 다시 만들어내야만 지금의 힘든 처지에서 벗어날 수 있을 것이다.

화폐는 사회적 기술이다

"그래!" 기업인 친구가 내 말을 잘랐다. "나는 늘 알고 있었지!"

"알고 있었다니, 뭘?"

"네가 숨은 혁명가라는 사실 말이야. 너는 자본주의나 나 같은 자본가를 좋아하지 않아. 네가 들려준 화폐 이야기는 부자의 돈을 빼앗고 은행가를 기둥에 매달고 싶다는 것으로 요약될 수 있어."

"왜 그런 생각을 한 거지?"

"음, 네 이야기는 한마디로 살인사건 추리소설이라고 불러야 한다고 생각해. 너는 이 책이 돈의 역사에 관한 것이라고 했지만, 내 귀에는 애거사 크리스티의 추리소설처럼 들렸어."

"그래? 그러면 누가 살해당했지?"

"네 이야기대로라면 명백하지. 내가 제대로 이해했는지 한번 들어봐. 너는 설명 첫머리에서 화폐는 겉모습과 달리 일개 사물이 아니라 사회적 기술, 다시 말해 사회를 조직하기 위한 생각과 실천의 집합이라고 했어. 정확히 말해 화폐를 이루는 것은 기본적으로 세 가지라고 했지. 보편적으로 적용될 수 있는 경제적 가치 개념, 경제적 가치를 측정할 수 있는 회계기록 시스템, 그리고 경제적 가치가 어느 한 사람에게서 다른 사람에게 이전될 수 있게 하는 분산적 이전 원칙 말이야. 또 주화나 토큰 그 자체가 화폐라는 주장이 엉터리라는 것을 보여주기 위해 야프섬 이야기를 했어. 또 화폐는 보통 정부가 발행하지만, 반드시 그럴 필요는 없음을 보여주기 위해 아일랜드 은행 폐쇄 사례도 이야기했지. 일단 네 이야기를 다 믿겠어. 그렇지만 나는 화폐를 사물이라고 생각하면 뭐가 달라지는지 물었어. 너는 정말 많은 이야기를 했지. 나는 이 자리에 꼬박 앉아서 네 이야기를 들어줬고."

"뭐, 지금까지 그랬지."

"너는 또 화폐를 구성하는 이들 개념을 살펴본 뒤 보편적인 경제적 가치 개념이 가장 중요하다고 했어. 1달러, 1파운드, 1유로, 1엔은 물리적 사물이 아니라 측정 단위라고 설명했지. 나이 많은 어떤 폴란드 교수, 이름이 뭐였더라?"

"비톨트 쿨라."

"그래, 쿨라. 쿨라는 물리적 측정 단위의 역사를 조사해 측정 단위로 측정하는 개념과 측정 단위에 구현된 기준이 세월이 흐르면서 어떻게 발전해왔는지 알아냈지. 너는 또 마치 충실한 사회주의자라도 되는 것처럼 어떤 국제 관료기구가 큰 족적을 남겼다고 칭찬하기도 했어."

"국제 관료기구가 아니라 국제도량형국."

"그러나 네 이야기에서 쓸모 있는 부분은 노교수 쿨라의 지적이었어. 경제적 가치를 측정하는 데 사용되는 개념과 기준은 사람들이 거기에 어떤 용도를 부여하는가에 따라 결정된다는 지적 말이야. 너는 두 가지를 지적했어. 첫째, 보편적인 경제적 가치 개념은 적용 가능성 범위라는 점에서 물리적 측정 단위와 똑같고 무엇이 경제적 가치의 기준이어야 하는가는 그 용도에 따라 적절하게 정해진다는 것이었어. 둘째, 보편적인 경제적 가치 개념은 물리적 측정 단위와 다르고 보편적인 경제적 가치 개념은 물리적 세계의 속성이 아니라 사회적 세계의 속성이고 사회를 조직하는 기술의 핵심 구성요소이므로, 보편적인 경제적 가치의 기준은 정치적이어야 한다는 것이었지."

"맞아. 보편적인 경제적 가치의 기준을 선택하는 올바른 잣대는 일관성과 정확성이 아니야. 일관성과 정확성은 물리적 측정 단위에나 적용되는 거야. 정말 올바른 잣대는 공정성, 정치적 정의, 또는 네가 정치적으로 안정된 사회의 특징으로 상정하고 싶은 모든 것이지."

"그렇지만 그것은 철학적 측면에 해당하는 거였어. 너는 역사로 옮겨갔지."

"그래, 나는 화폐의 본질에 관한 내 주장을 역사가 뒷받침해준다고 주장했어. 여기서 내 주장을 간단하게 정리하자면, 화폐의 핵심 아이디어는 보편적인 경제적 가치 개념이기 때문에, 또 가치의 적절한 기준은 정치적 기준이어야 하기 때문에 우리가 지금 알고 있는 화폐는 메소포타미아의 발명품인 문자, 숫자, 회계가 원시 암흑시대 그리스인이 품었던 관념(모든 부족 구성원은 동등한 사회적 가치를 갖는다는 관념)이 충돌하는 과정에서 발명되었다는 거지."

"그래, 네 주장이 옳을 수도 있어. 설령 옳지 않다고 해도 크게 중요하지는 않다고 봐. 어쨌거나 화폐가 지금 우리 옆에 있으니까, 화폐는 무엇인가에 관한 네 설명이 옳은지 검증할 수 있어. 화폐가 어떻게 발명되었는가는 중요하지 않아. 정확히 알지 못하는데, 왜 고민해야 하지?"

"뭐, 그것도 화폐를 바라보는 관점 중 하나겠지. 속물적 관점이라서 그렇긴 하지만. 내가 쓴 돈의 역사에 관한 책을 검증하는 기준은 이 책이 오늘날의 화폐를 얼마나 잘 설명하는가, 오늘날의 화폐에는 어떤 문제가 있고 그 문제를 해결하는 방법은 무엇인가를 얼마나 잘 설명하느냐에 달려 있지. 이야기를 계속해봐."

"음, 역사적인 측면을 보자고. 역사는 살해 미스터리가 시작되는 곳이야. 너는 이 책 앞부분에서 고대 중국인의 화폐사상이 굉장히 명확했다고 칭찬했어. 고대 중국의 철학자와 황제는 화폐가 정부의 도구라는 것, 그리고 경제적 가치가 사회활동을 조직하는 데 사용되는 정도나 무엇이 화폐본위가 되어야 하는가의 문제는 황제가 정부를 성공적으로 경영하는 데 얼마나 이바지하는가에 따라 정해져야 한다는 것을 완벽하게 이해했다고 설명했지."

"그래, 그들의 시적 표현을 빌리면 '천하의 평화와 질서'에 얼마나 이바지하는가에 따라 결정돼."

"더 나은 말이 뭐냐고 내게 물었다면 나는 혁명이라고 대답했겠지. 이 이야기는 좀 이따 하자고. 그건 그렇고 너는 중세 유럽의 재화폐사회화 이야기도 했어. 거기서 중요한 건 화폐본위의 관리를 둘러싼 군주와 신민 사이의 오랜 투쟁이야. 유럽인은 보편적인 경제적 가치 개념을 적용하는 데는 깊은 관심을 기울이지 않았어. 그보다는 무엇이 화폐본위가 되어야 하는가에 더 관심이 많았지. 군주와 신민 모두 부와 소득을 재분배하면 실제 재화 및 서비스로 환산한 화폐의 가치를 더 높이거나 더 낮추는 결과를 낳는다는 것을 너무 잘 이해하고 있었기 때문이야."

"맞아, 특히 신민의 부와 소득이 군주 쪽으로 흘러가는 재분배였지."

"그래, 시뇨리지. 네가 들려준 이야기에 따르면, 화폐사회가 발전함에 따라 화폐본위 문제에 관심을 기울이는 신민이 늘어났어. 군주에게 과도한 시뇨리지를 지급하고 싶지 않았기 때문이지. 그들은 시뇨리지에 대해 수없이 항의했어. 시뇨리지에 반대하는 갖가지 독창적인 주장을 꾸며냈지. 왜 시뇨리지가 잘못인지 보여주기 위해 프랑스인 주교를 고용하기도 했고 말이야. 그러나 그 어떤 방법도 별 효과 없었지."

"현실적 대안이 없었기 때문에 군주를 압박할 수 없었던 거야."

"어떤 똑똑한 사람이 은행을 재발견하기 전까지, 그리고 은행을 이용해 사적 화폐를 대량으로 발행할 현실성 있는 수단을 재발견하기 전까지는 말이야."

"그래, 은행은 은행가는 말할 것도 없고 모든 사람에게 이득이 되는 발명품이었어. 장담하건대 너도 그때 태어났더라면 어떻게든 생각해내고 싶어했을 그런 것이었지."

"정곡을 찌르는 지적이야. 그건 그렇고 은행가가 사적 화폐를 발행하는 묘수를 발견하자 입장이 역전되었지. 군주와 군주의 시뇨리지가 수세에 몰리고 말았어. 네 은유적 표현대로라면 화폐의 반란이 언제 일어날지 모르는 불안정한 상황이 전개되었던 거지. 그러나 잉글랜드 은행을 설립하면서 항구적 평화를 달성할 방법을 발견했어. 적어도 지금까지는 말이야."

"화폐 대타협 이야기군. 그래 그거야. 그런데 말을 잘라 미안하지만,

도대체 어느 지점에서 살해가 일어났다는 거지?"

"추리소설을 많이 읽지 않은 모양이군. 금방 일어나게 돼 있어. 아무도 그런 일이 일어나리라고 생각하지 못한 바로 그 순간에 말이지. 너도 알다시피 군주가 시뇨리지를 거두기 위해 화폐본위를 조작해야 하는가, 은행가가 사적 화폐를 발행할 수 있어야 하는가 등을 둘러싸고 누구나 한마디씩 하는 논쟁이 벌어졌을 거야. 적어도 그때는 모든 사람이 화폐가 무엇인지 이해는 하고 있었어. 달리 말해 화폐에 관한 너의 '비전통적' 설명의 관점에서 보자면 상식이 아직 살아 있었다는 이야기야. 그러나 화폐 대타협이 이뤄지자마자 누군가가 화폐에 관한 상식을 살해했어. 사악한 범인은 상식, 즉 화폐에 관한 올바른 이해를 제거해버린 데 그치지 않았지. 증거를 인멸했고 상식 대신 그럴듯한 거짓 견해를 내놓았어. 나처럼 무식한 사람이 듣기에도 굉장히 설득력 있는 화폐와 경제적 가치에 관한 견해 말이야. 네 말에 따르면, 그것은 우리의 도덕적 분별력을 마비시켰어. 경제정책도 무뎌지게 했고, 더 나아가 월스트리트와 시티 오브 런던을 지배하는 뱅크스터를 우리에게 데려다주는 끔찍한 짓도 저질렀지. 너는 에르퀼 푸아로Hercule Poirot식으로 말해 가장 의심받지 않을 것 같은 사람, 즉 이 땅에서 가장 존경받는 사상가인 로크가 범인이라고 밝혀냈어."

"그래."

"설상가상으로 로크가 저지른 범죄는 추리소설 마니아가 말하는 완전범죄였어. 화폐에 관한 올바른 견해가 그릇된 견해로 바뀌었다는 것을 누구도 눈치채지 못했지. 화폐에 관한 올바른 견해, 상식을 사람으로 치면 존 로크가 그것을 살해했다고 고발한 사람은 아무도 없었어. 정반대로 로크는 역사에 영웅으로 기록되었지."

"그건 그래. 로크는 근대 자유민주주의의 지적 토대를 제공했으니까."

"그러나 미안하지만 네 이야기에는 바로 이 부분에서 허점이 있어. 너도 알다시피 존 로크는 아마 주화의 재주조를 둘러싼 논쟁이 벌어졌을 때 화폐에 관한 상식을 살해한 뒤 그 자리에 정말로 말솜씨 좋은 사기꾼을 넣었을 거야. 그러나 상식, 다시 말해 네가 이야기 속에서 말한 사상가들의 사상이 지배하고 있던 바로 그때 로크는 어떻게 모든 사람의 생각을 바꿔놓을 수 있었지? 어떻게 모든 사람을 속일 수 있었던 걸까? 그가 아무리 막강한 영향력을 발휘했더라도 말이야. 사람들은 왜 화폐에 관한 로크의 견해가 틀렸다는 걸 알아차리지 못했던 걸까? 홈스 선생, 이런 말 해서 미안하지만, 네 이론은 앞뒤가 맞지 않아."

"잠깐, 여기서 탐정은 너야. 나는 우리 이야기가 살해 미스터리라고 생각한 적도 말한 적도 없어."

"존 로크는 결코 살해자가 아니었어. 그는 당대뿐 아니라 시대를 초월한 훌륭한 철학자야. 로크는 정치적 자유주의와 입헌정부가 옳다고 굳게 믿었어. 이 점에는 의문의 여지가 있을 수 없어. 그러나 그는 정치적 자유주의를 옹호하고 입헌정부를 달성하려고 노력하는 과정에서 실수를 범했어. 로크는 은행가나 사업가가 아니라 의사이자 교수였어. 당연히 금융의 세계에 익숙하지 않았지. 화폐 대타협이 은행가에게 무익한 일이 되지 않도록 하는 유일한 방법은 은행가나 군주의 통제를 받지 않는 화폐본위를 정하는 것이라고 생각했어. 그의 정치이론에 비춰볼 때 그러는 것이 당연했지."

"그래, 정치는 자유주의적이고 민주주의적이어야 한다는 로크의 생각은 결국 옳았어. 그러나 화폐본위가 고정되어야 한다는 생각은 틀렸지. 존 로는 정반대였어. 그는 화폐본위는 유연해야 한다고 옳게 생각했지만, 정치에 관해서는 절대군주제가 화폐본위를 조정할 올바른 시스템이라고 틀리게 생각했지. 로가 바로 살해자였어. 살해자가 아니라 해도 최소한 결투자쯤은 되었지. 그러나 사상의 세계에서는 로크가 범죄자가 아니었듯이 로 역시 범죄자가 아니었어. 둘 다 화폐사회가 성장함에 따라 등장한 정치적, 경제적 문제를 해결하려고 노력한 사람이었지. 비록 올바른 해법을 향해 가다가 중간에 멈췄지만 말이야."

"좋아. 그러면 로크의 화폐에 관한 견해가 어째서 전통적 견해, 틀에 박힌 견해가 되었지? 그것이 누가 봐도 틀린 것이었다면 왜 '로크의 말은 사실이 아니다. 화폐는 은이 아니라 양도 가능한 신용이다!'라고 말한 사람이 없었던 걸까? 더 정확히 말해 라운즈가 로크는 틀렸다고 했을 때 왜 라운즈를 믿어준 사람이 전혀 없었던 거지?"

"오, 정말 좋은 질문이야. 첫번째 질문에 대해 로크의 명성이 워낙 높았기 때문이라고 하면 부분적인 대답 정도는 될 거야. 금융 전문가는 로크를 화폐에 관한 훌륭한 권위자로 평가하지 않았지만, 대부분 사람은 그렇지 않았어. 로크를 권위자로 보았지. 로는 독불장군으로 여겼고. 그러나 주된 이유는 더 근본적인 데 있어. 로크는 화폐 대타협을 보호하는 데 필요한 결론, 즉 화폐본위는 고정되어야 한다는 결론에 도달하려면 은을 화폐로 이해하고 가치를 자연계의 한 속성으로 봐야 한다고 생각했기 때문이지. 이것은 네가 말한 '완전범죄'를 설명해주는 것이기도 해. 나는 로크의 논리적 추론이 경제학의 윤리적 무능력이 아니라 경제정책과 금융정책에 어떤 실제적 영향을 미쳤는지 설명한 바 있어.

사회학자와 인류학자에게는 잘 알려진 이야기를 하나 해볼게. 사람들이 특정한 사회 제도를 단순한 사회적 고안물이 아니라 자연계의 필연적 사실로 받아들이면, 그것을 비판적으로 생각하는 건 불가능해져. 제아무리 진보적인 사람들도 불가능해. 사회 제도가 아무리 도덕적으로 그릇된 것이라도 비판적으로 보지 못해. 역사에는 그런 사례가 즐비해. 19세기에는 신체적 특징으로 흉악범을 식별할 수 있다고 주장하는 '실증 범죄학'이 크게 유행했어. 귀 모양으로 무정부주의자를 알아볼 수 있고 코 모양으로 절도범을 판별할 수 있다고 했지. 기괴하게 들리겠지만 말이야. 그런데 중요한 것은 실증 범죄학을 믿은 사람은 얼굴이 특이하게 생긴 사람을 잡아 가두는 데 별 이해관계가 없었다는 점이야. 그들은 단지 범죄행위는 생리적 요인의 산물이라는 자연주의적 설명을 믿었을 뿐이지. 마찬가지로 '과학적 인종주의'도 19세기 미국에서 널리 받아들여졌어. 신체적 차이로 유색인종의 열등함을 '입증할' 수 있다는 이론이었지. 이 과학적 인종주의는 보수적 세계관이 아니라 진보적 세계관의 특징이었어. 사회과학에서의 자연주의적 추론, 즉 사회적 현상을 자연의 객관적 진실로 설명할 수 있다는 주장은 자기강화적 특징이 있어. 사회적, 정치적 편견이라는 실을 갖고 가짜 사실이라는 그물을 만들어내. 걸리면 도저히 빠져나갈 수 없는 그물 말이야. 화폐에 관한 로크의 인식 같은 자연주의적 추론은 중국 속담을 빌리면 어항에 물을 채우는 것과 같아.

푸아로 선생, 나는 그래서 화폐에 관한 올바른 관점의 소멸을 두고 살해사건이라고 하거나 로크를 살해범이라고 하는 것은 옳지 않다고 생각해. 사고사였다는 평결이 내려져야 할 거야. 너는 또 화폐에 관한 전통적 관점이 올바른 관점을 대체한 방식을 두고, 만약 살해사건이 있었다면 그것은 완전범죄였을 거라고 했어. 그러나 내 생각에 그것은 집단 히스테리 때문에 정체를 오인해서 빚어진 죽음이 아닌가 싶어."

"알겠어." 내 친구는 조심스럽게 말했다. "그러면 사고사이자 오인사로 정리하면 되겠네. 그러나 어떤 경우든 화폐에 관한 상식의 죽음을 둘러싼 소문이 굉장히 과장되었다는 것이 네 주장의 핵심 아닐까? 너는 로 외에도 배젓, 케인스, 킨들버거 등 여러 사람 이야기를 했어. 모두 화폐에 관한 상식을 연명시켜준 천재들이었지. 생명유지 장치의 도움을 받으면서까지 말이야. 사실 너에게는 다행이야. 그러지 않았으면 너는 화폐에 관한 상식을 알지 못했을 테니까. 너는 우리를 오늘날과 같은 혼란에 빠뜨린 거시경제정책과 금융정책의 붕괴 이면에는 화폐에 관한 전통적 견해가 있었다고 한탄했어. 물론, 금방 기운을 차리고 잊힌 이 천재들이 화폐에 관해 생각한 방식을 살피면 곤경의 탈출구를 발견할 수 있다고 주장하긴 했지. 내가 제대로 이해했다면 네가 정말로 원하는 것은 부유한 자본가의 돈을 갈취해 억압받는 대중에게 구제금융을 실시하기 위한 심한 인플레이션과 부채 구조조정이야. 1980년대의 금융 빅뱅을 어린애 장난쯤으로 만들 은행 부문의 대대적 개혁을 결부시키면서 말이야. 너는 이런 생각을 좀처럼 떨쳐버리지 못하고 있어. 나는 화폐에 관한 전통적 견해에는 잘못된 점이 있고 그 때문에 엄청난 오류가 빚어졌다는 네 주장은 인정해. 하지만 네가 제시한 대안은 무책임한 혁명가의 허풍처럼 들려."

"아, 그래. 깜박 잊었네. 나한테는 혁명을 조장한다는 혐의가 씌워져 있었지. 음, 그건 네 오해야. 나는 화폐에 관한 대안적 견해가 제안한 세 가지 기본 정책이 있다고 주장했어.

그 첫번째는 화폐본위의 관리와 관련 있어. 화폐에 관한 전통적 견해와 대안적 견해의 주요한 차이 중 하나는 화폐본위가 의도한 대로 관리될 수 있는가, 아니 관리되어야 하는가야. 전통적 견해는 경제적 가치를 자연적 사실로 이해해. 전통적 견해에 따르면 화폐와 금융이 해야 할 일은 경제적 가치를 측정하는 것이야. 경제적 가치에 영향을 미치는 것이 아니지. 화폐본위는 말하자면 정치적 정의라는 저울의 받침점이라고 할 수 있어. 물리적 저울의 받침점이 그렇듯이 화폐본위도 고정되어야 해. 그래야 정확성을 기할 수 있으니까. 전통적 견해는 저울 한쪽에 있는 사람들에게서 거둔 세금을 그 반대쪽에 있는 사람들에게 나눠줄 때 다양한 사회 구성원 사이 부와 소득의 불평등을 바로잡을 수 있다고 봐. 아니면 그런 재분배가 불필요하도록 부를 축적하는 과정 그 자체를 공정하게 만들거나.

화폐에 관한 대안적 견해는 경제적 가치를 자연적 사실이 아니라 공정하고 번영하는 사회를 만들기 위해 발명한 개념으로 이해해. 화폐와 금융이 해야 할 일은 가치를 측정하는 것이 아니라 공정한 사회, 번영하는 사회를 건설하는 거야. 이렇게 보면 정의라는 저울의 받침점을 옮기는 것은 본질적으로 잘못이 아니야. 정의라는 저울의 목적은 정확성을 기하는 것이 아니라 공정과 번영을 달성하는 것이어야 하니까. 정확성을 기하는 것은 자연세계가 아닌 사회세계에선 아무런 의미가 없어. 화폐에 관한 대안적 견해에 따르면 재정적 재분배를 통해 한 눈금에서 다른 눈금으로 분동을 옮기는 동안 받침점을 고정시키는 것은 공정과 번영을 달성하는 방법이 될 수 있어. 평상시에 흔히 사용되는 방법이지. 그러나 화폐사회의 본질상 이렇게 해서도 바로잡을 수 없는 극심한 불평등이 필연적으로 발생할 수밖에 없어. 이런 불평등이 발생할 때가 곧 받침점을 옮겨 균형을 회복해야 하는 때라고 할 수 있지."

"그놈의 저울 타령이 또 시작되었구먼! 무슨 말인지 알겠어. 그러나 네 말대로라면 극심한 인플레이션이 빚어질 수 있어. 우리가 1970년대로 돌아갈 필요가 있다는 것이 네 생각인 것 같아."

"음, 내가 보기에 오늘날 많은 나라에서 금융 불평등이 견디기 힘든 수준에 도달해 있어. 부채 규모도 너무 커졌고. 그런데 산더미처럼 쌓인 이 부채를 시간을 두고 줄이려 하고 부채의 점진적 분할 상환을 장려하려는 현행 전략은 정치적으로 실현 가능하지 않고 경제적으로도 바람직하지 않아. 만약 우리가 솔론을 본받는다면, 여러 해 동안 상당히 높은 수준의 인플레이션을 일으키거나 부채 부담을 직접 구조조정하는 방법으로 부채 문제를 정면으로 돌파해야 할 거야. 위기를 겪으며 낮고 안정적인 인플레이션을 경제안정의 충분조건으로 보는 것이 큰 오류였다는 사실이 밝혀졌어. 화폐정책의 궁극적 목적은 화폐의 안정이나 금융의 안정이 아니라 사회의 정의와 번영이야. 이 목표는 중앙은행의 일상적 업무와 거리가 멀 테지만, 유일하게 신뢰할 만한 정책 지침을 대표해. 이제는 인플레이션 목표제를 무작정 따르지 말고, 기본으로 돌아가 화폐정책이 무엇을 달성해야 하는지 폭넓게 생각해야 할 때라고 봐. 중앙은행 총재에게 더 까다로운 목표에 도전하는 데 필요한 정책수단도 허락해줘야 할 거야."

"무책임한 관료에게 정책수단을 주라고? 너 사회주의자 맞네! 사회주의자가 아니라면 그런 생각을 떠올리지도 않을 테니까."

"그렇지 않아. 여기서 두번째 정책 이야기를 해야겠어. 중앙은행은 독립하면 안 돼. 적어도 지금 수준으로 독립해선 안 돼.

우리가 지금까지 알아낸 바로는 화폐에 관한 대안적 견해에서는 누가 어떤 화폐본위를 적용해 화폐를 발행해야 하는가를 정하는 문제는 굉장히 중요해. 화폐는 사회를 분권적으로 조직하는 궁극적 기술이므로, 유효한 해법은 단 하나야. 솔론이 내놓은 해법이 그것이지. 민주정치만이 현재 직면한 상황에 민감하게 대응할 수 있어. 또 화폐가 지속적으로 작동하는 데 필요한 정당성을 제공함으로써 화폐에 가해지는 비판을 모면할 수 있게 해주지. 간혹 정의라는 저울의 받침점을 옮겨야 할 때가 있어. 그럴 때는 민주정치만이 언제 얼마나 옮겨야 하는지 결정할 수 있지.

그래서 화폐에 관한 대안적 견해는 무책임한 중앙은행에 광범위한 정책수단을 주어야 한다고 이야기하지 않아. 정반대야. 우리는 현재 엄혹한 경제 상황에 놓였고, 그 결과 화폐정책이 굉장히 정치적이라는 사실을 새삼 깨닫고 있어. 모든 정책이 그렇듯 화폐정책에서도 과제는 화폐를 다스릴 필요가 없는 척하는 것이 아니라 화폐를 잘 다스리는 것이야. 우리가 자유적이고 민주적인 시스템을 정말로 믿는다면 화폐정책을 잘 시행하는 유일한 방법은 화폐정책과 화폐정책입안자 사이의 관련을 재정립하는 것이야.

이야기할 것이 하나 더 있어. 화폐에 관한 대안적 견해에 따르면 은행 부문은 공무원 조직과 닮은 점이 많아. 화폐는 정부, 이상적으로는 자율적 정부가 사용하는 기술의 하나이고, 은행은 화폐를 위한 관료기구라고 할 수 있지. 그래서 은행 부문에서는 신뢰성, 공직윤리, 위험회피 등 관료제의 장점이 기업가적 에너지 못지않게 중요해. 그중에서 가장 중요한 것은 사적 은행에 의한 화폐의 창조와 관리 역시 궁극적으로는 민주적 정치의 지도를 받아야 한다는 거야. 당연한 말이지만, 내 이야기는 은행을 전면적으로 국유화하자는 것이 아니야. 더욱 열심히 규제를 확대하는 경쟁을 벌이자고 주장하는 것은 더더욱 아니지. 그러나 화폐에 관한 대안적 견해에는 정책 우선순위에 따라 은행의 구체적 통화활동을 엄격하게 규제해야 한다는 주장이 담겨 있다는 것 또한 사실이야."

"오, 그래. 은행, 아니 화폐 자체를 개혁하겠다는 그림의 떡과 같은 네 계획을 내가 어떻게 잊을 수 있겠니?"

"화폐에 관한 대안적 견해의 세번째 정책적 함의는 화폐와 금융 자체를 더욱 철저하게 개혁할 때만 아주 작은 사소한 영역에서도 믿을 만한 정치적 규제를 적극적으로 추진할 수 있다는 거야."

"잠깐만. 네 이야기의 요점이 뭐야?"

"요점은 화폐와 금융을 적극적으로 감독하려는 정부의 욕구를 줄여야 한다는 거야. 사회주의적 목적을 추구해선 안 된다는 거지. 화폐 시스템은 현재 모습대로면 결함이 있을 수밖에 없어. 본질적으로 불안정하지. 화폐에 관한 대안적 견해는 이 문제를 인식하고 있어. 그래서 문제를 해결하려면 환부를 국지적으로 치료하는 처방만 내릴 것이 아니라 근본적으로 수술하는 과감한 조치를 해야 한다는 것을 암시해. 은행 시스템을 개혁하려는 거야. 은행 시스템을 개혁하는 것은 우리의 삶을 조직하려고 할 때 무엇이 화폐의 적절한 위치여야 하는가 하는 해묵은 문제를 해결하는 유일하게 현실성 있는 방법이지."

"뭐라고? 좁은 의미의 은행이 스키델스키 형제에게는 '얼마나 있어야 충분한가' 말해주고, 샌델 교수에게는 '돈으로 살 수 없는 것들'이 무엇인지 알려준다는 건가? 어째 과장이 너무 심한 것 같은데!"

"좁은 의미의 은행이 정말로 그런지는 잘 모르겠어. 그러나 화폐에 관한 전통적 견해와 대안적 견해의 차이점 중 가장 큰 것은 대안적 견해는 2500년 전은 물론 오늘날까지 사람들의 골머리를 썩이는 딜레마, 즉 화폐가 사회를 얼마만큼 조직하게 해야 하는가 하는 딜레마를 인정한다는 점이야. 회의주의적 전통은 화폐라는 저울로 무엇을 재고 무엇을 재지 말아야 하는가 하는 물음에 대한 잘못된 대답이 무엇인지 알려준다는 점에서 우리에게 도움이 돼. 예를 들어, 스파르타 해법은 전통사회로 되돌아가기 위해서 화폐를 철폐하려 했고, 소비에트 해법은 돈으로 사고파는 것의 범위를 행정조치로 제한하려고 했지. 한편, 올바른 대답을 가리키기 때문에 굉장히 도움이 되는 것도 있어. 미다스 신화의 교훈

말이야. 미다스 신화는 돈이 무엇이든 지배하려는 경향을 띠게 된 근본 뿌리는 도덕, 인간이 아니고 시장도 아니며 돈 그 자체라는 것을 알려주고 있어. 지금 보이는 모습대로면 화폐의 약속은 매혹적이야. 그러나 미다스가 진작 깨달았듯이 실제로는 불가능한 약속이야. 좁은 의미의 은행이라는 구조적 해법으로 화폐의 약속을 제한해 법정화폐에만 적용되게 하면, 화폐를 통해 세상의 모든 것을 조율할 유인은 크게 줄어들 거야. 화폐의 그럴싸한 약속이 없었다면 화폐사회는 아마 자연적 한계에 부딪힐 거야. 미다스조차 애초부터 인간관계가 금전관계만큼 귀중하다는 것을 깨우쳤을 테니까."

"음, 보자. 너는 부채의 여파에서 벗어나기 위해 고정된 인플레이션 목표 따위는 쓰레기통에 처박고 화폐 발행을 허가할 것 같아. 중앙은행을 최대한 무장시킨 뒤 정치인이 그만두라고 할 때까지 화폐를 찍어내게 할 거야. 은행을 정부 조직의 일개 부서로 만든 다음 저축자에게 열심히 저축해서 괜찮은 수익을 올리고 싶으면 손실을 무릅쓸 각오부터 하라고 말할지 몰라. 이 기막히게 좋은 새로운 정책조합을 두고 불평하는 사람이 나온다고 해보자. 너는 이것은 동화에 나오는 미친 독재자의 운명을 피하는 유일한 방법이고 금융위기를 막을 대책이므로, 걱정할 필요가 전혀 없다고 할 거야. 네 생각에는 카를 마르크스, 아인 랜드Ayn Rand, 그림 형제Brothers Grimm가 뒤섞여 있어. 뭐라고 할 말이 없구나."

"이제 시작이야. 지금까지 이야기한 것은 실천 어젠다일 뿐이야. 화폐에 관한 잘못된 생각에서 온갖 문제가 비롯된다는 사실에 비춰볼 때 정책의 배후에 숨은 생각을 바로잡지 않으면 정책을 바로잡을 수 없어.

지적 어젠다 이야기도 해야 해.

　핵심은 경제학이야. 현대 정통 경제학은 세계 각국의 중앙은행과 재무부를 지배할 뿐 아니라 대중문화와 개인윤리에까지 스며든 아주 강력한 몇 가지 사상의 조합이라고 할 수 있어. 화폐에 관한 전통적 견해는 정통 경제학의 핵심에 깊게 뿌리내리고 있지. 장기적 관점에서 볼 때 우리가 조금 전에 논의한 실천 정책보다 더 중요한 것은 경제학 개혁이야. 실천 정책에서의 개혁이 그렇듯이 경제학 개혁에서도 부분적 개혁은 아무 효과 없어. 대개혁을 일으켜야 해. 경제학이 화폐에 관한 현실적 이해를 바탕으로 새롭게 출발할 수 있도록 경제학을 재정립할 필요가 있어. 화폐에 관한 대안적 견해에 따르면, 경제를 올바르게 이해하는 것은 정치, 역사, 심리, 윤리를 올바르게 이해하는 것과 직결돼. 오늘날 경영대학원에서 가르치는 금융과 상업에 관한 실제 지식과 역사학과에서 가르치는 제도 및 제도의 발전 과정에 관한 자세한 역사는 경제학 안에서 재통합되어야 한다고 생각해. 배젓이 말한 것처럼 '그 어떤 추상적 주장도, 그 어떤 수학적 계산도 현실 세계의 신뢰와 신용을 실제로 결정하는 것이 무엇인지 알려주지 않기 때문에 그래. 그리고 그럴 때 철학과 정치학 등의 분과학문에서 발생한 도덕적, 정치적 딜레마를 붙잡고 씨름할 능력도 자리잡을 수 있을 거야. 케인스가 말했듯이, '경제학은 도덕과학이지 자연과학이 아니므로, 경제학자는 일정 정도 수학자, 역사가, 정치가, 철학자가 되어야 하기' 때문이지."

　"결국, 부채를 한없이 팽창시키고 은행 부문을 안락사시키고 나서 우리가 할 일은 경제학을 맨 밑바닥부터 뜯어고치는 것이네. 상상력이 부족한 사람이라고 나를 탓하지 말아줘. 네 이야기는 불필요하게 근본적이고 지나치게 비현실적이야. 미안해. 혹시 나에게 사회, 규제, 정부는 찬성하고 개인주의, 자유선택, 시장은 반대하라고 요청하고 싶다면, 일찌감치 접어둬. 네 희망사항에 그칠 테니까. 그리고 경제학의 가르침을 전부 뜯어고쳐야 한다는 네 생각에 동의해줄 사람을 구한다면 나는 빼줬으면 좋겠어. 내가 사업경력을 쌓는 동안 배운 것 하나는 가망 없는 일에 시간을 낭비하지 말라는 거야. 그것이 아무리 가치 있는 일일지라도 말이지."

"무슨 말인지 알겠어. 그러나 내가 조금 전 설명한 실천 어젠다와 지적 어젠다는 사회주의 혁명을 시작하기 위한 게 아니야. 오히려 사회주의 혁명을 피하기 위한 것이지.

오늘날 30~40년 만에 많은 사람, 특히 경제적 기득권이 없는 사람들은 평화와 번영, 자유와 공정을 가져다줄 현재 경제 시스템의 능력에 대한 믿음을 상실하고 있어. 너도 이 사실을 알 거야. 미국 가계소득의 중간값은 20년 이상 전혀 상승하지 않았어. 현재 부의 불평등 수준은 1930년대 이후 그 어느 때보다 높아. 베이비붐 세대는 모두 집을 갖고 있지만, 30대 이하는 자산 사다리를 타고 위로 올라가기가 쉽지 않아. 이들 문제는 하루이틀 사이 생긴 게 아니야. 수십 년에 걸쳐 쌓인 거지. 위기를 거치며 겉으로 드러났고 더욱 악화됐어. 내가 점령운동이나 마드리드의 '인디그나도스(분노한 사람들)'를 입에 올려도 너는 진지하게 듣지 않을 거야. 그러나 가장 기본적인 통계만 들여다보더라도 이들 운동에 참여하는 사람들은 지극히 합리적인 의문을 제기하고 있다는 걸

알 수 있어. 자본주의는 정말 잘 하고 있는가? 이런 의문 말이야.

지금 너와 나는 기본적으로, 아니 적어도 자본주의가 그나마 나은 경제 시스템이라는 데 동의하고 있어. 그러나 우리가 무엇이 잘못되고 있는지 설명하지 못하면 논쟁에서 질 거야. 너는 내가 무슨 주장을 할지 잘 알아. 문제는 자본주의가 아니라 화폐 및 화폐를 생각하는 방식이라는 것 말이야. 너는 내가 주장하는 정치는 너무 급진적이고 지적 혁명은 비현실적이라고 생각할 테지. 그러나 현실을 바꾸지 않고 그대로 유지하려는 대안이나 자본주의를 반대하고 다른 무언가를 지지하려는 대안은 더 나빠. 너를 설득하기는 쉽지 않아. 아주 똑똑하고 설득력 있는 사상가에게 의지해야겠지. 그러나 나는 또 한번 잊힌 천재에게 의존하려고 해. 너는 화폐본위를 신중하게 조작해야 한다는 생각이나 중앙은행은 정치적 통제를 받아야 한다는 생각을 좋아하지 않아. 정부는 경제에 간섭해서는 안 된다고 믿기 때문이지. 정부가 경제에 간섭해서는 안 된다는 원리는 평상시엔 경제를 운영하는 올바른 원리일 수 있어. 그러나 케인스는 1923년에 이렇게 경고했어. '국가는 경제에 간섭해선 안 된다는 원리를 교조적으로 따르는 사람은 자신이 지키려고 하는 것에 대한 최악의 적이 되고 말았다. (…) 용납할 수 없는 것을 바로잡는 국가의 재량권만이 개인 간 계약의 자유를 온전하게 유지시킬 수 있다. (…) 계약 절대주의자야말로 혁명의 진정한 부모다.' 너는 경제학 개혁은 실패할 수밖에 없다고 생각해. 나도 경제학 개혁이 쉬울 거라고 생각하지는 않아. 그러나 케인스가 1936년에 말했듯이. '일찍 드러나든 늦게 드러나든, 좋은 것에 대해서든 나쁜 것에 대해서든 위험한 것은 기득권이 아니라 사상이기 때문에', 화폐를 구원하려면 경제학을 개혁해야 해.

너는 이것을 알아야 해. 경제학 개혁은 화폐에 관한 대안적 견해를 실험하기 위한 것이 아니라, 전통적 견해를 지키기 위한 것이라는 사실 말이야."

"됐네, 됐어." 친구가 짜증이 담긴 목소리로 외쳤다. "네 말에 동의해! 네 말이 맞을 거야. 일단 믿을게. 우리는 혼란스러운 상황 속에 있고, 그렇기 때문에 꼭 필요한 정책이라면 위험을 감수하면서까지 추진해야 한다고 봐. 나도 화폐에 관해 다르게 생각할 필요성을 예전부터 인정했어. 논리를 개발하고 다듬으며 신예 경제학자를 다르게 가르치려고 노력해야 할 것 같아. 오래전부터 알고 지낸 대학교에 편지를 보내볼게. 잊힌 천재도 커리큘럼에 포함시키라고 말이야."

"그래! 바로 그거야!"

"우리 지역구 하원의원에게도 좁은 의미의 은행을 도입하는 법안을 제출하라는 편지를 보내보지."

"좋아, 한번 해봐!"

"IMF 총재는 어때? 크리스틴 라가르드에게 이메일을 보내야 할까?"

"당연하지! 그녀는 이미 지지하고 있을지도 몰라."

"그런데 이보다 먼저 해야 할 일은 잉글랜드 은행 신임 총재에게 편지를 보내는 거야. 고정된 인플레이션 목표를 고수하느라 헛심 쓰지 말고 한바탕 인플레이션을 일으켜 경제위기의 여파를 씻어내야 한다고 말이야!"

"브라보! 그런데…… 내가 진작 말했어야 하는데 말하지 않은 게 하나 있어."

"뭐라고? 깜박하고 지나친 정책이 하나 더 있다는 거야?"

"아냐, 그게 아냐. 미처 말하지 못한 화폐에 관한 중요한 사실이 있어. 어쩌면 가장 중요한 것일지도 몰라."

"그래? 그게 뭔데?"

"정부는 실제로는 화폐를 통제하지 않아. 그래서 네 편지 중 일부는 잘못된 주소로 보내질 거야."

"뭐라고?"

"그렇게 정색할 것 없어. 너도 알다시피 화폐는 언어처럼 사회현상의 하나야. 그래서 정부나 중앙은행이 화폐본위를 통제한다는 생각은 사실 신화에 지나지 않아.『옥스퍼드 영어사전』편집자가 단어의 의미를 통제하지 않는 것처럼 정부나 중앙은행도 화폐본위를 통제하지 않아."

"너, 농담하는 거지?"

"농담 아냐. 화폐도 언어처럼 본질적으로 사회현상이기 때문에 한 사람이 혼자 힘으로 화폐를 발명할 수는 없어. 언젠가 어떤 유명한 경제학자가, 누구나 자신만의 화폐를 발행할 수는 있지만, 그것이 다른 사람에게 인정받는가는 별개의 문제다, 이런 말을 한 적이 있어. 맞는 말이야. 누구나 차용증서IOU를 발행할 수 있어. 그리고 다른 사람이 신용도와 유동성을 얼마나 높게 평가하느냐에 따라 차용증서는 화폐로서 유통될 수 있지. 그러나 유명한 경제학자는 그런 차용증서에는 달러화나 유로화, 파운드화 등의 이름이 붙을 수밖에 없다고 가정했어. 아무리 신용도가 높은 사람이라도 할 수 없는 것은 자신만의 사적 화폐 단위로 금액이 매겨진 자신만의 화폐를 발행하는 것이라고 하면서 말이지. 차용증서는 그야말로 무의미한 것이 되고 말 거야. 너나 내가 우리만의 화폐본위를 일방적으로 정하는 것은 험프티덤프티가 앨리스를 향해 말을 내뱉고는 본래의 의미에 맞는 말을 한다고 주장하는 것만큼이나 터무니없는 짓이야.

국가는 당연히 너나 나하고는 달라. 굉장히 크고 영향력이 막강해. 우리 대부분이 그렇듯 국가와 정기적으로 거래해야 한다면, 국가는 일정 정도 우리가 사용하는 말에 영향을 미쳐. 예를 들어, 국가는, 특히 전체주의 국가는 말의 의미를 조작할 수 있어. 화폐본위 이야기로 돌아가면, 정부가 하는 지불 약속의 무게는 화폐의 가치와 일반 대중이 화폐를 사용하는 정도에 상당히 큰 영향을 미쳐. 그래서 초인플레이션은 언제나 정부의 신용과 국가의 정당성이 무너질 때 발생하지.

그러나 국가는 사회가 아니야. 그래서 화폐본위에 대한 국가의 통제는 결코 완벽하지 않아. 전체주의 국가의 언어가 그렇듯 화폐본위가 현실과 너무 동떨어지면 사용자의 눈에 전혀 쓸모없는 것으로 비칠 거야. 이러면 사회는 임시변통으로 대체물을 만들어내게 돼. 그래서 신흥시장에서 인플레이션이 걷잡을 수 없을 만큼 심해지면, 사람들은 실제로 유통되는 달러화 지폐와 유로화 지폐가 거의 없어도 달러화나 유로화의 액면가를 바꿔 쓰기 시작해. 아르헨티나의 크레디토 발행자나 16세기 이탈리아의 환은행가가 그랬던 것처럼, 때로는 자신만의 새로운 화폐본위를 만들어내기도 하지. 어떤 경우든 사람들은 국가가 아무 의미 없는 것으로 만들어버린 화폐본위를 대신하는 화폐본위, 즉 화폐사회의 조직화라는 공인된 목적에 부합하는 화폐본위를 찾아낸다고 할 수 있어."

친구는 무언가 미심쩍다는 표정을 지었다. "하지만 그래서 어쨌다는 거야? 네 이야기가 우리의 혁명적 프로그램, 아, 미안, 혁명적이 아니라 보수적 프로그램에 무슨 의미가 있지? 너는 어쨌거나 잉글랜드 은행 신임 총재에게 편지를 보내는 것은 아무 소용 없다고 말하고 싶은 것 같아. 잉글랜드 은행 총재는 인플레이션을 통제할 수도, 우리의 화폐를 책임질 수도 없다는 이유를 대면서 말이지."

"아니야, 문제는 그게 아니야. 내가 앞에서도 말했듯이 국가는 비록 간접적이지만 화폐본위에 대해 굉장한 영향력을 발휘할 수 있어. 그래서 잉글랜드 은행 총재도 네가 편지를 보낼 사람 목록에 올라 있어야 해. 네가 이야기한 다른 사람들도 마찬가지야. 개별 국가 수준에서나 국제적인 수준에서 화폐정책과 금융정책을 세우는 사람은 화폐에 엄청난 영향을 미쳐. 경제학의 대사제라고 할 수 있는 학계 전문가와 금융 전문가도 화폐사회를 형성하는 사상에 심대한 영향을 줘. 그래서 너는 이들 모두에게 무한한 로비를 해야 해. 그런데 결론적으로 말해 화폐는 언어와 똑같이 사회현상이기 때문에 영문학 교수가 영어를 책임지지 않고 아카데미 프랑세즈(프랑스 한림원)가 프랑스어를 책임지지 않듯이 누구도 화폐를 궁극적으로 책임지지 않아. 네가 만약 다음 사실에 동의한다고 해볼게. 즉, 화폐는 사물이 아니라 사회적 기술이다. 화폐에 관한 전통적 사고방식이 틀렸기 때문에 사회적 기술의 오작동을 불러일으킬 수밖에 없다. 우리가 만약 화폐에 관한 올바른 사고방식을 받아들인다면 화폐는 자율적 정부의 가장 유용한 도구로서 잠재력을 최대한 발휘할 수 있다 등등. 그러면 네가 수많은 전문가에게 편지를 보내도 아무 소용 없을 거야."

"그러면 나는 누구에게 편지를 보내야 하지? 다시 말해 누가 화폐를 책임지고 있는 거지?"

"음, 이 물음에 대한 답을 듣고 싶어? 들으면 무척 좋아할 거야. 화폐를 책임진 사람은 바로 너니까."

"그러니까 화폐를 사용하는 나를 비롯한 모든 사람이 화폐를 책임진다는 말이야?"

"그래, 정답이야."

"이럴 때 우리가 진정으로 화폐를 개혁하려면……"

"우리 모두 발 벗고 나서야겠지."

"알겠어." 친구는 자신이 내내 옳았다는 것을 깨달은 사람 특유의 득의양양한 표정을 지었다. "무슨 일이건 제대로 해내려면 우리가 직접 해야겠네."

주

1 화폐란 무엇인가

1. Furness, 1910.

2. Ibid., p. 92.

3. Ibid., p. 93.

4. Ibid., p. 98.

5. Ibid., p. 96.

6. Ibid., p. 97.

7. Ibid., pp. 97~8.

8. Keynes, 1915a.

9. Aristotle, 1932, I.3. 13~14. 그러나 8장에서 살펴보겠지만, 아리스토텔레스는 이것과 다른 이론을 이야기한 적도 있다.

10. Locke, 2009, pp. 299~301.

11. Smith, A., 1981, pp. 37~8.

12. Ibid., p. 38.

13. Ibid., pp. 38~9.

14. 인류학자 데이비드 그레이버(David Graeber)는 『부채, 그 첫 5000년Debt: The First 5,000 Years』, 2011, p. 23에서 최근의 경제학 교과서에 실린 이들 이론의 사례를 열거하며 분통을 터뜨린다.

15. Dalton, 1982.

16. Humphrey, 1985, p. 48.

17. Kindleberger, 1993, p. 21.

18. Graeber, 2011, p. 28.

19. Smith, T., 1832, p. 11 ff.

20. Mitchell Innes, 1913.

21. 각각 세인트루이스 연방준비은행과 잉글랜드 은행이 2011년 11월 작성한 통계다.

22. Friedman, 1991.

23. http://www.centralbankmalta.org/site/currency1b.html.

24. 중세 유럽의 화폐사를 전공한 손꼽히는 영국 사학자 피터 스푸퍼드(Peter Spufford)는 서론에서 이 사실 때문에 빚어진 역사기록학적 함정을 살펴본다.

25. Goetzmann, W. and Williams, L., 2005, pp. 108~9.

26. Clanchy, 1993, pp. 123~4와 Goetzmann and Williams, 2005를 참고하라.

27. Charles Dickens, 1855, '행정개혁에 관한 연설'은 1855년 6월 27일, 왕립 드루리 레인 극장에서 행해졌다.

28. Ibid.

29. 역사가 마이클 클랜치(Michael Clanchy)는 이 점에 아이러니가 있다고 지적했다. 당시 권력자는 진보와 개혁의 이름으로 과거 600년 동안 축적된 중요한 재정 기록을 모조리 파괴하라고 지시했지만, 다른 한편으로는 기록위원(Records Commissioners)에게 존 왕 시대부터 쌓인 공문서보관청 두루마리 등 중세 양피지 문서를 일차 대조 조사하라는 명령을 내렸다. 클랜치는 이렇게 아쉬워한다. "기록위원이 둠스데이북이나 공문서보관청 두루마리를 불태우는 것은 꿈조차 꾸지 않았지만, 재무부 엄대 시스템을 깡그리 파괴했다. 어중간한 크기의 보잘것없는 나무 막대기여서 학자가 그 가치를 알아보지 못했기 때문이다"(클랜치, 1933, p. 125).

30. Goetzmann and Williams, 'From Tallies and Chirographs to Franklin's Printing Press at Passy', in Goetzmann and Rouwenhorst, 2005는 이들 엄대 시스템 중 하나를 설명하고 분석한다. 두 사람은 개별 기록이 무엇을 의미하는지 확실히 알기 쉽지 않다고 선뜻 인정한다.

31. *Irish Independent,* 1 May 1970, pp. 1, 24.

32. Central Bank of Ireland, 1970, p. 6.

33. *The Times,* 14 July 1970, p. 20.

34. *Irish Independent,* 28 May 1970, p. 30.

35. *Irish Independent,* 28 May 1970, p. 9.

36. *Irish Independent,* 13 June 1970, p. 1.

37. Central Bank of Ireland, 1970, p. 47.

38. Murphy, 1978, p. 44.

39. Ibid., p. 45.

40. Macleod, 1882, p. 188.

41. Ibid., p. 481.

42. Knapp, 1924를 보면 화폐국정설에 관한 고전적 설명이 나온다. 4장과 8장에서 화폐국정설 이야기를 더 들을 것이다.

43. 파인먼, '즐거운 마음으로 치과를 가는 법: 자기력의 비밀How to Enjoy a Trip to the Dentist: The Mystery of Magnetic and Electrical Forces', 1983년 7월 22일 처음 방송을 탄 〈상상은 재미있어Fun to Imagine〉의 에피소드 3, http://www.bbc.co.uk/archive/feynman/10702.shtml 참고.

2 화폐의 척도

1. 예를 들어 디오메데스의 용맹스러운 전투 장면이 『일리아드』 제5권 전체와 제6권 초반 236구절에 걸쳐 실려 있다.

2. 방패에 대한 묘사는 『일리아드』 제18장 478~608절에 등장한다.

3. Seabright, 2004, p. 15.

4. *Iliad* II. 272~7.

5. 기원전 7세기~6세기의 시인이자 정치가이던 솔론의 시 23행. 여기에 실린 것은 M. L. 웨스트(M. L. West)의 번역이다. 똑같은 대구가 기원전 6세기의 귀족 시인이던 메가라의 티오그니스(Theognis)의 시 1253~1256행에 나온다.

6. 시퍼드(Seaford), 1994, pp. 42~53을 참고하라. 시퍼드는 다음과 같이 정리한다. "의식에 집단적으로 참여하고 일정한 순서로 고기를 나눠 먹는 과정을 거치며 사회(community)가 만들어졌다." p. 44.

7. 예를 들어 맥도널드(Macdonald), 2006, p. 14를 참고하라. 부족사회의 사회경제적 제도 목록을 시대순으로 정리해놓았다. 선물교환 현상에 관한 고전적 비교연구는 모스(Mauss), 1954를 참고하라. 수십 년간 무수한 원시사회와 고대사회를 연구한 결과를 다음과 같이 짧은 문장으로 요약해놓았다. "많은 (⋯) 문명이 (⋯) 계약을 맺으면 준수한다. 선물을 주고받는 방법으로 재화를 교환한다."

8. Parry and Bloch, 1989, pp. 23~4.

9. 이 의식의 자취가 기독교 성찬식에 남아 있다고 할 수 있다.

10. 최근에 발굴된 터키 괴베클리 테페의 신비로운 입석에는 사람과 동물의 그림이 정성스레 새겨져 있다. 이들 입석의 기원은 기원전 1만 5000년경으로 거슬러올라간다.

11. Nissen, 1988, pp. 70~3. 다른 고대 도시와 비교해보면 아테네의 도시 면적은 2.5제곱킬로미터 정도였다. 예루살렘은 기원후 43년 확장된 뒤에도 (⋯) 1제곱킬로미터를 넘지 못했다. 고대 메소포타미아 각 도시의 인구 규모는 추정하기 쉽지 않다. 여기서

는 두루뭉술하게 표현할 수밖에 없다. Van De Mieroop, 1997, pp. 95~7 참고.

12. 구바빌로니아 시대(기원전 2000~1600) 초반의 우르에 관한 설명은 반 드 미에룹 (Van De Mieroop)이 1992년에 발표한 조사보고서 「구바빌로니아 시대 우르의 사회 와 경제Society and Economy in Old Babylonian Ur」에 토대를 둔다.

13. Van De Mieroop, 1992, pp. 77~8.

14. Ibid., p. 208.

15. '통제경제'라는 말은 20세기 사회주의 경제를 떠올리게 한다는 점에서 적합하지 않 은 용어다. 반 드 미에룹(Van De Mieroop)의 저서가 잘 정리해놓았듯 구바빌로니아 시대 후반기의 메소포타미아 경제는 부분적으로 느슨한 중앙통제 시스템하에서 운 영되었다. 즉, 신전이 재화의 재분배와 관리를 책임지며 중심적 역할을 했고, 관료가 직접 통제하는 범위 밖에서 다양하게 펼쳐진 소규모 생산활동과 무역활동이 신전 경 제를 보완했다.

16. Childe, V. G., 1954, 'What Happened in History', p. 93, Schmandt-Besserat, 1992, p. 6에서 인용.

17. 슈망베세라(Schmandt-Besserat)가 추적한 바로는, 이 이론은 1738년 윌리엄 워버 턴(William Warburton)이 쓴 『신의 사절 모세Divine Legation of Moses』로 거슬러올라 간다. Schmandt-Besserat, 1992, p. 4 ff 참고.

18. 엉뚱한 해석 같지만, 그렇지 않다. 대영 박물관에 전시된 유명한 '우르의 게임'이 보 여주듯 메소포타미아인의 일상생활에서 보드게임은 중요한 놀이였다. '우르의 게임'을 하기 위해 만든 점토 가공물이 다량 발굴되었다는 점에서 우르의 게임이 대단히 성 행했던 것으로 보인다. 유명한 고고학자 어니스트 매카이(Ernest Mackay)도 1931년 젬데트 나스르 유적지 발굴보고서에서 다음과 같이 결론 내렸다. "발굴된 점토 가공 물의 개수로 보건대 '우르의 게임'이 굉장히 인기 있었던 것 같다."

19. Carleton S. Coon, 쿤의 이란 벨트 케이브(Belt Cave) 발굴 보고서는 Schmandt-Besserat, 1977에 인용되었다.

* 일대일 대응 계산은 1이라고 적힌 칸에 바둑알 한 개를 놓고, 2라고 적힌 칸에 바둑알 두 개를 놓는 식의 계산을 말한다—옮긴이.

20. 수 개념의 역사를 더 알고 싶으면 단치그(Dantzig), 1930 참고.

21. Schmandt-Besserat, 1979.

22. Schmandt-Besserat, 1992.

23. 아무 발전이 없었던 것은 아니다. 기원전 5500년을 기준으로 그 이전에 아무 장식이 없는 토큰을 사용한 단계와, 그 이후 갈대 펜으로 그림을 그려 넣은 토큰을 사용한

단계가 뚜렷이 구분되었다. Schmandt-Besserat, 1992 참고.

24. UET 5: no. 572, (RS 9), Van De Mieroop, 1992, p. 83에서 인용.

25. 이 흥미로운 주제를 더 자세히 알고 싶다면 Hudson and Wunsch, 2000 참고.

26. 암흑시대 그리스에 화폐가 없었다는 것은 논란의 여지가 없는 정설이지만, 고대 근동에 화폐가 존재했는지를 둘러싸고 의견이 분분하다. 시퍼드, 2004, 부록(pp. 318~37)을 보면 고대 근동에 화폐가 없었다는 여러 증거가 나오지만, 시퍼드 자신은 학계의 이견이 아직 존재함을 인정한다. 이 문제의 답은 화폐를 어떻게 정의하느냐에 따라 달라진다. 여기서는 고대 메소포타미아에서 발전한 재무회계 시스템은 경제적인가에 관한 보편적 관념이 밑바탕에 깔린 일반적 목적의 화폐가 사용되는 단계를 이끌어내지 못했지만, 신전 관료가 경제계획을 수립하는 과정에서 활용할 수 있도록 제한적 가치 단위 시스템을 정교하게 만들어냈다는 해석을 따른다.

27. Kula, 1986, p. 8.

28. Ibid., p. 22.

29. Ibid., pp. 4~5.

30. 6대 기본 단위 자체는 1954년 제10차 국제도량형총회의 결의안 6호로 정해졌지만, 공식적 축약형을 정하고 보완 단위·파생 단위 목록까지 완비해 6대 기본 단위를 SI로 정한 것은 제11차 국제도량형총회의 결의안 12호였다. 1971년 국제도량형총회 제14차 총회에서는 몰(물질량)이 일곱번째 기본 단위로 추가되었다. 로버트 크리스(Robert Crease)의 『측정의 역사: 절대 측정을 향한 인류의 꿈과 여정World in the Balance: The Historic Quest for an Absolute System of Measurement』, 2011에는 SI의 정립을 비롯한 측정의 역사 이야기가 담겨 있다.

31. 더 정확하게는 "크립톤 86 원자가 진공 속에서 방출하는 복사선 파장을 기준으로" 미터를 정의했다. 1983년 제17차 국제도량형총회에서는 빛이 진공 속에서 움직인 경로의 길이를 기준으로 미터를 재정의했다(그러나 이 같은 재정의에 따라 빛의 움직임을 조작하는 것은 아직 가능하지 않다).

32. Kula, 1986, p. 42.

33. 『이코노미스트』, 2011년 8월 10일 자 '아이폰을 뜯어보니'. 달러화 제조원가를 기준으로 한 비율이다.

3 에게 문명, 경제적 가치를 발명하다

1. Mitchell Innes, 1914, p. 155.

2. B. 애플바움(Applebaum), "정부기관이 좌지우지하는 생명의 가치는 요즘 꾸준히 상

승하고 있다. 정부기관이 생명의 가치를 더 높게 평가하기 때문에 기업은 조바심치고 있다." *New York Times*, 16 February 2011.

3. 이들 구절은 술잔의 주인이 호메로스의 『일리아드』에 등장하는 영웅 네스토르였다고 밝힌다. 당시에도 스턴(Sterne)의 『트리스트럼 샌디Tristram Shandy』와 맞먹을 정도로 세련된 서사 기법을 즉흥적으로 구사할 수 있었음을 보여준다. 그리스 문자로 적힌 이들 글귀는 『일리아드』에 나오는 어떤 구절을 문학적으로 암시할 뿐 아니라 그 암시를 반어적으로 전복한다. 호메로스의 『일리아드』에 등장하는 네스토르의 술잔은 아주 커다랗고 화려한 장식이 달려 들어올리기가 쉽지 않은 것이었지만, 발굴된 술잔은 점토로 빚은 특별한 장식이 달리지 않은 것이었다. 문자의 전파와 그 영향을 더 자세히 알고 싶다면 Murray, O., pp. 92~101을 참고하라.

4. 문자가 그리스 문화에 미친 영향은 잭 구디(Jack Goody)가 편집한 『전통 사회의 문자Literacy in Traditional Society』, 1968에 실린 구디와 이언 와트(Ian Watt)의 1963년 논문 「문자의 영향The Consequences of Literacy」에 잘 분석되어 있다. 구디와 와트는 고대사학자가 아니라 인류학자였고, 두 사람의 가설은 소련 심리학자 알프레드 루리아(Alfred Luria)의 인류학 연구에서 강한 영향을 받았다. 루리아는 1920년대와 1930년대 중앙아시아에서 발견되는 독특한 환경에서, 구술 문화에서 문자 문화로의 이행이 미친 인지적 영향을 연구했다(1976년에 나온 영어판 전집 『인지 능력의 발달: 그 문화적·사회적 발달Cognitive Development: Its Cultural and Social Development』 참고). 예수회 수도사 월터 옹(Walter Ong)의 『구술성과 문자성Orality and Literacy』, 1982도 문자가 그리스 문화에 미친 영향을 이해하는 데 도움이 된다. 이 주제는 고대 그리스사를 이해하기 위한 기본 열쇠 구실을 한다.

5. 물론 고대 근동에서 흘러들어온 새로운 기술만이 이 지적 혁명의 촉매 구실을 한 것은 아니었다. 실질적 차용도 활발했다. West, 1971 참고.

6. Murray, O., 1993, p. 248.

7. Nissen, Damerow and England, 1993, p. 51.

8. 특정 희생물 나눠먹기 의식에서 경제적 가치 개념의 원형이 생겼다는 가설은 확실하게 입증되기 힘들다. 그러나 희생물 나눠먹기 의식은 부족원의 평등을 표출하는 독특한 구실에만 머물지 않았다. 이와 관련해 중요한 정황 증거도 있다. 그리스의 최초 화폐 단위는 의식 주관자가 부족원에게 희생물의 고기를 나눠줄 때 사용하는 꼬챙이를 가리키는 오볼(obol)과 오볼 '한 줌'을 뜻하는 드라크마(drachma)였다. 의식 자체를 자세히 알고 싶다면 파커(Parker), 1996을 참고하라. 그리고 여기서 말한 가설에서 도출된 이론을 자세히 알고 싶다면 시퍼드, 1994, 시퍼드 2004를 참고하라. 추상

적 화폐 단위가 다양한 유형의 사회 제도에서 파생되었다는 일반적 가설을 지지하는 증거를 알고 싶으면 그리어슨(Grierson), 1977을 참고하라. 그리어슨은 한 유명한 강연에서 중세 유럽의 화폐 단위도 고대 그리스와 비슷하게 유럽 암흑시대 게르만 부족의 평등주의 정치 이데올로기에 기원을 두었다고 했다. 그가 강연에서 염두에 두었던 것은 신체적 상해를 보상하는 전통적 제도인 속죄금(wergild) 제도에서 발전한 의식이었다.

9. 예를 들어, von Reden, 2010, p. 36에 인용된 *Supplementum Epigraphicum Graecum* XII. 391을 참고하라.

10. Plutarch, *Solon*, 23.4, Ibid., p. 37에서 인용.

11. Jeffrey, L. H. and Morpurgo Davies, A. in *Kadmos*, 1970, fig. 1, side A cited in von Reden, 2010, p. 36.

12. 피터 스푸퍼드는 1988년 저서 『중세시대 화폐와 그 사용Money and its Use in Medieval Europe』에서 화폐와 시장의 긴밀한 관계를 다음과 같이 설명했다. "10세기 독일과 영국의 두드러진 특징 중 하나가 왕과 귀족의 명령에 따라 새로운 상업 거점이 서서히 건설되었다는 점이다. (…) 왕과 귀족이 시장을 열고 주조소를 운영할 권리를 하사한 덕분에 새로운 차원의 도시 생활을 누릴 길이 열렸다. (…) 시장과 주조소는 함께 움직였다. 시장은 물물교환을 위한 공간이 아니라 화폐를 주고받으며 물건을 사고팔기 위한 공간이었다. 주조소는 시장이 필요로 하는 화폐를 공급하는 역할을 했다."(p. 75) 947년 신성로마제국 황제 오토 1세는 상트갈렌 수도원에 시장을 열고 주조소를 운영할 권리를 하사하며 다음과 같이 말했다. "주조소와 시장은 떼려야 뗄 수 없는 관계에 있다. 화폐가 없다면 시장도 있을 수 없다."(p. 77)

13. Kim, H., 'Archaic Coinage as Evidence for the Use of Money', p. 8, in Meadows and Shipton, 2001. 초기 리디아 주화는 천연 금과 은 합금인 호박금(electrum)으로 주조되었다. 그리스의 대부분 주화는 은으로 주조되었다. 구리나 쇠, 납 같은 금속으로 만든 주화도 가끔 사용되었다.

14. Von Reden, 2010, p. 40.

15. 이것이 유럽에서 화폐를 사용한 최초의 경험이었을 것이다. 인도, 중국의 화폐는 그리스와 별도로 발명된 듯하다. 그래서 화폐가 고대 근동에서 발명되었는가를 둘러싸고 논쟁이 있다.

16. Pindar, *Isthmian*, 2.11~12. 이 경구에 담긴 정서는 널리 공감을 샀던 듯하다. 알카이오스(Alcaeus)도 이 구절을 인용한 시를 지은 적이 있다. 시퍼드, 2004, p. 161 참고.

17. 이와 관련해 패리(Parry)와 블로흐(Bloch)는 이렇게 말했다. "놀랄 만한 개념의 발전 덕분에 (…) 장기 재생산 이론에서도 단기 질서의 중요성을 인정할 수 있게 되었다. 우리의 문화가 (다른 문화처럼) 과거에는 별개의 하위 영역에 맡겨두었던 이론이 적어도 몇몇 부분에서는 포괄적 질서에 관한 이론, 즉 개인의 악덕이 공공의 이익을 유지시킬 수 있다는 이론으로 바뀌었다."(p. 29)

18. 여기 실린 사례는 마이클 샌델(Michael Sandel), 「화폐로 살 수 없는 것은 무엇인가 What isn't for sale」, 『디 애틀랜틱The Atlantic』 2012년 4월호. http://www.theatlantic.com/magazine/archive/2012/04/what-isn-8217-t-for-sale/8902/에서 원문을 볼 수 있다.

19. "당신이 영국인으로 태어났다는 것은 복권에 1등으로 당첨된 것과 같은 행운임을 명심하라." 피터 유스티노프(Peter Ustinov)는 자서전 『디어 미Dear me』(1977) 제4장에서 세실 로즈(Cecil Rhodes)가 이 말을 했다고 적었다. 다른 데서는 키플링(Kipling)이 이 말을 한 것으로 나온다.

20. Sandel, 2012.

21. Locke, 2009, chapter 11, §106.

4 화폐 주권과 화폐 반란

1. De la Torre, Levy Yeyati and Schmukler, 2003.

2. T. 카탄(Catan), '아르헨티나는 종이 차용증서에 뒤덮여 있다: 페소냐 파시피코냐? 현재 어지러울 정도로 다양한 유사 화폐가 계산대에 난무한다', 파이낸셜 타임스, 2002년 4월 11일. 페소화는 아르헨티나의 화폐다. 레코프는 페소로 표시된 유사 화폐로 아르헨티나 국고국에서 발행한다. 파타콘은 페소로 표시된 유사 화폐로 부에노스아이레스주 국고국에서 발행한다. 11개 주와 시도 독자적으로 유사 화폐를 발행했고, 2002년 3월에는 (측정 가능한) 통화공급량(money supply)의 3분의 1 가까이를 점했다. De la Torre, et al., 2003, p. 77 참고.

3. Colacelli and Blackburn, 2006, p. 4, fn. 8.

4. '그림자 군단'은 조제프 케셀(Joseph Kessel)이 1943년에 쓴 책에서 마키를 설명하며 붙인 이름이다. 장피에르 멜빌(Jean-Pierre Melville)도 1969년에 마키의 저항활동을 그린 영화 〈그림자 군단〉을 발표했다.

5. IMF, '아눕 싱(Anoop Singh) IMF 특별대책국장의 모두 발언, 아르헨티나에서 IMF의 역할', 2002년 4월 10일, 언론 브리핑, http://www.imf.org/external/np/tr/2002/tr020410.htm 참고.

6. Aukutsionek, 1998.

7. Ryabchenko, P., 'Talony vmeste deneg', *Nezavisimaya Gazeta,* 13 October 1998, Caroline Humphrey's chapter in Seabright, 2000, p. 290에서 인용.

8. Seabright, 2000.

9. WIR Bank Annual Report 2011, summarised in press release at www.wir.ch.

10. 노벨상 수상자 폴 크루그먼(Paul Krugman)이 이따금 지적하듯이 화폐의 가장 단순한 전형인 지역통화로부터 화폐의 여러 측면을 배울 수 있다. 그중 한 측면에 대한 유명한 분석, 그리고 크루그먼의 주의를 끌었던 분석은 Sweeney, 1977.

11. 정부가 상호신용 네트워크를 불법화한 역사적 사례를 1930년대 초 유럽에서 찾아볼 수 있다. 당시 불황을 벗어나는 수단으로서 상호신용 네트워크가 큰 인기를 끌었다. 독일을 예로 들면 바바리아주 슈바넨키르헨시의 한 광산주가 임시 화폐를 발행해 유통시켰고, 굉장한 경제적 성과를 거뒀다. "불황에 찌든 독일에서 슈바넨키르헨시가 잘 나간다는 소식이 빠른 속도로 퍼져나갔다." 미국 경제학자 어빙 피셔(Irving Fisher)의 말이다. "독일 곳곳에서 찾아온 기자가 앞다퉈 '슈바넨키르헨의 기적'을 보도했다." 이 소식을 접한 독일 정부는 1931년 11월 민간인의 임시 화폐 발행을 금지하는 긴급 법안을 발의했고, 의회는 이를 통과시켰다. Greco, 2001, p. 64 ff 참고.

12. 미국 헌법 제1조 8항, "의회는 (…) 화폐를 주조하고 그 가액을 결정할 권한이 있다".

13. 대안 화폐와 기존 국정 통화의 병행 유통을 허용하자는 공식적 제안이 나온 적이 있으나, 큰 호응을 얻지는 못했다. 예를 들어 프리드리히 폰 하이에크(Friedrich von Hayek)는 1976년 통화의 비국영화를 논하며 그렇게 제안했다. 영국 재무장관은 유로화로의 이행을 앞둔 1990년대 초 하이에크의 제안을 그럴듯하다고 여기며 수용하려고 했으나, 다른 EU 회원국은 유럽 통합을 방해하는 전술로 깎아내렸다.

14. J. Madison, 1788. 'Federalist 51: The Structure of the Government Must Furnish the Proper Checks and Balances Between the Different Departments', in Genovese, 2009, p. 120.

15. 최근에 벌어진 헌법 논쟁에서도 이와 비슷한 맥락의 주장이 나온 적 있다. "사회가 정말 도덕적이라면 성문헌법은 필요하지 않을 것이다. 화폐의 건전한 유통을 보장하고, 중앙은행을 불필요하게 만드는 도덕적 원리는 정직이다. 정직은 약속하면 반드시 지키고 남을 속이지 않는 것을 뜻한다."(Paul, 2009, p. 149)

16. Plutarch, *Pericles,* 12. Trevett, J., 'Coinage and Democracy at Atnenns', in Meadows and Shipton, 2001, p. 24에서 인용.

17. Trevett, J., 'Coinage and Democracy at Atnenns', in Meadows and Shipton,

2001, p. 24.

18. IMF, 2012, Statistical Table 5, p. 65.

19. 이것이 화폐이론의 하나인 화폐국정설의 핵심이다. 화폐국정설은 Knapp, 1924를 참고하라.

20. 이 말은 독일 철학자 게오르크 지멜(Georg Simmel)이 1907년 『돈의 철학 Philosophy of Money』에서 설명한 견해를 요약한 것이다.

21. Plato, *Laws* 5.741e~742b.

22. 기원전 4세기 후반 아테네 시민 수에 관한 이 추정치의 출처는 한센(Hansen), 1985, pp. 67~78이다.

23. Aristotle, 1932, I.3.13~14.

24. Guanzi 73, 'Guoxu' III: 70, von Glahn, 1996, p. 29에서 인용. 지금까지 알려진 최초의 중국 화폐는 주나라 때 발행되고 춘추시대(기원전 8세기~5세기) 말과 전국시대(기원전 5세기~3세기) 초까지 유통된 삽 모양과 칼 모양의 청동 주화다.

25. Guanzi 74, 'Shanguoshi' III: 71, von Glahn, 1996, p. 33에서 인용.

26. Sima Chen, 'Shi Chi 30: Treatise on the Balanced Standard', in Watson, 1961, p. 80.

27. von Glahn, 1996, p. 36에서 인용.

28. Guanzi 73, 'Guoxu' III: 66, Ibid., p. 30에서 인용.

5 화폐 이익집단의 탄생

1. "다른 민족은 살아 숨쉬는 것 같은 청동상을 만들고 대리석을 깎아 생명을 불어넣을 수 있다. 유려한 말솜씨로 사건을 변호할 줄 알며 막대기로 하늘의 움직임을 추적하고 별이 언제 떠오를지 예측하기도 한다. 로마인아, 세상을 지배하라. 정의로 평화를 완성하고 패배자에게 관대하며 교만한 민족을 무찔러라. 이것이 너희가 잘할 수 있는 일이다." Virgil, Aeneid VI.847~53(in H. R. Fairclough's translation).

2. 로마 장군 마르쿠스 클라우디우스 마르켈루스(Marcus Claudius Marcellus)는 시라쿠사-키케로 약탈로 파괴된 아르키메데스 학원에서 안티키테라 기계장치와 비슷했을 것으로 추정되는 천문학 도구를 복구했다고 한다. 2006년 국제 안티키테라 기계장치 연구 프로젝트가 작동방식을 조사해 고대의 훌륭한 계산기 컴퓨터로 밝혀냈다. 키케로는 손자 집에서 이 기계장치를 보았다는 기록을 남겼다. 아우구스티누스 황제 시대 로마에서 제빵으로 큰 부를 이룬 마르쿠스 베르길리우스 에우리사케스(Marcus Vergilius Eurysaces)의 무덤에는 빵을 대량생산하는 기계장치가 새겨져 있다.

3. Cicero, *De Officiis*, 3.59, Harris, 2008, p. 176에서 인용.

4. Ovid, *Ars Amatoria*, 1.428, Ibid., 2008, p. 178에서 인용.

5. Horace, *Ars Poetica*, 1.421.

6. 예를 들어, 법학자 스카에볼라(Scaevola)는 『유스티니아누스 법전』에서 거의 전 재산을 현금으로만 소유한 은행가를 언급했다. The *Digest* of Justinian, 40.7.40.8. Harris, 2006, p. 6 참고.

7. Andreau, 1999.

8. Cicero, *De Officiis* 2.87. Jones, 2006에서 인용. 야누스는 두 얼굴의 신이다. 그러나 로마인에게 야누스가 의미하는 것은 오늘날의 우리와 달랐다.

9. 이 법은 '이탈리아 내부에서 사채업과 그 직함을 규제하는 법(de modo credendi possidendique intra Italiam)'이었다.

10. Tacitus, *Annales*, 6.16.

11. Tacitus, *Annales*, 6.17. 이때의 신용위기와 그 밖의 금융위기에 관한 분석이 Andreau, 1999, chapter 9에 실려 있다.

12. Harris, W., 'The Nature of Roman Money', in Harris, 2008, p. 205.

13. Ibid.

14. Spufford, 1988, p. 9.

15. Spufford, 2002, p. 60 ff. 경제가 발달하고 정치가 안정된 유럽의 몇몇 지역에서는 재화폐사회화가 훨씬 일찍 시작되었다. "(…) 내륙 도시인 제노바와 루카에서 11세기에 현물지대가 현금지대로 바뀌었고 캄파니아에서는 임금노동자를 고용한 대농장 경영이 시작되었다."(Spufford, 1988, p. 97)

16. Spufford, 2002, p. 63.

17. 영국이 그 대표적인 지역이었다. 12세기 말에 직접세가 다시 등장했다. Spufford, 2002, p. 65 참고.

18. 재화폐사회화가 사회이동과 야망과 탐욕의 사회적 역할에 미친 영향에 관해서는 Murray, A., 1978 참고.

19. Hildebert of Lavardin *Carmina misc.*, 50, Murray, A., 1978, p. 81에서 인용. "화폐가 사람이다!"는 그리스 귀족 아리스토데무스의 유명한 말이었고, 나중에 핀다로스(Pindaros)와 알카이오스(Alcaeos)가 인용했다. 3장 참고.

20. Rolnick, Velde and Weber, 1996, 797.

21. Ibid.

22. Ibid.

23. Sumption, 2001, p. 195.

24. Johnson, 1956.

25. Ibid., p. 10.

26. Ibid., pp. 19~20.

27. Ibid., p. 38.

28. Ibid., p. 40.

29. Ibid., p. 6.

30. Ibid., p. 17.

31. Ibid., p. 44.

32. Ibid., p. 42.

6 은행의 탄생

1. Frankel, 1977, p. 15.

2. 엘리 브라켄회퍼(Élie Brackenhofer)는 1634년 리옹 시장은 기원후 172년에 세워졌다는 말을 들었다. Braudel, 1992 참고.

3. Spufford, 2002, p. 19 ff 참고.

4. Braudel, 1992, p. 91.

5. 이 구절의 원래 출처는 브로델의 저서다. Frankel, 1977, p. 15에서 인용.

6. Amis, 1984, pp. 119~20.

7. 'Et se paye quelque fois en cest facon, et sans desbourser un sold, un million de livres en une seule matinee.' De Rubys, 1604, Part IV, chapter 9, p. 499. 리브르(livre)는 유통되지 않는 계산화폐였고 수(sou)는 프랑스 국왕이 발행한 주화였다.

8. 더 정확히 말하면 당초 의도했던 만큼의 효과를 거두지는 못했다. 16세기에 이르러 중세시대의 극단적 가치 저하는 옛날 일이 되었고, 스페인 군주와 프랑스 군주가 발행한 법정화폐는 상대적으로 안정적이었다. 프랑스의 경우 납세자가 시뇨리지를 제한하라고 압력을 가한 것이 화폐의 안정에 한몫했다. 자세한 내용은 chapter 3 of Macdonald, 2006 참고.

9. 이 대목은 은행이 어떻게 변환을 해내는지에 관한 설명이다. 중세시대의 민간은행도 이와 비슷한 일을 했다. 이 장의 뒷부분과 14장에서 살펴보겠지만, 현대의 은행은 비유동적 채권을 유동적 채권으로 변환시키는 일을 하며 수익을 올린다.

10. 은행만 신용 위험을 관리하는 것은 아니다. 뮤추얼펀드도 은행과 똑같이 세 가지 측면에서 신용 위험을 관리한다.

11. 현대의 은행이 관리하는 유동성 위험의 가장 일반적이면서 중요한 특징은 은행의 부채 대부분이 예금자가 언제든지 인출할 수 있는 요구불예금으로 이루어져 있지만, 은행의 자산은 아직 만기가 도래하지 않아 현금화할 수 없는 대출금이나 증권으로 이루어져 있다는 불일치다. 월터 배젓은 현대 금융을 다룬 고전적 저서에서 이 특징 때문에 은행업은 다른 금융 활동과 달라진다고 했다. 그는 『롬바드 스트리트Lombard Street』에서 "로스차일드 가문은 의심할 여지없이 거액의 자금을 차입한 엄청난 자본가다. 외국인은 그들이 평범한 은행가일 것으로 생각하기 쉽다". 그러나 "그들은 100파운드를 받아 5파운드짜리 수표로 바꿔 돌려주는 일은 하지 않는다. 그들이 빌린 자금은 그 액수가 크고, 빌린 기간도 길다. 영국 은행가는 소액 요구불예금의 총합계액을 다룬다"고 했다(Bagehot, 1873, pp. 212~13). 은행의 특이한 업무 중 하나로, 예금자에 대한 단기 채무를 고객에 대한 장기대출로 '변환'시키는 '만기변환'이란 전문용어가 있다. 물론 이 전문용어는 완곡한 말이다. 어떤 변환도 일어나지 않으며, 사실 그것이 가능하지도 않다. 자연과학에서의 연금술과 마찬가지로 은행업에서의 연금술도 불가능하다. 사실 은행이 하는 일은 자산과 부채의 만기를 불일치시키는 것이다. 예금자가 은행의 신용도와 부채의 유동성에 신뢰를 보낼 때만 만기불일치는 유지된다. 14장에서 은행이 무엇을 하는지 자세히 알아보겠다.
12. Spufford, 2002, p. 38.
13. Ibid., pp. 38~9.
14. Ibid., p. 39.
15. Johnson, 1956, p. 34.
16. Spufford, 2002, p. 40.
17. Huerta de Soto, 2006, p. 75.
18. 그러나 제도 자체의 세부 내용은 복잡하다. 제도를 개괄적으로 살펴보려면 Boyer-Xambeu et al., 1994 참고.
19. 사실 Boyer-Xambeu et al., 1994는 16세기 중반 군주의 화폐정책 아래서 환은행가는 확실한 수익을 거둘 수 있었다고 주장했다.
20. 리옹 시장이 어떻게 운영되었는지 자세히 알고 싶으면 Ibid., pp. 91~4를 참고하라.
21. Ibid., p. xvi.

7 화폐 대타협

1. R. H. Tawney's Introduction to Wilson, 1925, p. 83. 토니(Tawney)는 "이 조화롭지 못한 세 가지 경력 가운데 세번째 경력은 나머지 두 가지 경력과 특히 모순적이었

다'라고 덧붙였다.

2. Mayhew, 1999, p. 54.

3. *Hist. MSS. Comm., MSS. of the Marquis of Salisbury,* Pt. I, pp. 162~4, Tawney's introduction to Wilson, 1925에서 인용.

4. Montesquieu, *Mes Pensées,* Hirschman, 1977, p. 74에서 인용.

5. Montesquieu, *Esprit des lois,* Book. XXII, 13, Ibid., p. 74 (where it is accidentally attributed to Book XXII, 14)에서 인용.

6. Montesquieu, *Esprit des lois,* Book XXI, 20, Ibid., pp. 72~3에서 인용.

7. Ibid.

8. James Carville, *Wall Street Journal,* 25 February 1993, p. A1에서 인용.

9. 이 책은 애덤 스미스의『국부론』이 나오기 9년 전인 1767년 영국에서 출판되었다.

10. Steuart, 1966, Vol. 1, p. 278. Hirschman, 1977, p. 85에서 인용.

11. Boyer-Xambeu et al., 1994, p. 30.

12. 17세기 후반까지 영국 금융의 발전이 유럽 대륙에 비해 뒤처졌다는 사실은 토머스 먼(Thomas Mun)이 1621년『대외무역에 관한 논설Discourse on Foreign Trade』에서 영국은 은행 계좌이체를 통한 지불 같은 라틴계 은행의 관행을 몰랐다고 밝힌 데서도 분명히 드러난다. Clapham, 1944, Vol.I, p. 5도 참고.

13. 국왕 자문관 시드니 고돌핀(Sydney Godolphin)은 1680년 국왕이 사용할 자금을 오렌지 공 윌리엄에게서 빌릴 때 '왕가의 세습 수입'의 8퍼센트를 담보로 제공하겠다고 제안했다.

14. 기획의 주요 내용을 자세히 알아보고 싶으면 Horsefield, 1960, pp. 114~24를 참고하라.

15. '100만 파운드가 걸린 모험'은 조폐국장이자 재무부 대신의 최측근 토머스 닐(Thomas Neale)의 아이디어였다. 몇 년 뒤 더 많은 당첨금이 걸린 복권이 새로 나왔다. 그 이름은 기대감을 한껏 더 부추긴 '200만 파운드가 걸린 모험'이었다.

16. Richards, 1958, pp. 112~13.

17. 포괄적 내용을 규정한 공적 금융 관련 법안 한구석에 의도적으로 끼워놓은 잉글랜드 은행 최초 허가조례는 화폐 발행권을 명확하게 인정하지 않았다. 그러나 1696년 11월 잉글랜드 은행의 대차대조표가 처음 작성되어 공표될 때까지 75만 파운드 이상의 은행권이 발행되었다. 자세한 내용을 알고 싶으면 Clapham, 1944, p. 43을 참고하라.

18. Roseveare, 1991, pp. 14~15.

19. *Clarke* v. *Martin* 1702 *per Holt C. J.*, Carswell, 1960, p. 18에서 인용. 대세를 거스르면서까지 (영국인이 보기에) 위험천만한 상행위를 불법화하려던 홀트의 노력은 2년 만에 법령에 의해 수포로 돌아갔다. 1704년의 약속어음법은 사적 신용어음을 합법적으로 양도할 수 있다고 정했다.

20. Steuart, 1966, Vol. 2, p. 477.

21. Smith, A. 1981, II.ii,85, p. 320.

22. 1709년에 공표된 조례는 6인 이상의 출자자가 참여하는 조합이 만기가 6개월 이하인 어음을 발행하는 것을 금지시켰다. 주요 경쟁자였던 스워드 블레이드 은행에 재갈을 물리려던 잉글랜드 은행 이사들이 합심해서 노력한 결과였다. 그러나 잉글랜드 은행은 1844년 잉글랜드 은행법이 제정될 때까지 화폐 발행 독점권을 얻지 못했다. 그때까지도 화폐 발행권을 보유하던 기존 은행은 은행 간 인수합병이 이루어질 때까지 화폐를 발행할 수 있었다. 그래서 1787년에 화폐 발행을 허가받았고 폭스, 파울러 & Co.로 이루어진 소규모 서머싯 조합이 1921년 로이즈 은행에 흡수될 때까지 잉글랜드 은행권은 꾸준하게 유통되었다.

23. H. V. Bowen, 'The Bank 1694~1820', in Roberts and Kynaston, 1995, p. 10.

24. Clapham, 1944, Vol. I, p. 102.

25. Speech of 13 June 1781 in the Committee of Ways and Means, as reported by William Cobbett(1806~20) *Parliamentary History of England from 1066 to 1803* Vol, XXII, cols 517~20 H. V. Bowen, 'The Bank 1694~1820', in Roberts and Kynaston, 1995, p. 3에서 인용.

26. 위의 p. 80과 p. 113을 참고하라.

8 로크가 경제에 미친 영향

1. 조폐국 은 가격, 즉 영국 화폐 단위의 은 함량을 규정한 공시가격표의 은 가격은 시뇨리지가 0.5페니 이상이던 1604년에서 1626년까지의 기간을 제외하면 1601년부터 1온스당 60페니였다. 따라서 실제 조폐국 은 가격은 1온스당 59.5페니였다. 반면에 은의 시장가격이 그 아래로 떨어진 적은 극히 드물었다. 대개 1온스당 62펜스에서 64펜스 사이였다. Feavearyear, 1931, pp. 109~10 참고.

2. Ibid., p. 110.

3. 1695년 라운즈가 의회에 제출한 보고서. Mayhew, 1999, p. 97 참고.

4. Desmedt, L., 2007, Cited in Ormazabal, 2012, p. 158. 윌리엄 라운즈가 1695년 의회에 제출한 보고서에 따르면 은 시장가격은 그해 1온스당 77페니에 달했다.

5. Lowndes, 1695, p. 56.

6. 여기서 재주조의 역학을 간단히 살펴보면, 라운즈는 비용이 많이 들고 행정적으로 어려움이 따르는 재주조를 선택하는 대신, 공시표에 정해진 기존 주화의 명목가치를 '추켜올려' 평가절하를 시행하는 해법을 선택했다. 영국 역사에서 자주 이용된 방법에 의존하려고 한 셈이다. 액면액은 그대로 두고 은 함량을 20퍼센트 줄이는 것은 온전한 무게의 기존 주화를 25퍼센트 추켜올리는 것과 같았다. Lowndes, 1695, p. 123 참고.

7. Feavearyear, 1931, p. 122.

8. Locke, 1695, pp. 1~2.

9. Ibid., p. 9.

10. Ibid., p. 12.

11. Feavearyear, 1931, p. 124 참고.

12. 완전한 이득과 손해 계산은 더욱 복잡했다. 무엇보다 이들 이득과 손해의 한쪽 당사자는 재무부였다. 6월까지는 거둬들인 주화를 온전한 무게로 재주조할 비용을 보조할 책임을 져야 했으나, 6월이 지난 뒤에는 가벼운 주화를 명목가치대로 바꿔줄 의무에서 벗어날 수 있었기 때문이다. 그러나 재무부는 재주조 보조에 필요한 자금을 조달해야 했으므로(이를 위해 창문세를 거뒀다), 한 손으로는 화폐를 주고 다른 손으로는 그 화폐를 도로 가져간 셈이다.

13. Feavearyear, 1931, pp. 129~30.

14. Mayhew, 1999, p. 101에서 인용.

15. Keynes, 1931, p. 394. 케인스가 혹독하게 비판한 하이에크의 저서는 1931년에 나온 『가격과 생산Prices and Production』이다.

16. Barbon, N., 1696, *A Discourse Concerning Coining the New Money Lighter*, Magnusson, 1995에서 인용.

17. Liddell and Scott, 1996. 리처드 시퍼드는 노미스마(nomisma)라는 말의 어원을 다음과 같이 설명한다. 노미스마는 "'노미스데인(nomisdein, 인정하다라는 뜻)'에서 나온 말로, 노미스데인의 대상이나 결과를 가리킨다"(시퍼드, 2004, p. 142). 노미스데인은 그리스인이 신에 대한 믿음 같은 인지몰입을 나타내기 위해 사용한 명사였다. 그리스인에게 신에 대한 믿음은 능동적 사고에서 우러난 행위가 아닌 관습에서 비롯된 행위였다. 노미스마라는 말이 함축하는 분위기를 전달하기 위해 시퍼드는 "노미스마가 처음 등장한 사건은 알카이오스 fr. 382 L-P다. '그녀(아테나 여신)는 흩어진 군대를 불러모아 노미스마를 불어넣었다.' 여기서 신이 불어넣은 신비로운 노미스마는

군대를 하나로 뭉치게 할 수 있는 관습에 바탕을 둔 집단적 자신감이다. (…) 주화를 주조할 때건 전투를 할 때건 관습에 따른 집단적 실천(노미스마)은 공동체의 집단적 자신감에 좌우될 뿐 아니라 집단적 자신감을 구체화한다. 노미스마는 혼란에 빠진 공동체에 질서를 회복시켜준다"(Ibid., p. 143).

18. 플라톤, 『국가Republic』, 2.371b.

19. Aristotle, *Nicomachean Ethics*, 1113a. 1133b에도 비슷한 말이 나온다. "따라서 '관습(노모스, nomos)'이 인정하는 한 가지 어떤 기준이 존재해야 한다[이 때문에 기준은 관례(노미스마)로 불린다]. 그 기준은 만물을 같은 잣대로 재게 한다. 이런 점에서 화폐[노미스마]로 만물을 잴 수 있다.

20. Seaford, 2004, p. 146.

21. 헤로도토스, 『역사Histories』, 8.26.

22. Aquinas, *Sententia Politica,* lib. 1, l. 7, n. 6.

23. Aquinas, *Sententia Ethica,* lib. 5, l. 9, n. 12.

24. Aquinas, *In Octo Libros Politicorum,* Vol. XXVI of *Omnia Opera,* 1: 7. Likewise at *Sententia Ethica,* lib. 5, l. 9, n. 5.

25. 1장과 4장을 참고하라. 아퀴나스의 전통이 유일한 중세 화폐사상의 전통이었던 것은 아니다. 사실 많은 적법한 전통이 화폐명목론을 거부하며 화폐본질론을 폈다. 중세시대의 논쟁에 관한 상세한 설명을 듣고 싶으면 Sargent and Velde, 2002, chapter 5를 참고하라.

26. Briscoe, J., 1696, *A Discourse on Money,* p. 18, Appleby, 1976, p. 65에서 인용.

27. Feavearyear, 1931, p. 137.

28. Mandeville, 1705.

29. Mandeville, 1988, Vol. 1, p. 369.

30. Smith, A., 1981, III.iv.4, p. 412.

31. Ibid., III.iv.10, p. 419.

32. Ibid., IV.ii.9, p. 456.

33. Ibid.

34. Ibid. III.iv.15, p. 421.

9 거울나라의 화폐

1. 적어도 워싱턴 D.C.에 있는 국제금융기관 본부에서는 그렇게 했다. 2007년 4월 금융위기가 발발한 직후 나는 IMF-세계은행 공동 도서관에 가서 금융위기를 다룬 킨들

버거의 기본서(킨들버거, 2000)를 빌려보려고 했다. 도서관 소장본이 모두 대출되어 없었다. 수년 만에 처음 있는 일이었다.

2. Kindleberger, 1993, p. 264.

3. Reinhart and Rogoff, 2009.

4. Marx and Engels, 1985, Section 1: Bourgeois and Proleterians.

5. Keynes, 1923, pp. 67~8.

6. Ibid.

7. Ibid.

8. France, 1908, p. 82.

9. 'Charity as a Remedy in Case of Famine', *The Economist*, 29 November 1845, p. 192.

10. 'Feeding the Irish', *The Economist*, 21 March 1846, p. 370.

11. Ibid.

12. Ibid. 독자들은 이 사설에서 보수세력이 얼마나 독한 말을 무기로 삼는지 확인할 수 있을 것이다. 지성사학자 앨버트 O. 허슈먼(Albert O. Hirschman)은 1991년 저서 『보수는 어떻게 지배하는가The Rhetoric of Reaction: Perversity, Futility, Jeopardy』에서 보수 세력은 독한 말로 반동적 주장을 펼치는 특징을 보인다고 밝혔다. 그러나 당시 급진 적 자유주의 경제정책을 지지하는 개혁 성향 신문들도 비슷한 주장을 펼쳤다. 어쩌면 그들은 설득력 있는 독설을 동원하는 전략이 보수세력의 전유물이 아님을 보여주었다고 할 수 있다.

13. Ibid.

14. Woodham-Smith, 1962, p. 93에서 인용.

15. 'Faith in Principles', *The Economist*, 2 January 1847, p. 3.

16. Woodham-Smith, 1962, pp. 162~3에서 인용.

17. Ibid., pp. 375~6에서 인용. 조엣은 어쩌면 약간 솔직하지 못했다. 그는 사실 학장이 되기 전까지 매년 베일리얼 대학에서 정치경제학 강좌를 열었다. Pigou, 1925, pp. 292~4를 참고하라.

10 회의론자의 전략

1. 헤로도토스, 『역사』, 8.138. 헤로도토스는 장미 정원이 마케도니아에 있다고 했다. 그 러나 미다스왕은 역사에 실제로 존재한 인물이었으므로, 이 이야기는 프리기아에서 전해진 뒤 뒤바뀌었을 것으로 짐작된다.

2. 몇몇 그리스·로마시대 작가가 미다스왕 신화를 다양하게 변형했다. 여기서 소개한 버전은 시퍼드, 2004, pp. 305~6의 설명에서 얼개를 가져왔고 오비디우스 『변신 이야기 제11Metamorphoses XI』에서 세부 내용을 따왔다.

3. Ovid, *Metamorphoses*, XI. ll.118~19.

4. Ibid., XI. ll.127~8.

5. Aristophanes, *Frogs*, l.141.

6. Aristophanes, *Wealth*, ll.189~97. 탤런트는 고액 주화였다. 이 인용문은 아주 오래전부터 사람의 마음속에 자리잡고 있던 생각을 우스꽝스럽게 표현한 것이다. 기원전 6세기 입법자 솔론은 이렇게 말한 적이 있다. "부유해지고 싶다는 욕망은 한이 없다. 둘러보면 우리 중에서 가장 부유한 사람조차 부를 두 배로 늘리려고 바삐 돌아다닌다. 부유해지고 싶다는 욕망을 만족시킬 수 있는 사람이 과연 있을까"(Solon, fr. 13 ll.71~3). 허슈먼, 1977은 18세기 계몽시대 철학자들이 화폐사상을 어떻게 바꿔놓았는지 살펴보며 화폐에서 엿보이는 이 특별한 측면의 흔적을 따라간다. "도저히 채워지지 않는 돈에 대한 욕망은 오래전부터 위험하고 비난받아 마땅한 인간 감정의 한 측면이었는데", "언제부턴가 이상하게 왜곡되어 (…) 이제는 변하지 않는다는 이유에서 미덕이 되었다." 그가 지적하듯이 이 놀라운 도덕적 곡예가 성립되기 위해서는 "더 많은 부를 얻으려는 '완강한' 욕망에 또하나의 속성, 즉 '무해함'을 부여하려는 노력이 필요했다."(Ibid., pp. 55~6).

7. Sandel, 2012, p. 6.

8. Skidelsky and Skidelsky, 2012.

9. Robert Frank의 『승자독식사회The Darwin Economy』, 2011을 참고하라.

10. Aristotle, *Politics*, 1257b 16.

11. Aeschylus, *Seven Against Thebes*, l.682.

12. Ibid., ll.688~9.

13. Ibid., l.697.

14. 투키디데스의 『펠로폰네소스 전쟁사History of the Peloponnesian War』 2.41을 보면 아테네의 위대한 지도자 페리클레스는 아테네의 장점을 격찬하는 연설을 하며 '그리스의 학교'라는 말을 썼다.

15. 성인식을 치러야 할 연령에 도달한 스파르타 청소년은 비밀 클럽을 꾸려 깊은 산속으로 들어간 뒤 야영생활을 했다. 그들은 거기서 낮에는 숨어 있다가 밤에 움직이며 눈에 띄는 농부를 모두 살해했다. Murray, O., 1993, p. 179 참고.

16. Ibid., p. 160. 머레이는 플라톤과 아리스토텔레스 모두 스파르타인의 기질을 찬양했

지만 시민에게 문명인에 어울리는 여러 미덕을 심어주기보다는 상무정신만 집요하게 강조했기 때문에 스파르타는 망했다고 생각했다는 이야기를 한다.

17. 『국가』 2.371b에서 플라톤은 이상국가에도 화폐가 존재한다고 인정했지만, 『국가』 3.416e~17a에서는 최고계급인 수호자(Guardian)가 화폐를 사용하는 것은 금지했다. 『법률Laws』 741e~742b에서는 한걸음 더 나아가 국내교역용 화폐와 대외교역용 화폐를 별도로 발행한 뒤(국내교역용 화폐는 고유하게 정해진 가치가 없지만 대외교역용 화폐는 귀금속 주화여야 한다고 보았다) 국가는 시민에게 대외교역용 목적의 화폐가 분배되는 과정을 통제해야 한다고 주장했다.

18. More, 1975, Book II, final page.

19. Bellers, 1696, p. 12.

20. Marx and Engels, 1985, Section 1: 'Bourgeois and Proletarians'.

21. Ilf and Petrov, 1962, p. 29. 1920년대와 1930년대 소비에트의 화폐정책을 알려주는 일프와 페트로프의 소설 속 사례의 출처는 데이비드 우드러프(David Woodruff)의 탁월한 연구 『무용지물이 된 화폐: 물물교환과 러시아 자본주의의 운명Money Unmade: Barter and the Fate of Russian Capitalism』, 1999이다.

22. Ilf and Petrov, 1962, p. 30.

23. Ibid.

24. Ibid.

25. Ibid., p. 294.

26. 어쩌면 한번 해봄직한 시도였다. 예를 들어, 혁명 직후 핵심 노동자에게 급여를 지급하기 위해 화폐를 마구 발행해서 빚어진 걷잡을 수 없는 초인플레이션은 화폐에 대한 대중적 믿음을 파괴함으로써 화폐의 종말을 앞당기려는 의도적 시도로서 환영받았다. 그러나 이 시도는 예산에 대한 지배력을 잃고 경제적, 정치적 자신감을 철저하게 무너뜨리는 결과만 낳았다. Arnold, 1937, p. 105 ff 참고.

27. Sokolnikov, G. Ya., *Financial Policy of the Revolution*, I, 1925-28, 114, Ibid., p. 112에서 인용.

28. Yurovsky, L. N., *Currency Problems and Policy of the Soviet Union*, 1925, p. 34, Ibid., p. 107에서 인용.

29. Commissariat of Finance, *Social Revolution and Finance*, 1921, p. 42, Ibid., p. 107에서 인용.

30. Ibid.

31. Lenin, V. I., 1921, 'The Importance of Gold Now and After the Complete

Victory of Socialism', in Lenin, 1965, Vol. 33, pp. 109~16.

32. Ibid.

33. *Collected Decrees,* 1922, Decree 46, Arnold, 1937, p. 112에서 인용.

34. Woodruff, 1999, p. 21에서 인용.

35. 미국의 경제학자이자 소비에트 전문가 그레고리 그로스먼(Gregory Grossman)은 오래전 돈의 개입을 최소화하는 정책의 모순을 지적한 바 있다. "(서구) 화폐이론가의 관점에서 볼 때 소비에트 경제의 생산 부문에서 수동적 화폐는 어쩌면 추상적이고 순수한 현상인 중립적 화폐와 가장 가까울 것이다. 사회적 행동의 능동적 결정 요인이라고 하기에는 무력하기 때문에 중립적이다." '중립적 화폐', 즉 화폐는 사회나 경제를 주도하는 힘이 아니라는 생각은 로크가 주장한 화폐중립주의 계보에 속한다. 화폐중립주의는 13장에서 살펴볼 것이다. 물론 그로스먼이 지적한 것처럼, 자본주의 경제의 화폐가 중립적이지 않듯이 부자연스러운 모습의 소비에트 화폐도 중립적이지 않다. "사회과학자의 관점에서 볼 때 화폐는 무력하기 때문에 중립적이지 않다. 다시 말해 화폐는 사회주의 체제의 정치적 권위에 도전할 수 없게 수동적 역할만을 부여받았다." Grossman, G., 1966, 'Gold and the Sword: Money in the Soviet Economy', in Rosovsky, 1966, p. 234 참고.

36. Woodruff, 1999, p. 54에서 인용.

37. 이 일반적 사실의 예외라고 할 만한 것이 슈퍼마켓과 항공사의 포인트 시스템 같은 유사화폐의 성장이다. 기술의 발달 덕분에 제한된 목적으로 사용되는 현대식 화폐가 성장할 여지가 넓어졌다.

11 존 로의 천재성과 솔론의 지혜

1. 로는 우리가 7장에서 본 적 있는 '100만 파운드가 걸린 모험'의 창안자 토머스 닐(Thomas Neal)의 후배였다.

2. 스코틀랜드 은행은 1695년에 설립되었지만, 잉글랜드 은행과 달리 제대로 발전하지 못한 채 재앙과도 같은 예금인출 사태에 시달렸다.

3. Law, 1705.

4. Ibid., p. 100.

5. Law, 1720, p. 91.

6. Ibid.

7. 제5장 참고.

8. Law, 1720, p. 94.

9. Ibid.

10. Law, 1705, p. 118.

11. 1704년의 『토지 은행에 관한 에세이Essay on a Land Bank』와 1705년의 『화폐와 교역 Money and Trade』 같은 초기 저서에서 로는 토지를 화폐 가치의 기준으로 삼자는 주장을 폈다. 그러므로 여기서 그가 가리키는 것은 토지다. 그는 화폐 가치의 기준으로는 토지가 귀금속보다 더 좋다고 믿었다. 토지는 보통 사람이 가치 있다고 생각하는 것이고, 그 공급이 제한적이며(그래서 군주의 화폐 남발을 제한할 수 있고 과잉 발행의 두려움을 잠재울 수 있다), 국내에서 소유하고 관리할 수 있기 때문이다. 그러나 앞으로 살펴보면 알겠지만, 10년 뒤 그가 자신의 이론을 실천으로 옮기게 되었을 때 그의 생각은 발전해, 토지를 화폐 가치의 기준으로 삼는 것은 기껏해야 최상과 최악의 중간밖에 되지 않는다고 믿게 되었다.

12. 자세한 내용은 Velde, 2007 pp. 276~9 참고.

13. Du Tot, N., 1935[1738], *Réflexions politiques sur les finances et le commerce,* Vol. I, p. 106; Murphy, 2009, p. 69에서 인용.

14. Law, J., *Oeuvres complètes,* Vol. 3, p. 53, Macdonald, 2006, p. 201에서 인용.

15. The Duke of Antin, Murphy, 1997, p. 259에서 인용.

16Lee, 1869, p. 189.

17. 그러나 제임스 맥도널드가 지적하듯이 전례가 아주 없지는 않았다. 중세 제노바 공화국이 재정을 조직하기 위해 펼친 사업 형태에서 그 비슷한 예를 찾을 수 있다 (Mcdonald, 2006, pp. 94~100 참고). 게다가 로의 생각에 담긴 원리는 시대를 앞선 것이긴 했지만, 그전처럼 아주 설득력이 없지는 않았다. 15장에서 이 점을 살펴볼 예정이다.

18. 주화를 사용했을 것이라는 상황적 증거만 있을 뿐이지만, 민주적 도시국가에서만 화폐가 열광적으로 받아들여진 것은 아니다.

19. Aristotle, *Politics,* 1317b 35~8.

20. Plutarch, *Pericles,* 12, Trevett, J., 'Coinage and Democracy at Athens', in Meadows and Shipton, 2001, p. 24에서 인용.

21. 솔론의 개혁 이전 아테네의 사회적, 정치적 상황은 퓌스텔 드 쿨랑주(Fustel de Coulanges)의 1864년 책 『고대 도시La Cité antique』에 실린 추정을 참고했다. Murray, O., 1993, chapter 11도 이 추정을 지지했다.

22. Solon, fr. 13, ll. 5~6.

23. Ibid., ll. 7~8.

24. Hudson and Van de Mieroop, 2002, pp. 29 ff 참고.

25. Ibid.

26. King James Bible, Leviticus 25:8 ff.

27. Murray, O., 1993, p. 187.

28. Solon, fr. 37, ll. 9~10.

29. 아테네 집정관 솔론은 새로운 도량형 기준도 도입했다(Aristotle, *The Athenian Constitution*, X). 이 사실은 화폐가 등장한 초기에는 사회적 기준과 물리적 기준의 차이를 이해하기가 더 쉬웠다는 것을 분명하게 보여준다.

30. Ibid., IX.1.

31. 머레이에 따르면, "이들 나무 회전판은 기원전 3세기에도 멸실되지 않았다. 당시 학자들은 나무 회전판을 놓고 토론을 벌이기도 했다. 솔론시대에서 300년 뒤에 태어난 플루타르코스도 아테네 민회 사무실에 보관된 나무 회전판 조각을 보았다"(Murray, O., 1993, p. 183). 솔론의 법은 사실 아테네 최초의 성문법이 아니었다. 한 세대 전인 기원전 621년의 집정관 드라콘(Dracon)이 성문법을 만들었다. 안타깝게도 "드라콘법의 정확한 성격과 범위는 전해지지 않았다. 대단히 엄격했을 것으로 짐작될 뿐이다(이 드라콘에서 '엄격한, 가혹한'이라는 뜻의 'Draconian'이 나왔다)"(Ibid., p. 182).

32. King James Bible, Leviticus 25:10.

33. Law, 1720, pp. 103~4.

34. Ibid., p. 86.

35. 고대 그리스에서 화폐화와 민주주의가 긴밀한 관계, 인과관계에 있었다고 말하기는 힘들다. 정치 문제에서 아네테는 '그리스의 학교'라는 말에서 드러나듯이(투키디데스의 『펠로폰네소스 전쟁사Peloponnesian War』 2. 41은 페리클레스가 아테네의 좋은 점을 찬양하는 유명한 연설에서 이 말을 했다고 한다), 화폐가 일으킨 사회 혁명과 아테네의 민주적 정치 문화 및 법 문화의 발전 사이에는 어떤 연관이 있다. 몇몇 학자는 적어도 주화 기술만 놓고 보면 연관이 훨씬 광범위했다고 주장했다. 예를 들어, "반민주적 이상은 주화 없는 세계의 이상이었다. 역으로 민주적 폴리스, 특히 아테네는 주화의 세계였다"고 했다(Trevett, J., 'Coinage and Democracy at Athens', in Meadows and Shipton, 2001, p. 34).

12 화폐를 잊은 경제학

1. *Focus LSE*, Spring 2009. http://www2.lse.ac.uk/study/meetLSE/pdf/focus/FocusNewsLetter10.pdf에서 원문을 찾아볼 수 있다.

2. http://www.britac.ac.uk/events/archive/forum-economy.cfm을 보면 영국학사
   원이 주최한 학술대회 참가자 명단을 알 수 있다.

3. Besley and Hennessy, 2009, p. 3.

4. Ibid., p. 2.

5. Ibid.

6. 2008년 10월 23일 미국 하원 정부개혁위원회 110차 회의의 금융위기와 금융규제
   당국의 역할 청문회. https://house.resource.org/110/gov.house.ogr.20081023_
   hrs15REF2154.raw.txt 참고.

7. 울프와 서머스의 토론은 http://ineteconomics.org/net/video/playlist/
   conference/bretton-woods/V을 참고하라. 이 책에 나온 서머스의 대답은 6시 4분
   에 시작된 인터뷰 속 첫번째 질문에 대한 대답이다.

8. Ibid. 서머스는 예금인출 사태에 관한 미시경제학 문헌을 거론했을 뿐 아니라 1981년
   노벨상 수상자 제임스 토빈(James Tobin)도 중대한 영향을 미쳤다고 이야기했다.

9. Ibid., 10시 58분에 시작된 두번째 질문.

10. Ibid.

11. 젊은 나이에 죽었지만 학계에 큰 영향을 미친 경제사학자 아널드 토인비(Arnold
    Toynbee)는 1870년대 말 옥스퍼드 대학교에서 강의하면서 산업혁명이라는 말을 처
    음 지어냈다. 그의 강의록은 사후인 1883년 『산업혁명The Industrial Revolution』이라는
    책으로 출판되었다.

12. 17세기 말 퀘이커교가 전성기였을 때조차 퀘이커교도의 수는 7만 명 이하였다. 18세
    기 초에는 2만 명에 불과했다. Walvin, 2005에 인용된 Rowntree, J. S., 1859, pp.
    71~4 참고.

13. Anon., 1697, 'The Snake in the Grass: or Satan Transformed into an Angel of
    Light', Walvin, 2005, p. xvi에서 인용.

14. 사실 바클레이스 은행은 노리치의 거니 은행을 비롯한 19세기 퀘이커교도 은행 3개
    의 합병으로 세워졌다. 최근(1990년대 말과 2000년대 초) 거니 가문의 어떤 사람이
    바클레이스 은행 주주명부에 최대 개인주주로 등재되어 유명해졌다.

15. 어음중개인의 역할은 상업은행이 깊은 내상을 입은 1825년의 금융위기를 계기로
    크게 발전했다. 상업은행이 어음을 중개하지 못하는 곳에서 어음중개인은 자신의 대
    차대조표를 들이밀며 어음중개에 개입했다. Flandreau and Ugolini, 2011, pp. 8~9
    참고.

16. 잉글랜드 은행 이사와 1858년 위원회 위원 사이에 오간 말의 일부다. Clapham,

1944, Vol. Ⅱ, p. 237에서 인용.

17. Capie, 2012, p. 16. 당시 미들랜드 은행과 웨스트민터 은행이 양대 은행으로 꼽혔다. 캐피(Capie)가 지적한 바와 같이 오버렌드거니사가 엄청난 금액이 적힌 대차대조표를 유지할 수 있었던 것은 자기자본비율이 아주 낮았기 때문이다. 파산 당시 오버렌드거니의 자기자본비율은 2퍼센트였지만, 대부분 은행의 자기자본비율은 9퍼센트에서 11퍼센트 사이였다.

18. Bagehot, 1999, p. 275.

19. Ibid., pp. 183, 289.

20. Ibid., p. 164.

21. 영국 상무원 총재 윌리엄 허스키슨(William Huskisson)의 유명한 주장으로, Bagehot, 1999, p. 200에서 인용.

22. 잉글랜드 은행은 어음중개인에게는 900만 파운드를 빌려주었고 은행에는 800만 파운드를 빌려주었다. Ibid., p. 298 참고.

23. Xenos, S., 1869, Depredations, p. 64.

24. Ibid., p. 84.

25. Stefanos Xenos, Elliott, 2006, p. 82에서 인용. 그러나 엘리엇은 초기 연구 대부분이 오버렌드거니의 수많은 잘못된 투자에 대해 1차적 책임을 져야 한다고 지목했던 에드워즈는 사실 문제가 터진 뒤 해결사로 고용된 사람에 지나지 않는다고 주장한다. 출자사원의 책임이 더 크다고 보는 것이다.

26. 유명한 증권회사 골드만삭스도 원래는 합명회사였지만, 1999년 때를 잘 맞춰 주식 공모를 성사시켰다. 2000년 3월 닷컴 버블이 터지기 전 몇 달 동안 골드만삭스 출자사원은 주식을 팔아 엄청난 돈을 챙겼지만, 파산을 모면하기 위해 주식회사로 전환했다는 뒷말이 나오지는 않았다.

27. The Economist, no. 1142, Saturday, 15 July 1865, p. 845.

28. King, W., 1936, p. 240.

29. Bankers' Magazine, 1866, p. 639, Ibid., p. 243에서 인용.

30. The Times, Saturday, 12 May 1866, p. 243, King, 1936, p. 243에서 인용.

31. The Times, Friday, 11 May 1866, p. 11.

32. 랜슬롯 홀랜드 경(Sir Launcelot Holland)이 1866년 9월 13일 잉글랜드 은행 임원회의 자리에서 한 말. Bagehot, 1999, p. 165에서 인용.

33. Clapham, 1944, p. 265.

34. Ibid., p. 270.

35. Elliott, 2006, p. 188에서 인용.

36. Bagehot, 1999, p. 273.

37. Keynes, 1915b, p. 375에서 인용. 배젓은 정식 경제학 교육을 받지 않았다는 사실이 자신의 장점이라고 생각했다. 그래서 그는 밀이 경제사상에 미친 영향이라는 것도 따지고 보면 무익한 것에 지나지 않는다고 보았다. "밀의 업적 중에는 독창적이라고 할 만한 것이 별로 없다. 또 그 몇 안 되는 독창적 업적 중에서 가치 있는 것은 별로 없다(『이코노미스트』에 쓴 밀 부고기사로 Keynes, 1915b, p. 374에서 인용).

38. Keynes, 1915b, p. 269.

39. Ibid., p. 371.

40. Bagehot, 1999, p. 1.

41. Ibid. p. 189.

42. Ibid., pp. 158~9.

43. Ibid., p. 22.

44. Ibid., p. 323.

45. Ibid., pp. 68~9.

46. Ibid., p. 35.

47. Ibid., p. 20.

48. Ibid., p. 35.

49. Ibid., p. 42.

50. Ibid., p. 196.

51. Ibid., pp. 197~8.

52. Ibid., p. 197.

53. Ibid.

13 경제학의 과오

1. Say, 2001, I.XXI. 32.

2. Mill, 1848, III.7.9.

3. Bagehot, 1999, pp. 66, 190.

4. Say, 2001, I.XV. 3.

5. Joplin, 1832, p. 219. DeLong, 2012, pp. 7~9에서 지적되었듯이 세 본인도 1825년 영국 금융위기에서 어떤 결과가 나왔는지 관찰하고 자신의 이전 학설을 상당히 수정했다. 이 장은 19세기 거시경제학의 논쟁이 오늘날의 이론적, 정책적 난국에 주는 교훈

을 꾸준히 연구한 드롱에게 많은 것을 빚지고 있다.

6. Smith, A., 1981, II.44., p. 351.

7. Say, 2001, I.XV.7.

8. Mill, 1848, Preliminary Remarks 9.

9. Ibid., III.7.8.

10. Keynes, J. M., Letter to Lydia Lopokova, 18 January 1924, cited in Skidelsky, 1992, p. 175. 그때 케인스는 "돈의 본질을 깊게 생각하는 것은 사랑보다 더 심하게 사람을 바보로 만든다"는 글래드스톤의 격언을 잊고 있었을 것이다.

11. Keynes, 1936. 그는 『일반이론』을 펴내기 전인 1930년에 『화폐론A Treatise on Money』을 쓴 적이 있다.

12. 12장 주 9 참고.

13. 오늘날의 화폐 제도 아래서는 금융정책과 재정정책이 서로 맞물려 있다. 배젓 시대의 잉글랜드 은행은 평상시에는 금에, 비상시에는 사적 부채에 대응해 법정화폐를 발행할 수 있었지만, 현대의 중앙은행은 보통 정부 부채에 대응해서만 화폐를 발행할 수 있었다. 그러나 2008~2009년 금융위기를 거치며 많은 중앙은행이 다양한 유형의 사적 부채(미국 연방준비제도의 경우 주택저당증권, 잉글랜드 은행의 경우 사채, 유럽 중앙은행의 경우 광범위한 사적 부채)에 대응해 화폐를 발행하기 시작했다.

14. Walras, 1874.

15. Hicks, 1937.

16. Arrow and Debreu, 1954.

17. Hahn and Brechling, 1965, pp. 126~35. 사실 애로와 드브뢰의 선구적 논문은 화폐를 배제한 경제에서 일반균형이 존재한다는 것을 명확하게 증명했다. 생소한 일이었을 테지만, 두 사람은 해내고 말았다. 한(Hahn)이 비판하는 표적은 화폐를 배제한 경제에서 애로-드브뢰의 이론적 결과를 입증하려고 했던 두번째 세대 '화폐일반균형' 모형이었다(Hahn and Brechling, 1965는 Patinkin, 1956에 등장한 모형을 구체적으로 지적했다). 이들 모형은 일반균형에서 하나의 상품이 교환수단으로 선택되는 이유를 밝히려고 했다. 한은 이들 모형이 그러지 못했다고 비판했다. 애로와 드브뢰(1954)가 선구적으로 연구한 일반균형 모형은 본질적으로 비화폐경제 모형이었다. 화폐를 포함한 모형이 내놓는 해법은 화폐를 배제한 모형이 내놓는 더 간명한 해법의 일부다.

18. McCallum, 2012, p. 2.

19. 여기서 말한 방법이란 몇몇 명목가격은 '비탄력적'이라는 가정을 허용하는 것을 뜻

한다. 그 결과 인플레이션이 발생할 때 비탄력적 가격은 상대가격의 비효율적 변화를 일으킨다는 점에서 예방적 금융정책을 도입할 근거가 나왔고, 더불어 중앙은행은 명목이자율을 조정함으로써 실질이자율을 조정할 수 있다는 점에서 상대가격을 효율적으로 변화시킬 수단도 마련할 수 있었다. 신케인스주의 모형에서는 화폐 자체가 존재하지 않으므로, 신용과 유동성 위험, 그리고 화폐를 바라보는 비전통적 관점이 강조하는 기타 요인이 등장하지 않아 화폐는 경제의 불안정을 일으키는 요인으로 여겨지지 않으며 정책의 대상으로 고려되지 않는다.

20. King, 2012, p. 5.

21. 이들 혁신을 다룬 고전으로는 Markowitz, 1952, Sharpe, 1964, Black and Scholes, 1973 등을 꼽을 수 있다.

22. Mehrling, 2011, p. 85.

23. Tobin, 1969.

24. Black, 1995; Mehrling, 2005, p. 10에서 인용. 멀링은 1990년대까지 지금과 판이하게 강단 거시경제학과 강단 금융학의 세계관에 대한 반대가 얼마나 심했는지 보여주는 예로 이 문장을 인용하며, '거시경제학자에게 충격적인 말'이었다고 덧붙인다.

25. 신케인스주의 모형에서 기복이 심한 높은 인플레이션은 본질적으로 거시경제학이 치료해야만 하는 질병이다. 경직적 가격(sticky prices)이 존재할 때 인플레이션은 산출량을 그 잠재력 이하로 축소시키는 비효율적 상대가격을 만들어내기 때문이다.

26. 인플레이션 목표의 설정과 달리 중앙은행의 독립성 개념은 신케인스주의 이론과 특별한 관련이 있는 것이 아니다. 그 기원은 특히 Rogoff, 1985 같은 오래전 문헌에서 찾아볼 수 있다. 그러나 신케인스학파 이론이 가장 널리 이용되는 정책 입안 틀로 자리잡자 중앙은행의 독립성 개념은 제도에 구체적인 영향을 미치게 되었다.

27. Turner, 2012.

28. Minsky, H., 'The Financial Instability Hypothesis: Capitalist Processes and the Behaviour of the Economy', in Kindleberger and Laffargue, 1982.

29. King, M., 2002, pp. 162, 173.

30. Ibid.

14 글로벌 은행 시스템 개혁

1. http://en.wikipedia.org/wiki/Locust_(finance)을 참고하라. 메뚜기라는 말은 2005년 9월 독일 연방의회 선거에서 정치적 논쟁거리가 되었다.

2. 8장 참고.

3. The title of Novi, E., *La dittatura dei banchieri: l'economia usuraia, l'eclissi della democrazia, la ribellione populista*, 2012.

4. 『이코노미스트』, 2012년 7월 7일, '뱅크스터들: 영국의 리보금리 조작 스캔들은 어디까지 확산될 것인가―작금의 사태에 어떻게 대처해야 하는가.'

5. '글로벌 금융을 어떻게 길들일 것인가', 『프로스펙트Prospect』, 아데어 터너와의 인터뷰.

6. '지난 20년간 은행이 발명한 것 중 유일하게 쓸모 있는 것은 ATM 하나뿐이다', 뉴욕포스트(New York Post) 2009년 12월 13일.

7. 미국에서는 금융기관의 위험한 투자를 제한하고 대형화를 억제하는 내용의 볼커룰(Volcker Rule)과 금융안정감독위원회의 설치를 골자로 하는 849쪽 분량의 도드-프랭크 월스트리트 개혁 및 소비자 보호법이 제정되었다. 영국에서는 2009년 금융 부문 감독의 문제점을 검토한 터너 보고서가 영국 금융규제 기관의 전면적 재정비를 이끌었고, 2011년 은행을 감독하는 독립 위원회의 필요성을 주장한 보고서는 금융 서비스 법안(금융개혁 법안)의 토대가 되었다. 정책입안자가 실존적 도전에 직면했던 유로존에서도 2012년 10월 고위 전문가 집단이 EU 은행 부문의 구조개혁에 관한 보고서를 제출했다.

8. 2008년 11월. 이 말은 2009년 1월 28일 월스트리트 저널에서 회의적 조롱의 대상이 되었다. http://online.wsj.com/article/SB123310466514522309.html.

9. 2007년 9월 14일 금융감독청이 발표한 성명 '노던록 은행에 대한 유동성 지원 방침'.

10. '런 온 더 록'은 노던록 은행 예금인출 사태와 당국의 대응 과정의 전말을 기록한 영국 하원 재무위원회 2008년 보고서의 제목이기도 하다. 영국 하원 재무위원회, 2008.

11. 6장 참고.

12. 영국 FSA Statement, 2007.

13. 특별입법에 의해 노던록 은행의 국유화가 추진되었고, 기존 주주의 지분은 전혀 고려되지 않았다. 2010년 1월 1일 당시 유일한 주주이던 재무부는 노던록 은행에 14억 파운드의 자본을 투입하는 안을 거부했다. UKFI, 2002, p. 26 참고.

14. 영국 하원 재무소위원회, 2008, 제1권, p. 74.

15. 2008년 12월 10일 영국 하원의 토론에서 고든 브라운(Gordon Brown) 수상은 아주 유명한 말실수를 하고 말았다. 그는 금융위기가 한창일 때 영국 정부가 추진한 정책은 '세계'를 구했다고 큰소리쳤다가 곧 '은행만' 구했다고 정정했다.

16. 자세한 내용을 알고 싶으면 Laeven and Valencia, 2012, Table 1, p. 6 등 여러 곳을 참고하라. 이들 나라 가운데 3개국만 빼고 모두 유동성과 자본을 지원했고 한 걸

음 더 나아가 은행 예금자의 예금까지 보장했다.

17. 2011 회계연도의 연방 국방비는 GDP의 4.7퍼센트였다. 의회 예산국, 2012, 〈표4〉, p. 139 참고.

18. Thomas Jefferson to John Taylor, Monticello, 28 May 1816, in Ford, 1892~9, Vol. 2, p. 533.

19. 2011~2012년 영국 보건부의 총지출액은 GDP의 7.6퍼센트였다. HM Treasury, 2012, 〈표 5.1〉, p. 73과 〈그림 2〉, p. 206 참고.

20. Alessandri and Haldane, 2009, p. 2 and Table 1.

21. 8억 7000만 유로였다. Whelan, K., 2011, http://www.irisheconomy.ie/index. php/2011/01/을 보라. 이 포스트가 실린 공동 블로그 The Irish Economy(www. irisheconomy.ie)에서는 아일랜드 정부가 취한 굉장히 극단적인 유동성 지원 전략과 자본 지원 전략의 장점을 둘러싼 생생하고 전문적인 논쟁을 살펴볼 수 있다.

22. 2장에서 이야기한 애플 아이폰 부품의 다국적 원산지는 가전산업을 낳은 산업조직 의 대표적 사례다.

23. 1980년에서 1984년 사이 (주택담보 대출을 제외한) 기업의 총금융부채에서 기업 채권의 비율은 평균 51퍼센트였다. 이들 데이터 및 이 글에 등장한 관련 데이터는 연 방준비제도, 2012, 〈표 B.102〉에서 추산된다.

24. Martin, 2011, 1. Data from Citibank Credit Investment Research.

25. Homer, 1968, pp. 27~29.

26. 여기에 나온 설명은 국제 그림자 금융 부문의 전형적이고 포괄적인 신용 개입 과 정이다. Pozsar, Adrian, Ashcraft, and Boesky, 2010, pp. 10~12 and Exhibits 2 and 3에 잘 정리되어 있다.

27. International Monetary Fund, 2006, p. 51.

28. Ibid.

29. IMF는 이렇게 금융혁신을 옹호하는 한편으로 경고도 했다. 앞의 악명 높은 인용문 이 실린 쪽과 같은 쪽을 보자. "이들 시장은 신용 위험의 '주요한' 이전을 촉진하지만, 제2차 시장 유동성은 여전히 칸막이를 벗어나지 못해 부족하기만 해서 시장 붕괴를 초래할 잠재력이 있다." 새로운 신용시장 개입 시스템은 신용 위험뿐 아니라 유동성 위험도 관리해야 하지만, 그럴 수 있는 능력이 있는지는 아직 검증되지 않았다고 겁 주는 말을 했던 것이다.

30. Pozsar and Singh, 2011, p. 5. 이것은 2007년 말의 추정치다.

31. Bouveret, 2011, p. 18. 2010년 말의 추정치라서 포자르(Pozsar)와 싱(Singh)이 내

놓은 미국 그림자 금융 시스템 규모 추정치와 직접 비교하기 힘들다는 데 주의하라(포자르와 싱에 따르면 2010년 말 미국 그림자 금융 시스템의 규모 추정치는 18조 달러다).

32. 중앙은행의 지원이 그림자 은행 부문으로 얼마나 흘러갔는가에 관한 자세한 내용은 물론 미국 금융 부문의 발전사, 그리고 그 발전사와 경제이론 및 금융이론의 관계 등은 멀링(Mehrling), 2011에 잘 나와 있다. 대단히 깊이 있고 뛰어난 책으로, 나는 이 장을 쓰며 멀링의 책을 많이 참고했다.

33. 미국 연방준비제도의 총자산은 9270억 달러에서 1조 8000억 달러로 늘어났다. 연방준비제도, 신용 지원과 유동성 지원 프로그램, 대차대조표는 http://www.federalreserve.gov/monetarypolicy/bst_recenttrends.htm를 참고하라. 잉글랜드 은행의 총자산은 930억 파운드에서 2920억 파운드로 커졌다. 잉글랜드 은행의 보고서는 www.bankofengland.co.uk에 나온다.

34. 2008년 10월 약 1조 5000억 유로 수준이었던 유럽 중앙은행의 총자산은 2012년 초 2배가 되었다.

15 가장 과감한 조치가 가장 안전한 조치다

1. 바젤은행감독위원회(2006)는 보통 바젤 II 기준으로 불린다. 바젤위원회는 국제 포럼에 불과하다. 금융위기가 닥치기 전까지만 해도 (은행 유동성이 아니라) 은행 자본의 측정과 그 적절성 기준을 조화시키는 문제에 관심을 쏟았다. 지금도 규제를 어떻게 정의하고 규제 기준을 얼마나 건전하게 이행하는가는 대체로 각국 규제 당국의 손에 맡겨져 있다. 금융위기 이후에는 많은 나라에서 규제 당국이 바젤 III 합의에서 정해진 조건뿐 아니라 그보다 훨씬 엄격한 자본 조건이나 유동성 조건을 앞장서서 제안했다(아래의 주 4 참고).

2. Alessandri and Haldane, 2009, p. 3 and Chart 2.

3. Ibid., p. 3 and Chart 3.

4. 바젤은행감독위원회(2010)는 보통 바젤 III 기준으로 불린다. 그 이름이 암시하는 것처럼 바젤 III 기준은 은행 자본과 은행 유동성의 측정과 기준을 국제적으로 조정하는 데 초점을 맞췄다.

5. 이 비유는 Haldane, 2010에서 인용한 것이다.

6. Ibid.

7. 홀데인(Haldane), 2010은 영구 상실된 산출량이 얼마나 되는가를 기준으로 글로벌 금융위기에 따른 총경제적 비용의 현재가치를 추정했다. 그 규모는 2009년 전 세계

산출량의 90퍼센트에서 350퍼센트에 달했다.

8. Alistair Milne과 Perry Mehrling 등은 은행에 부과할 시스템 보험과 프리미엄을 산정하는 모형을 내놓았다. 이에 관한 논의를 알아보려면 Kotlikoff, 2010, p. 172 ff를 참고하라.

9. Kay, J., 'Should We Have Narrow Banking?', in Turner and others, 2010, p. 219.

10. Tarullo, 2012a, p. 9.

11. 은행 활동에 대한 규제는 날이 갈수록 약화되었다. 1999년 그램리치브릴리 금융 서비스 현대화법(Gramm-Leach-Bliley Financial Services Modernization Act)은 글래스스티걸법의 핵심 조항을 폐지했다. 리글닐 주간 영업 및 지점망 확장에 관한 법(Riegle-Neal Interstate Banking and Branching Efficiency Act)은 맥파든법을 무력화시켰다.

12. 1930년대부터 1990년대까지 60년 넘게 대체로 큰 변화가 없던 국민소득 대비 미국 은행의 평균 규모는 20년 사이 3배로 커졌다(Haldane, 2010, p. 8과 그림 1 참고). 빠른 속도로 덩치를 키워나간 은행일수록 대규모 은행으로 자리잡았다. 1990년 미국의 3대 은행은 은행 부문 자산의 10퍼센트를 차지했지만, 2007년에는 40퍼센트를 차지했다(Ibid., p. 9 and Chart 2).

13. 미국 금융안정감독위원회, 영국 잉글랜드 은행의 금융정책위원회, 2009년 4월 G20이 런던에 세운 국제적 기관 금융안정위원회이다. 금융안정위원회는 사실 G7의 금융안정포럼 후속기관으로 재설립된 것이었다. 자세한 내용은 http://www.financialstabilityboard.org/about/history.htm을 참고하라.

14. 연방준비제도의 규제 전문가가 말했듯이 "도드프랭크법(Dodd-Frank Act)의 우선적 목표는 '시스템 위험'을 봉쇄해 '금융안정'을 보호하는 쪽으로 금융규제 방향을 재정립하는 것이었다. 참고로 도드프랭크법에는 '금융안정', '시스템 위험'이라는 말이 여러 번 나왔다." Tarullo, 2012b, p. 1.

15. King, M., 2012, p. 5.

16. Buiter, W., 'The Unfortunate Uselessness of Most "State of the Art" Academic Monetary Economics', Willem Buiter's maverecon, *Financial Times* website, 3 March 2009. Available at http://blogs.ft.com/maverecon/2009/03/the-unfortunate-uselessness-of-most-state-of-the-art-academic-monetary-economics/#axzz2AgdwP9Yz.

17. Tarullo, 2012b, p. 22.

18. Skidelsky and Skidelsky, 2012.

19. Sandel, 2012.

20. Paul, 2009.

21. King James Bible, Ecclesiastes 9:11.

22. 옥스퍼드 영어사전에 따르면 완곡어법은 '의도한 것을 더 정확하게 나타내는 귀에 거슬리거나 불쾌한 말이나 표현 대신 긍정적인 뜻이 담겨 있거나 그리 불쾌하지 않은 것을 연상시키는 말이나 표현을 사용하는' 수사법이다.

23. 코틀리코프 교수가 내놓은 제안의 전문은 Kotlikoff, 2010에 실려 있다.

24. 이것은 실러의 여러 주장 중 그리 저돌적이지 않은 편에 속하는 것이다(GDP 연동 채권은 이미 몇몇 신흥시장국에서 발행되고 있다). 실러는 이것 말고도 많은 주장을 했다. 이에 대해서는 Shiller, 2003을 참고하라.

25. 유럽의 국가 부채위기가 한창 진행중일 때 유럽 중앙은행은 은행 부문에 대한 유동성 지원의 담보로 인정하는 자산의 스펙트럼을 미국 연방준비제도나 잉글랜드 은행보다 훨씬 넓게 확대해야 했다. 2011년 유럽 중앙은행이 호주의 증권화된 자동차 대출을 담보로 잡고 자금을 지원했다는 사실이 밝혀진 것이 그 계기였다. 유럽 중앙은행의 경우 유동성 지원의 담보로 인정하는 자산은 환매조건이 붙은 자산이고, 그래서 유럽 중앙은행이 부담하는 신용 위험은 엄밀히 말해 금융증권의 신용 위험이 아니라 유동성 지원을 담당하는 은행의 신용 위험이다. 마찬가지로 미국 연방준비제도는 원칙적으로는 미국 재무부가 보유한 주택담보대출에서 손실이 발생하면 배상할 책임을 진다. 두 가지 경우 모두 이론적으로는 신용 위험이 인정되지 않는다.

26. 강단 금융학의 여러 모형이 그 논리적 한계에 따라 암시하는 세계일 것이다. "시장과 자연 자본이익률 사이, 시장가치와 재생산 비용 사이에 차이가 발생할 여지가 없는 세계 말이다. 이 세계에서는 통화정책이 총수요에 영향을 미칠 여지가 없다. 실물경제는 금융 부문을 통제한다. 다른 방향으로는 피드백을 보내지 않는다." Tobin, 1969, p. 26.

27. Fisher, 1936. 피셔 계획의 궁극적 기원은 영국의 화폐 사상가 프레드릭 소디(Frederick Soddy)의 1926년 저서에서 찾을 수 있다. 소디가 노벨 화학상 수상자로서 쌓은 신뢰가 없었다면, 이 책은 통화정책에 관심 많은 괴짜가 쓴 책이라는 평가를 받고 곧 무시당했을 것이다. 『부, 가상의 부, 그리고 부채』는 그 당시에도 일반인이나 정책 담당자에게 깊은 인상을 심어주지 못했다. 부분적으로는 메이저 C. H. 더글러스(Major C. H. Douglas)의 1924년 책 『사회적 신용Social Credit』에 담긴 한때 인기 있었지만 결국에는 실망을 안긴 화폐개혁 제안에 가려진 탓도 컸다. 시카고 대학교 프랭크 나이트(Frank Knight)가 소디의 사상을 받아들였고, 피셔는 나이트에게서 소

디의 사상을 배웠다.

28. Fisher, 1936, p. 10.

29. Friedman, 1960, and Friedman, 1967.

30. 예를 들면 Kay, 2009 and Kay, J., 'Should We Have Narrow Banking?', in Turner and others, 2010. 제한적 목적의 은행을 도입하자는 로런스 코틀리코프의 제안에는 협소한 의미의 은행도 그 구성요소의 하나로 포함되어 있다. Kotlikoff, 2010 p. 132 ff 참고.

31. 미국 경제의 공식적 모형의 맥락에서 시카고 플랜의 영향을 자세히 연구하기 위해 벤스와 쿠모프는 은행의 화폐활동에 대한 피셔의 협소한 처방을 넘어 새로운 신용 서비스 제공 구조를 설명해야 했다. 이것은 굉장히 쓸모 있는 연습이다. 그러나 Kay, J., 'Should We Have Narrow Banking?', in Turner and others, 2010, pp. 4~5가 주장하듯 이 비효용적 단계의 금융 시스템의 구조를 미리 규정하는 것은 불필요하다. 아니, 어쩌면 바람직하지 않다.

32. Keynes, 1936, p. 372.

참고문헌

Alessandri, P., and Haldane, A. (2009), *Banking on the State*. London: Bank of England.

Amis, M. (1984), *Money: a Suicide Note*. London: Vintage.

Andreau, J. (1999), *Banking and Business in the Roman World* (tr. Lloyd, J.). Cambridge: Cambridge University Press.

Appleby, J. (1976), 'Locke, Liberalism, and the Natural Law of Money'. *Past and Present* 71, 43-69.

Aristotle (1932), *Politics*. London: William Heinemann Ltd.

Arnold, A.Z. (1937), *Banks, Credit and Money in Soviet Russia*. New York: Columbia University Press.

Arrow, K., and Debreu, G. (1954), 'Existence of an equilibrium for a competitive economy'. *Econometrica* 22(3), 265-90.

Aukutsionek, S. (1998), 'Industrial Barter in Russia'. *Communist Economies and Economic Transformation* 10(2), 179-88.

Bagehot, W. (1999) [1873], *Lombard Street*. New York: John Wiley & Sons Inc.

Basel Committee on Banking Supervision (2006), *International Convergence of Capital Measurement and Capital Standards: A Revised Framework*. Basel: Bank for International Settlements.

Basel Committee on Banking Supervision (2010). *International framework for liquidity risk measurement, standards and monitoring*. Basel: Bank for International Settlements.

Bellers, J. (1696), *Proposals for Raising a Colledge of Industry of all Useful Trades and Husbandry, with Profits for the Rich, a Plentiful Living for the Poor, and a Good Education for the Youth*: available at http://archive.org/

stream/proposalforraisoobellrich#page/n7/mode/2up.

Benes, J., and Kumhof, M. (2012), 'The Chicago Plan Revisited'. *International Monetary Fund Working Paper* 12/202.

Besley, T., and Hennessy, P. (2009), *Letter to Her Majesty the Queen,* 22 July, 2009: available at http://www.britac.ac.uk/news/newsrelease-economy.cfm.

Black, F., and Scholes, M. (1973), The Pricing of Options and Corporate Liabilities'. *The Journal of Political Economy* 81(3), 637-654.

Board of Governors of the Federal Reserve System (2012), *Flow of Funds Accounts of the United States.* Washington, DC: Board of Governors of the Federal Reserve System.

Boswell, J. (1986), *The Life of Samuel Johnson.* New York: Penguin Classics.

Bouveret, A. (2011), 'An Assessment of the Shadow Banking Sector in Europe'. *Observatoire Français des Conjonctures Economiques Working Paper*: available at http://papers.ssrn.com/sol3/papers.cfm?abstract_id=2027007

Boyer-Xambeu, M.-T., Deleplace, G., and Gillard, L. (1994), *Private Money and Public Currencies.* London: M. E. Sharpe.

Braudel, F. (1992), *The Wheels of Commerce: Civilization and Capitalism 15-18th Century,* Vol. 2. Berkeley, CA: University of California Press.

Capie, F. (2012). '200 years of financial crises: lessons learned and forgotten'. Mimeo: available at http://www2.uah.es/financial_crisis_spain/congres02012/papers/Forrest%20Capie.pdf.

Carswell, J. (1960), *The South Sea Bubble.* London: Cresset Press.

Central Bank of Ireland (1970), *Report on Economic Effects of Bank Dispute 1970.* Dublin: Central Bank of Ireland.

Clanchy, M. (1993), *From Memory to Written Record: England 1066-1307.* Oxford: Blackwell.

Clapham, J. (1944) *The Bank of England: A History,* 2 volumes. Cambridge: Cambridge University Press.

Colacelli, M., and Blackburn, D.J.H. (2006), 'Secondary Currency: And Empirical Analysis'. Mimeo: available at http://la-macro.vassar.edu/SecondaryCurrency.pdf.

Congressional Budget Office (2012), *The Budget and Economic Outlook: Fiscal Years 2012-2022.* Washington, DC: Congressional Budget Office.

Crease, R. (2011), *World in the Balance: the Historic Quest for an Absolute*

System of Measurement. New York & London: W.W. Norton.

Dalton, G. (1982), 'Barter', *Journal of Economic Issues* 16(1), 181–90.

Dantzig, T. (1930), *Number: the Language of Science*. London: Allen and Unwin.

De la Torre, A., Levy Yeyati, E., and Schmuckler, S.L. (2003), 'Living and Dying With Hard Pegs: the Rise and Fall of Argentina's Currency Board'. *Economia* 5(2), 43–107.

DeLong, B. (2012), 'This Time, It is Not Different: The Persistent Concerns of Financial Macroeconomics'. Mimeo: available at http://delong.typepad.com/20120411-russell-sage-delong-paper.pdf.

De Rubys, C. (1604), *Histoire Veritable de la Ville de Lyon*. Lyon.

Douglas, C.H. (1924), *Social Credit*. London: C. Palmer.

Eatwell, J., Milgate, M., and Newman, P., eds (1989), *The New Palgrave: The Invisible Hand*. London: Macmillan.

Elliot, G. (2006), *The Mystery of Overend and Gurney*. York: Methuen Publishing Ltd.

Feavearyear, A.E. (1931), *The Pound Sterling*. Oxford: Clarendon Press.

Fisher, I. (1936) [1935], *100% Money*. New York: Adelphi Company.

Flandreau, M. and Uglioni, S. (2011), 'Where It All Began: Lending of Last Resort and the Bank of England During the Overend, Gurney Panic of 1866'. *Norges Bank Working Paper* 2011/3: available at http://papers.ssrn.com/sol3/papers.cfm?abstract_id=1847593.

Ford, P.L., ed. (1892–99), *The Writing of Thomas Jefferson*. New York: G.P. Putnam's Sons.

France, A. (1908), *The Red Lily* (tr. Whale, W.S.). London: John Lane, The Bodley Head.

Frank, R. (2011), *The Darwin Economy*. Princeton, NJ; Oxford: Princeton University Press.

Frankel, S.H. (1977), *Money: Two Philosophies—The Conflict of Trust and Authority*. Oxford: Blackwell.

Friedman, M. (1960), *A Program for Monetary Stability*. New York: Fordham University Press.

—— (1967), 'The Monetary Theory and Policy of Henry Simons'. *Journal of Law and Economics* 10, 1–13.

—— (1991), 'The Island of Stone Money'. *Hoover Institution Working Papers in*

Economics E91-3.

Furness, W. (1910), *The Island of Stone Money: Uap of the Carolines.,* Philadelphia, PA: Washington Square Press.

Genovese, M., ed. (2009), *The Federalist Papers.* New York, NY: Palgrave Macmillan.

von Glahn, R. (1996), *Fountain of Fortune: Money and Monetary Policy in China, 1000-1700.* Berkeley, CA & London: University of California Press.

Goetzmann, W.N., and Rouwenhorst, K.G., eds (2005), *The Origins of Value: the Financial Innovations the Created Modern Capital Markets.* Oxford: Oxford University Press.

Goody, J., ed. (1968), *Literacy in Traditional Society.* Cambridge: Cambridge University Press.

Graeber, D. (2011), *Debt: the First 5,000 years.* Brooklyn, NY: Melville House Publishing.

Greco, T. (2011), *Money: Understanding and Creating Alternatives to Legal Tender.* White River Junction, VT: Chelsea Green.

Grierson, P. (1977), *The Origins of Money.* London: Athlone Press.

Hahn, F. and Brechling, F., eds (1965), *The theory of interest rates: proceedings of a conference by the International Economic Association.* London: Macmillan.

Haldane, A. (2010), *The $100 bn Question.* London: Bank of England.

Hansen, M. (1985), *Demography and democracy: the number Athenian citizens in the fourth century B.C.* Herning: Forlaget Systime.

Harris W.V. (2006), 'A Revisionist View of Roman Money'. *The Journal of Roman Studies* 96, 1-24.

—— (2008). *The Monetary Systems of the Greeks and Romans.* Oxford: Oxford University Press.

von Hayek, F. (1931), *Prices and Production.* London: G. Routledge.

—— (1976), *Denationalisation of Money: and Analysis of the Theory and Practice of Concurrent Currencies.* London: Institute of Economic Affairs.

Hicks, J. (1937), 'Mr. Keynes and the "Classics": A Suggested Interpretation'. *Econometrica* 5(2), 147-59.

Hirschman, A. (1977) *The Passion and the Interests: Political Arguments for Capitalism Before Its Triumph.* Princeton: Princeton University Press.

—— (1991), *The Rhetoric of Reaction: Perversity, Futility, Jeopardy*. Cambridge, MA & London: Belknap Press of Harvard University.

HM Treasury (2012), *Public Expenditure Statistical Analysis 2012*. London: The Stationary Office Limited.

Homer, S. (1968), *The Bond Buyer's Primer*. New York: Salomon Bros. & Hutzler.

Horsefield, J.K. (1960), *British Monetary Experiments*. Cambridge, MA & Harvard University Press.

Hudson, M., and Van de Mieroop, M., eds (2002), *Debt and economic renewal in the ancient Near East*. Bethesda, MD: CDL Press.

Hudson, M., and Wunsch, C., eds (2002), *Creating Economic Order: record-keeping, standardization, and the development of accounting in the ancient Near East—a colloquium held at the British Museum, November 2000.*

Huerta de Soto, J. (2006), *Money, Bank Credit, and Economic Cycles*. Audurn: Ludwig Von Mises Institute.

Humphrey, C. (1985), 'Barter and Economic Disintegration', *Man* 20(1), pp. 48–72.

Ilf, I. and Petrov, E. (1962) [1931], *The Golden Calf* (tr. Richardson, J.). London: F. Muller.

International Monetary Fund (2006). *Global Financial Stability Report 2006*. Washington, DC: International Monetary Fund.

—— (2012), *Fiscal Monitor April 2012*. Washington, DC: International Monetary Fund.

Johnson, C., ed. (1956), *The De Moneta of Nicholas Oresme and English Mint Documents*. London: Nelson.

Jones, D. (2006), *The Bankers of Puteoli*. Stroud: Tempus.

Joplin, T. (1832), *An Analysis and History of the Currency Question*. London: James Ridgway.

Kay, J. (2009), *Narrow Banking: The Reform of Banking Regulation*. Mimeo: available at http://www.johnkay.com/wp-content/uploads/2009/12/JK-Narrow-Banking.pdf.

Keynes, J.M. (1915a), 'The Island of Stone Money', *Economic Journal* 25(98), 281–283.

—— (1915b), 'The Works of Walter Bagehot—Review Article', *Economic*

Journal 25(99), 369-75.

—— (1923), *A Tract on Monetary Reform*. London: Macmillan.

—— (1930), *A Treatise on Money*. London: Macmillan.

—— (1931), 'The Pure Theory of Money. A Reply to Dr. Hayek'. *Economia* 13(34). 387-97.

—— (1936), *The General Theory of Employment, Interest, and Money*. London: Macmillan.

Kindleberger, C., and Laffargue, J-P., eds (1982), *Financial Crises: Theory, History, and Policy*. Cambridge: Cambridge University Press.

Kindleberger, C. (1993), *A Financial History of Western Europe*. New York and Oxford: Oxford University Press.

—— (2000) [1978], *Manias, Panics, and Crashes: a History of Financial Crises*. New York, NY & Chichester: Wiley.

King, M. (2002), 'No money, no inflation—The role of money in the economy'. *Bank of England Quarterly Bulletin*, Summer 2002.

—— (2012), 'Twenty Years of Inflation Targeting'. Speech at the London School of Economics, October 9, 2012.

King, W. (1936), *History of the London Discount Market*. London: Routledge.

Knapp, G. (1924), *The State Theory of Money*. London: The Royal Economic Society.

Kotlikoff, L. (2010), *Jimmy Stewart is Dead: Ending the World's Ongoing Financial Plague with Limited Purpose Banking*. Hoboken, NJ: Wiley.

Kula, W. (1986), *Measures and Men*. Princeton, NJ & Guildford: Princeton University Press.

Laeven, L., and Valencia, F. (2012), 'Systemic Banking Crises Database: An Update'. *IMF Working Paper* 12/163.

Law, J. (1705), *Money and Trade Considered, with a Proposal for Supplying the Nation with Money*.

—— (1720), *The Present State of the French Revenues and Trade, and of the Controversy betwixt the Parliament of Paris and Mr. Law*. London: J. Roberts.

Lee, W., ed. (1869), *Daniel Defoe: His Life, and Recently Discovered Writings: Extending From 1716 to 1729*, Vol II. London: John Camden Hotten.

Lenin, V.I. (1965), *Collected Works:* available at http://www.marxists.org/archive.

Liddell, H. G., and Scott, R. (1996), *Greek-English Lexicon*. Oxford: Clarendon

Press.

Locke, J. (1695), *Further Considerations Concerning Raising the Value of Money, Wherein Mr. Lowndes's Arguments for it in his late Report concerning An Essay for the Amendment of the Silver Coins, are Particularly Examined.* London: A. and J. Churchill.

—— (2009) [1698], *Two Treatises of Government* (ed. Laslett, P.). Cambridge: Cambridge University Press.

Lowndes, W. (1695), *A Report Containing an Essay for the Amendment of the Silver Coins:* available at http://openlibrary.org/books/OL23329564M/A_ report_containing_an_essay_for_the_amendment_of_the_silver_coins.

Luria, A. (1976). *Cognitive Development: Its Cultural and Social Foundations.* Cambridge, MA & London: Harvard University Press.

Macdonald, J. (2006), *A Free Nation Deep in Debt: the Financial Roots of Democracy.* Princeton, NJ & Oxford: Princeton University Press.

Macleod, H. (1882), *The Principles of Political Economy.* London: Longmans, Green, Read, and Dyer.

Magnusson, L., ed. (1995), *Mercantilism.* London: Routledge.

Mandeville, B. (1705), *The Grumbling Hive, or, Knaves Turn'd Honest.* London.

—— (1988) [1732], *The Fable of the Bees, or, Private Vices, Public Benefits,* 2 Volumes. Indianapolis: Liberty Classics.

Markowitz, H. (1952), 'Portfolio selection'. *Journal of Finance* 7(1), 77–91.

Martin, F. (2011), 'Global High Yield: the Big Winner from the Banking Crisis'. *Thames River Capital Monthly Newsletter.* London: Thames River Capital.

Marx, K. and Engels, F. (1985)[1848], *The Communist Manifesto.* London: Penguin.

Mayhew, N. (1999), *Sterling: the Rise and Fall of a Currency.* London: Allen Lane.

Mauss, M. (1954), *The Gift: Forms and Functions of Exchange in Archaic Societies* (tr. Cunnison, I.). London: Cohen & West.

McCallum, B. (2012), 'The Role of Money in New Keynesian Models'. *Banco Central de Reserva de Perú Working Paper* 2012–19.

Meadows, A., and Shipton, K., eds (2001), *Money and its Uses in the Ancient Greek World.* Oxford: Oxford University Press.

Mehrling, P. (2005), 'The Development of Macroeconomics and the Revolution

in Finance.' Mimeo: available at http://economics.barnard.edu/profiles/perry-mehrling/perry-mehrling-recent-papers.

——— (2011), *The New Lombard Street: How the Fed Became the Dealer of Last Resort*. Princeton, NJ: Princeton University Press.

Mill, J.S. (1848), *Principles of Political Economy: With Some of Their Applications to Social Philosophy*. London: J.W. Parker.

Mitchell Innes, A. (1913), 'What is Money?'. *Banking Law Journal* 30(5), 377–408.

——— (1914), 'The Credit Theory of Money'. *Banking Law Journal* 31(2), 151–68.

More, T. (1975) [1516], *Utopia*. New York: Norton.

Murphy, A.E. (1978), 'Money in an Economy without Banks: the case of Ireland'. The Manchester School of Economic and Social Studies 46(1). 41–50.

——— (1997), *John Law: Economic Theorist and Policy-Maker*. Oxford: Clarendon Press.

——— (2009), *The Genesis of Macroeconomics: New Ideas from Sir William Petty to Henry Thornton*. Oxford: Oxford University Press.

Murray, A. (1978), *Reason and Society in the Middle Ages*. Oxford: Clarendon Press.

Murray, O. (1993), *Early Greece*. London: Fontana Press.

Nissen, H.J. (1988), *The Early History of the Ancient Near East: 9000-2000 BC*. Chicago & London: University of Chicago Press.

——— Damerow, P., and Englund, R.K., eds (1993), *Archaic Bookkeeping: Early Writing and Techniques of Economic Administration in the Ancient Near East*. Chicago & London: University of Chicago Press.

Ong, W. (1982), *Orality and Literacy: the Technologizing of the word*. London: Methuen.

Ormazabal, K. (2012), 'Lowndes and Locke on the Value of Money'. *History of Political Economy* 44(1), pp. 157–80.

Parker, R. (1996), *Athenian Religion: a History*. Oxford: Clarendon Press.

Parry, J., and Bloch, M. (1989), *Money and the Morality of Exchange*. Cambridge: Cambridge University Press.

Patinkin, D. (1956), *Money, Interest, and Prices: an Integration of Monetary and Value Theory*. Evanston, IL: Row, Peterson.

Paul, R. (2009), *End the Fed*. New York, NY: Grand Central Pub.

Pigou, A., ed. (1925), *Memorials of Alfred Marshall*. London: Macmillan.

Pozsar, Z., Adrian, T., Ashcraft, A., and Boesky, H. (2010), 'Shadow Banking'. *Federal Reserve Bank of New York Staff Report* 458.

Pozsar Z., and Singh, M. (2011), 'The Nonbank-Bank Nexus and the Shadow Banking System'. *International Monetary Fund Working Paper* 11/289.

von Reden, S. (2010), *Money in Classical Antiquity*. Cambridge: Cambridge University Press.

Reinhart, C., and Rogoff, K. (2009), *This Time is Different: Eight Centuries of Financial Folly*. Princeton, NJ & Oxford: Princeton University Press.

Richards, R.D. (1958), *The Early History of Banking in England*. London: Cass.

Roberts, R., and Kynaston, D., eds (1995), *The Bank of England: Money, Power and Influence 1694-1994*. Oxford: Oxford University Press.

Rogoff, K. (1985), 'The Optimal Degree of Commitment to an Intermediate Monetary Target'. *The Quarterly Journal of Economics* 100(4), 1169-89.

Rolnick, A., Velde, F., and Weber, W. (1996), "The Debasement Puzzle: An Essay on Medieval Monetary History'. *Journal of Economic History* 56(4), 789-808 Roseveare, H. (1991), *The Financial Revolution, 1660-1760*. London: Longman.

Roseveare, H. (1991), *The Financial Revolution, 1660-1760*. London: Longman.

Rosovsky, H., ed. (1966), *Industrialization in Two Systems: Essay in Honour of Alexander Gerschenkron*. New York, NY: John Wiley.

Sandel, M. (2012), *What Money Can't Buy: The Moral Limits of Markets*. London: Allen Lane.

Sargent, T., and Velde, F. (2002), *The Big Problem of Small Change*. Princeton, NJ & Oxford: Princeton University Press.

Say, J.-B. (2001) [1803], *A Treatise on Political Economy*. New Brunswick, NJ & London: Transaction Publishers.

Schmandt-Besserat, D. (1977), 'The earliest precursor of writing'. *Scientific American* 238(6), 50-58.

—— (1979), 'Reckoning before Writing'. *Archaeology* 32(3). 22-31.

—— ed. (1992), *Before Writing*, Vol. 1. Austin: University of Texas Press.

Senner, W., ed. (1991), *The Origins of Writing*. Lincoln, NE & London: University of Nebraska Press.

Seabright, P., ed. (2000), *The Vanishing Rouble: Barter Networks and Non-*

monetary Transactions in Post-Soviet Societies. Cambridge: Cambridge University Press.

—— (2004), *The Company of Strangers: A Natural History of Economic Life*. Princeton, NJ & Oxford: Princeton University Press.

Seaford, R. (1994), *Reciprocity and Ritual in Tragedy: Homer and Tragedy in the Developing City-State*. Oxford: Clarendon Press.

—— (2004), *Money and the Early Greek Mind*. Cambridge: Cambridge University Press.

Sharpe, W. (1964), 'Capital Asset Prices: A Theory of Market Equilibrium Under Conditions of Risk'. *Journal of Finance* 19(3), 425-42.

Shiller, R. (2003), *The New Financial Order: Risk in the 21st Century*. Princeton, NJ & Woodstock: Princeton University Press.

Simmel, G. (1978) [1907], *The Philosophy of Money* (tr. Bottomore, T.). London: Routledge & Kegan Paul.

Skidelsky, R. (1992), *John Maynard Keynes: the Economist as Saviour, 1920-37*. London: Macmillan.

—— and Skidelsky, E. (2012), *How Much is Enough?* London: Allen Lane.

Smith, A. (1981) [1776], *An Inquiry into the Nature and Causes of the Wealth of Nations*. Indianapolis: Liberty Press.

Smith, T. (1832), *An Essay on Currency and Banking*. Philadelphia, PA: Jesper Harding.

Soddy, F. (1926), *Wealth, Virtual Wealth, and Debt: the Solution of the Economic Paradox*. London: Allen & Unwin.

Spufford, P. (1988), *Money and its Use in Medieval Europe*. Cambridge: Cambridge University Press.

—— (2002), *Power and Profit: the Merchant in Medieval Europe*. London: Thames & Hudson.

Steuart, J. (1966)[1767], *Inquiry into the Principles of Political Oeconomy*, Vol 1. Edinburgh & London: published for the Scottish Economic Society by Oliver & Boyd.

Sumption, J. (2001), *The Hundred Years War: Part II- Trial by Fire*. London: Faber & Faber.

Sweeney, J., and Sweeney, R. (1977), 'Monetary Theory and the Great Capitol Hill Baby Sitting Co-op Crisis'. *Journal of Money, Credit, and Banking* 9(1),

86-89.

Tarullo, D. (2012a), 'Shadow Banking After the Crisis'. Washington, DC: Board of Governors of the Federal Reserve.

——— (2012b), 'Financial Stability Regulation'. University of Pennsylvania Distinguished Jurist Lecture 2012. Washington, DC: Board of Governors of the Federal Reserve.

Tobin, J. (1969), 'A General Equilibrium Approach to Monetary Theory'. *Journal of Money, Credit, and Banking* 1(1), 15-29.

Turner, A. (2012), 'Macro-prudential policy for deflationary times'. Speech during the Financial Policy Committee regional visit to Manchester, July 20, 2012: available at http://www.fsa.gov.uk/library/communication/speeches/2012/0720-at.shtml.

——— and others (2010), *The Future of Finance Report*. London: London School of Economics.

UKFI Ltd. (2012), *Annual Report and Accounts 2010-11*. London: The Stationary Office Limited.

UK Financial Services Authority (2007), Statement: 'Liquidity support for Northern Rock plc', September 14, 2007: available at http://www.fsa.gov.uk/library/communication/statements/2007/northern.shtml.

UK House of Commons Treasury Committee (2008), *The Run on the Rock, Fifth Report of Session 2007-08*. London: The Stationary Office Limited.

Ustinov, P. (1977), *Dear Me*. London: Heinemann.

Van de Mieroop, M. (1992), *Society and Enterprise in Old Babylonian Ur*. Berlin: D. Reimer.

——— (1997), *The Ancient Mesopotamian City*. Oxford: Clarendon Press.

Velde, F. (2007), 'John Law's System'. *The American Economic Review* 97(2), 276-279.

Walras, L. (1874), *Éléments d'économie politique pure; ou Theorie de la richesse sociale*. Lausanne.

Walvin, J. (2005), 'Quakers, business, and morality'. Gresham College lecture, April 25, 2005: available at http://www.gresham.ac.uk/lectures-and-events/quakers-business-and-morality.

Watson, B. (1961), *Records of the Grand Historian of China*. New York, NY & London: Columbia University Press.

West, M. (1971), *Early Greek Philosophy and the Orient*. Oxford: Clarendon Press.

Wilson, T. (1925) [1572], *A Discourse Upon Usury, by Way of Dialogue and Orations, for the Better Variety and More Delight of All Those That Shall Read This Treatise*. London: G. Bell.

Woodham-Smith, C. (1962), *The Great Hunger: Ireland 1845-9*. London: Hamish Hamilton.

Woodruff, D. (1999), *Money Unmade: Barter and the Fate Of Russian Capitalism*. Ithaca, NY & London: Cornell University Press.

Xenos, S. (1869), *Depredations, or Overend, Gurney & Co. and the Greek & Oriental Steam Navigation Company*. London.

옮긴이 **한상연**

서울대학교 서양사학과를 졸업했다. 인문사회과학 도서를 주로 번역하고 있다. 옮긴 책으로 『심슨 가족에 숨겨진 수학의 비밀』 『왜 고장난 자유무역을 고집하는가』 『경제를 점령하라』 『똑똑한 사람들이 왜 이상한 것을 믿을까』 등이 있다.

돈
사회와 경제를 움직인 화폐의 역사

초판 인쇄 2019년 9월 2일
초판 발행 2019년 9월 9일

지은이 펠릭스 마틴 │ 옮긴이 한상연 │ 펴낸이 염현숙

기획·책임편집 구민정 │ 편집 이현미 │ 독자모니터 김진욱
디자인 김마리 이주영 │ 저작권 한문숙 김지영
마케팅 정민호 이숙재 양서연 안남영 │ 홍보 김희숙 김상만 오혜림
제작 강신은 김동욱 임현식 │ 제작처 영신사

펴낸곳 (주)문학동네
출판등록 1993년 10월 22일 제406-2003-000045호
주소 413-120 경기도 파주시 회동길 210
전자우편 editor@munhak.com │ 대표전화 031)955-8888 │ 팩스 031)955-8855
문의전화 031)955-3578(마케팅), 031)955-2671(편집)
문학동네카페 http://cafe.naver.com/mhdn │ 트위터 @munhakdongne
북클럽문학동네 http://bookclubmunhak.com

ISBN 978-89-546-5729-7 03320

www.munhak.com